KB118983

몸과 마음이 함께 성장하는 **푸드아트테라피와 상담기법**

윤성희 저

F O O D + A R T + T H E R A P Y

학지사

머리말

　푸드아트테라피는 친숙한 푸드 매체를 활용하여 자신의 생각과 감정을 거부감 없이 자유롭게 표현할 수 있는 장점으로 인해 남녀노소 누구에게나 적용 가능한 자연주의 치료법이다. 푸드아트테라피는 지금-현재 자신의 감정을 담아 표현한 푸드 작품을 통해 자신의 마음을 들여다볼 수 있는, 자기 성장이 가능한 효과적인 치료법으로, 앞으로 발전 가능성이 높은 심리치료이기도 하다. 또한 푸드아트테라피의 매체가 되는 음식은 자연 속에서 경험되고 습득된 것으로 인간의 삶을 이해하고 표현하는 데 좋은 매체이다. 우리는 음식을 통해 스트레스를 해소하고 기쁨과 행복을 느끼며 위로가 필요한 순간 위안을 얻는다. 음식은 인생의 희로애락(喜怒哀樂)과 함께한 역사이기도 하다.

　이처럼 우리 삶에서 먹는다는 것은 얼마나 중요한 것인가? 음식에 대한 추억은 오감을 통해 기억되는 매우 의미 있고 중요한 개인적인 경험으로 각각 개인적인 삶의 역사와 긴밀하게 이어져 있으며 우리의 정신과 몸을 하나로 이어 준다. 즉, 음식을 먹는다는 것은 정신과 육체의 만족을 동시에 느끼게 하는 것이다. 또, 음식은 사람들이 배가 고플 때 먹을 수 있는 단순한 기능만 가진 것이 아니라 음식을 만든 사람과 함께 먹는 행위를 통해 관계를 연결시켜 주는 사회적인 매체의 기능도 함께 가지고 있다. 보는 것과 냄새, 맛, 소리로 느낄 수 있는 많은 정보가 우리의 내면과 외면에 연결되고, 이러한 자신만의 경험을 바탕으로 삶의 방식을 만들며, 다른 사람들과의 인간관계도 형성한다.

　이 책은 이러한 음식과 사람과의 긴밀한 연관 관계의 특징을 바탕으로 하며, 다양한 푸드 매체를 활용한 상담기법을 통해 자기 내면의 긍정적인 에너지를 이끌어 낸다. 또한 푸드아트테라피 활동을 바탕으로 자기 치유력을 향상시키고 자기 본 모습을 긍정적

으로 바라보는 기회를 통해 자기효능감을 향상하고 함께 긍정적인 삶을 영위할 수 있
도록 다양한 상담기법을 제시하고 있다. 이와 함께 집단 활동을 통해 사회성 향상과 또
래관계 개선에 긍정적인 변화를 가져올 수 있도록 집단상담기법을 함께 수록하였다.

　　모든 상담과 치료기법의 가장 중요한 출발은 내담자와의 친밀감과 신뢰감을 형성하
하는 것이다. 푸드 매체를 활용하여 상담을 진행할 경우 자연스러운 자기 개방과 함
께 푸드 매체가 주는 친숙함으로 인해 거부 반응 없이 활동에 참여하며 짧은 시간 안
에 친밀감을 형성할 수 있다. 지금까지 푸드아트테라피에 참여했던 많은 사람은 실패
에 대한 두려움 없이 자신의 잠재된 능력을 즉흥적으로 표현해 보는 창작 활동을 통
해 자아실현의 기회를 가질 수 있었다. 주제에 따른 푸드아트테라피 활동 후, 직접 만
든 것을 먹는 기회를 통해 음식이 주는 신체적인 치료효과와 함께 몸과 마음이 함께
건강하게 충족되고 심신(心身)이 통합적으로 성장하는 긍정적인 효과를 경험할 수 있
었다고 말한다.

　　실제 푸드아트테라피가 적용된 집단상담에 참여한 내담자들은 활동 소감을 통해,
첫째, 푸드 매체에 대한 친숙함과 작품을 만드는 과정에서 느껴지는 자기 만족감과 희
열, 둘째, 푸드 매체가 주는 예상이 불가능한 다양한 표현으로 인해 완성했을 때 느껴
지는 높은 성취감, 셋째, 활동 후 함께 나누는 긍정적인 피드백을 통해 성장하는 기쁨
을 표현했다.

　　푸드아트테라피는 심리치료의 가장 중요한 구성요소 중 하나인 매체에 대한 한계
를 극복하고 내담자에게 쉽게 다가가는 것은 물론 상담사와 내담자가 함께 성장할 수
있는 치료기법이다. 또한 학교 및 개인 상담소, 관공서 등의 상담 현장에 적용하여 효
과적인 성과를 거두고 있다. 특히 활동 후 서로 나누는 긍정적인 피드백으로 함께 성
장하는 집단상담의 특성을 지니고 있다. 이로 인해 사회성이 부족한 청소년을 위한 집
단상담프로그램으로 긍정적인 효과를 거두고 있으며, 눈앞에 둔 노령화 사회로 인해
향후 실버테라피의 한 치료기법으로도 발전 가능성이 높다. 그러나 이러한 많은 장점
에도 불구하고 푸드아트테라피 치료에 대한 체계적인 연구와 푸드아트테라피 기법들
을 소개하고 실제 적용한 사례가 미흡한 실정이다. 이 책은 푸드아트테라피의 체계적

인 발전과 푸드예술심리상담사를 양성하기 위한 수업 교재로 활용함은 물론 다양한 상담현장에서 실제적으로 적용 가능하도록 기획하였다.

이 책은 전체 4개의 Part와 13개의 Chapter로 구성되어 있다. 각 Part의 내용은 푸드 아트테라피의 이론과 개인 상담기법 및 집단 상담기법의 실제 사례를 중심으로 구성되어 있다. 개인 상담기법의 경우 상담에 사용한 푸드 매체 소개 및 실제 상담 적용 방법과 함께 매체를 활용한 다양한 기법을 소개하고 있다. 또한 사회성과 자기효능감 향상을 목표로 한 실제 사례를 중심으로 구성한 집단상담기법의 경우 푸드아트테라피를 적용한 프로그램의 긍정적인 효과를 자세하게 담고 있으며 상담 현장에서 바로 적용할 수 있도록 구성하였다.

이 책을 필요로 하는 독자들이 훌륭한 푸드예술심리상담사로 성장하는 데 도움을 얻기를 바란다. 심리치료현장에서 어렵지 않게 적용 가능한 장점이 최대한 살아나 전문상담사 및 다양한 분야의 치료사에게 도움이 되었으면 한다. 뿐만 아니라 푸드 아트테라피에 관심을 가진 일반인들이 몸과 마음이 행복한 삶을 영위하는 데도 도움이 되기를 기대한다.

이 책이 나오기까지 많은 도움을 주신 한국미술심리치료협회 김문갑 이사장님을 비롯해 정종철 본부장님과 이상종 선생님, 심호선 선생님께 감사의 인사를 전한다.

끝으로 소중한 결실을 맺을 수 있도록 격려해 준 존경하는 남편과 사랑하는 아들 민석이와 딸 연우에게 고마움을 전한다. 또한 이 책에 담긴 소중하고 훌륭한 푸드 작품을 다른 사람들과 공유할 수 있도록 허락해 주신 많은 참여자들과 푸드아트테라피 상담에 응해 주신 소중한 분들께도 감사의 말씀을 전한다.

2017년 3월
윤성희

차례

🍪 PART 04   푸드아트테라피와 집단상담기법

PART 01 Food Art Therapy
푸드아트테라피의 이해

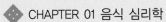

음식 심리학

"우리 삶 속의 추억은 음식맛과 함께 쌓여 간다."

예로부터 동양 사상에서는 우주 자연 삼라만상이 목화토금수의 다섯 가지 기운에 의하여 하나로 연결되어 있다고 생각해 왔다. 우리가 먹는 식재료들도 다섯 가지 맛과 색을 통해 우주의 기운을 품고 있다고 보았으며 동양 사상은 다섯 가지 향, 음, 정서, 감각 등 모든 사물을 분류하는 기준이 되었다. 또한 동양 사상은 인간이 임의로 만든 것이 아니라 오감을 느낄 수 있는 자연과의 지속적인 상호작용을 통한 소통으로 얻은 지식이다. 푸드아트테라피의 매체가 되는 푸드의 경우 자연 속에서 경험되고 습득된 것으로 인간의 삶을 이해하고 표현하는 좋은 매체가 될 수 있다. 같은 맥락으로 우리는 음식을 통해 스트레스를 해소하고 기쁨과 행복을 느끼며 위로가 필요한 순간 위안을 얻는다. 음식은 인생의 희로애락(喜怒哀樂)과 함께 한 역사이기도 하다. 삶에서 먹는다는 것, 음식에 대한 추억은 오감을 통해 기억되는 매우 의미 있고 중요한 개인적인 경험으로 각각 개인 삶의 역사와 긴밀하게 연결되어 있으며 우리의 정신과 몸을 하나로 이어 준다. 즉, 음식을 먹는다는 것은 정신적인 만족과 육체적인 만족을 동시에 느끼게 해 주는 것으로 우리 인생에서 중요한 부분 중 하나라고 할 수 있다.

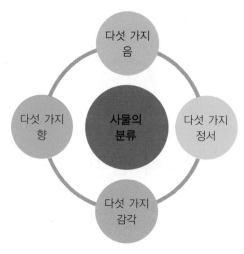

다섯 가지
음

다섯 가지
향

사물의
분류

다섯 가지
정서

다섯 가지
감각

[그림 1-1] 사물의 분류

　바쁜 생활 속에서 살아가는 많은 사람들은 사회가 발전해 갈수록 외로움과 허전함이 더욱더 커지고 과거 '집밥'에 대한 그리움이 더욱 절실해지고 있다. 이지데이를 통해 집밥 인식 조사에 참여한 493명의 사람들은 '집밥의 정의'를 묻는 질문에 35.3%가 '집에서 먹는 밥'이라고 답했다. 다음으로 '가족 또는 사랑하는 사람과 함께 먹는 밥'이 28.2%로 많았고, '부모 또는 배우자가 차려 준 밥'(21.3%)의 순으로 조사 결과가 발표되었다. '집밥'이란 단어를 떠올렸을 때 느껴지는 감정에 대해 41.8%가 '따뜻하다'고 답했고, '건강하다'(27.8%)와 '맛있다'(26%)가 차례로 뒤를 이었다. 이런 결과를 통해 사람들은 집밥에 대해 이성적인 코드와 감성적인 코드를 같이 느끼고 있으며 단순히 먹는다는 의미와 함께 그 속의 다양한 감성적인 부분까지 느낀다는 것을 알 수 있다(이지데이, 2014, 04.01).

　또한, 집밥을 원하는 사람은 91.5%로 압도적으로 많았고, 집밥을 챙겨 먹는 이유에 대해 '정을 느낄 수 있어서'(41%) '정서적으로 좋다고 생각해서'(20.1%) '맛있어서'(18%)라고 답했다. 이 조사 결과를 통해 알 수 있는 것은 사람들은 먹는 것에 대한 원초적인 기능 외에 음식을 통해 마음으로 충족하고 사랑과 정을 함께 느끼고 소통하고 싶은 내면의 욕구를 표현하고 있다는 것을 알 수 있다.

시장조사 전문 기업 마크로밀엠브레인의 트렌드 모니터가 전국 만 19~59세 성인 남녀 2,000명을 대상으로 집밥의 의미와 니즈에 대한 조사를 실시한 결과에 따르면 10명 중 8명(81.6%)은 앞으로 집밥의 의미를 찾는 사람들이 점점 늘어갈 것 같다고 예상하는 것으로 조사되었다. 전체 응답자의 76.8%는 집밥이 그리운 것이 실제 '맛' 보다는 '정서적인 느낌' 때문이라고 바라보았고 집밥을 떠올릴 때 '따뜻함' '익숙함' '평온함'과 같은 정서를 일상생활 속에서 많이 느끼지 못하기에 집밥을 그리워하는 이유를 정서적인 측면에서 많이 찾고 있다는 것이 조사 결과로 나타났다(마크로빌엠브레인, 2015). 또한 40대 이상 중장년층이 생각하는 '집밥'은 '가족 모두가 함께 먹는 밥' '함께 식사하는 모습'을 떠올리는 비율이 가장 높게 나타났다(위키트리, 2015). 즉, 40대 이상의 중장년층에게 '집밥'은 단순히 집에서 먹는 밥이 아닌 힘들고 어려운 일들을 겪으며 함께 삶을 살아온 가족들과의 연결 고리이자 집밥 자체가 삶을 대변하고 있다고 말할 수 있다.

혼자 살이(1인 가구)가 일상인 20~30대 젊은 층에게 집밥은 또 다른 의미를 담고 있다. 이들은 단지 '집에서 만든 음식의 맛'뿐만 아니라 그곳에서 또 다른 가치를 찾고자 한다. 이들은 먹고 사는 일에 바빠 '나' 챙기기에 급급한 나머지 '집밥'처럼 소중한 일상을 지켜내지 못한 서운함 내지는 가족과 엄마에 대한 그리움을 집밥을 통해 느끼고자 한다(위키트리, 2015).

평론가 김헌식은 SBS 스페셜 〈먹방의 시대〉를 통해 사람들이 '먹방'에 열광하는 이유는 '가족 해체와 공동체적인 가치에 대한 갈구'라고 진단하고 '혼자 밥 먹기 싫은 사람들이 먹방에 집착하고 소셜다이닝을 통해 욕망을 표출하는 것'이라고 말했다. 1인 가구 비율이 계속 증가하면서 정에 굶주린 사람들이 집밥의 감성을 그리워하게 되었다며, 26년째 어려운 이웃에게 급식 봉사를 하고 있는 다일 공동체의 최일도 목사는 "예나 지금이나 '밥'은 중요한 소통 수단이며, 밥을 나눈다는 것은 음식과 시간을 함께하는 것뿐만 아니라 미래의 꿈과 비전도 함께 나누는 것."이라고 말했다. 오늘날 사람들이 이처럼 먹는 것에 대해 열광하는 이유는 음식을 통해 1차원적으로 느낄 수 있는 '맛'에 대한 욕구와 함께 사람들과의 소통을 통해 느끼고 싶은 '정'과 '사랑'에 대한 욕구의 표현이라고 할 수 있다.

사람들에게 '집밥' 하면 떠오르는 이미지를 조사한 결과 '엄마' '온기' '손맛' '정' '따뜻함' 등 정서적인 부분이 많이 표현되었고 사람들이 집밥을 잊지 못하고 포기하지 않은 이유는 음식과 함께 기억되고 있는 그리운 이에 대한 그리움과 그 음식을 만들어 주고 함께 먹었던 사람에 대한 추억과 특별한 기억이 함께하기 때문이다. 이러한 이유로 집밥에 대한 이미지는 그 당시의 상황과 느낌 등 지나간 추억에 대한 향수를 불러일으킨다.

[그림 1-2] 집밥의 이미지

세상에서 가장 따뜻한 밥상, '엄마의 밥'이라는 주제로 만든 AIA 생명 광고에서도 음식이 주는 중요한 의미를 찾아볼 수 있다. AIA 생명은 해외에서 일과 학업을 병행하며 꿈을 이루기 위해 노력하는 청춘들, '워홀러'(WorHolers)들에게 엄마의 밥을 통해 사랑과 정을 느끼게 해 주기 위한 이벤트를 진행하였다. 다양한 분야에서 워홀러로 있는 청춘들에게 언제 가장 집이 그리운지에 대해 질문하자 "다른 가족들이 다 같이 밥을 먹으러 오는 모습을 볼 때 가장 그리워요. 가족이랑 같이 밥 먹고 싶어요." "한국에 있을 때는 먹고 싶은 것을 다 먹고 엄마가 해 주시고 했는데 그게 안 되니깐 그리워요." "밥상에 다 같이 앉아 있는 모습이 가장 그리워요."라고 이야기하였다. 워홀러의 어머니들은 가장 자식이 생각날 때가 "무엇을 먹을 때, 겉절이를 좋아하는데 겉절이를 담을 때"라며 자식에 대한 그리움에 눈물을 흘렸고 그 모습이 고스란히 광고에 담겨 있다.

"꿈을 위해 선택한 낯선 곳에서의 생활, 당연했던 일상이 사무치게 그리워집니다."라는 광고카피와 함께 꿈을 위해 달려가는 청춘들에게 특별한 선물로 준비한 '엄마의 밥상'은 워홀러들에게 많은 감동을 주었다. 어머니들은 이른 아침, 집에서 쓰던 그릇을 챙겨 10시간을 날아 도착한 낯선 땅에서 늘 해 줬던 평범한 밥상을 차렸고 워홀러들은 평소에 해 주시던 자신이 좋아하는 음식을 들고 들어오는 엄마를 보는 순간 감동으로 서로 부둥켜안고 눈물을 흘리는 모습이 담겨 있다(AIA 생명 광고, 2015). 이처럼 우리는 아침, 점심, 저녁 늘 한결같은 마음으로 정성껏 차려 주신 밥상을 마주했던 그 평범한 일상이 인생에 있어 가장 소중한 순간이 된다는 것을 깨닫게 된다. 그리고 그 평범한 일상 속의 소중한 행복을 주는 주인공은 바로 우리의 어머니, 그리고 어머니가 해 주시던 밥상에 있다.

"어머니라는 자체가 선물이며 삶에 결정적인 힘이 된다."라고 한 워홀러는 말한다. 즉, 어머니가 해 주시는 밥상에서 느껴지는 사랑과 그 정성은 살아가는 동안 어려운 일이 생겼을 때 어머니가 해 주셨던 음식을 통해 위로받고 또 어려움을 이겨낼 수 있는 중요한 역할을 하므로 어머니의 역할 중 가장 중요한 것은 가족, 자식을 위해 정성껏 준비하는 밥상에 있다는 것을 다시 한번 느끼게 해 준다(AIA 생명 광고, 세상에서 가장 따뜻한 밥상: '엄마의 밥', 캠페인, 2015).

음식이 주는 중요한 역할 중 하나는 긍정적인 관계 및 소속감을 형성해 주는 것이다. 한 예로 스브스 뉴스의 '흔한 미용실의 밥상'(Feat. 원장님) 기사를 통해서도 알 수 있다. 미용실 원장님이 집에서 음식을 해 오거나 미용실 한 켠에서 직접 요리해서 직원들에게 점심을 직접 차려 주는 것이 SNS에서 화제가 되었다. 대부분 미용실은 직업의 특성상 점심시간이 따로 없고 우유나 빵으로 간단히 때우거나 끼니를 거르는 일이 많은데, 이곳 미용실 원장님은 철저하게 식사시간을 지켜 준다고 한다. 음식을 만든 원장님은 "사랑의 마음으로 만들어요."라고 말하며 직원들에 대한 사랑을 음식으로 매일 표현한다. 직원들은 11살 정도 차이가 나지만 가족처럼 친근하게 대해 주시는 원장님이 매일 직접 차려 주는 맛있는 밥상을 통해 직원들과의 사이도 돈독해지고 인정 속에 하루하루 즐겁게 일을 한다고 한다(스브스 뉴스, 2016.10.13).

스브스 뉴스는 "흔히 볼 수 있는 '반찬'에 원장님의 마음이 담기면 직원들에게는 '만찬'이 되며 단순히 끼니 그 이상의 가치가 담겨 있습니다."라는 기사를 통해 음식이 주는 소통의 의미를 전하고 있다(스브스 뉴스, 2016. 10. 13).

필자의 경우 '집밥'은 엄마의 '희생과 정성'으로 기억된다. 사남매와 아빠의 도시락까지 추운 겨울 연탄불 하나를 이용해 만든 도시락이 부엌문 앞에 층층이 쌓여 있던 모습과 도시락 속에 담겨 있던 반찬들은 지금까지 아련한 추억과 함께 엄마의 희생과 사랑으로 기억되고 있다.

푸드예술심리상담사 자격과정을 공부 중인 한 수강생은 푸드아트테라피 수업을 통해 남편과의 관계가 긍정적으로 변화한 사례를 들어 푸드아트테라피의 효과성에 대해 다음과 같이 이야기하고 있다. 평소 음식에 대한 관심이 없었던 자신과는 다르게 음식에 대해 집착이 많은 남편에게 신혼 초부터 많은 불만이 있었고, 수업을 듣기 전까지 지나치게 음식에 대해 집착하는 남편을 이해하기 힘들었다고 한다. 그러나 수업을 통해 음식이 주는 삶의 중요한 의미를 깨달은 후 아침을 챙겨 주고 밥상에 신경을 쓰기 시작하면서 삶에 긍정적인 변화가 찾아왔다. 남편은 자신을 위해 아침을 챙겨 주고 정성껏 식사를 챙겨 주는 아내의 모습을 보며 아주 기뻐하였고 이로 인해 다른 다툼도 거의 사라지고 행복한 생활을 하고 있다. 이 수강생은 남편에게 밥은 밥 이상의 사랑의 의미를 담고 있다는 것을 깨닫게 된 소중한 경험이었다고 전한다. 또 다른 수강생의 경우 푸드아트테라피 활동으로 자기 탐색을 하는 기회를 통해 빵에 대해 지나치게 집착하는 자신의 모습을 뒤돌아보며 빵이 곧 엄마에 대한 그리움이었다는 것을 알게 된 경험을 이야기했다. 빵집에 들어설 때 맡게 되는 발효 냄새, 빵 굽는 냄새 등이 그 옛날 엄마가 자신을 위해 구워 주던 그 빵과 일치하며 자신이 빵집을 그냥 지나치지 못하고 빵을 사는 것이 엄마에 대한 향수, 그리움, 그리고 사랑이었다는 것을 알게 되었다고 한다.

엄마와의 갈등으로 가정과 학교생활에서 문제를 일으킨 남학생(17세)을 상담한 일이 있다. 이 내담자는 어린 시절부터 부모가 맞벌이를 해 항상 혼자 남겨져 스스로 밥을 챙겨 먹었던 기억이 많았고 외로울 때 자기 옆에 아무도 없었던 것에 대한 원망이 엄마에게 향해 있었다. 심리 치료와 함께 엄마에게 하루 세 끼 중 꼭 한 끼 이상 아들에게 따뜻한 밥상을 직접 차린 후 함께 식사를 할 수 있도록 제안하였고 그 결과 아들에게 변화가 찾아오기 시작했다. 이 내담자는 자신을 위해 정성껏 차려 준 밥상을 통해 엄마의 사랑을 느끼게 되었고 이로 인해 얼어붙어 있던 감정이 조금씩 녹고 마음을 열기 시작한 계기가 되었다.

또 다른 상담 사례로 갑자기 눈 깜빡임과 음성 틱이 함께 온 남아(10세)의 경우가 있다. 그 내담자는 가정 및 학교생활에서의 특별한 문제점이 없는 평범한 아동으로 이유도 모른 채 갑자기 찾아온 틱으로 인해 힘든 시간을 보내고 있었다. 초기 검사로 푸드 스토리 테스트(food story test: FST)검사를 실시한 결과 현재의 관심사와 힘든 생활의 모든 원인이 음식과 연결되어 있었다. 이는 엄마의 갑작스러운 직장 생활로 식사를 모두 할머니가 맡아서 해 주셨고 평소 먹는 것에 대한 욕구가 강했던 내담 아동은 갑자기 변한 어른 위주의 식단으로 인해 식사를 할 때마다 스트레스를 받으며 먹어야 했고 밥을 남기면 할머니에게 혼이 나는 등 힘든 식사를 지속한 결과 스트레스로 인해 틱이 왔을 것으로 예상하였다. 이에 엄마에게 식사 환경에 변화를 주도록 조언하였고 그 결과 거짓말처럼 심했던 틱이 사라지고 다시 예전과 같은 생활을 할 수 있게 되었다. 두 상담 사례를 통해 우리의 삶에서 음식이 차지하고 있는 부분이 크다는 것과, 엄마와의 긍정적인 관계 형성 및 인생의 중요한 부분임을 다시 한번 알게 되었다. 이렇듯 음식은 배가 고플 때 먹는 단순한 기능만을 가진 것이 아니라 오감을 만족시키는 역할을 하는 동시에 음식을 만든 사람과 함께 먹는 사람들과의 관계를 연결시켜 주는 사회적인 매체의 기능도 함께한다.

EBS 〈다큐 프라임〉의 단절된 이웃 관계 회복을 위한 이웃 소통 프로젝트 '밥 한번 먹자.'는 이웃과 함께 나누어 먹는 밥 한 끼가 이웃과의 관계 변화와 개인의 심리적인 부분에 어떤 영향을 미치는지를 보여 주는 좋은 예이다.

한국인이 나누는 가장 흔한 인사는 "같이 밥 한번 먹어요."이다. 이는 상대방과 같이 밥을 먹는 단순히 끼니를 때우자는 의미가 아닌 '당신과 맛있는 음식을 나누어 먹으며 소통하고 싶다.'는 의미를 담고 있다. 이는 심리학에서도 그 의미를 찾아볼 수 있는데, 심리학에서 '런천 효과(luncheon effect)'는 맛있는 음식을 함께 먹은 사람에게 호감이 생기고 서로 공감하는 것을 뜻하는 말로 "같이 밥 먹어요."라는 말은 '당신과 친하게 지내고 싶어요.'라는 의미를 포함하고 있다.

[그림 1-3] EBS 〈다큐 프라임〉의 이웃 소통 프로젝트 '밥 한번 먹자.'

이웃 소통 프로젝트 '밥 한번 먹자.' 프로젝트 결과 옆집에 누가 사는지 무관심했던 이웃들과 밝게 인사를 나누며 가까워지고 아파트 승강기 안에서 서로 모른 척 하던 삭막한 분위기에서 이웃이 반갑게 인사를 나누는 등 아파트 공동체에 변화가 생기기 시작하였다. 또한, 이웃 소통 프로젝트 결과 가족 소통 및 이웃 소통의 변화는 물론 개인의 심리 변화에도 많은 영향을 주었다. 즉, 사회적 회피 성향 진단 결과(SAD), 사회적 회피 성향이 눈에 띄게 줄어드는 긍정적인 결과가 나타났다. 이웃 소통 프로젝트를 연출한 강수석 피디는 "내가 먼저 용기를 내서 이웃을 초대하고 따뜻한 밥을 함께 먹으면 나, 가족, 이웃 그리고 공동체가 바뀔 수 있다."는 소중한 진리를 깨달았다고 전한다. 이렇듯 음식은 소통의 도구로 사람과 사람, 집단과 집단, 사람과 자연을 자연스럽게 이어 주고 서로 소통하며 공동체 의식의 중심 역할을 한다. 또한 음식이 주는 중요한 의미는 다음의 예를 통해서도 찾아볼 수 있다. 우리는 인간으로 태어나는 순간 누구나 반드시 두 개의 젖줄을 떼야 하는데, 하나는 탯줄이고 나머지 하나는 젖줄이다. 젖줄 떼기는 엄마와의 정서적 분리의 첫 단계이며 아이의 의사가 반영되지 않은 일방적인 심리적인 분리로 아무도 기억할 수 없는 상처이지만 음식을 통해 어머니의 따뜻했던 젖줄을 재경험할 수 있다고 한다(김민용, 김지유 공저, 2011; 이승욱, 닛주타의 숲 상담 클리닉 원장, 정신분석/심리 치료사). 일본 드라마 〈심야 식당〉의 내용 중 음식은 먹는 것 이상의 의미를 지니며 스트레스를 풀기 위해 맛집을 찾고 음식을 통해 사랑하는 사람과의 추억을 공유하는 것으로 단순한 식(食)으로 정의하지 않는다. 또한 〈심야 식당〉 속 셰프 '코바야시 카오루'는 "사랑하는 사람이 만들어 준 음식을 먹을 때 느끼는 감동은 단순히 먹는 것 이상의 의미를 지니며 어머니가 해 준 밥을 먹을 때는 영양 이상의 사랑을 느낄 수 있고, 내 자식을 위해 음식을 만드는 시간은 그 어느 때보다 행복한 일이며 마음과 마음이 통할 수 있는 음식은 사랑이다."라고 음식이 가지고 있는 중요한 의미를 말한다(우먼센스 피플 기사, 2015. 07. 01.).

음식이 가진 치유적인 힘은 세월호 참사 유가족을 위한 치유 공간인 '이웃'에서도 찾아볼 수 있다. 자식을 잃은 슬픔으로 잠을 못자고 음식을 먹지 못해 몸과 마음이 굳어 있는 세월호 참사 유가족에게 따뜻한 집밥으로 상처받은 마음을 치유해 주는 공간을 마련하였다. 국과 밥이 차려진 따뜻한 밥상에 위로와 따뜻한 마음을 담아 차린 밥상은 백 마디 말보다 큰 위로가 되었다. 또한 영국 일간 「데일리 메일」 기사에는 왕따를 당하는 딸을 위해 매일 새벽에 일어나 만들어 준 캐릭터 도시락을 통해 친구들과 함께 이야기하고 소통하게 되는 긍정적인 변화가 생긴 사례가 소개(국민일보, 2016. 08. 21.)되는데, 이는 음식을 통해 딸에게 사랑을 표현한 결과로 음식이 주는 중요한 의미를 말해 주고 있다.

필자의 경우 개인적으로 학교 급식제도에 대해 안타깝게 생각한다. 30대 후반부터 40대 이상의 중장년층은 학창 시절의 도시락에 대한 추억이 많다. 또한 어머니가 매일 이른 아침 정성껏 싸 주시던 도시락으로 인해 어머니의 사랑을 느낄 수 있었다. 그러나 현재 학교에서는 전교생이 같은 밥과 같은 반찬을 먹고 있으며 학교생활에서 도시락에 대한 추억은 이미 사라진지 오래이다. 급식이라는 제도는 학생들로 하여금 단일적인 사고를 형성하고 엄마의 사랑을 느끼고 받을 수 있는 기회를 잃어버리게 하여 관계 형성에 부정적인 영향이 있을 수 있다고 생각한다. 필자의 아들은 학교 급식실 증축공사로 도시락을 두 달 정도 싸서 다닌 적이 있었다. 비록 매일 반찬을 만들고 도시락을 싸는 것이 쉬운 일이 아니었지만 아들이 학창시절에 엄마의 도시락을 먹을 수 있는 좋은 기회라 생각하고 정성스럽게 싸 주었던 기억이 있다. 아들이 좋아하는 도시락 반찬을 싸주고 때로는 메모를 적어서 마음을 표현하였고 아들은 매일 아침 어떤 반찬인지 궁금해 하고 점심시간을 더 기다리게 된다는 즐거운 경험을 이야기하였다. 또 다른 예로 최근 급식 공사로 인해 중학생 아들에게 도시락을 싸 준다는 지인의 경우 엄마가 도시락을 싸 준 이후 사춘기 아들과 대화하는 기회가 더 많이 생겼다는 긍정적인 변화를 이야기하였다. 다른 친구들과 함께 다양한 도시락 반찬을 나누어 먹으며 서로의 엄마에 대한 이야기를 나누기도 하고 친구들이 엄마의 반찬이 제일 맛있었다는 말을 듣고 와서는 아들이 더 뿌듯해하는 모습을 보았다고 한다. 지인은 도시락을 계기로 사춘기 아들과 그동안 나누지 못했던 여러 이야기를 서로 더 많이 주고받아 관계 형성에 긍정적인 영향을 주었다고 한다.

현재 학교 급식이 어머니들의 수고를 덜고, 특히 일하는 워킹맘들에게는 매우 편리한 시스템이지만 엄마로서 아이들에게 줄 수 있는 사랑의 기회는 줄어들어 '정서적으로 그만큼의 결핍이 생기지 않았을까' 하는 아쉬움과 안타까움이 든다.

음식은 우리가 생활하는 순간순간 마음을 담아 표현하는 중요한 수단으로 항상 존재해 왔으며 엄마가 정성스럽게 만들어 주는 맛있는 밥을 먹으며 가족애가 생기고 이러한 소중한 기억이 하나씩 쌓여 먼 훗날 엄마와 아빠에 대한 행복한 기억과 어린 시절 소중한 추억으로 자리를 잡는다. 어린 시절 졸업식 하면 떠오르는 추억 속에 자주 등장하는 음식은 '짜장면'이다. 머릿속에 '짜장면'이라는 단어와 함께 기억되는 맛과 향기, 후루룩 먹는 소리, 그리고 함께 먹었던 사람들과의 기억이 동시에 연상되는 것,

[그림 1-4] 음식과 개인적인 히스토리와의 연결 관계

을 치면 안 된다." 등의 말로 음식을 단지 생존에 필요한 수단으로만 사용하며 음식을 가지고 놀이를 하는 것은 잘못된 행동이라는 인식이 존재해 왔다. 실제 푸드아트테라피 활동 시 "우리 엄마가 음식 가지고 장난치는 것 아니라고 했어요." 또는 "음식 가지고 장난치면 복 나간대요."라는 말로 자신이 하고자 하는 푸드아트테라피 활동에 대해 의아해하거나 머뭇거리는 모습을 종종 볼 수 있다. 하지만 시대와 사회의 변화로 푸드가 생존을 위한 수단을 넘어 좋은 치료 수단이 되고 새로운 의미와 가치를 가진 훌륭한 매체로 활용할 수 있게 되었다.

William Glasser에 의하면 선사시대에는 살아남기 위한 인간 생존의 욕구만이 강하게 존재했으나 인간이 진화하고 시대가 발전할수록 인간이 속해 있는 집단의 소속감과 사랑에 대한 욕구가 생겨나고 이는 다시 힘과 성취의 욕구, 마지막 자유의 욕구로 분화되었고 다양한 욕구의 분화 속에 즐거움의 욕구도 같이 존재한다고 말하고 있다 (William Glasser, 2001).

이렇듯 살기 위해 존재해 왔던 음식의 의미가 시대의 변화와 함께 마음이 풍요로운 삶을 살기 위해 중요한 치료 수단이 되었다. 음식을 가지고 비생산적인 장난을 치는 것이 아니라 음식을 통해 스트레스를 해소하고 긴장된 마음을 이완하고 자기의 마음과 생각을 표현하며 마음속의 충족감과 안정감을 얻고 닫혀 있는 마음을 열어 상처받은 마음을 치유할 수 있다. 이러한 관점에서 본다면 푸드아트테라피는 훌륭한 치료 기법이라 할 수 있다. 치료의 매체가 되는 푸드는 모두 자연에서 얻을 수 있는 것이며 다

[그림 1-7] 음식이 주는 의미의 변화

섯 가지 맛과 다섯 가지의 감각을 통해 몸과 마음으로 자연과 끊임없이 소통하며 만들어온 삶과 그 이야기 속의 아픔과 슬픔, 고통을 표현하고 해결하는 데 가장 적합한 치료 매체가 될 수 있다.

인간은 시각 자극에 의해서만이 아닌 손으로 직접 만지며 촉감을 느끼고 냄새를 맡는 등 오감을 통해 습득한 경험을 통해 창의력과 사고력이 향상되고 이런 경험이 쌓여 정서적으로 건강하게 성장한다. 특히 후각은 '프루스트 효과(Proust effect)'로 냄새를 통해 과거를 연상하는 것으로 예전의 기억을 '냄새'를 통해 회상하게 되는 효과를 말하며 심리학자들의 연구에 따르면 냄새는 기억력을 촉진시킨다고 한다.

된장찌개의 냄새를 맡는 순간 당신의 머릿속에는 어떠한 생각과 느낌이 떠오르는가? 어머니가 끓여 주신 된장찌개를 맛있게 먹었던 행복한 기억일 수도 있고 된장찌개를 먹던 상황에서 겪은 힘든 기억이 존재하는 경우도 있을 것이다. 또한 나무 장작 타는 냄새를 맡는 순간 어떤 이는 캠핑장에서 맡았던 바비큐 냄새를 떠올리기도 하고 또 다른 이는 시골집의 저녁밥 짓는 풍경을 연상하며 고향을 그리워한다. 행복하고 좋은 상황에서 맡았던 냄새는 행복함으로 기억되고 힘들고 아팠던 상황 속에서 맡은 냄새는 아프고 힘든 기억을 담고 있다. 이렇듯 냄새는 후각적인 자극을 통해 내면의 기억을 떠올리게 하는 중요한 촉매제 역할을 하며 기억하는 냄새로 그 당시의 상황과 감정을 연상하는 기능을 가지고 있다. 오감을 통해 차곡차곡 쌓아온 기억 저편 무의식의 다양한 기억을 지각하게 하는 결정적인 역할을 하는 것 역시 음식이 우리에게 주는 가장 큰 메시지이며 푸드아트테라피 활동의 장점 중 하나라고 할 수 있다.

푸드아트테라피의 경우 활동하면서 맡게 되는 푸드 매체의 다양한 냄새가 뇌를 자극하여 자신과 연관된 여러 상황을 인지시키는 역할을 할 수 있다. 또한, 사람의 후각은 오감 중에 가장 예민한 감각으로 기억에 대한 연상 작용을 한다.

향기로운 냄새는 신경계에서 긍정적인 반응을 일으키고 좋은 기억과 함께 집중력 향상에도 도움을 준다. 사랑했던 사람에게서 났던 좋은 향기는 오랫동안 기억 속에 좋은 추억으로 남아 비슷한 향기가 날 때 사랑했던 사람을 떠올리는 것도 이러한 이유 때문이다.

후각의 상담장면의 긍정적인 기능은 초기상담 시 활용되기도 한다. "어린 시절 가장 기억에 남는 음식(향기, 맛)은 무엇인가요?" 또는 "행복함을 느끼게 하는 음식(향기, 맛)은 무엇인가요?" "아프고 힘들게 하는 음식(향기, 맛)이 있나요?"라는 질문을 통해 내담자의 살아온 삶과 현재의 생활까지 자연스럽게 이야기할 수 있는 좋은 촉매제 역할을 할 수 있는 것이다.

오늘날 치유 학문 분야에서 다양한 분야의 영역을 통합하려는 시도가 계속되고 있다. 우리나라 대체의학 분야에서는 명상치료, 음악치료, 미술치료, 놀이치료, 아로마테라피 등 다양한 치유 요법이 발달해 왔다. 또한 각 분야의 통합적인 시도로 통합 표현예술치료 등 멀티테라피가 생겨 났으며 이런 치료 분야의 통합적인 시도는 각 치료 분야의 장점만 모여 있으므로 더욱더 효과적인 치료 방법이라고 할 수 있다. 그중 푸드아트테라피는 푸드 매체를 이용한 치료 기법으로 시각, 청각, 미각, 촉각, 후각 등 오감을 모두 자극하여 내면을 바라보고 성장시키는 통합적인 치료 기법이다.

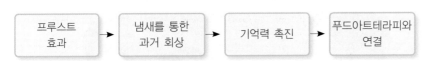

[그림 1-8] 프루스트 효과와 푸드아트테라피

푸드아트테라피란 무엇인가?

1. 푸드아트테라피의 개념 및 의의

현대사회는 급속히 발전해 가지만 사람들의 감정과 정서는 사회의 발전 속도와 반비례하고 있다. 많은 사람들은 정서적, 감정적 어려움을 호소하고 이를 극복하기 위해 다양한 테라피들이 개발되고 발전해 가고 있다. 이런 사회 현상을 반영하듯 상담과 심리치료는 심각한 문제를 가지고 있는 사람뿐만 아니라 현재의 삶을 보다 윤택하고 행복하게 영위하고 정신적으로도 건강한 삶을 살고자 하는 사람들에게 앞으로 더욱 중요한 역할을 할 것으로 예상된다.

TV프로그램에서 음식을 주제로 한 프로그램이 사람들과의 공감을 통해 유행하고 많은 인기를 얻고 있는 이유는 무엇 때문일까? 그것은 바로 인간의 가장 원초적인 본능인 '먹는다는 것'에 대한 욕구 충족을 통해 외로움을 극복하고 심리적인 안정감을 얻을 수 있기 때문이다. 마음이 맞는 사람과 함께 음식을 만들고 함께 먹고 때로는 음식을 통해 마음을 전하는 힐링 프로그램은 음식으로 몸과 마음을 치유한다.

음식은 자연을 통해 자연스럽게 습득한 오감으로 무의식 속에 자리 잡고 있다. 예를 들어, 어린 시절의 엄마가 끓여 준 김치찌개, 된장찌개를 떠올리며 그 시절의 엄마의 사랑을 느끼게 되고 따뜻한 기억과 추억을 떠올리는 것만으로 심리적인 안정감을 느끼게 해 주는 정서적인 비타민과 같은 역할을 한다. 또한 푸드아트테라피는 태어나서 죽는 순간까지 함께하는 음식이라는 매체를 통해 생활 속에서 스며들 듯 치료가 되고 특정한 치료 기법에 거부 반응이 있는 사람들에게 친근감을 가지고 접근할 수 있는 효과적인 심리 치료이다.

푸드아트테라피의 접근 방법은 오감을 통한 테라피를 추구한다. 푸드 매체가 주는 후각적인 장점과 안정감이 보장된 매체를 만지면서 느낄 수 있는 촉각과 푸드 매체가 주는 화려한 시각적인 효과 및 완성한 매체를 나누어 먹으면서 느낄 수 있는 미각과 음식이 끓는 소리, 자르는 소리, 먹는 소리를 통한 청각 등 오감을 모두 충족시켜 주는 자연주의적 심리 치료로, 남녀노소 누구나 어렵지 않게 접근 가능한 치료 기법이다.

[그림 2-1] 푸드아트테라피의 오감을 통한 접근 방법

푸드아트테라피는 이정연 교수가 개발한 치료 기법으로, 자신의 무의식 속의 다양한 감정들을 푸드 매체를 통해 자유롭게 표현하고 그 의미를 들여다보며 자기를 새롭게 인식하고 긍정적으로 바라보는 마음의 눈을 키울 수 있어 앞으로 발전 가능성이 높다.

우리나라는 상담이라는 것이 존재하지 않던 옛날부터 음식이라는 소통 도구를 통해 긍정적인 상호작용을 해 왔다. 사계절 중 가장 중요한 행사의 하나였던 김장철의 김치 담그기의 경우 품앗이로 동네 아낙네들이 모두 모여 재료를 다듬고 만드는 과정 중에 오가는 일상적인 이야기들로 같이 웃고 속상한 일이 있을 때 함께 공감하며 맞장구치고 슬픈 일이 있을 때는 같이 눈물을 지었다. 김치라는 음식 만들기를 통해 마음을 나누며 친밀감을 형성하는 긍정적인 효과가 있었던 것이다. 또한 추석, 설날 및 1년에 한 번 있는 제사의 경우 친인척들이 모두 모여 함께 음식을 만들고 돌아가신 분을 추억하며 함께 음식을 나누어 먹는 것은 푸드아트테라피의 한 형태라고 할 수 있다. 이외에도 된장 고추장 담그기 등 우리나라의 전통 음식은 자연스럽게 집단 활동을 통해 결속력과 상호작용을 통한 활동의 영향으로 대인관계가 향상되는 효과가 있었다.

우리 생활에서 가장 밀접하고 친숙한 푸드의 가장 큰 장점은 친근하고 친숙한 매체로 거부 반응이 없고 매체에 대한 안전성이 보장된 상태로 활동할 수 있다는 것이다.

상담의 가장 중요한 수단은 언어로 내담자와 대화하는 것이다. 하지만 문제가 많은 사람의 경우 현재 겪고 있는 여러 가지 힘들고 아픈 상처를 처음 만나는 상담사에게 언어로 표현하는 것은 매우 어려운 일이다. 자신의 이야기를 한다고 해도 자기 방어로 자신의 감정을 잘 드러내지 않아 언어에 의한 상담만으로 치료하는 것에 많은 한계를 느끼게 된다. 이와 같은 이유로 상담에서의 여러 한계를 극복하고자 여러 대안적인 기법이 등장했고, 비언어적인 방법으로 접근하는 예술 치료가 생겨났다. 이는 그 효과성을 인정받아 많은 발전을 해 가고 있다.

푸드아트테라피는 예술 치료의 한 장르로 내면의 이야기를 푸드 매체를 활용하여 자신의 무의식적인 세계를 어렵지 않게 표현함과 동시에 자신의 본 모습을 바로 바라보게 하는 효과가 있다.

모든 치료에서의 가장 중요한 첫 단계는 상담사와의 라포(rapport) 형성이라고 할 수 있다. 자신의 아픈 이야기를 들어줄 사람과 친밀감이 형성되지 않은 상태에서 치료 관계를 맺기는 어렵다. 하지만 일단 상담사와 친밀감이 형성되면 그 후부터 치료는 어렵지 않게 진행되어 갈 수 있다는 것은 여러 다양한 치료 기법에서도 중요한 문제로 다루는 부분이다. 푸드아트테라피의 경우 사용하는 푸드 매체로 인해 미술 매체와 비교해 자기 방어와 거부 반응이 적어 짧은 시간에 내담자와의 친밀감과 신뢰감을 형성할 수 있는 장점을 가지고 있다. 이렇듯 푸드 매체로 촉진 활동을 통한 친밀감 형성은 치료의 첫 단추를 끼우는 것과 같이 치료 활동 중 가장 중요한 부분이다.

다음으로 푸드아트테라피 프로그램 속의 모든 활동이 섭취로 이어지지는 않지만 푸드 매체를 먹을 수 있는 기회로 이어질 경우 심리 치유는 물론 본능적인 욕구 충족까지 가능한 장점으로 인해 활동에 의욕이 없는 내담자에게 동기유발이 된다. 자연의 색을 그대로 표현하고 있는 푸드 매체의 다양한 색깔을 보는 것만으로도 힐링이 되는 경험을 어렵지 않게 할 수 있다. 특히 매체가 주는 특성으로 인해 실패를 두려워하고 새로운 것을 시도해 보는 것을 어려워하는 내담자의 경우 안전한 푸드 매체를 이용한 반복되는 긍정 경험으로 인해 자기 복원력이 향상된다. 다시 말하면 푸드 매체를 이용한 표현은 수정이 용이하고 실패에 대한 두려움 없이 여러 번 다시 시도할 수 있는 특성이 있어 실패에 대한 경험이 실망으로 이어지지 않는다. 이러한 경험은 내담자에게 다시 할 수 있다는 긍정적인 마음을 가지게 하며 자연스럽게 자기 복원력이 향상되는 결과를 가져온다. 즉, 푸드아트테라피를 통한 긍정적인 실패의 경험과 극복은 어린 시절의 실패에 대한 긍정적인 시각의 반복적인 경험으로 이어져 자기 복원력이 강한 아이로 자라게 되고 실패에 대한 두려움이 없는 자신감이 넘치는 마음이 건강한 아이로 자랄 수 있게 된다.

푸드를 활용한 놀이치료의 경우 다른 매체를 활용한 놀이에 비해 아동의 관심과 집중력, 활동의 참여도, 개인의 감정 표현과 의사 표현까지 월등한 효과가 있다. 이러한 훌륭한 효과를 가지고 있는 푸드 아트에 테라피를 접목한 활동은 푸드아트테라피의 과정과 내용, 결과물 속에 인간의 본능적인 욕구인 소속, 사랑, 힘, 성취, 자유, 생존, 즐거움, 행복과 우울, 분노, 상실, 슬픔 등의 다양한 감정, 그리고 합리적, 비합리적인 사고가 표현된 것으로, 다양한 표현을 활용하여 상담에 적절히 적용한다. 또한 푸드아트테라피는 개인이 가지고 있는 부정적인 정서 속에서 긍정적인 면을 부각하여 증상을 치유하고 어려움과 상처 입은 마음의 고통이 경감되도록 하는 치료 기법이다. 즉, 자신이 표현한 부정적인 경험에서 현재 긍정적으로 작용하고 있는 부분을 스스로 찾아 자기 치유가 가능하도록 기회를 주는 것이 중요하다.

'호모루덴스', 즉 놀이하는 인간이란 뜻으로 인간의 본질을 유희하는 것에서 바라보는 인간관을 말한다. 푸드아트테라피 활동은 앞의 글에서 알 수 있듯이 인간의 본능적인 유희에 대한 욕구 충족을 통한 자기 만족감이 향상되는 긍정적인 효과를 얻을 수 있다. 즉, 자연에서 만들어진 다양한 푸드 매체를 손으로 만지고 도구를 사용하여 작품을 만드는 순간 유희 본능이 충족되고 오감을 통해 만족한 유희는 오랫동안 마음 속에 긍정적인 이미지로 자리 잡아 마음의 항상성(homeostasis)을 형성하는 기회를 갖는다. 마음의 항상성이란 우리의 마음은 주 양육자의 양육 방식에서 형성된 감정과 정서가 내면화되어 무의식적으로 그 정서를 그대로 유지하려는 노력을 하게 되는 정서의 무의식적인 습관으로 푸드아트테라피에 의해 형성된 긍정적인 정서는 마음의 항상성 형성에 긍정적인 영향을 주어 건강한 삶을 영위할 수 있게 한다.

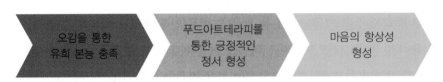

[그림 2-2] 푸드아트테라피와 마음의 항상성

상담에서의 의사소통의 도구는 언어를 통한 대화, 미술 치료는 그림, 조각, 음악 치료의 경우는 음악, 아로마테라피의 경우 향기라는 매체를 통해 자신의 마음과 표현하고 싶은 것을 표출한다면 푸드아트테라피는 푸드 매체로 삶의 희로애락을 오감을 통해 자연스럽게 표현하고 자신이 표현한 작품으로 자신이 인지하지 못했던 무의식적인 내면 표현을 통해 자신의 참모습을 객관적으로 바라보는 기회와 자기 통찰이 되는 자연치유적인 심리치료이다.

어린 시절 마음의 상처가 많아 내면의 어려움을 많이 겪고 있는 사람의 경우 무의식을 표면적으로 의식화하여 밖으로 표현하는 작업에 성공한다면 보다 건강한 삶을 살아갈 수 있다. 이런 경우 푸드아트테라피는 효과적인 치료 기법으로 적용 가능 하다.

푸드아트테라피는 '지금-현재'에 초점을 두고 푸드 매체를 통해 내면의 무의식을 밖으로 드러내는 작업을 한다. 내면의 어려움이 많은 사람의 경우 밖으로 표출하고 표현하고자 하는 에너지도 적을 뿐더러 자신의 어려움을 타인 앞에서 그림 또는 대화로 표현하는 것은 더욱더 어렵다. 하지만 푸드아트테라피 활동은 자신도 의식하지 못하는 사이 작업에 몰두하게 되고 자신이 만든 푸드 작품에 대한 만족감을 통해 승화를 맛보는 동시에 마음 속의 어려움을 자신의 마음에서 한 발자국 떨어져 보게 되는 마음의 힘을 길러 준다.

또한 자기 표현력 증진과 함께 자연주의 테라피의 대표적인 심리 치료인 푸드아트테라피는 아동에게 적용할 경우, 보다 더 효과적인 치료 기법으로 적용 가능하다. 아동은 오감을 통한 감각 발달로 전인적인 인간으로 보다 나은 삶을 살아갈 수 있도록 많은 기회가 주어져야 한다. 하지만 현재 과중한 학업으로 인해 자연을 느끼고 감성을 발달시키는 기회는 상대적으로 줄어 몸이 자라는 것과 비교해 마음의 성장은 더디며 가정 및 학교에서 어려움을 많이 겪고 있다. 이로 인해 소아 우울증 등 심리적인 어려움도 많이 발생하고 있으므로 아동의 경우 자신이 느끼는 감정을 자유롭게 표현하고 긍정적인 인식의 반복적인 경험으로 자아가 성장하는 기회가 많이 주어져야 한다. 이런 관점에서 본다면 푸드아트테라피가 가장 적합한 치료 기법으로, 자연에서 자란 다양한 모양과 색깔, 그리고 푸드 매체가 가지고 있는 특유의 향기로 인해 창작과 표현에 대한 욕구를 심리적인 부담 없이 편안하게 표현하며 닫힌 마음을 열 수 있는 내면의 힘을 발휘하게 해 준다.

푸드아트테라피는 미술 치료와 공통적으로 작품의 결과보다 작품을 만드는 과정을 중시하며 자신이 표현한 작품을 통해 현재의 마음을 알아차리고 깨달아 가는 과정을 거친다. 좋은 그림을 보면 뇌를 자극해서 기분을 좋게 만드는 것처럼 푸드 매체가 주는 작품의 아름다움과 창작 과정을 통해 완성된 푸드 작품은 하나의 예술 작품으로 자기 스스로 만족감은 물론 예술 작품을 볼 때와 같은 희열과 행복감을 느낀다. 의도해서 만든 작품이든 그렇지 않고 우연히 표현해서 완성한 작품이든 작품을 만드는 순간은 물론 완성한 후 자신이 만든 작품을 보는 것만으로도 심리적인 만족감이 성취감으로 이어져 자기효능감이 향상되는 효과가 있다.

푸드아트테라피는 자신과 타인을 구분하게 하고 내면의 잠재되어 있는 자신의 재

[그림 2-3] 푸드아트테라피와 자기효능감과의 관계

능을 창의력이라는 통로를 통해 푸드 매체로 표현할 수 있도록 유도한다. 푸드 매체의 친근감과 쉬운 접근성으로 인해 남녀노소 누구나 자신만의 독특한 방식으로 창조적인 푸드 작품을 표현하며 만족감과 성취감을 느낄 수 있다. 또한 그림을 그리는 것에 자신이 없는 경우 푸드아트테라피를 통해 쉽게 창조적인 경험을 할 수 있다. 즉, 원시인들의 동굴벽화와 같이 잠재되어 있는 내면의 표현 욕구는 본능적이며 이러한 경험은 기분을 좋게 만들고 자신감이 없었던 무기력한 상태에 긍정적인 에너지를 불어넣어 준다.

이렇듯 푸드아트테라피를 통해 반복적으로 획득된 긍정의 마인드는 새로운 일을 두려워하지 않고 적극적으로 도전하는 긍정 마인드를 형성해 자신에게 다가올 어렵고 힘든 일을 잘 해결할 수 있는 소중한 내적 자원이 된다. 이러한 기분 좋은 경험은 자신에 대한 긍정적인 평가로 이어져 자기효능감이 향상되는 결과를 가져온다. 또한 푸드아트테라피는 자연에서 얻은 생명력을 가진 푸드 매체를 이용한 활동으로 암 투병 환자 및 삶의 의욕을 잃은 우울증 환자에게 새로운 경험과 활력을 불어넣어 줄 수 있고 푸드 매체의 생명력이 오감을 통해 전해져 몸과 마음이 건강해지는 경험으로 새로운 희망을 가지게 한다.

2. 푸드아트테라피의 특징

삭막한 현대생활 속의 빠르게 변화하는 삶에서 따로 시간을 내지 않고 자연에서 자란 푸드 매체를 직접 만지고 표현할 수 있는 유일한 활동은 요리라고 할 수 있다. 또한 삶의 궁극적인 목적인 즐거움 중 하나인 음식은 섭취에 대한 만족과 함께 음식을 만들어 주는 사람, 그리고 함께 음식을 먹는 다양한 행동은 심리적인 위안을 준다. 자연에서 만들어진 푸드 매체로 다섯 가지 감각을 통해 상호작용한다는 점은 푸드아트테라피가 심리 치료로서의 발전 가능성이 높음을 시사한다.

푸드아트테라피의 가장 중요한 특징은 푸드 매체의 다양성으로 오감을 충족시키는 색, 맛, 향을 지니고 있으며 푸드 매체마다 각각 다르게 가지고 있는 다양한 질감이 주는 푸드 이미지는 만지고 보는 것만으로도 힐링이 된다는 것이다.

푸드아트테라피의 구체적인 특징은 다음과 같다.

- 푸드아트테라피는 오감을 활용한 자연치유적인 심리치료로 다른 심리치료와 비교해 거부 반응이 적고 푸드 매체가 주는 친근하고 쉬운 접근성으로 인해 치료 효과가 크다.
- 푸드아트테라피는 심신이 불편한 대상에게 안전하고 효과적인 치료 기법이다. 정신 질환, 성격 장애, 발달 장애, 노인성 질환, 정신지체, 신체 장애, 행동 장애의 경우 일반인보다 치료 매체를 거부하거나 매체를 먹는 행동 등 활동 중 위험한 일들이 빈번히 일어나지만 푸드를 매체로 할 경우 오감을 통한 감각 발달은 물론 안전성이 보장된 상태에서 상담사와 내담자 모두 편안하게 활동이 가능하다.
- 푸드아트테라피는 개인의 독특성과 창의력을 개발할 수 있다. 자연친화적이고 다양한 푸드 매체를 보는 순간 내면의 잠재되어 있던 표현 욕구가 자극되어 즐겁게 창작 활동을 할 수 있다. 또한 자신이 만든 푸드 작품을 보며 미처 인지하고 깨닫지 못했던 잠재된 창의력 발견으로 자신감이 향상되고 앞으로 더 잘할 수 있다

는 새로운 희망과 용기를 스스로 가진다는 특징이 있다.

• 푸드아트테라피 활동을 한 후 자신이 만든 작품을 통해 자기 내면의 문제를 객관적으로 바라보며 자기 성찰을 할 수 있다. 이런 경험은 자아가 성장하는 긍정적인 결과를 가져오며 함께 활동한 사람들과의 피드백을 통해 자신만이 가진 문제가 아니라는 깨달음과 공감하고 위로를 나누는 시간을 통해 대인관계가 향상되는 결과를 가져 온다.

• 다양한 푸드 매체의 촉감을 통해 심리적 안정감과 다른 치료 기법보다 친밀감, 신뢰감(rapport)을 빠르게 형성하고 상담사와 내담자와의 유대 관계에 긍정적인 영향으로 자신을 쉽게 개방할 수 있다.

• 푸드아트테라피 활동으로 완성된 푸드 작품은 미술 활동에 자신이 없는 사람일지라도 푸드 매체가 주는 완전한 충족감으로 인해 완성도 높은 작품을 만들 수 있으며 자신의 감춰져 있던 예술적인 감성을 깨닫고 새롭게 자신의 삶을 되돌아볼 수 있는 긍정적인 에너지를 준다.

• 푸드아트테라피는 인간 내면의 예술적인 본능과 표현의 욕구를 쉽게 자극하여 푸드 매체를 통해 어렵지 않게 표출할 수 있다. 또한 이러한 활동은 마음의 정화를 통해 자연스럽게 치유가 되는 자연주의 예술 치료의 한 분야로 앞으로 다가올 어려운 시련을 스스로 극복해 낼 수 있는 내면의 힘을 길러 주는 특징을 가지고 있다.

• 푸드 매체가 주는 매체 사용의 용이함은 푸드아트테라피가 가지고 있는 특징 중 하나로 색 접시와 색 도마 및 흰색의 다양한 식기 도구 또는 식빵, 과자 등은 미술 치료의 매체인 종이의 역할을 대신한다. 이러한 푸드 매체의 특징은 수정과 보완이 자유롭다. 그러나 미술 매체의 경우 그림을 그린 후 지울 때 지우개를 사용해야 하는 불편함이 있고 또한 예민한 사람의 경우 연필 자국이 남겨진 종이를 싫어하며 종이를 여러 번 바꾸거나 수정을 하는 도중 그리는 것을 포기하는 경우도 있다. 하지만 푸드아트테라피의 경우 푸드 매체로 표현하는 도중 매체를 자유롭게 옮겨 수정하거나 매체를 첨부할 수 있는 활동으로 실패에 대한 두려움이 많은

내담자에게 부담감 없이 다가갈 수 있다.

- 발달이 느린 아이의 경우 오감을 통한 자극 활동을 통해 인지 기능 향상 및 발달을 촉진할 수 있다. 푸드 매체를 손으로 만지고 느끼며 부드럽다, 딱딱하다, 거칠다, 매끄럽다 등의 푸드 매체가 가지고 있는 질감은 촉각을 발달시킬 수 있다. 푸드 매체는 자연의 모든 색채를 가지고 있으며 다양한 형태와 색채는 눈으로 먼저 보고 습득한 정보가 뇌와 감정으로 연결되고 활성화되어 시·지각 능력을 발달시킬 수 있다. 푸드아트테라피의 모든 활동이 먹는 활동과 이어지는 것은 아니지만 안전성이 보장된 상태에서 자신이 만든 작품을 먹을 수 있는 기회는 다양한 맛에 대한 즐거움과 만족감을 얻을 수 있다. 이런 경험은 기분 좋은 후각 경험으로도 이어져 머릿속에 행복한 이미지로 저장되어 긍정적인 내면 에너지가 된다.

- 푸드아트테라피의 경우 준비된 다양한 매체를 가지고 완성된 작품을 예상할 수 없는 열린 환경을 제공하여 각자가 가지고 있는 개성과 자발적인 참여로 어떤 결과물을 완성하고 표현해야 한다는 부담감에서 벗어나 진정한 자유 놀이를 즐길 수 있고 이러한 활동은 호기심 자극과 함께 새로운 환경과 상황에 두려움 없이 도전해 보는 용기를 준다.

- 푸드아트테라피가 가지고 있는 다양한 감각적 요소는 다중 지능 개발로 이어져 개인의 발전 가능성을 높이고 부족한 지능을 향상하는 데 도움을 준다. 다중 지능이란 사람이 태어날 때부터 여덟 가지 지능을 가지고 있다는 것으로 1970년대 이후 새로운 개념의 지능 이론으로 등장하기 시작했다. 하버드대학교 교육대학원 교육심리학과 교수인 Howard Gradner는 기존 IQ 검사의 개념에 대항한 다중 지능 이론을 제시하며 사람은 언어 지능, 음악 지능, 공간 지능, 신체 운동 지능, 인간 친화 지능, 자기 성찰 지능, 자연 친화 지능의 여덟 가지 종류의 지능을 가지고 있다고 했다. 푸드아트테라피는 이런 여덟 가지 지능 중, 언어 지능, 인간 친화 지능, 자기 성찰 지능, 자연 친화 지능 측면에서 발전을 가능하게 하는 긍정적인 요소가 많아 인간의 지능은 물론 삶을 변화시킬 수 있는 무한한 잠재 능력을 가지고 있는 치료 기법이다.

- 푸드아트테라피는 강요에 의한 참여가 아닌 자기 스스로의 동기부여를 통한 주도적인 활동이 가능한 치료 기법이다. 인생에서 가장 효과적인 성공은 자기가 좋아하는 일을 스스로 할 때 집중력과 열정이 확실히 동기부여가 되어 탁월한 성과를 이룬다. 연구 결과에 의하면 인간은 스스로 선택하고 실천하여 얻은 일에 대해서는 90% 정도 기억하며 들은 것은 20%, 읽은 것은 10% 정도만 기억한다(서금순 역, 2010). 이러한 연구 결과는 푸드아트테라피가 가지고 있는 긍정적인 치료 기법을 뒷받침해 주는 것으로 실제 치료 현장에서 푸드 매체를 거부하는 경우는 극히 드물며 스스로 매체를 선택하고 자발적인 참여로 이루어지며 재료를 눈으로 보고 만지는 등 오감을 활용한 활동은 새로운 경험인 동시에 활동에 대한 만족감과 성취감으로 이어져 기억 속에 오랫동안 남는 긍정적인 결과로 인해 자기 복원력이 향상되는 결과를 가져온다. 또한 푸드아트테라피를 통한 반복적인 긍정적인 경험은 마음의 항상성 형성에 도움을 주어 긍정적인 정서로 오랫동안 자리 잡아 앞으로의 삶에 중요한 요소로 자리 잡을 수 있게 한다.

- 푸드아트테라피 활동은 양육적인 치료 환경을 제공한다. 표현예술심리치료에서 예술이 가지는 치료적인 의의는 무용의 동작, 음악, 미술 등을 통한 표현으로 인간의 심리적인 정서 자극을 통해 심리적·정신적인 고통에서 벗어나 성장하도록 하는 치유적인 행위이다. 푸드아트테라피는 표현예술심리치료의 한 장르로 다양한 매체를 활용한 표현예술 작업을 통해 개인이 겪고 있는 심리적인 갈등과 정서적인 어려움을 완화시키고 내면의 에너지를 끌어내어 긍정적인 마음으로 살아갈 수 있도록 돕는 심리치료기법이다. 푸드 매체를 활용한 창작 예술 작품은 작업 과정 자체가 심리 치료의 한 과정이며 푸드의 원래 고유한 속성 중 하나인 생존의 욕구는 엄마의 양육적인 환경과 이어져 치료 과정을 통해 심리적인 양육을 경험해 볼 수 있다. 또한 애착 관계가 형성되지 않아 불안한 아이의 경우 엄마와 함께하는 푸드아트테라피 활동은 푸드 매체를 통한 양육 환경의 제공으로 효과적인 치료 결과를 가져 올 수 있다.

- 푸드아트테라피의 활동은 전문적인 교육을 받지 않아도 누구나 쉽게 접근하여

단시간에 완성도 높은 작품을 만들 수 있다. 이러한 특징은 마음의 상처가 많고 삶에서 반복되는 실패의 경험으로 위축되고 자신감이 낮아 새로운 일을 시작함에 있어 어려움이 많은 사람에게 효과적인 치료 기법으로 다가갈 수 있다. 푸드 매체를 보고 만지고 마음의 충족감을 느끼며 함께 활동하는 사람의 작품을 감상하는 것으로도 충분한 치유 효과를 얻고 이러한 경험은 자아 성장이라는 긍정적인 결과를 가져온다.

• 푸드아트테라피는 Carl Rogers의 내담자 중심의 인본주의적 접근을 중심으로 무조건적인 존중을 바탕으로 작품 제작에 직접 개입하지 않고 푸드아트테라피 작품이 어떤 결과를 가져오든 무조건적인 수용과 공감으로 받아들인다.

푸드아트테라피의 작품 속에는 개인의 이미지가 있고 은유를 통해 내적인 감정 상태를 표현해 주는 상징을 담고 있으므로 작품 제작을 통한 자유 연상을 통해 주관적인 의미를 가진 개인적인 스토리텔링으로 전개해 나갈 수 있도록 상담사는 무조건적인 수용과 배려로 다가가야 한다. 이러한 과정을 통해 자기 감정의 구체적인 의미가 나타나게 된다.

푸드아트테라피의 또 다른 특징 중 하나는 푸드 표현 작품은 내면의 불확실한 감정 표현을 통해 자기 감정 읽기가 용이하며 이러한 반복적인 경험은 무의식의 정서적 퇴행 욕구를 충족시키고 음식 재료를 만지고 먹는 행동 등 심리적인 보상을 통해 애착 관계 형성에 도움을 줄 수 있다.

푸드아트테라피의 특징을 요약하면 [그림 2-4]와 같다.

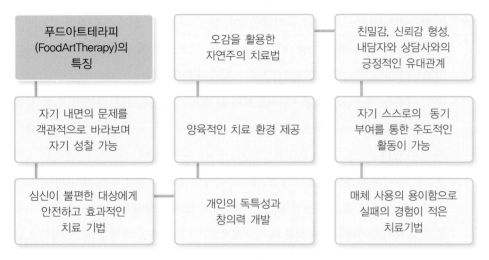

[그림 2-4] 푸드아트테라피의 특징

3. 푸드아트테라피의 장점

푸드아트테라피는 지금-여기에서의 현실 원리를 바탕으로 창의력 향상과 작은 성공의 반복적인 경험을 기반으로 자기효능감 향상과 함께 전반적인 삶에 긍정적인 영향을 미친다.

푸드아트테라피의 장점은 다음과 같다.

- 다양한 푸드 매체를 활용한 푸드아트테라피는 매체에 대한 거부 반응이 없고 친밀감 형성에 탁월한 장점을 가지고 있다.
- 지금-여기에서의 자신의 모습을 표현하고 알아차림을 통해 현실 적응력이 향상되고 여러 가지 어려운 환경 속에서 살아남을 수 있는 강인한 정신력을 향상시킬 수 있다.
- 푸드아트테라피는 완성한 작품에 의의를 두기보다는 만드는 과정 속에서 겪고 느끼게 되는 인격적 성장과 내면의 성장에 초점을 맞춘 치료 기법으로 작은 성공

의 반복적인 경험으로 인해 자기효능감이 향상되는 장점을 가지고 있다.

- 푸드 매체가 주는 예상이 불가능한 다양한 표현으로 인해 완성했을 때 느껴지는 성취감이 높고 창의력과 표현력 향상에 효과가 탁월하다.

- 푸드 매체를 이용한 작품은 매체를 보며 느껴지는 감정을 표현하는 것으로 자신의 잠재된 능력을 즉흥적으로 표현해 보는 창작 활동을 통해 자아실현의 기회를 가질 수 있다.

- 오감을 자극하는 푸드아트테라피는 무의식과의 소통을 통해 자신의 내면을 자연스럽게 바라보고 표현하는 활동으로 심신의 안정과 건강함을 가져온다.

- 푸드 매체의 다양한 천연 색깔과 향, 그리고 촉감은 푸드 매체를 보는 것만으로도 마음이 풍성해지고 편안해지는 치유적인 속성을 가지고 있으며 자기 안의 긍정적인 심리 자원을 자극하여 행복한 삶을 살아가게 한다.

- 푸드아트테라피의 특성상 대부분 집단으로 진행되는 치료 기법으로 사회성 향상과 또래 관계 개선에 긍정적인 결과를 가져온다.

- 오감을 통해 발달이 지연된 아동의 시·지각 협응 능력 및 발달 촉진에 긍정적인 영향을 준다.

- 푸드 매체를 이용한 창작 활동은 자신이 상상하고 예상하는 것보다 훨씬 완성도 있고 만족감이 높은 작품을 만들어 내는 결과를 가져온다. 이런 활동은 스스로가 만족스럽고 행복한 기분으로 마음에 건강한 물을 주듯 성장하며 자기 치유가 되는 긍정적인 결과를 가져온다.

- 푸드아트테라피가 가지는 가장 큰 장점은 자기의 내면의 긍정적인 에너지를 푸드 매체를 통해 끌어내고 표현하는 활동을 통한 자기 치유력 향상으로 자기 본모습을 긍정적으로 바라보는 기회로 긍정적인 삶을 살아갈 수 있게 한다.

- 푸드 매체가 주는 매체의 안전성은 지각 능력이 떨어지는 장애를 가진 내담자들에게 보다 안전한 방법으로 접근이 가능하다는 장점이 있다. 또한 상담 현장에서 언어로서 자신의 감정을 표현하고 상대방과 소통하기 어려운 경우와 사람에 대한 적대심과 저항이 강하고 의심이 많은 경우 타인에게 표현하지 못한 감정을 푸

드 매체로 자유롭게 표현하며 감정을 해소할 수 있는 기회를 가진다.

- 푸드아트테라피는 상상력과 자유로운 연상 작용으로 푸드 매체를 이용하여 기존의 표현 방식과는 달리 다양한 시도로 자신의 능력과 존재 가치를 긍정적으로 경험할 수 있으며 반복되는 긍정적인 경험은 심리적인 갈등을 완화시키고 앞으로의 삶을 건강하게 살아갈 수 있게 도움을 준다. 자신의 내면을 긍정적으로 인식하고 이를 바탕으로 타인을 이해하고 타인과 다르다는 점을 수용할 수 있다는 점은 특히 청소년들의 또래 관계 형성에 긍정적인 영향을 미친다.

- Clackson(2012)의 "창조적인 매체는 관계를 발달시키는 대화의 도구가 된다."(김정규 등 역, 2012)는 말처럼 푸드를 창의적인 매체로 활용하는 것은 함께 활동에 참여하는 사람들과는 물론 사람과 사람 사이를 연결하는 기술을 잠재적으로 가지고 있다. 또한 창의적인 활동의 몰입은 자기보상적인 즐거움과 자신감 향상으로 이어져 심리 치료에 효과를 가지고 있다는 것이 많은 연구를 통해 검증되고 있으며 창의적인 작업인 푸드아트테라피 또한 몰입(flow)의 측면에서도 효과가 뛰어나다.

- 아이들은 놀이를 통해 성장하고 인지와 사고의 확장은 물론 사회성이 향상된다. 놀이는 놀이로서의 역할 외에 인간이 성장하고 발전해 가는데 중요한 역할을 한다. 어린 시절 자신의 나이에 맞게 해야 할 놀이를 충분히 하지 못한 경우 발달 지연은 물론 정서적인 발달에서도 어려움이 관찰된다. 즉, 놀이를 통해 인지 능력, 창의력, 사고 능력 및 대인관계 능력 등 다양한 심리적인 자원을 개발할 수 있다. 푸드아트테라피는 활동 자체가 놀이의 한 형태로 다양한 푸드 매체를 이용하여 놀이하듯 즐겁게 활동하며 정서적인 발달과 함께 사회성을 향상시킬 수 있다.

- 푸드 매체가 가지고 있는 창조성을 바탕으로 완성된 푸드아트테라피 작품은 타인과의 소통을 긍정적으로 발전시키고 작품을 보며 서로 공감하고 지지해 주는 활동으로 이어져 언어적인 표현을 할 때보다 효율적인 대화를 이끌어 내는 장점이 있다.

〈표 2-1〉 **푸드아트테라피의 장점**

	내용
1	매체에 대한 거부감 없이 친밀감 형성에 탁월
2	지금-여기의 모습을 통해 현실 적응력 형성 및 강인한 정신력 향상
3	만드는 과정을 통한 인격과 내면의 성장을 통한 자기효능감 향상
4	성취감 및 창의력과 표현력 향상에 탁월
5	창작 활동을 통한 자아실현의 기회
6	심신의 안정과 건강함
7	몸과 마음이 통합적으로 성장하는 긍정적인 효과
8	긍정적인 심리 자원 자극을 통한 자기 치유력 향상
9	사회성 향상 및 또래 관계 개선에 긍정적인 결과
10	발달 자극을 통한 발달 촉진에 긍정적인 영향
11	완성도 높은 작품을 통한 자기 치유의 긍정적인 결과
12	자기 내면의 긍정적인 에너지를 통한 긍정적인 삶을 살 수 있는 기회
13	푸드 매체를 이용한 내면 욕구 표출을 통해 일상 생활 속에서 자연스럽게 치유되는 효과
14	매체의 안전성으로 인해 장애를 가진 내담자에게 안전한 치료법
15	창의적인 상상력과 자유로운 연상 작용으로 자신의 능력과 존재 가치를 긍정적으로 경험

4. 푸드아트테라피의 치료 목표

심리상담 및 심리치료의 최근 경향은 상담 영역별로 세분화되고 전문화되어 발전해 왔으며 상담 및 치료 장면에서 부딪히는 각각의 한계점을 개선하기 위해 상호보완적인 관계로서 다양한 시도를 적용하고 있다.

푸드아트테라피는 이러한 사회적 경향과 맥을 같이 하며 치료 목표는 통합적인 접근 방식을 추구한다. 인간의 정신세계는 어느 한 면만 다루어서는 그 사람이 겪고 있는 다양한 심리적인 현상을 알아차리기에는 한계가 있기에 푸드아트테라피의 치료 목표는 치료라는 선을 그어놓고 다가가는 것이 아닌 생활 속에서 편하게 다가가고 안정감이 확보된 상태에서 푸드 매체를 사용해 놀이를 접목한 다양한 시도로 작품을 표현하고 완성된 작품을 통해 내면을 탐색해 보는 기회로 자연스럽게 자신의 참모습을 스스로 알아차리게 하는 것이다. 또한, 푸드아트테라피는 자신이 겪고 있는 문제가 어떠하든 문제 해결에 초점을 두기보다 자아 성장에 초점을 둔다. 즉, 자기 치유력을 바탕으로 자아를 회복하여 앞으로 일어나는 많은 문제를 스스로 해결하고 극복할 수 있는 내면의 힘을 기를 수 있도록 치료 기법에서는 통합적인 접근 방법을 취한다.

푸드아트테라피는 몸과 마음을 치유하는 대체 요법 중 하나로 개인의 문제와 성장 과정 중에 겪은 여러 가지 문제와 대인관계의 어려움을 긍정적인 방향으로 해결하는 데 중점을 둔다. 또한 지금 겪고 있는 자신의 문제를 해결하고 지금까지 반복된 문제 행동과 감정 표현 방식 등을 개입을 통한 수정이 아닌 비구조적이고 비지시적인 상담 기법을 사용한다. 또한 만들어진 작품의 결과보다는 푸드를 이용해 작품을 만들어 가는 과정을 더 중요시하며 푸드 매체를 직접 만지고 자르고 표현해 가는 작품 활동을 통해 자신을 알아가는 치료적 경험을 중요시한다.

푸드아트테라피는 치료 기법의 특성상 대부분 집단 속에서 함께하는 활동이 많다. 함께 어울리고 협동하며 만들어지는 공동체 활동으로 푸드 작품을 통해 함께하는 즐거움과 작품을 서로 보고 느끼며 나누는 공감을 바탕으로 긍정적인 대인관계 형성을 치료 목표로 한다. 즉, 푸드아트테라피는 작은 공동체 활동을 시작으로 집단 속에서의 긍정적인 변화를 어렵지 않게 경험할 수 있다. 또한 아동, 청소년의 경우 타인과의 상호작용하는 즐거움을 느끼게 하고 이를 통한 긍정적인 또래 관계 형성은 사회 구성원으로 성장할 수 있는 좋은 기회가 된다.

다음으로 가장 중요한 푸드아트테라피의 치료 목표는 자기효능감을 회복하고 향상하는 것이다. 자기효능감은 어떤 결과를 얻고자 할 때, 행동을 성공적으로 수행해 낼 수 있다는 개인의 능력에 대한 판단인 동시에 신념이다(박영신, 김의철, 2001).

Bandura(1997)는 자기효능감이 성공 경험, 언어적 설득, 생리적 상태 및 정서적 상태의 네 가지 요소에 영향을 받아 형성된다고 보았고, 네 가지 근원 중 성공 경험이 자기효능감 형성에 가장 큰 영향을 미친다고 했다. 푸드아트테라피는 이런 의미에서 본다면 자기효능감을 형성할 수 있는 가장 효과적인 치료기법이다. 푸드아트테라피의 핵심인 '지금-여기'에서의 창의력을 바탕으로 한 작은 성공의 반복적인 경험은 다른 삶에도 긍정적인 영향을 미치며 일을 추진하는 데 동기부여를 가져오며 이것은 자기 성장이라는 결과를 가져온다. 집단 활동의 경우 타인의 성공 경험을 통한 대리 경험과 집단원과 함께 나누는 긍정적인 피드백과 공감은 높은 수준의 자기효능감을 형성할 수 있다. 또한 성공 경험을 바탕으로 앞으로 다가올 많은 어려운 과제를 잘 수행할 수 있다는 긍정적인 생각을 통해 자기 조절 능력이 생기므로 자기효능감 향상은 푸드아트테라피의 중요한 치료 목표가 된다.

푸드아트테라피는 개인이 가지고 있는 문제가 어떠하든 치료의 목표를 개인의 자아 성장에 초점을 둔다. 푸드아트테라피는 활동을 하는 동안 푸드 매체를 통해 자연스럽게 스스로 자기 치유가 일어나고 이런 자기 치유의 경험은 자신이 살아온 삶을 돌아보는 기회를 제공하는 동시에 자신 안에 존재하는 건강한 내면과의 만남으로 자기 성장을 하게 되는 긍정적인 결과를 가져온다.

푸드아트테라피의 치료 목표는 다른 심리치료들처럼 지금 현재에 나타나는 행동 속에서 내면에 잠재되어 있는 감정을 통찰하고 재정비하여 앞으로의 삶을 건강하게 살아갈 수 있도록 스스로 새로운 길을 찾고 창조해 나가는 것이다.

푸드아트테라피는 인간관계 속에서 겪게 되는 다양한 문제를 집단 활동을 통해 안정된 환경을 바탕으로 자신의 문제를 드러내며 집단원의 공감을 바탕으로 유대감과 소속감을 느끼며 함께하는 기쁨을 통해 협동심과 사회성이 향상된다. 이러한 의미에서 푸드아트테라피의 치료 목표는 사회적으로 고립되고 외로움과 소외된 사람들에게 사회적으로 친밀감을 느끼는 기회와 집단 응집력을 경험할 수 있는 기회를 제공하는 것이다. 그 결과 자신 이외의 타인의 긍정적인 지지는 경직되고 억압된 부분을 치유하고 자기 삶 속에서 긍정적인 요소로 작용하여 자신감 향상과 함께 사회적인 기술도 함께 향상할 수 있다.

또한 힘들었던 과거의 기억을 언어적인 기법을 통해 밖으로 표출하는 것은 현재 자신이 겪고 있는 문제로 아픈 시간을 보내는 사람에게는 힘든 일이며 자신의 상처를 다시 바라보는 것에 대한 두려움으로 시도하는 것조차 많은 용기가 필요하다. 이런 경우 푸드 매체는 자신의 힘든 상처와 과거를 가시화하는 과정에서 겪게 되는 감정 표현의 어려움이 다른 치료법에 비해 적고 자신의 아픔과 상처가 표현된 푸드아트테라피 작품을 새로운 관점에서 바라보게 되는 계기를 통해 자기 문제를 새롭게 인지하고 정서적으로 긍정적인 변화와 함께 최종적으로 행동의 변화까지 이어지게 된다.

교육학 용어사전에서 미술교육의 궁극적인 목적은 인간 형성에 있으며 인간의 창의력과 상상력을 미술교육을 통해 발달시키는 것을 목적으로 둔다. 푸드아트테라피의 치료 목적도 미술교육의 목적과 그 뜻을 같이 한다. 즉, 완성도 높은 푸드 아트 작품을 만드는 것에 목적을 두는 것이 아니라 창작 과정 동안 스스로가 겪는 다양한 감정을 통해 놀이하듯 즐겁게 활동하며 자아가 건강하게 성장하는 것에 치료 목표를 둔다. 또한 푸드아트테라피는 푸드 매체를 통한 자연스러운 치유로 푸드 매체를 보는 순간 '무엇을 만들까?' '어떤 것을 표현할까?'라는 호기심으로 출발하여 창작 욕구가 자극되고 그 결과 자신의 감추어져 있던 능력과 새로운 자기 자신과의 만남은 긍정적인 심리로 연결되어 스스로 자연스럽게 치유가 된다.

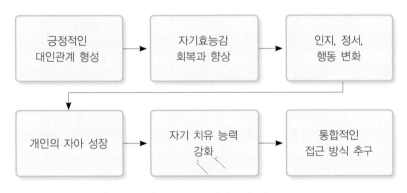

[그림 2-5] 푸드아트테라피의 치료 목표

5. 푸드아트테라피의 효율적 가치

푸드아트테라피는 여러 가지 효율적인 가치를 가지며 이를 바탕으로 삶의 전반적인 부분에서 적극적으로 살아갈 수 있는 효과적인 치료기법이다.

푸드아트테라피의 효율적 가치는 다음과 같다.

첫째, 푸드 매체를 활용한 완성된 푸드 작품 속에서 느낄 수 있는 독창성이다.

둘째, 작품에 몰입하여 만들어 낸 푸드 작품 속의 내면의 무한한 잠재력의 발견과 이를 바탕으로 적극적인 삶을 살아가는 것이다.

셋째, 푸드아트테라피 활동을 통한 감성 지능 향상과 집중력 향상이다.

넷째, 자신의 감정을 조절하고 통제하는 능력을 가지는 것이다.

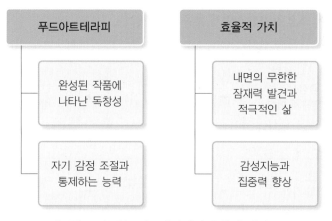

[그림 2-6] 푸드아트테라피의 효율적 가치

푸드아트테라피의 효율적 가치 중 하나인 독창성에 대해 살펴보면 다음과 같다. 독창성은 푸드 매체의 선택을 바탕으로 만들어 낸 푸드아트테라피의 창작물에서 발견할 수 있다.

독창성이란, 자기의 개성과 고유의 능력에 의해 새롭게 가치를 창조하는 것을 의미하며 오로지 자기 고유의 힘과 개성에 입각하여 새로운 것을 만들어 내려는 성향이나 성질을 가리킨다(문학비평용어사전, 2006). 독창성의 개념은 20세기 이후 수정·보완되었다. T. S. Eliot은 완전히 독창적인 것은 절대 악이라는 주장을 펼치며 예술가는 자신이 속해 있는 공동체와 전통에 근거하여 성장 발전해 나가야 함을 강조했다(임영봉, 재인용). 이처럼 독창성이란 개념은 무에서 유를 창조하는 것이 아닌 개인이 가지고 있는 경험에 의한 지식과 자기만의 방식에 의해 새롭게 표현된 것이라 할 수 있다. 이런 맥락에서 본다면 푸드 매체를 가지고 작품 활동을 한다는 것 자체가 독창적인 것으로, 먹는다는 1차적인 욕구 충족에서 벗어나 푸드 매체를 가지고 평면 또는 입체적으로 창작물을 만든다는 발상 자체가 독창적이라고 할 수 있다. 이러한 독창성은 닫혀 있는 사고에서 유연한 사고로 재해석하는 기능을 통해 사물을 바라보는 관점과 자신이 느끼는 감정을 다른 관점에서 바라보는 계기를 제공해 준다. 또한 풍부한 상상력과 표현력이 향상되는 결과를 가져와 자기 표현력이 부족하여 감정을 표현하고 타인과의 소통에서의 불편함을 겪는 사람에게 긍정적인 변화를 제공해 준다. 푸드아트테라피 활동 시 똑같이 제공되는 푸드 매체는 처음 푸드 매체가 가지고 있는 본연의 모습은 푸드 작품으로 완성되었을 때의 모습과는 전혀 다르게 표현된다. 이렇게 완성된 푸드 작품은 타인과 구별할 수 있는 자기만의 고유한 표현으로 인간 본성의 창의력에 자극을 주어 보다 더 나은 방향으로 발전해 갈 수 있다. 또한 그림 그리는 도구가 연필과 색연필 등 필기도구여야 한다는 획일적인 사고에서 벗어나 과일의 즙, 초코펜 등이 그림을 그리는 도구가 될 수 있고 찰흙으로 조형물을 만드는 방법에서 벗어나 밀가루 반죽 등 다양한 푸드 매체를 이용하여 조형물을 만드는 활동으로 독창성 및 창의력이 향상된다.

다음 푸드아트테라피의 효율적 가치로 내면의 무한한 잠재력을 발견할 수 있다는 점을 들 수 있다. 우리는 표면적으로 드러나는 외면적인 능력 외에 미처 발견하지 못한 잠재 능력을 가지고 있다. 누구나 어렵지 않게 푸드아트테라피 활동을 통해 잠재된 능력을 발휘하여 예상하지 못한 창조적인 결과물을 만드는 기쁨과 성취감을 느낄 수 있다. 예를 들면, 집중력이 떨어지고 산만하며, 자신감이 없어 새로운 시도를 하는 것에 어려움이 있는 경우 주어진 치료 매체로 인해 결과물이 예상 가능할 때 시도하는 것을 더 강하게 거부한다. 이미 그림을 그리거나 만들기를 통해 많은 실패를 경험해 보았고 이런 경험은 앞으로 자신이 하는 활동의 결과를 미리 부정적으로 예측하고 포기하며 활동을 거부하는 반응으로 나타난다. 그러나 푸드 매체는 작품 과정 속에서 자신도 모르는 사이 몰입하는 경험을 할 수 있다. 이러한 몰입 경험은 집중력 향상 및 산만함이 개선되며 자신에게 집중하는 시간을 통해 완성된 푸드 작품은 자신의 잠재력을 확인시켜주는 긍정적인 결과를 낳는다.

다음 푸드아트테라피의 효율적 가치인 감성지능 향상은 최종적으로 인간관계에 긍정적인 영향을 준다. 감성이란 자신이 가진 오감을 적절히 관리하고 조절하여 자신의 감정을 알고 타인의 감정을 읽을 수 있는 능력으로, 오늘날 감성이 중요한 이유는 감성이 높을수록 자신감이 높고 타인에게 신뢰감을 주고 성실하며 타인의 호감을 바탕으로 사회성이 높은 장점이 있기 때문이다. 푸드아트테라피 활동의 중요한 매체인 푸드는 이러한 감성을 자극하여 긍정적인 변화를 주는 데 중요한 역할을 한다. 즉, 오감을 자연스럽게 느낄 수 있는 푸드 매체를 활용한 활동은 자연스럽게 감성 지능을 향상시키는 긍정적인 결과를 가져오기 때문이다.

마지막으로 푸드아트테라피가 가지는 효율적 가치에 대해 살펴보면 다음과 같다.

자신이 느끼는 감정을 적절히 표현하고 때로는 부정적인 감정을 조절하여 감정의 밸런스를 맞추는 것은 개인의 삶은 물론 사회 구성원으로서 가지고 있어야 할 중요한 요소이다. 푸드 매체의 특성상 먹을 수 있는 것들로 구성되어 있고 이는 시각적으로 보는 만족과 함께 먹고 싶다는 본능적인 욕구와 충동성을 자극한다. 실제 충동성이 강하고 참을성이 부족하여 자신의 감정을 막힘없이 분출하는 아이의 경우 활동 전 푸드 매체를 만지거나 먹는 행동을 자제하지 못하는 경우가 흔하게 나타난다. 또한 먹을 수 있는 매체의 경우 지나치게 많이 선택하여 활동에 목적을 두기보다 먹기 위한 본능적인 만족에만 치중하는 모습으로도 나타난다. 그러나 반복적인 푸드 매체에 대한 경험은 자신이 원하는 매체를 선택하고 매체의 양을 적절히 조절하여 선택하는 자기 조절력이 발휘되고 이는 자신의 감정을 조절하고 통제하는 능력으로 이어져 자기 성장에서의 긍정적인 결과를 가져온다.

오늘날 자신의 의사보다는 부모의 의사와 선택으로 인생을 살아가는 모습은 '선택 장애'라는 신조어를 만들어 냈다. 선택 장애란 선택의 갈림길에서 어느 한쪽을 고르지 못해 괴로워하는 심리를 뜻하는 신조어로 비슷한 표현으로 '결정 장애'라고도 한다. 이런 장애를 가진 사람의 특징은 우유부단하고 자신감이 낮은 모습을 보여 주며 자신의 의사보다는 타인의 관점과 의사에 더 중점적으로 반응한다. 또한 자신이 선택한 일에 대해 반드시 후회를 동반하며 이는 자신감 저하라는 부정적인 경험을 반복하게 한다.

푸드아트테라피는 다양한 푸드 매체를 스스로 선택한 후 표현하는 활동이 대부분으로, 친숙하고 실패의 경험이 적은 푸드 매체의 반복적인 선택 경험은 매체 선택의 만족감과 함께 자신의 의지로 선택한 매체로 완성된 작품의 만족감은 선택의 힘을 기르고 어려운 상황을 극복하고 이겨 낼 수 있는 내면의 힘을 기를 수 있다.

푸드 매체로 창작 활동을 하는 과정에서 보다 더 근사하게 잘 표현하고 싶다는 욕구는 본능적인 것으로, 자신이 가치 있고 소중한 존재라는 것을 작품을 통해 대리 만족한다. 이러한 경험은 자신의 삶을 아름답고 가치 있게 표현하려는 의도로 이어져 긍정적인 자기 성장과 자기 유능감을 발휘하게 한다. 또한 함께 활동하는 집단원의 지지와 칭찬은 성취감으로 이어져 자신의 삶을 적극적으로 살아갈 수 있는 힘을 길러 준다.

Food Art Therapy

CHAPTER
03

푸드아트테라피의 이론적 배경

푸드아트테라피는 일상생활에서 쉽게 구할 수 있는 푸드 매체를 이용하여 지금 현재의 자신의 감정을 자연스럽게 표현하는 활동을 통해 자아 성장과 함께 반복되는 성공 경험으로 자기효능감이 향상되는 효과적인 치료기법이다.

푸드아트테라피 활동은 자기 안에 많은 긍정적인 자원을 가지고 있다는 인식과 자신에게 주어진 어려움과 한계도 생각하기에 따라 극복할 수 있는 일이라고 생각하는 열린 사고와 스스로 깨닫고 찾은 긍정적인 에너지를 이용하여 절정 경험(peak experience)의 기회를 가지는 것은 자기 성장을 위한 좋은 방법이 될 수 있다. 융 심리학자 아브라함 매슬로우의 절정 경험의 사전적 의미는 예술이나 운동 경기 등 다양한 영역에서 자신이 정한 높은 목표를 이룬 순간에 일어나는 최고의 충족과 행복의 경험으로 개인의 성장 발달에 큰 영향을 미친다. 절정 경험을 통해 인간은 개인의 삶 속에서 몰입과 황홀함을 바탕으로 최고의 만족과 성취감을 느낄 수 있다.

푸드아트테라피 활동은 푸드 매체를 통해 내담자에게 절정 경험을 제공한다. 즉, 내담자는 푸드 활동을 통해 획득한 즐거움과 행복감을 같이 활동한 집단원과 서로 공감하며 닫혀 있는 마음의 문을 열고 집단원과의 긍정적인 관계를 형성하는 기회를 통해 건강하고 활기찬 생활을 영위할 수 있다.

푸드아트테라피 활동은 푸드 매체를 선택하는 과정에서 시작해 푸드 표현 활동까지 문제 해결을 위한 접근 방식이 아닌 자신이 완성한 푸드 작품 속에서 자기 문제를 스스로 알아차리고 새로운 관점에서 자기 문제를 인지하는 것이다. 즉, 자신이 완성한 푸드 작품 속에서 느껴지는 감정을 서로 이야기를 나누는 공감 활동을 통해 자신이 미처 인지하지 못했던 부분을 통찰하여 개인의 관점의 변화를 가져오게 하는 것이다. 이러한 관계를 형성하기 위해 작품을 만드는 사람과 그것을 지켜보는 상담사와의 관계는 공감을 바탕으로 내담자가 가지고 있는 외면화되지 못한 내적인 강점을 찾아 인지하게 해 주는 것이 중요하다.

1. 푸드아트테라피와 푸드 네오포비아

1) 푸드 네오포비아

처음 보는 낯선 음식에 대한 두려움과 공포를 나타내는 심리학 용어인 '네오포비아(NeoPhobia)'는 식품혐오증이라 불리는 음식 낯가림으로 특정한 상황, 물건, 그리고 처음 접해 보는 음식에서도 작용한다. 그중 '푸드 네오포비아(Food NeoPhobia)'는 'Food(음식) + Neo(새로운) +Phobia(공포증)'으로 새로운 음식에 대한 공포증과 낯선 음식에 대한 두려움으로 보통 생후 6~7개월은 푸드 네오포비아가 형성되는 시기로 볼 수 있다(EBS 〈아이의 밥상〉 제작팀, 2010). 이 무렵은 아이가 모유를 떼고 처음으로 음식을 접하는 시기로 이유식을 접하는 시기와 맞물려 푸드 네오포비아가 나타난다. 아이의 경우 태어나서 처음 겪는 정서적인 분리의 첫 경험인 모유 수유의 중단과 함께 태어나 처음으로 맛보는 생소한 음식에 대한 거부감으로 인해 공포증이 생기는 것으로 볼 수 있다. 연구에 따르면 푸드 네오포비아는 대개 만 6개월~만 5세 사이에 절정에 이르며, 이후에는 조금씩 줄어드는데, 이는 시간이 지나면서 음식에 대한 친숙성이 점점 늘어가기 때문이다(EBS 아이의 밥상 제작팀, 2010). 즉, 음식에 대한 친숙성이 늘어날수록 푸드 네오포비아는 자연스럽게 줄어드는데, 이 시기에 적절한 음식에 대한 노출을 통해 접해 볼 기회가 결핍되었을 경우 특정한 음식에 대한 편식과 식습관에 좋지 않은 영향을 준다. 이때 형성된 편식과 식습관은 아이의 자아존중감에도 영향을 주므로 푸드 네오포비아에 대한 적절한 대처는 음식에 대한 공포증 해소뿐만 아니라 아이의 몸과 마음이 건강하게 자랄 수 있는 중요한 요소가 된다(EBS 〈아이의 밥상〉 제작팀, 2010).

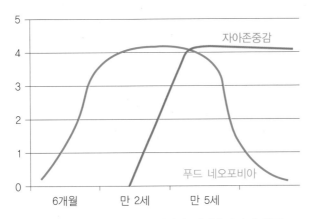

[그림 3-1] 푸드 네오포비아와 자아존중감의 발달

출처: EBS 아이의 밥상 제작팀(2010).

네오포비아가 나타나는 이 시기를 아동 발달학에서 살펴보면 다음과 같다. 심리학 용어 중에 사회적 참조(social referencing)는 1~2세 정도의 영유아가 상황에 대한 타인의 해석을 이용하여 자신의 해석을 구성하는 행동으로 만 1세 무렵의 유아는 애매한 자극을 제시할 경우 곧잘 엄마나 타인을 쳐다보며 이들이 어떻게 반응하는지에 따라 그 자극에 대한 행동 요령을 익힌다(한국심리학회, 2014). 즉, 낯선 상황이나 자극을 대할 때 이것이 안전한가에 대한 정보를 자신이 신뢰하는 사람의 표정을 통해 얻어 불확실한 상황을 대처하려는 것이다. 이때 낯선 음식을 주는 엄마가 화를 내거나 강요를 하며 억지로 먹이는 표정, 잘 먹지 않았을 때 보이는 엄마의 화난 표정 등은 아이의 푸드 네오포비아를 더 강화시키는 악영향을 준다.

푸드 네오포비아가 형성되는 시기는 자아존중감이 형성되는 시기와 같아서 음식에 대해 한 번 거부감이 생기면 다시 그 음식을 먹는 것은 더욱 힘들어지며 아이의 생각과 의지가 전혀 반영되지 않은 강제적인 음식 섭취의 강요는 낮은 자아존중감을 형성하는 좋지 않은 결과를 가져온다.

아이의 식습관은 엄마와의 유대 관계 형성에도 영향을 준다. 즉, 엄마가 싫어하는 음식에는 아이도 거부 반응을 보이고 엄마가 좋아하는 표정을 지으며 선호하는 음식에는 아이도 똑같은 선호도를 보인다. 잘 먹지 않는 음식으로 인해 식사 시간은 길어지고 씹지 않고 입에 물고 있거나 뱉어 버리는 행동 등으로 즐거워야 할 식사 시간이 항상 야단을 맞는 시간이 되며 엄마는 밥 먹이는 전쟁이라고 표현할 정도로 서로가 힘든 시간은 엄마와의 관계에도 부정적인 영향을 줄 수밖에 없다. 새로운 음식에 대해 어색하고 불편한 이 시기에 무조건 '꼭 먹어야 한다.' '골고루 먹어야 건강해진다.' '빨리 먹어라.' 등의 잔소리와 아이의 욕구는 무시한 엄마가 주도적으로 이끄는 식사시간은 아이가 자기 욕구를 표현할 기회가 줄어들게 만들며 식사 시간마다 야단을 맞게 되는 불편한 상황으로 인해 낮은 자아존중감과 편식 및 잘 먹지 않는 나쁜 식습관이 형성된다.

모유 이외의 세상의 음식과는 첫 만남으로 어색하고 두렵고 공포스러울 수밖에 없어 거부 반응이 일어나는 것은 어쩌면 자연스러운 현상일 수 있다. 이런 낯선 상황에서 가장 나를 사랑해 주고 아껴주던 엄마가 낯선 음식을 주며 먹으라고 강요하고 잘 먹지 못했을 때는 야단을 치는 상황은 아이의 푸드 네오포비아와 편식을 강화시키고 결국은 낮은 자아존중감을 형성하는 부정적인 결과를 가져온다. 또한 엄마는 음식을 더 먹이기 위해 애원을 하거나 쫓아다니면서 화를 내는 등 더 나쁜 상황을 만들 뿐이다.

한 한의원에서는 아이들의 한약에 대한 푸드 네오포비아에 긍정적인 영향을 주기 위해 아이들이 좋아하는 캐릭터를 이용해 한약 봉지를 만든 후 한약 봉지와 먼저 친숙해질 수 있는 기회를 먼저 주는 방법을 사용한다. 약국에서 아이용 약품에 캐릭터를 도입하여 포장을 하는 것도 이러한 이유이다.

아이의 성장 발달에 부정적인 역할을 주는 푸드 네오포비아를 해결하기 위한 효과적인 방법은 '푸드 브리지(food bridge)'이다. 푸드 브리지는 건강한 식습관 형성을 위해 낯선 음식에 긍정적인 방법으로 친숙해지는 다리(bridge)를 놓아 준다는 뜻을 가지고 있다. '푸드 브리지'는 음식의 연결이 자연스럽게 접목되도록 하는 것으로, 동일한 음식을 8회 이상 노출해야 가능하다(유럽 임상영양학회지, 2003). 또한 동일한 재료를 이용하여 단계별로 다양한 음식을 제공하는 것으로, 싫어하는 음식을 5~10% 정도로 시작하여 시간이 점차 지나 90% 이상 노출시킨다. 총 1~4단계로 나누어 적용할 경우 푸드 네오포비아에 긍정적인 영향을 줄 수 있다(EBS 〈아이의 밥상〉 제작팀, 2010).

푸드 브리지 4단계 방법은 다음과 같다.

〈표 3-1〉 **푸드 브리지 4단계**

푸드 브리지(Food Bridge)	
1단계	싫어하는 채소를 식기나 놀이기구를 활용하여 시각적으로 친숙한 기회를 제공한다.
2단계	재료를 알아볼 수 없게 모양이나 색으로 호기심을 자극한다.
3단계	아이가 거부감을 갖거나 재료를 골라 내지 않도록 다른 재료와 섞어 만들어 준다(이때, 5%, 10%, 20%로 조금씩 양을 늘려가며 먹을 수 있도록 한다).
4단계	채소 야채의 즙, 주스 형태로 만들어 재료 본연의 맛을 느끼게 한다.

출처: EBS 〈아이의 밥상〉 제작팀(2010).

2) 푸드아트테라피와 푸드 네오포비아

푸드 네오포비아는 태어나 처음으로 겪는 낯선 음식에 대한 공포증이다. 이때 형성된 식습관은 성인까지 이어지므로 중요한 시기라고 할 수 있다. 또한 아동 발달학상 자아존중감이 형성되는 시기와 맞물려 식습관은 물론 아이의 정서에도 많은 영향을 미친다. 음식을 제공하는 사람은 어머니로 이유식 이전 모유를 통해 서로 소통하고 사랑을 받았던 존재로부터 낯선 음식을 주는 불편한 관계는 아이의 정서 형성에 부정적인 영향을 줄 수 있다. 편식하지 않는 착한 아이, 채소를 잘 먹는 건강한 아이로 키우고 싶은 엄마들의 욕심은 몸이 건강한 아이로 자라는 기회를 줄 수 있지만 처음 접해 보는 음식에 대한 거부감과 이것을 잘 먹지 않았을 때 받게 되는 엄마의 야단과 화내는 표정, 다그침 등은 아이가 그 음식과 더 멀어지게 하는 기회가 된다. 또한 사랑하는 사람으로부터 받는 이러한 부정적인 감정들은 '내가 무엇을 크게 잘못하고 있구나.' 하는 생각과 '엄마를 힘들게 하는구나.'라는 자책감과 제대로 실천하지 못하는 반복되는 실패 경험으로 긍정적인 자아 형성에 부정적인 영향만을 줄 뿐이다. 즉, 억지로 먹은 밥 한 그릇보다 맛있게 먹는 밥 한 숟가락이 긍정적인 식습관을 형성하고 엄마와의 긍정적인 유대 관계를 형성하는 데 중요한 역할을 할 수 있다.

푸드 네오포비아는 채소에서 가장 많이 나타난다. 아이들은 배가 고플 때 엄마 품에 안겨 젖을 빨아서 먹기만 하면 되는 편하고 안정된 식사 환경과는 달리, 스스로 오물거리고 나아가 씹어서 음식을 삼켜야 하는 상황과 새로운 채소의 맛에 낯설 수 밖에 없다. 이런 낯선 환경에서 긍정적인 영향을 줄 수 있는 것은 음식을 제공하는 어머니의 태도이며 이는 긍정적인 애착 형성에도 영향을 줄 수 있다.

아이는 음식을 주는 엄마의 표정과 태도에 따라 낯선 상황에서 적응할 수 있으므로 아이가 싫어하고 거부하는 음식을 무조건 주기보다는 놀이와 재미를 첨가하는 방법을 통해 아이가 거부감 없이 음식과 친해지는 방법으로 푸드 네오포비아를 극복할 수 있다.

이러한 관점에서 푸드아트테라피는 푸드 네오포비아를 극복할 수 있는 중요한 기법으로 효과적으로 적용할 수 있으며, 나아가 아이의 자아존중감 및 엄마와의 애착 관계에도 긍정적인 영향을 주어 몸과 마음이 함께 성장할 수 있는 기회를 제공해 준다.

식습관 개선에서 사용하고 있는 푸드 브리지의 경우 처음 접하는 채소, 야채를 이용하여 파프리카 그릇으로 계란찜을 만들어서 낯선 음식에 대해 친숙해지는 기회를 주는 것, 스스로 채소를 이용하여 음식의 재료를 만들어서 먹게 하는 방법 등으로 활용한다.

여기에 푸드아트테라피는 음식과 친숙해지는 효과적인 방법을 제공하는 것은 물론 엄마가 아이와 함께 나누는 정서적인 교류와 감정 표현으로 확장하여 더욱 효과적인 프로그램을 제공할 수 있다. 즉, 아이에게 식재료를 선택해서 직접 만지고 음식을 만들기 전에 실시하는 푸드아트테라피 활동은 푸드 네오포비아에 대한 긍정적인 영향을 줄 수 있다.

다양한 모양 틀을 이용하여 당근, 오이, 무 등을 별 모양, 하트 모양, 동그라미 모양 등을 만든 후 푸드 표현 활동하기와 엄마가 아이의 손등에 하트와 별모양 야채와 채소를 올려서 꾸며 주기, 야채 반지를 만들어서 선물해 주기, 엄마와 함께하는 오이 마사지 활동, 긴 당근을 입에 문 후 빼빼로 게임하기, 오이로 칼싸움하기, 당근과 다양한 채소를 이용한 희망 나무 만들기 등으로 아이가 채소와 친해지는 푸드아트테라피 활동은 푸드 네오포비아에 긍정적인 영향을 줄 수 있다. 또한 아이에게 푸드 매체를 스스로 선택할 수 있는 기회를 제공하고 싫어하는 음식에 대해 자기 조절력을 발휘할 수 있도록 기회를 제공한다. 즉, 두 가지 채소를 손에 쥔 후 알아맞히기 게임으로 시작하여 알아맞혔을 때는 먹지 않고 그 야채로 그림을 표현하거나 즙이 나오는 채소일 경우 즙을 이용하여 난화 활동하기로 확장할 수 있다. 알아맞히지 못했을 경우에는 푸드 매체를 맛보는 활동으로 푸드아트테라피 활동을 접목하여 엄마와의 유대 관계에도 긍정적인 영향을 준다. 또한 식재료를 직접 키우며 자라는 모습 관찰하고 직접 키운 야채와 채소로 활동하는 것은 더욱 효과적이다.

아이와 함께 시장에 나간 후 아이가 잘 먹지 못하는 채소 모종을 사온 후 직접 물을 주고 키우고 채소를 만져보는 기회는 성취감을 줄 수 있는 효과적인 방법이며 자란 채소를 직접 잘라오게 하거나 가지고 온 채소를 이용하여 마음을 표현하는 푸드아트테라피 활동을 한 후 음식을 만드는 활동으로 이어질 경우 채소에 대한 친숙함과 함께 만족감을 형성할 수 있다.

요리 활동에 아이가 직접 엄마와 함께 참여하는 기회는 엄마와의 긍정적인 관계 형성에도 좋은 영향을 주며 신체 발달 및 정서 발달에도 좋은 영향을 준다. 자신이 직접 만든 요리에는 더욱 애착을 보이며 낯선 재료가 들어간 음식이지만 자신이 무엇인가를 만들었다는 만족감으로 인해 성취감으로 이어질 수 있다. 또한 이런 활동 후 엄마와 함께하는 식당 놀이, 아이와 엄마가 함께하는 소꿉놀이 및 야채가게 놀이 등은 맛없는 음식을 공포 분위기에서 억지로 먹어야 하는 불편한 상황에서 벗어나게 하고 즐거운 식사 환경에서 엄마가 주는 긍정적인 피드백은 아이의 자기효능감 향상에도 긍정적인 영향을 줄 수 있다.

푸드아트테라피를 적용한 푸드 브리지 활동의 구체적인 방법은 다음과 같다.

〈표 3-2〉 **푸드아트테라피와 푸드 브리지 4단계**

푸드아트테라피와 푸드 브리지 활동 방법	
푸드 매체	배추
푸드아트테라피	푸드 브리지
1단계 크기가 큰 배춧잎을 이용하여 얼굴 모양을 만든 후 까꿍 놀이를 한다.	활동 후 배춧잎을 이용하여 미니 쌈밥을 얼굴 모양으로 꾸민 후 시각적으로 친숙한 기회를 제공한다.
2단계 배춧잎을 손으로 충분히 만지고 냄새를 맡게 한 후 직접 밀가루와 즙을 이용하여 반죽하며 만들도록 하고 수제비를 만들기 전 밀가루 반죽을 이용하여 자유 만들기를 하는 기회를 제공한다.	배춧잎의 즙을 이용하여 밀가루와 섞어 초록색 밀가루 반죽을 만든 후 수제비를 만든다.
3단계 만두소 반죽을 만들며 촉감 활동을 하고 만두소를 이용하여 좋아하는 동물을 표현한다.	배추와 아이가 거부감을 느끼지 않는 고기를 이용하여 배춧잎 만두를 만든다.
4단계 여러 가지 김치 재료를 이용하여 도마 위에 자유롭게 표현 활동을 한 후 직접 칼을 이용하여 자르기 활동 등 김치 만들기 활동에 참여하도록 한다.	여러 가지 김치 재료를 이용하여 직접 김치를 만든다.
푸드 매체	파프리카
푸드아트테라피	푸드 브리지
1단계 다양한 색의 파프리카를 이용하여 인형을 만든 후 엄마와 함께 역할놀이를 한다.	아이가 좋아하는 재료로 만든 볶음밥을 만들어 인형 파프리카 그릇에 담아 준다(이때 파프리카는 먹지 않아도 된다).
2단계 파프리카를 직접 자르고 믹서기에 갈아 즙을 직접 만든 후 즙의 양을 다르게 유리컵에 담아 실로폰 연주를 함께 한다.	파프리카 즙을 이용하여 쿠키 반죽을 만든 후 좋아하는 사람 얼굴 모양 쿠키를 만든다.
3단계 다양한 색의 파프리카를 작게 자른 후 파프리카 만다라를 완성한다(만다라 문양을 파프리카로 표현한다).	파프리카 속에 동그랑땡 재료를 넣은 후 잘라서 전을 만든 후 꽃모양 접시로 표현한다.

4단계	파프리카 즙을 낸 후 세제를 넣어 파프리카 비눗방울을 만든 후 도화지 위에 비눗방울 불기를 한 후 생긴 모양을 이용해 자유연상 놀이를 한다.	활동 후 남은 파프리카를 이용하여 하트를 만든 후 서로에게 먹여 주는 활동을 통해 엄마와의 애착 형성 및 거부감을 해소한다.
	푸드 매체	양파
	푸드아트테라피	푸드 브리지
1단계	양파와 견과류를 이용하여 좋아하는 사람, 또는 동물을 표현한 후 마음 나누기를 한다.	피자 재료에 양파와 다양한 야채를 직접 자른 후 피자를 만든다(섭취하지 않고 활동에만 참여하도록 한다).
2단계	양파링을 이용하여 다양한 표현 활동을 한다(눈사람 만들기, 안경 만들기 등).	양파 및 다양한 야채를 이용하여 카레를 아이와 함께 만든다(양파가 잘 보이지 않도록 작게 자른다).
3단계	양파 껍질과 양파 및 다양한 채소를 이용하여 희망 나무를 표현한다.	아이와 함께 양파와 감자를 이용하여 볶음 요리를 함께 만든다.
4단계	양파와 다양한 채소를 이용한 꽃꽂이 활동 후 아이와 엄마가 서로에게 마음을 담아 선물을 한다.	양파링을 이용하여 양파 튀김을 만든다.

2. 푸드아트테라피의 교육적 가치

푸드아트테라피는 가지고 있는 교육적 가치로 인해 다양한 분야에서 효과가 발휘되고 있으며 특히 장애를 가진 경우 더욱더 중요한 역할을 한다.

Walsh(1980)는 요리 활동은 다양한 감각을 사용하는 구상적 요소를 지니고 직접 만지고 느끼는 활동을 통한 의미 있는 경험이라고 했다. 푸드아트테라피는 오감을 자극하는 활동으로 작품을 만드는 동안 눈과 손의 협응력과 시·지각 발달을 촉진하는 역할을 하며 순발력을 향상시키는 등 통합적인 발달을 위한 중요한 치료기법이다. 아동의 경우 일상생활에서 흔히 접할 수 있는 푸드 매체는 즐거운 분위기 속에서 거부 반응 없이 마음이 열린 상태로 적극적인 참여를 가능하게 하며 잠재되어 있던 재능이 푸드 매체로 표현된다.

편식 등 잘못된 식습관으로 불편함을 겪는 경우 푸드 매체를 통한 표현 활동은 푸드 매체에 대한 긍정적인 감정을 갖도록 하고 특별히 싫어하는 매체로 만든 작품의 경우 자신이 만든 것에 대한 애정을 가지고 맛을 보는 활동으로 이어져 편식을 고칠 수 있는 기회가 된다.

유아의 경우 푸드아트테라피 활동은 창의력을 발달시키고 초등학생의 경우는 푸드 활동을 통한 학습에 긍정적인 효과가 있다. 또한 장애가 있는 경우 치료 목적과 교육 목적의 통합적인 경험을 할 수 있는 가치 있는 활동으로 푸드아트테라피에 대한 필요성이 더욱 높아지고 있다.

푸드아트테라피는 자기 손으로 직접 선택한 푸드 매체를 눈으로 직접 변화를 관찰하며 푸드 작품을 만든다. 다양한 푸드 매체를 만지고 자르고 냄새를 맡으며 오감을 모두 사용하는 활동으로 전반적인 인지 기능 향상에 도움을 준다. 인지 능력이 떨어지는 경계선 장애아의 경우 푸드 활동을 하는 순서를 이해하고 기억하는 활동으로 연계하여 학습의 기초를 형성하는 데 도움을 준다. 이는 친숙한 푸드 매체를 활용하는 이점으로 인해 학습으로 받아들이지 않고 놀이의 하나로 받아들여 활동에 대한 거부감과 부담 없이 즐겁게 참여하여 더욱 효과적으로 다가갈 수 있다. 또한 오감을 이용한 푸드 활동으로 기억 속에 오랫동안 남는다.

푸드아트테라피 활동은 푸드 매체를 자르고 때로는 주무르고 나누는 등 소근육 발달로 신체 발달이 향상되고 집단으로 활동할 경우 푸드 매체를 서로 나누는 과정 속에서 자신의 순서를 기다리는 활동은 인내심과 참을성을 기르는 데 도움을 준다.

푸드아트테라피 집단 활동으로 공동작품을 만드는 경우 시작부터 완성까지 타인을 존중하고 배려하는 마음과 함께 협동의 필요성을 느끼고 공감하는 기회를 통해 사회성이 향상된다. 또한 푸드 매체를 활용하여 만든 작품을 관찰할 수 있는 기회는 형태의 변화 과정과 촉감의 직접 체험으로 표현 능력이 향상된다.

다문화 가정의 자녀 및 외국인 부모를 대상으로 한 푸드아트테라피 활동은 정서적으로 긍정적인 역할을 한다. 모국의 전통적인 푸드 매체를 활용한 활동은 참여도를 높이고 푸드아트테라피 활동을 통해 모국의 음식을 소개하고 함께 만든 음식을 나누어 먹는 활동은 심리적인 만족감 및 모국의 그리움을 달래는 수단으로 효과적인 치료기법이 된다.

외모지상주의의 편향된 의식과 패스트푸드의 지나친 섭취는 성장기 정상적인 신체 발달에 악영향을 미치고 있다. 건강한 푸드 매체를 활용한 푸드아트테라피 활동은 거식증 및 비만 예방에 긍정적인 영향을 준다.

일상생활에서 늘 쉽게 접할 수 있는 푸드 매체를 활용한 집단상담프로그램은 가족이 모두 참여하여 활동할 수 있어 가족 간의 긍정적인 상호작용은 물론 관계 개선에 긍정적인 영향을 주어 가족 집단프로그램으로서의 활용도가 높다.

이렇듯 푸드아트테라피는 푸드 매체를 선택하는 첫 단계부터 만드는 과정과 작품을 완성하는 마지막 단계까지 오감을 활용하여 작품을 만들며 인간의 전반적인 발달 영역에 긍정적인 영향을 주는 효과적인 치료법이다.

어린 시절 소꿉놀이는 푸드 매체를 활용한 놀이로, 주위에서 흔하게 볼 수 있었던 호박꽃 등 다양한 모양과 색의 자연물들이 소꿉놀이의 좋은 재료가 되었다. 친구와 함께 호박잎을 썰고 때로는 집에 있는 식재료를 가지고 나와 함께 음식을 만들고 놀았던 기억은 정서 발달과 사회성 향상에 긍정적인 영향을 주었다. 또한 엄마가 우리에게 해 주었던 음식으로 인해 받았던 사랑을 소꿉놀이를 통해 대리만족하며 긍정적인 성장에 도움을 줄 수 있다. 푸드아트테라피도 이와 같은 맥락으로 다양한 푸드 매체를 이용해 상상의 나래를 펴고 때로는 엄마 역할을 하며 자신이 만든 작품을 통해 누군가에게 사랑을 주는 기쁨을 느끼는 등 케어에 대한 만족감을 얻을 수 있는 치료법이다. 이런 기분 좋은 상상 경험은 창의력은 물론 관계 개선에 효과적인 영향을 줄 수 있다. 여자아이의 경우 놀이를 통해 성장하는 시기에 가장 좋아하는 놀이는 주방놀이이다. 이러한 영향으로 실제 주방 도구와 조리 도구가 아이 키 높이에 맞게 제작되어 많이 나와 있고 아이들은 자신에게 주어진 주방이라는 공간에서 엄마로부터 학습한 것을 실제 적용하며 기쁨과 행복함을 느끼며 성장하고 그 결과 자기표현력 향상에도 긍정적인 영향을 준다.

푸드 매체를 이용한 표현놀이 활동은 자신이 만든 작품으로 이야기를 나누고 때로는 상담사와 함께 역할 놀이를 하며 사회성 향상의 기회와 인지 능력 향상이라는 긍정적인 결과를 가지고 온다. 특히 취학 전 아동이나 장애아의 경우 푸드아트테라피 활동은 구체적이고 실제적인 치료기법보다는 푸드 매체를 활용한 푸드놀이 활동 중심으로 접근하는 것이 효과적이다. 즉, 푸드아트테라피 작품을 완성하는 것이 목적이 아니므로 안전성이 보장된 공간에서 푸드 매체를 만지고 탐색하는 자유로운 활동과 매체를 직접 잘라 보고 달라지는 모양을 관찰하는 것만으로도 흥미 유발은 물론 발달에 도움이 된다. 푸드아트테라피는 특히 인지 능력이 낮거나 발달이 느리고 지연된 아이에게 적용할 경우 인지 발달에 도움을 줄 수 있다. 인지 발달이 느리고 지연된 경우 학습에 대한 부담감과 거부감이 많고 학습적인 부분이 적용된 활동의 경우 시도하기도 전에 포기하거나 관심을 보이지 않는다. 그러나 푸드아트테라피는 푸드 매체가 주는 친숙함과 호기심으로 인해 활동을 거부하는 경우가 드물다. 다양한 푸드 매체를 통해 서로 다른 모양과 같은 모양을 구분하고 색깔을 분류하는 활동, 수 개념과 만드는 순서를 기억하고 실행해 보는 반복적인 경험으로 인지 발달이 향상되는 긍정적인 결과를 가져온다. 발달이 느린 경우 푸드 매체와 연관 지어 푸드가 가지고 있는 고유의 색과 푸드 이름을 인지시키는 반복적인 경험은 발달 촉진에 긍정적인 영향을 준다.

푸드아트테라피는 결과가 예상되지 않는 창의적인 활동으로, 새로운 푸드 매체로 다양한 방법을 시도하여 만든 창의적인 푸드 작품은 사물을 보이는 것 외에 보이지 않는

포도 껍질로
단어 적기

포도 알을 이용한
단어 표현하기

색 이름과 색깔
표현하기

포도 껍질로
포도 그리기

[그림 3-2] 포도를 이용한 인지 학습 활동

부분까지 보고 표현할 수 있는 창의력과 개성 있고 독특한 사고 능력을 기를 수 있다.

　　ADHD 아동에게 푸드아트테라피 활동을 적용할 경우 성취감과 만족감을 통한 승화 경험과 함께 인내심을 기를 수 있는 기회를 제공한다. ADHD 아동은 행동 특성이 부주의하고 충동적이며 과잉행동을 하는 행동 특성이 있으므로 일상생활에서 많은 지적과 충고로 상대적으로 자존감이 낮다. 이런 경우 푸드아트테라피 완성 작품을 통한 승화 경험으로 자존감을 높일 수 있으며, 표현된 작품은 물론 활동 중에 나타나는 행동에 대한 긍정적인 피드백으로 자신감이 향상될 수 있다. 푸드아트테라피는 푸드 매체가 주는 안정감과 편안함으로 내면의 편안함을 느낄 수 있고 이런 긍정의 힘을 통해 타인을 배려하는 조화로운 상호작용으로 긍정적인 유대 관계를 형성할 수 있다.

〈표 3-3〉 **푸드아트테라피의 교육적 가치**

1	눈과 손의 협응력, 시·지각 발달, 순발력 향상 등 통합적인 발달을 위한 중요한 매체
2	잠재된 재능이 푸드 매체를 통해 표출
3	편식 등 잘못된 식습관 개선 및 비만 예방
4	치료 목적과 교육 목적의 통합적인 경험
5	전반적인 인지 기능 향상
6	인내심과 참을성 향상 및 현재 감정 조절과 인내를 통한 내면 성장의 기회
7	사회성 및 또래 관계 향상
8	직접적인 체험을 통한 표현력 향상
9	다문화 가정의 이해
10	창의성 발휘를 통한 자신감 향상
11	가족 집단 프로그램으로서의 활용
12	역할 놀이를 통한 사회성 및 인지 능력 향상
13	ADHD 아동의 활동에 대한 만족감을 통한 승화 경험

　　푸드아트테라피의 교육적 가치를 대상에 따른 연령별로 나누어 자세하게 살펴보면 다음과 같다.

첫째, 영유아의 경우 다양한 감각과 운동 능력이 급속이 발달하는 시기로 오감을 통한 자극으로 대근육, 소근육, 협응력 향상은 물론 활동 중 서로 주고받는 언어 활동을 통해 언어 표현 능력과 사고가 확장된다. 또한 각 계절마다 특징적인 푸드 매체의 사용은 계절감을 느낄 기회가 되고 활동 중 나누는 자기 감정을 발표하는 시간은 모든 영역에서 통합적으로 연계되어 발전할 수 있다.

둘째, 학령기 아동의 경우 푸드아트테라피를 활용한 능동적인 작품 활동을 통해 인내심과 자제력 및 집중력이 향상된다. 또한 창의력과 논리적 사고와 관찰력 및 사회성이 향상되며 오감을 활용한 활동을 통해 전인적인 인간으로 성장할 수 있게 한다.

셋째, 청소년의 경우 빠른 신체와 감정 변화로 인해 자아정체감 혼란과 사춘기로 인해 예민한 시기로, 푸드아트테라피를 통해 긍정적인 사고를 바탕으로 자기효능감이 향상되도록 한다. 집단 활동의 경우 집단 속에서의 다양한 경험을 통해 협동심은 물론 학업 스트레스로 인한 부정적인 감정을 긍정적으로 표출할 기회를 제공한다.

넷째, 노인의 경우 신체 기능과 감성 기능의 감퇴로 심리적으로 외로운 시간을 보내는 경우 많다. 그 결과 노인의 우울증 발생률은 해가 지날수록 높아지고 있다. 푸드아트테라피 활동은 감퇴된 근육의 움직임을 활성화시키고 둔화된 손의 촉각을 자극한다. 또한 함께하는 푸드아트테라피 활동은 외로움과 고독감으로 우울함을 느끼는 노인들에게 옛 추억을 떠올릴 수 있는 푸드 매체를 이용한 푸드 활동으로 기억력 향상과 삶의 활력을 주는 계기를 제공하며, 옛 추억을 떠올릴 수 있는 푸드 매체는 다양한 이야기를 이끌어 내는 계기가 된다.

푸드아트테라피의 교육적 가치는 연령별로 다양하며 공통적인 특징을 요약하면 [그림 3-3]과 같다. 푸드 매체가 주는 친숙함으로 활동에 거부감이 없고 적극적이고 능동적인 참여로 자신이 스스로 선택하고 활동하는 반복적인 경험을 통해 자발성이 향상된다. 또한 푸드 매체를 보는 순간 인간의 본능적인 유희성이 발휘되고 자유로운 상상과 표현으로 이어져 창의력이 발달하며, 집단 활동일 경우 공감을 통한 협동 활동은 사회성이 향상되는 결과를 가져온다.

푸드아트테라피와 영유아	푸드아트테라피와 학령기 아동	푸드아트테라피와 청소년	푸드아트테라피와 노인
• 대근육, 소근육, 협응력 향상 • 언어 표현 능력과 사고력 향상 • 통합적인 연계로 인한 발전	• 인내심과 자제력, 집중력 향상 • 창의력과 논리적 사고, 관찰력, 사회성 향상 • 오감을 통해 전인적인 인간으로 성장	• 긍정적인 사고를 바탕으로 자기효능감 향상 • 집단 활동을 통한 협동심과 사회성 향상 • 학업 스트레스 해소	• 외로움과 고독감 해소 • 집단 활동을 통한 삶의 활력 향상 • 푸드 매체를 통한 회상을 통한 기억력 향상

[그림 3-3] 푸드아트테라피의 연령별 교육적 가치

3. 푸드아트테라피와 자기효능감

푸드아트테라피가 가지고 있는 다양한 치료 효과 중 하나인 자기효능감 향상은 푸드아트테라피의 가장 중요한 요소이자 치료 목표이다. 이론적인 지식에 대한 접근으로 자기효능감의 의미와 푸드아트테라피와의 관련성을 통해 푸드아트테라피의 특성을 파악하고 다양한 치료 상황에 효과적으로 적용할 수 있다.

1) 푸드아트테라피와 자기효능감의 관계

Bandura는 다양한 치료기법을 적용한 후, 결과로부터 발생하는 심리적 변화와 행동적 변화를 사회학습 이론을 근거로 설명하는 통합적인 이론을 체계화하여 자기효능감을 설명하였다(Bandura, 1977).

Bandura는 자기효능감을 개인이 일정한 상황에서 특정한 결과를 산출해내는 데 요구되는 일련의 조치를 조직하고 실행해낼 수 있는 확신이라고 하였다(Bandura, 1977). 즉, 자기효능감이란 특별한 상황에서 각자에게 주어진 특정 과제에 대해 신속히 대처할 수 있는 자기 자신의 능력에 대한 강한 신념이라고 할 수 있다.

Salomon은 자기효능감이 높은 사람은 타인이 어렵다고 생각하는 과제에 많은 노력을 투자하며 쉬운 과제에는 노력을 덜 투자한다고 하였다(Salomon, 1984, 박영곤, 재인용). Zimmerman은 자기효능감을 개인이 처한 상황에서 과제를 능률적으로 얼마나 수행할 수 있는가에 대한 자신의 판단으로 정의하고 있으며(Zimmerman, 1995), Schunk은 자기효능감을 예상할 수 없고 긴장되는 애매한 상황을 다루는 데 요구되는 행동들을 자신이 얼마나 잘 조직하고 수행할 수 있는가에 대한 판단이라고 정의하였다(Schunk, 1983, 이재인, 재인용).

Bandura는 모든 형태의 심리학적 치료 방법들은 자기 효능에 대한 기대를 창조, 강화시켜 주는 역할을 한다는 기본 가정에 근거하여 어떤 결과를 얻기 위해서 필요한 행동을 성공적으로 수행할 수 있다는 자신의 능력에 대한 판단인 효능 기대(efficacy expectancy)와 어떤 행동이 어떤 결과를 낳을 것인지에 대한 판단인 결과 기대(outcome expectancy)로 구분하였다(정진영, 재인용).

즉, 자기효능감이란 개인에게 부여된 과제나 해결해야 할 문제들을 자신의 능력과 판단으로 여러 가지 일을 성공적으로 실행할 수 있는 개인의 능력에 대한 신념으로 개인의 행동을 결정하는 핵심적인 요인이라 할 수 있다. Bandura의 자기효능감 이론에 의하면 자신감(self-confidence), 자기 조절 효능감(self-regulatory efficacy), 과제 난이도 선호(task difficulty preference)라는 세 가지 개념으로 자기효능감의 구성 요소를 설명하였다(최계현, 2014).

Bandura의 자기효능감의 세 가지 요소는 다음과 같다.

첫째, 자신감이란 학업 능력 및 자신이 이루고자 하는 일의 성공에 대한 확실한 신념을 말한다. 둘째, 자기조절 효능감이란 개인이 어떤 과제를 달성하기 위해 자기조절, 자기관찰, 자기판단, 자기반응을 잘 수행할 수 있는가에 대한 효능기대를 지칭한다(이문수, 2011). 셋째, 과제 난이도 선호란 자기효능감이 높을 경우 어려운 과제에도 자신이 정한 목표를 가지고 도전적으로 선택하는 반면 자기효능감이 낮은 경우 자신의 능력보다 어려운 목표는 피하고 자신이 조절 가능한 범위 내에서 선택하려는 경향을 보인다(고유빈, 2013).

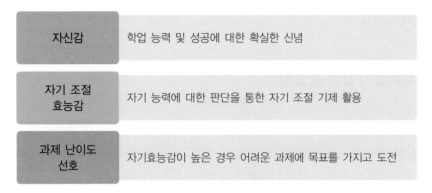

자신감	학업 능력 및 성공에 대한 확실한 신념
자기 조절 효능감	자기 능력에 대한 판단을 통한 자기 조절 기제 활용
과제 난이도 선호	자기효능감이 높은 경우 어려운 과제에 목표를 가지고 도전

[그림 3-4] 자기효능감의 하위영역(최계현, 2014)

아동의 경우 사회 환경과의 상호작용이 점차 확장되어 가면서 다양해진 기능 영역의 능력에 대한 자기 지식을 얻게 된다. 아동은 자기의 신체적 능력, 사회적 유능성, 언어적 기술과 일상생활에서 접하는 많은 상황을 이해하고 다루는 인지적 기술을 발달시키고, 평가, 검증해야 한다(김의철 역, 2001). 자기효능감의 발달은 일상생활 전반에 걸쳐 이루어지는데, 그중에서 아동은 가족, 또래 집단, 및 다양한 교육현장에서 중요한 경험을 하고, 자신의 유능감에 대한 검증을 하게 되며, 자기효능감을 자각, 발달시킨다(송인진, 2012).

Schunk(1989)는 초등학생의 자기효능감 형성에 영향을 주는 마지막 요인은 학교라고 말한다. 즉, 아동의 인격을 형성하는 중요한 시기에 인지 능력을 개발하고 사회 활동에 효과적으로 참여하기 위한 중요한 지식과 문제해결 능력을 획득하는 곳으로 학교 생활에서 자신의 능력에 대해 호의적 또는 비호의적인 교사의 행동과 많은 사회적 상황과 요인들이 아동의 지적 효능감 판단에 영향을 미친다(Schunk, 1989). 초기 아동기의 자기효능감의 경험은 부모, 형제 등의 가족 중심으로 형성되다가 초등학교 입학 시기인 초기 사회적 관계에서는 학교생활을 통해 또래와의 여러 다양한 효능감을 경험하게 된다. 아동기에 있어 타인과의 상호작용은 대부분 또래와 이루어지며 집단의 연령과 특성에 따라 활동의 범위가 다양하게 달라진다. 또래 집단에서의 자신감이 높은 사람들은 자기효능감 형성에 있어 좋은 모델이 되어 타인에게 좋은 영향력을 미친다(박은령, 2014).

2) 자기효능감의 중요성

자기효능감은 초등학생에게서 가장 높은 수준으로 나타나고, 중학교로 진학함에 따라 점점 낮아진다(정진영, 2013). 이 연구 결과는 자기효능감을 향상할 수 있는 적절한 시기는 아동기에 해당하는 초등학교 시기이며, 이 시기에 적절한 외부 지원을 통해 자기효능감을 향상할 수 있는 기회를 제공하는 것은 초등학교 시기의 중요한 발달과업이다.

Bandura(1997)는 자기효능감이 성공 경험, 언어적 설득, 생리적 상태 및 정서적 상태의 네 가지 요소에 영향을 받아 형성된다고 보았고, 이러한 네 가지 근원 중 성공 경험이 자기효능감 형성에 가장 큰 영향을 미친다고 보았다. 이런 의미에서 본다면 푸드아트테라피는 자기효능감을 형성할 수 있는 효과적인 프로그램이다. 푸드아트테라피의 핵심인 '지금-여기'에서의 창의력을 바탕으로 한 작은 성공의 반복적인 경험은 다른 삶에도 긍정적인 영향을 미치며 자기 성장을 바탕으로 일을 추진하는 데 동기부여를 가져올 수 있다. 또한 집단 활동의 경우 타인의 성공 경험을 통한 대리 경험과 집단원과 함께 나누는 긍정적인 피드백과 공감을 통해 높은 수준의 자기효능감을 형성할수 있는 효과적인 심리치료의 하나로 성공 경험을 바탕으로 앞으로 다가올 많은 어려운 과제를 잘 수행할 수 있다는 긍정적인 생각을 통해 자기 조절 능력이 생기게 된다. 이러한 이론을 바탕으로 푸드아트테라피는 초등학생의 자기효능감에 긍정적인 영향을 줄 수 있다.

21세기형 인재로 키우기 위한 중요한 요소 중 하나로 자아존중감의 중요성을 강조해 왔다. 이는 다시 말해 자신에게 일어나는 수많은 문제를 해결하기 위해서는 무엇보다 자신에 대한 존재 의미와 가치를 자신이 인지하고 수용하는 것을 기본으로 다른 문제들을 해결할 수 있는 힘이 생긴다는 것을 말한다.

우리나라의 경우 자신의 존재를 타인에게 내세우고 자기주장을 하는 것보다 자신을 낮추는 것이 타인에 대한 배려라고 생각해 온 영향으로 자기 자신을 존중하고 사랑하는 일에는 인색한 면이 많다. 즉, 이타적인 사랑은 강한 반면 자기 자신을 소중하게 생각하는 면은 많이 부족하다. 특히 우리나라의 경우 자기효능감에 대한 중요성이 더욱 필요한 상황에 있다.

자아존중감과 자기효능감은 서로 전혀 무관한 개념은 아니지만 자아존중감보다 자기효능감이 향상되는 것이 앞선 과제이다. 즉, 타인이 자신의 능력에 대해 인정을 함으로써 자기에 대한 자아존중감이 향상되는 것도 중요하지만 자신이 정한 목표를 달성하기 위해 실행해야 하는 여러 문제를 해결하기 위해 자기 능력에 대한 주관적인 믿음이 선행되어 자기의 능력을 인정하는 긍정적인 에너지인 자기효능감의 향상이 더 중요하다.

자기효능감이 낮은 경우 아무리 자신의 능력이 뛰어나다 해도 자기 능력에 대한 확신이 없어 머뭇거리거나 일을 추진할 에너지가 없으며 타인이 인정하는 자신의 능력에 대해 자신은 전혀 인정하지 않고, 목표를 달성하기 위해 노력하는 중간에 생기는 작은 어려움에도 쉽게 포기하고 좌절하는 경향을 보이며 목표에 도달하지 못한다. 하지만 자기효능감이 높은 경우 자신의 능력을 믿고 목표를 향해 꾸준히 노력하며 힘든 일이 생겨도 자신감을 가지고 열심히 노력하여 자신이 정한 목표를 향해 인내와 끈기로 끝까지 달성하는 에너지를 가지고 있다. 타인은 인정하는 능력을 자신은 알아차리지 못하고 도전해 보기도 전에 포기하는 것은 자신의 삶의 질을 향상시킬 수 없다.

푸드아트테라피는 자신이 스스로 선택한 푸드 매체를 가지고 창의적인 작품을 만들고 제목을 정하고 푸드 작품 이야기를 통해 의미를 부여하는 작업으로 심리적으로

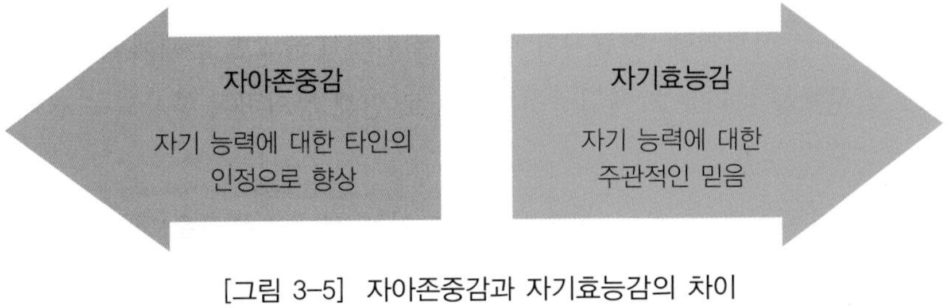

자아존중감
자기 능력에 대한 타인의
인정으로 향상

자기효능감
자기 능력에 대한
주관적인 믿음

[그림 3-5] 자아존중감과 자기효능감의 차이

편안함을 느끼고 긴장된 마음을 이완시켜 보다 몰입된 활동을 통해 자신의 잠재 능력을 알아차리고 이를 통한 성취감으로 자기효능감이 향상되는 결과를 가져온다. 또한 일상생활에서 흔히 접할 수 있는 푸드 매체를 활용한 푸드아트테라피는 단기간에 작품을 만들고 만드는 시간에 비해 완성도 높은 작품으로 인해 보다 높은 성취감을 느끼고, 실패에 대한 두려움 없이 작업할 수 있는 환경은 다른 치료기법에 비해 자기효능감이 향상되는 효과적인 치료기법이다.

4. 푸드아트테라피와 창의성

아동이나 성인에게 놀이가 중요한 이유는 모든 배움의 밑바탕에는 놀이가 존재하며 놀이는 어떠한 강제성이나 고통 없이 자발적인 활동으로 즐거움과 만족감을 주기 때문이다. 또한 놀이 활동을 통해 자신이 미처 알지 못한 새로운 기능을 얻고 함께하는 즐거움으로 창의성과 사회성이 향상되는 등 놀이는 인간 발달에 중요한 부분이라 할 수 있다.

혼자하는 놀이 또는 다른 몇 명과 함께하는 놀이의 주된 목적은 재미를 느끼기 위해서이다. 즉, 어떠한 활동이든 그 속에 재미 유무에 따라 놀이가 구분된다. 유명한 발명가 및 학자들은 자신만의 놀이를 하는 과정에서 위대한 발견을 하는 경우가 대부분으로, 이를 통해서도 놀이가 가진 중요성을 알 수 있다.

유아의 경우 주위에서 일어나는 모든 것을 스펀지처럼 바로 받아들이고 흡수하며 놀이를 통해 경험하고 새로운 것을 습득하는 특징으로 유아기는 놀이를 통해 창조성이 많이 발달하는 시기이다. 어린이의 경우 호기심에서 출발한 문제해결과 상상력은 창의적으로 문제를 바라보고 해결하려는 시도로 인해 창의력이 향상되는 결과를 가져온다.

푸드아트테라피의 경우 푸드 매체가 가지고 있는 각자의 특징을 창의적인 접근으로 자신이 표현하고 싶은 것을 푸드 매체로 표현하는 활동을 통해 자신의 내면을 표출

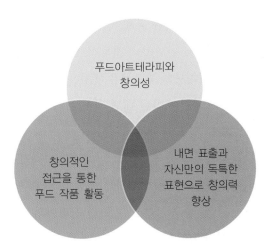

[그림 3-6] 푸드아트테라피와 창의성

하고 나아가 자신만의 독특한 표현으로 창의력이 향상되는 기회를 준다. 이것은 푸드
아트테라피의 중요한 기능 중 하나라 할 수 있다. 또한 일상생활에서 쉽게 접할 수 있
는 푸드 매체를 가지고 활동을 한다는 시도 자체가 창의적인 행동이며 푸드 매체를 접
하는 순간 내면의 잠재되어 있던 능력이 발휘되어 자신도 상상하지 못하는 멋진 작품
으로 인해 창의성이 발달하며 이런 결과는 자신도 인지하지 못했던 부분에 대한 결과
이므로 높은 성취감을 얻을 수 있고 이로 인해 자아가 성장한다.

5. 푸드아트테라피와 감성지능

오늘날 빠르게 발전하는 최첨단 시대와 반대로 인간관계에서 오는 삭막함은 인간
의 정서를 메마르게 하고 순수성을 잃게 하고 있다. 상실되어 가는 인간성을 인간이
본래 가지고 있는 순수성으로 회복하는 기회를 통해 마음을 편안하게 이완시키는 작
업은 합리적인 사고를 통해 문제를 해결하는 것 못지않게 중요하다. 교육 분야에서는
'감성교육'으로 자기감정을 제대로 인식하고 타인의 감정에 공감하고 배려하는 것을

교육 목표로 삼고 있다. 즉, 감성교육을 통해 자기의 감정을 조절하고 자신이 가진 부정적인 감정을 긍정적인 감정으로 전환하며 결론적으로는 타인을 존중하고 배려하는 능력을 가지게 된다. 이는 정서지능의 중요성을 뜻하는 것으로 일어나는 사건에 대해 표면적으로 드러나는 문제의 해결이 아닌 내면 깊이 이해하고 다가가려는 시도는 문제해결의 본질이 될 수 있다는 것을 시사하고 있다.

바쁜 생활 속에서 본능적인 유희를 충족하고 심리적인 만족감을 느낄 수 있는 가장 손쉽고 효과적인 방법은 맛있는 음식을 섭취하는 행동이다. 요즘 인기 있는 TV프로그램 대부분은 맛집을 찾는 주제 및 음식을 소재로 한 드라마와 요리 대결 등으로 삭막하고 바쁜 생활 속에서 심신의 위안을 주는 푸드라는 주제는 핫한 주제로 부상하여 정서적으로 메마르고 삭막한 시대를 살아가는 오늘날의 현실을 대변해 주고 있다.

푸드아트테라피는 이것과 같은 맥락으로 자연에서 얻은 다양한 푸드 매체를 통한 심리적인 충족감을 바탕으로 한 창작 활동으로 인간의 오감을 자극하여 정서적인 만족감을 향상시켜 결과적으로, 감성지능과 창의력 향상에 도움을 주는 치료기법이다. 감성지능 이론을 체계적으로 만들기 시작한 사람은 심리학자 Salovey와 Mayer(1990)로, Salovey와 Mayer(1990)는 감성지능을 '자신의 감정 상태의 정확한 인식을 통해 자신의 감정을 조절하고 자신의 동기화와 함께 타인의 감정을 인식하고 공감하며 상대방과의 인간관계를 맺고 관리하는 능력'으로 정의하였다. 다시 말해 감성지능은 인간의 모든 감정을 처리하는 능력으로 자신의 감정은 물론 타인의 감정을 이해하는 공감을 통해 적절하게 표현하는 능력을 말한다.

Golemam(1997)은 감성지능을 구성하는 요소를 다섯가지 영역으로 제시하였다.

첫째, 자기 정서를 제대로 아는 자기 인식의 능력으로 자신이 느끼는 감정과 기분을 바로 알고 스스로 인식할 수 있는 능력을 말한다. 자기 삶의 여러 상황 속에서 자신이 느끼는 감정이 어떤 것인지 인식하는 것은 자기 이해의 가장 기본적인 요소로 의사결정에 중요한 역할을 한다(Daniel Goleman, 1997).

둘째, 어려운 상황 속에서도 포기하지 않고 끝까지 자기 자신에게 동기를 부여시키는 능력인 자기 동기화의 능력이다. 감성지능은 자신의 능력을 촉진 또는 지연시키는 역할을 통해 인간의 모든 능력에 깊은 영향을 미친다(Daniel Goleman, 1997).

셋째, 타인이 느끼는 감정에 대한 이해를 바탕으로 공감하고 남의 입장이 되어 볼 줄 아는 감정 이입의 능력이다. 감정 이입이란 상대방의 입장이 되어 타인의 욕구를 빨리 알아차려 적절히 대처할 수 있는 능력으로 자기 감정은 물론 타인의 감정을 빠르게 지각할 수 있는 능력이다. 감정지능의 핵심은 상대방의 감정 이해를 통해 타인의 입장을 이해하는 것이다. 이런 감정 이입은 자신과 타인이 서로 조화로운 형성과 자기 인식을 토대로 형성된 이타주의의 근원으로 다른 사람의 감정을 빨리 이해하고 공감하는 기술을 바탕으로 원만한 인간관계를 형성하며 사회성 향상에 도움이 된다(Daniel Goleman, 1997).

넷째, 나를 제대로 알고 이를 바탕으로 타인과 함께 어울리고 마음을 나누며 상대를 알아가는 대인관계 기술 능력으로 단순히 타인의 감정과 정서를 인지하는 것이 아니라 자신의 정서 파악을 바탕으로 타인의 감정을 관리하는 것으로 정확한 정서 표현과 타인과의 상호작용을 통해 개인의 심리적인 만족감과 안정감 및 타인과의 원만한 관계를 형성하고 유지할 수 있게 한다(Daniel Goleman, 1997).

다섯째, 자기 이해를 바탕으로 자신의 감정을 제대로 이해하고 적절히 표현하며 개인의 내적인 감정에 대처하는 자기 조절 능력이다. 자기 조절 능력이 높은 경우 부정적인 감정을 느끼지만 쉽게 벗어나 자기의 감정을 조절한다. 즉, 자기 조절이란 부정적인 감정과 긍정적인 감정을 조절하는 능력으로 감성지능이 높은 경우 자신에게 닥친 힘든 고통의 순간에도 좌절하지 않고 원인을 찾아 적극적으로 해결하려고 노력한다. 이렇게 형성된 높은 감성지능은 학습 능률 및 창의력 향상과 타인과의 대인관계 및 애착과 심리적인 안정감을 형성하는 데 긍정적인 역할을 한다(Daniel Goleman, 1997).

또한 감성지능이 높은 경우 자기에게 일어나는 여러 상황에서 자신이 느끼는 다양한 감정을 바르게 인식한다. 이렇듯 자기에 대한 이해 능력이 높은 사람은 타인의 감정을 읽는 능력도 뛰어나 상대방을 이해하고 내면의 감정을 함께 공감하는 행동으로 이어져 대인관계 향상 및 사회성이 높은 사람으로 성장한다.

현대사회는 자신의 능력이 아무리 뛰어나도 타인과 교류하지 않고 타인의 감정을 이해하지 못해 혼자만의 세상에 사는 사람이 많으며 이는 결코 성공적인 삶이 아닌 고립된 삶으로 외롭게 살아간다. 즉, 인간은 자신이 인정하는 삶 못지않게 타인의 인정을 통해 서로 상호작용하는 삶에서 진정한 삶의 행복을 느낀다.

과거 전통사회에서 감성지능은 대가족 속에서 생활하며 모두 자연스럽게 이루어졌다. 웃어른을 공경하고 형제간의 우애를 중시하는 우리나라의 특성상 자신의 감정을 바로 이해하고 이런 감정은 타인을 이해하려는 이타적인 마음으로 자연스럽게 이어져 가정에서 충분히 연습이 되어 사회에 적응하게 되었다. 하지만 오늘날 우리 사회는 핵가족화와 형제자매가 한 명 또는 홀로 자라는 경우가 많아짐에 따라 성장하면서 가족 속에서 형성되어야 할 감성적인 성장의 기회가 많이 줄어들었다. 이에 자연에서 얻은 다양한 푸드 매체를 통해 자기 내면을 탐색하고 타인과 함께하는 집단활동으로 타인 이해와 공감을 통한 상호작용 기회는 감성지능이 향상되는 중요한 기회가 된다.

감성지능은 타고나고 변경되지 않는 것이 아니라 학습을 통해 개발할 수 있다. 자신이 가진 뛰어난 능력을 만족하는 것에서 벗어나 상대방의 감정을 바로 읽고 맞추는 삶을 조화롭게 이루어 간다면 인생에서의 성공을 맛볼 수 있다.

푸드아트테라피는 푸드 매체가 주는 창의성과 미적인 체험으로 내면의 표출을 통한 심리적인 스트레스 해소와 함께 감성을 향상시키며 인간이 가지고 있는 다양한 사고를 자극하여 발전시킬 수 있다. 내 안의 잠자고 있는 또 다른 나를 만나는 시간은 정서를 자극한 결과를 통해 가능하며 푸드아트테라피 활동의 특성상 작품을 만들며 함께 나누는 이야기와 각자 만든 작품을 보며 함께 공감하는 감성적인 교류는 정서지능

[그림 3-7] Golemam의 감성 지능 구성요소

과 감성지능을 향상하는 기회로 연결된다. 감성지능이 높은 사람은 자기 스스로 동기를 부여하고 자기 만족을 높이며 감정과 욕구를 조절하며 이는 집중력 향상에도 도움을 준다. 또한 감성지능이 높은 경우 타인의 감정을 이해하는 공감을 통해 상대방과의 긍정적인 상호작용이 가능하다.

자신의 삶을 행복하게 살아가는 가장 중요한 요건 중 하나는 자신의 능력과 재능을 스스로 인지하고 자기 자신을 인정하는 것이다. 즉, 실패를 경험하는 순간에도 다시 시작할 수 있는 용기와 아픔을 견딜 수 있는 능력이 중요하며 좌절 속에서도 다시 해 낼 수 있다는 신념은 자기 성장으로 이어진다. 이러한 삶을 유지하기 위해 필요한 요건 중 하나로 감성지능은 중요한 역할을 한다.

푸드아트테라피는 푸드 매체를 통해 표현된 자기 내면의 모습을 푸드 매체를 이용해 형상화하고 이를 통해 자기 인식과 자기의 감정을 알아차리는 데 많은 도움이 된다. 이러한 자기 인식은 스트레스 상황에서도 빨리 부정적인 감정에서 벗어나 자신을 다시 바로 설 수 있게 하는 힘을 가지고 있다. 이런 부정적인 감정 상태를 제대로 인지하고 그 감정에 머무르지 않고 긍정적인 감정 전환의 힘을 가질 수 있는 자기 치유의 능력은 푸드아트테라피를 통해 효과적으로 키울 수 있다.

푸드아트테라피의 이러한 긍정적인 장점은 사회적인 인간으로 성장하는 것이 인간의 최종 목표라는 것에 비추어 볼 때 다른 치료기법보다 훨씬 더 효과적이라 할 수 있다.

6. 푸드아트테라피와 긍정심리학

Seligman(1998)은 "심리학은 인간의 약점과 장애에 대한 학문만이 아니라 인간의 강점과 덕성에 대한 학문이기도 해야 한다. 진정한 치료는 손상된 것을 고치는 것만이 아니라 우리 안에 있는 최선의 가능성을 이끌어 내는 것이어야 한다."라고 제안하면서 이러한 심리학의 새로운 방향을 '긍정심리학'이라고 명명하였다. 긍정심리학은 인간의 강점과 재능을 함양하고 행복을 증진시키는 심리학의 중요한 사명을 재확인하고 구현하려는 노력이다(권석만, 2008).

푸드아트테라피와 긍정심리학은 심리치료의 목표가 일치하는 부분이 많다. 푸드아트테라피는 활동하는 동안 지금 현재에 느껴지는 행복한 순간은 물론 활동하는 동안 느껴지는 즐거움과 만드는 과정 속에서의 만족감 및 적극적인 활동으로 인한 열정을 중요시한다. 또한 활동 중 느껴지는 자신의 잠재 능력 발견과 이로 인한 즐거움을 추구하는 것으로 긍정심리치료의 목표와 같다. 푸드아트테라피는 푸드 매체가 주는 긍정적인 영향으로 푸드 매체를 접하는 순간부터 행복함과 만족감으로 인해 자신의 긍정적인 부분의 탐색과 긍정 자원을 쉽게 찾을 수 있는 장점을 가지고 있다.

푸드아트테라피는 일상생활에서 항상 접하는 푸드 매체를 활용해 자신을 찾아가는 활동으로 푸드가 주는 긍정적인 메시지로 부정적인 감정보다 긍정적인 감정으로 자신의 삶을 바라볼 수 있는 여유를 제공한다. 이에 긍정심리치료를 통한 인간의 심리적인 행복과 마찬가지로 푸드아트테라피는 푸드 매체가 주는 긍정적인 메시지로 인해 긍정적인 삶을 살아갈 수 있게 한다. 긍정심리학은 정상적인 삶을 영위하는 데 더하여 삶을 보다 나은 상태, 풍요로운 상태로 고양하는 방법에 대하여 과학적으로 탐구하는 심리학의 한 분야이다(이혜정, 2015). 또한, Seligman(2006)은 "긍정심리학은 행복에 관한 심리학이며 행복한 삶은 충만한 삶으로 이는 긍정적인 감정을 바탕으로 즐거움, 긍정적 활동에 대한 몰입, 삶의 의미, 목표에 대한 성취, 소중한 사람들과 함께 나눔 등 다섯 가지 요소가 갖춰진 삶이라고 말한다(Seligman, M. 2006). 요약하면 행복한 삶이란 긍정적 감정을 항상 느끼며 자신이 좋아하는 일에 열정적으로 활동하며 의미를 찾아 헌신을 바탕으로 봉사하는 삶을 말한다. 또한 자신이 원하는 목표를 달성하며 사랑하고 아끼는 사람들과 함께 공감하며 긍정적인 마음을 나누는 삶이다. 이런 행복한 삶의 가장 기본은 긍정적인 정서로, 이는 과거에 대한 만족, 미래에 대한 희망과 낙관, 현재의 삶에 대한 만족을 바탕으로 한 행복과 몰입을 의미한다(정종진, 2014).

푸드아트테라피는 집단 형태로 진행되는 경우가 대부분이다. 이는 긍정심리학에서 추구하는 행복의 궁극적인 목표인 타인과의 관계에서의 행복감을 교류하는 것과

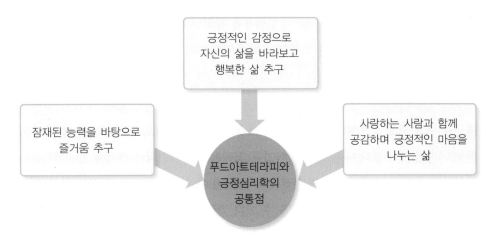

[그림 3-8] 푸드아트테라피와 긍정심리학의 공통점

일맥상통하는 부분으로 푸드아트테라피 활동을 함께하며 서로 감정을 나누고 공감을 바탕으로 한 피드백을 통해 타인과 함께하는 기쁨과 타인의 인정으로 보다 더 행복한 삶을 살아가게 된다.

　푸드아트테라피는 자신에 대한 긍정적인 인식을 바탕으로 한 타인과의 긍정적인 관계 형성으로 타인과의 관계에서의 어려움을 해결하고 행복한 삶을 살아가게 된다는 점에서 긍정심리학과 깊은 관련이 있다고 볼 수 있다. 또한 푸드아트테라피 활동을 통해 어둡고 힘들었던 과거의 기억을 푸드 매체를 이용해 안전성이 보장된 상태에서 표출할 수 있도록 도울 수 있고 이로 인해 적극적인 삶과 행복한 삶을 살 수 있다는 점에서 긍정심리학은 푸드아트테라피의 중요한 이론적 배경이 된다.

　사람들은 긍정적 정서를 느낄 때 다른 사람들과 더 많은 상호작용을 하게 되고 새로운 경험을 찾아 나서며, 창조적인 도전을 하거나 도움이 필요한 사람을 돕게 된다. 즉, 자신의 감정 상태가 편안하고 안전하여 기분이 좋고 즐거운 상태일 때 세상에 대한 관심을 가지고 개방적이며 이타적인 행동을 하게 된다는 것이다(정종진, 2014).

　푸드아트테라피는 푸드 매체를 이용한 비교적 어렵지 않은 활동으로 긍정적인 정서의 경험을 충분히 느낄 수 있으며 푸드 작품을 통해 자신이 느낀 긍정적인 정서를 함께 작업한 집단원들과의 공감과 상호작용을 통해 자신감을 향상시킬 수 있다. 또한 자신의 잠재력 발견을 통한 자기 행복감 향상은 타인과의 관계에 보다 큰 영향을 준다는 점에서 푸드아트테라피와 긍정심리치료는 긴밀한 연관 관계를 가진다.

푸드아트테라피는 자신이 미처 알아차리지 못하는 잠재되어 있는 자신의 능력과 재능을 푸드 활동을 통해 알아차리며 자기 통찰과 자기실현으로 자신의 삶에 긍정적인 에너지를 찾아 보다 나은 삶을 살아가는 점에서 긍정심리학과 맥락을 같이한다.

인간의 진정한 삶의 의미는 자신만을 위한 삶이 아니라 자신이 속해 있는 사회 속의 타인과 함께하는 삶에서 의미를 찾을 수 있다. 인간은 사회적인 동물로 의미 있는 삶이란 가족, 직장, 지역사회, 국가 또는 이웃을 위해 봉사하고 공헌함으로써 자신의 존재 가치를 확인하고 느낄 때 더욱더 행복한 삶을 살아갈 수 있다.

이렇듯 긍정심리학은 개인과 사회의 밀접한 관계를 중시한다(권석만, 2008). 즉, 개인은 자신의 만족스러운 삶을 타인과 사회를 위해 봉사하고 기여함으로써 완성하며 사회적 환경과의 긍정적인 관계를 통해 자신이 느끼는 행복과 만족감은 더욱 커진다.

긍정심리치료는 긍정심리학의 이론과 이념을 적용한 심리치료의 한 방법으로 내담자의 긍정적인 특성을 바탕으로 강점들을 스스로 찾고 발전시키며 내담자 내부의 긍정적인 변화를 위한 자원들을 확인하고 최상의 기능 상태로 향상시키는 것을 목적으로 하는 치료적 접근을 말한다(Compton, 2007).

긍정심리치료는 심리치료의 목표와 방법에서 기존의 심리치료와는 차이점이 있다. 기존 심리치료의 목표는 부적응 증상의 감소와 결점의 제거로 부적응적 행동, 부정 정서, 부정적 사고 등에 초점을 맞추지만 긍정심리치료의 목표는 행복의 증진으로 긍정 정서, 긍정적 특질, 긍정 경험 등에 초점을 둔다(임영진, 2010 재인용).

긍정심리치료의 주요 기법은 나의 장점 또는 강점 찾기, 행복하고 즐거웠던 순간 기억하기, 긍정적인 시각으로 바라보기, 바로 실천할 수 있는 좋아하는 일 생각하기, 미래에 대한 긍정적인 목표 설정하기 등이다. 예를 들면, 하루 중 겪었던 많은 일 중 긍정적인 기억 세 가지 이상을 연상하게 하거나 자신의 삶 속에서 가장 감사한 사람 또는 사랑하는 사람을 떠올리게 한 후 겪었던 에피소드를 이야기하고 연상하는 방법을 통해 긍정적이고 희망적인 시선으로 자신을 인정하고 바라보며 행복하게 기억하게 한다.

긍정심리학에서 추구하는 행복한 삶의 완성은 긍정적 감정을 바탕으로 한 긍정적인 활동에 대한 몰입과 삶의 의미, 목표에 대한 성취와 소중한 사람들과 함께 나누는 모든 것이 포함된 삶이라고 말하고 있다(정종진, 2014). 푸드아트테라피 활동 역시 개인의 행복은 물론 타인과의 상호작용 활동을 통해 공감과 지지를 바탕으로 자신의 존재 가치를 확인하는 방법으로, 긍정적인 심리 향상은 물론 사회 속에서의 성취감 향상으로 긍정심리치료의 최종 목표와 일치한다.

푸드아트테라피를 활용한 프로그램은 자기의 긍정적인 자원 찾기를 통해 개인과 집단의 행복감은 물론 긍정심리 향상에 기여하며 이렇게 향상된 긍정심리는 의미 있는 삶의 가치를 찾을 수 있다는 점에서 그 의미가 크다.

긍정심리학을 구성하는 긍정적 정서(positive emotion)는 삶을 바라보는 시야를 넓게 해 주며 부정적인 상황에서도 긍정적인 생각으로 빨리 전환하게 하여 정신적인 삶에서의 만족감이 높다. 또한 긍정심리의 향상은 즉각적인 반응과 긍정적인 피드백으로 형성되며 긍정심리를 통해 즐거움, 사랑, 행복감을 느끼게 된다. 푸드아트테라피 활동의 특성 역시 만드는 과정과 만든 작품을 통해 즉각적인 만족을 어렵지 않게 얻을 수 있으며 이런 장점으로 행복한 삶을 영위할 수 있다는 점에서 긍정심리학은 푸드아트테라피와 밀접한 관련이 있다.

개인이 행복을 느끼는 가장 확실한 방법은 자기 행복 에너지를 바탕으로 타인과의 공감을 통해 행복한 삶을 추구하며 삶의 행복을 완성한다고 볼 수 있다. 즉, 자신의 긍정적인 에너지를 바탕으로 사람들과의 공감을 통해 사회 속에서의 자신의 존재를 확인하고 이로 인해 행복감을 완성해 가는 것이다.

푸드아트테라피는 긍정심리학의 최종 목표인 행복감 증진이라는 점에서 푸드아트테라피 활동을 통해 긍정 정서를 함양하고 긍정심리를 향상시키는 훌륭한 기법이 될 수 있다.

푸드예술심리상담사와 치료실의 환경 구성

1. 푸드예술심리상담사의 역할과 자질

　"푸드예술심리상담사란 정서적, 심리적, 사회적으로 어려움을 겪고 있는 내담자
에게 푸드 매체로 완성한 작품으로 자기 이해와 내면에 잠재되어 있던 자기의 능력
을 인지하는 과정을 돕는 사람이다. 이를 통해 긍정적인 자기 인식을 바탕으로 현재
나타나는 어려움을 스스로 극복할 수 있도록 한다."

　푸드아트테라피 프로그램의 활동을 진행하고 이끌어 가는 푸드예술심리상담사의
전문적인 자격 및 자질에 대해 알아보면 다음과 같다.
　먼저 푸드예술심리상담사는 인간의 발달단계에 대한 이해와 전문지식이 필요하다.
이는 연령별 발달단계의 특징과 성취 수준을 알고 있어야 각 연령에 맞는 푸드아트테
리피를 활용한 치료기법을 개발하고 적용할 수 있기 때문이다.
　특히 푸드예술심리상담사는 내담자가 작품을 통해 표현한 욕구와 상처를 선입견
없이 바라볼 수 있도록 지속적인 자기 경험과 실습을 통한 개인상담 및 집단상담과 슈
퍼비전을 받아야 하는 의무가 있다.

푸드아트테라피는 표현예술치료의 한 분야로 내적으로 갇혀 있는 내담자의 심리적인 요소를 푸드 매체를 활용한 창작 활동을 통해 내면 밖으로 표출할 수 있도록 공감을 바탕으로 내담자를 이해하고 바라봐야 한다. 이것이 푸드예술심리상담사의 중요한 역할 중 하나이다.

푸드 매체는 무궁무진하게 활용 가능한 매체로 이에 대한 지속적인 연구와 다양한 이론적 관점을 바탕으로 창의적인 기법을 연구하고 적용해 보는 노력이 필요하다. 또한 무엇보다 중요한 것은 문제가 있는 내담자라 할지라도 상담사가 먼저 내면에 드러나지 않은 내담자만의 고유한 가능성과 잠재력에 대한 믿음을 가지고 내담자에게 진실하게 다가가야 한다.

푸드 매체를 통해 완성한 푸드 창작 작품은 내담자의 내면의 한 부분이다. 따라서 푸드예술심리상담사는 작품을 바라보는 세심함과 작품을 통해 내담자가 이야기하고자 하는 것을 귀담아 듣는 자세가 필요하다. 이러한 긍정적인 치료적 관계 형성을 위해 가장 먼저 해야 하는 것은 내담자와의 친밀감 형성이다. 이는 모든 심리치료의 가장 첫 번째 과제로 친밀감, 즉 라포 형성은 타인과의 관계에서의 믿음과 신뢰 및 이해를 바탕으로 치료 관계를 형성하는 것이다. 치료 초기 공감을 바탕으로 형성된 라포는 내담자에게 안정감과 편안함을 느끼게 한다. 푸드아트테라피의 경우 푸드로 작품을 만들기 전에 푸드를 활용한 촉진 활동으로 흥미 유도 및 내담자와 친밀감을 형성하며 앞으로 진행할 푸드 활동에 긍정적인 영향을 미친다.

푸드예술심리상담사는 내담자를 공감하고 이해하는 것이 무엇보다 중요하며, 라포 형성을 통한 믿음과 신뢰를 바탕으로 내담자가 자신의 내면의 생각과 감정을 자유롭게 표현하며 자신이 스스로 길을 찾아갈 수 있도록 편안한 심리적인 환경과 분위기를 제공하는 것도 중요하다.

푸드아트테라피는 자연에서 얻은 푸드 매체를 통해 내면의 감춰진 감정과 무의식을 자연스럽게 작품을 통해 표현한다. 푸드아트테라피는 푸드 매체가 주는 친숙함과 편안함으로 안전함이 보장된 상태에서 자유롭게 표현한 결과 자신이 만든 푸드 작품에 대한 만족감이 아주 높고 이로 인한 자기효능감 또한 향상되는 결과를 가져온다.

또한 작품을 통해 표현된 지금 현재의 마음, 감정, 상상, 바람 같은 다양한 내면의 욕구를 푸드 활동을 통해 외면화시키고 표현하는 과정에서 오감을 통해 느껴지는 즐거움과 자신이 만든 또 다른 나를 객관적으로 바라보는 기회를 통해 자아 성찰의 기회를 가질 수 있다.

푸드예술심리상담사는 내담자가 자신이 만든 푸드 작품을 통해 새로운 의미를 찾고 자신의 생각과 내담자 눈에 비친 삶을 긍정적 또는 능동적으로 바라보는 기회를 통해 자아가 성장하는 기회를 가질 수 있도록 편안하고 안정된 공간 속에서 막힘없이 자아를 바라볼 수 있도록 해야 하며, 내담자를 이해하고 함께 공감하는 자세를 가지고 있어야 한다. 그러기 위해서 상담사 자신이 먼저 푸드 작품을 통한 많은 경험과 깨달음을 통해 개인적으로 느끼고 경험하는 것이 중요하다. 즉, 다른 사람에게 도움을 주기 위해서는 자신에 대해 제대로 인식하고 먼저 푸드 매체를 이용한 작품 활동을 통해 개인적인 경험과 만족감을 느끼고 자기 내면의 욕구가 무엇인지 제대로 아는 '자기 각성'이 절대적으로 필요한 것이다(Harriet Wadeson, 2008).

푸드아트테라피는 자연에서 얻은 고유의 색과 모양을 지닌 푸드 매체의 생명력을 바탕으로 무한한 변화를 통해 뛰어난 작품성과 아름다운 작품을 어렵지 않게 만들 수 있다. 또한 만드는 과정에서 느끼는 행복함을 통해 자신에 대해 진지하게 생각해 보고 내면을 솔직하게 표현하는 시간은 즐거움은 물론 괴로움과 어려움을 극복할 수 있는 긍정 에너지를 얻게 된다. 이때 푸드예술심리상담사는 내담자가 표현 의지를 스스로 느끼고 밖으로 표출할 수 있도록 드러나지 않게 촉진하고 때로는 모성을 발휘하여 내담자의 모든 것을 품는 온화한 모습과 넓은 마음으로 보듬어 주어야 한다. 이러한 조건이 충족되었을 때 내담자는 푸드 작품 활동에 온전히 몰입하여 내면의 욕구 표출은 물론 감정의 승화를 경험할 수 있다.

푸드예술심리상담사는 전문예술가는 아니지만 무엇보다 푸드 매체로 창의력 있는 작품을 만들 수 있는 표현 능력과 자신이 표현한 푸드 작품을 통해 내면을 들여다볼 수 있는 힘과 상황을 정확하게 인지하는 판단력 및 깨어 있는 사고로 작품을 바라보는 눈이 필요하다.

푸드아트테라피 치료의 핵심은 내담자가 푸드 작품을 만드는 과정에서 내담자 스스로 자신의 잠재 능력을 찾고 알아차리는 것이므로 푸드예술심리상담사는 내담자가 잠재 능력을 인지할 수 있도록 공감을 바탕으로 한 진실된 마음으로 다가가야 한다.

푸드아트테라피는 다른 심리치료와 비교해 생겨난 지 오래되지 않아 프로그램이 다양하지 못하므로 심리적인 어려움을 가지고 있는 내담자를 성공적으로 치료하기 위해 푸드 매체를 통해 내면 작업을 할 수 있는 푸드아트테라피 프로그램을 지속적으로 개발해야 한다.

푸드예술심리상담사는 심리적으로 어려움이 있는 사람에게 언어로 표현하지 못하는 감정을 푸드 매체를 이용한 창작 활동을 통해 자기 내면의 마음을 이해하고 성찰하는 기회를 가질 수 있도록 해야 한다. 내담자는 푸드아트테라피 창작 작품 활동을 통해 일상생활 속에서의 자신을 돌아보는 자기 이해를 바탕으로 긍정적인 삶의 의미를 생각해 보는 계기를 가진다.

푸드아트테라피는 다른 심리치료에 비해 재료를 준비하는 과정과 치료 환경을 구성하는 것에 좀 더 신경을 써야 하며 미리 준비해야 할 것이 많다. 푸드예술심리상담사는 준비해 놓은 다양한 색과 모양의 푸드 매체가 어떻게 창작 작품의 소재로 사용되는지, 내담자가 가지고 있는 개인적인 특징이 푸드 매체와 어떻게 연결이 되는지 세심히 관찰해야 한다. 또한 내담자의 마음이 편안해지고 이완되는 푸드 매체의 종류가 무엇인지 파악하고 작품 표현에 사용되는 다양한 푸드 매체 중 어떤 것이 작품 활동에 용이한지 상담사 자신의 푸드 매체에 대한 많은 경험과 매체의 익숙함을 기본으로 지속적인 푸드 매체에 대한 조사와 매체 탐구가 필요하다. 이를 바탕으로 내담자가 푸드 매체를 사용하여 표현한 푸드 창작 작품 속에 나타난 느낌과 생각을 공감하고 읽을 수 있는 능력을 쌓기 위해 끊임없는 자기 연습과 노력이 필요하며 자기 각성과 민감성을 가지고 내담자가 만든 푸드 작품을 열린 마음으로 바라보는 태도가 필요하다.

처음 접해 보는 푸드 매체를 활용한 푸드아트테라피 활동의 경우 어떻게 표현해야 할지 머뭇거려지거나 선뜻 시작하기 두려운 경우에는 내담자와 함께 푸드 작품을 만들어 보는 것도 좋은 방법이 될 수 있다.

　이런 경우 푸드예술심리상담사는 내담자가 어떠한 태도로 활동에 참여하고 표현하고 있는지 관찰하고 세심하게 바라보는 것이 중요하다. 또한 활동 중간에 서로 의논하며 함께해서 좋은 점과 마음을 나누는 과정을 통해 타인과 상호작용하는 패턴을 파악하고 사회성이나 대인관계에 문제가 있는 내담자에게는 최소한의 개입으로 적절한 도움을 제시한다.

　푸드예술심리상담사는 내담자와 같이 똑같은 한 인간으로서 지시하고 명령하는 수직 관계가 아니다. 내담자와 함께 공감하고 따뜻함과 성실한 마음을 가진 상담사 자체가 내담자에게는 가장 좋은 매체로서, 상담사 자신이 겪어 온 수많은 희로애락과 다양한 삶의 경험은 내담자의 문제를 어렵지 않게 이해할 수 있고 내담자와의 라포 형성에도 긍정적인 역할을 한다.

　푸드예술심리상담사는 일상생활에서 겪게 되는 음식과 관련된 활동은 모두 나를 치유하고 내담자를 위해 보내는 시간으로 활용하는 것, 즉 푸드아트테라피의 생활화로 식사 시간 전 푸드 매체로 나의 마음을 표현하기, 표현한 작품 속에서 내면의 의미 찾기, 새로운 푸드 매체를 보는 순간 활용 방법 모색하기 등 평소 음식과 마주할 때 자연스럽게 마음으로 다가가고 자기의 느낌을 표현하는 습관을 가져야 한다. 자기 수련의 시간으로 푸드 작품을 통한 내면과의 만남은 자기 치유는 물론 푸드아트테라피의 발전에 긍정적인 영향을 줄 것이다.

　결론적으로 푸드예술심리상담사에게 요구되는 자질과 역할은 푸드 매체를 활용한 다양한 경험을 통해 쌓아온 숙련성과 창의성을 바탕으로 내담자가 푸드 매체를 통해 표현한 느낌과 감정을 진실된 마음으로 공감하는 것이 중요하다. 이를 위해서는 푸드예술심리상담사가 먼저 다양한 푸드아트테라피 경험을 통해 자기 이해와 자아가 건강하게 성장하는 것이 중요하며 꾸준한 노력을 통해 내적 성숙과 함께 내적인 성장을 바탕으로 내담자에게 긍정적인 영향을 줄 수 있도록 끊임없이 노력해야 한다.

〈표 4-1〉 푸드예술심리상담사의 자질

1	인간 발달 단계에 대한 이해와 전문지식 필요
2	장애에 대한 개념 이해 및 특징 파악을 통한 전문적인 프로그램 개발 능력
3	인류학, 철학, 심리학, 교육학, 사회학 등 다방면의 이론 습득과 이해
4	활동 중 나타나는 다양한 증상 파악을 위해 다양한 임상 실습을 통한 경험이 필요
5	상담학의 전문지식과 치료법에 대한 정확한 인지를 토대로 한 작품 이해 능력
6	다양한 표현예술 치료법에 대한 이해를 바탕으로 효과적인 프로그램 개발
7	상담사의 지속적인 자기 경험과 실습을 통한 개인치료 및 집단 치료와 슈퍼비전
8	심리적인 요소를 푸드 매체를 통한 창작 활동으로 밖으로 표출하도록 도움
9	푸드 작품 활동에 대한 세심한 관찰과 완성 작품에 나타나는 특이성을 찾아내고 상담에 활용
10	푸드 매체의 활용 가능한 매체에 대한 지속적인 연구와 적용
11	긍정적인 치료 관계 형성을 위한 푸드 매체를 이용한 촉진 활동으로 친밀감 형성
12	푸드를 활용해 만드는 과정의 세심한 관찰을 통한 공감으로 내담자 작품 이해
13	내담자의 드러나지 않는 내면의 의미를 스스로 찾을 수 있도록 도움
14	상담사의 자신 인식과 자기 이해를 통한 자기 각성 필요
15	모성을 발휘하여 내담자의 모든 것을 사랑으로 품어 주는 온화한 모습과 넓은 마음
16	푸드 매체에 대한 창조적인 특성 이해 및 활용 능력
17	내담자와의 적절한 치료 거리와 감정의 중립성 유지
18	푸드 매체에 대한 많은 경험에 의한 지속적인 조사와 매체 탐구와 개발
19	내담자에 대한 편견과 선입견 배제

2. 푸드예술심리상담사의 전망

최근 인간의 가장 기본적인 욕구이자 본능인 음식에 대한 관심이 높아지면서 음식은 단순히 입으로만 섭취하는 기능뿐만이 아닌 사람과 사람과의 만남을 이어 주는 교량 역할과 마음을 전하는 중요한 수단으로 다양한 분야에서 지속적인 발전을 해 나가고 있다.

현대사회의 개인주의적 성향과 삭막해져 가는 사회 속에서 좋아하는 사람과의 따뜻한 밥 한 끼를 함께하는 것만으로도 마음이 충족되듯 푸드를 매체로 하는 푸드아트테라피는 사람의 마음을 위로하고 상처받는 마음을 치료하는 데 효과적인 치료법으로 발전 가능성이 높다. 특히 애착에 문제가 있는 경우 푸드아트테라피를 엄마와 함께 실행했을 경우 다른 치료법에 비해 더욱더 효과적인 결과를 보여 주고 있다. 이는 푸드아트테라피가 주는 케어의 특징을 반영한 것으로, 가장 기본적인 섭취에 대한 본능적인 욕구를 제공하는 엄마와의 관계 개선에 푸드가 중요한 매개체 역할을 한 결과라고 볼 수 있다.

유·아동의 경우 문제행동의 원인은 대체로 어린 시절 엄마와의 안정적인 애착 관계를 형성하지 못한 것에서 시작하는 것이 대부분이라는 것에 비춰볼 때, 푸드아트테라피를 활용한 애착 관계의 긍정적인 변화를 목적으로 한 프로그램은 긍정적인 애착 관계 형성에 중요한 역할을 한다. 또한 이를 이끌어 주는 푸드예술심리상담사의 역할 역시 중요한 부분을 차지한다.

집단 활동 및 학교폭력 등의 문제로 미술치료를 통해 집단 및 개인치료를 받는 청소년들은 미술치료 프로그램의 잦은 노출로 인해 참여율이 낮고, 그림을 그리고 만드는 것에 대한 부담감과 거부감이 있어 프로그램을 운영하는 것에 어려움을 겪는 경우가 종종 있다. 특히 학습 의욕 저하와 욕구 불만으로 문제를 일으킨 경우 그리기 또는 만들기를 통한 표현 활동에 참여하지 않고 거부하는 모습을 보인다. 이런 경우 푸드 매체를 통해 활동 후 함께 푸드 작품을 나누어 먹을 수 있는 푸드아트테라피 활동은 참여율 및 치료 효과가 높다.

푸드아트테라피 활동에 참여하는 청소년들은 일상생활 속의 친숙한 매체인 푸드를 가지고 무엇인가를 표현한다는 것에 관심을 가지고 다가오며 처음에는 별 기대감 없이 활동에 참여하지만 만들어지는 푸드 작품에 대한 만족감이 높다. 또한 집단 활동의 경우 주위 친구들의 푸드 작품을 보고 자극을 받아 어느새 몰입하여 활동에 참여하는 모습을 어렵지 않게 볼 수 있다.

이에 학교폭력, 왕따, 학습 포기자 등 학교에서 일어나는 여러 문제를 가진 청소년들에게 푸드아트테라피는 효과적인 프로그램으로 치료 결과 또한 만족감이 높은 사례가 많다. 이에 초등학교의 방과 후 교실 프로그램 및 중학교, 고등학교의 특별 인성 프로그램과 사회성 향상 프로그램 등으로 활용할 경우 효과적인 결과를 얻을 수 있다. 또한 장애를 가지고 있는 경우 푸드 매체라는 안전성이 보장된 매체를 이용한 다양한 프로그램은 효과성이 입증되었고, 푸드 매체를 이용한 인지 기능 향상에 긍정적인 영향을 미친다는 점을 볼 때 푸드예술심리상담사로서의 직업에 대한 자긍심과 미래 전망이 높다.

노령화 사회에서의 일어나는 다양한 사회 문제는 앞으로도 더 많이 발생할 것으로 예상되며 노인을 대상으로 한 심리치료법 개발이 필요하며 그 영역은 더 확대되어 가고 있다. 이에 푸드아트테라피를 활용한 실버테라피의 발전가능성이 높다. 치매 및 기억력 감퇴 노인, 우울증을 동반한 노인에게 푸드를 이용한 치료는 심리적인 안정감은 물론 음식에 대한 옛 추억을 회상하고 이야기를 나누어 보는 시간을 통해 기억력 향상과 삶의 의욕과 의미를 찾는 데 효과적인 역할을 한다.

예를 들어, 어린 시절 만들어 먹었던 '쑥떡'에 대한 회상을 통해 직접 '쑥'을 만져 보고 냄새를 맡는 등 오감으로 그 시절의 감정과 느낌을 떠올리는 것만으로 마음이 따뜻하고 편안해진다는 다양한 경험과 쑥을 이용한 푸드 작품을 만든 후 함께 나누어 먹는 활동으로 이어질 경우 푸드아트테라피는 다른 어떤 심리치료법보다 효과적으로 다가갈 수 있다.

이러한 효과성을 인지한 후 심리치료센터, 학교Wee센터, 방과 후 프로그램, 사회복지관, 병원, 상담소, 관공서 등에서 개인상담 및 대인관계 향상을 위한 워크숍 프로그램에 푸드아트테라피를 활용하는 사례가 늘고 있으며, 앞으로 발전 가능성은 무궁무진하다. 특히 노령화 사회로 인한 요양병원의 증가와 요양병원 내 재활 프로그램의 효과적인 적용으로 향후 푸드실버테라피로의 발전 가능성이 높고 푸드아트테라피를 통해 다문화 가정의 문화를 이해하고 모국의 정서와 향수를 재경험할 수 있는 기회를 제공하고 있어 다방면에서 효과적으로 기능하고 있다.

그밖에 학교 영양교사의 교육 연수 및 대학의 식품영양학과 및 조리고등학교의 교과목으로 푸드아트테라피를 적용할 경우 음식을 만드는 기술적인 부분과 함께 심리적인 부분의 접근을 통한 통합적인 교육으로서 인정을 받고 있다.

이에 푸드예술심리상담사는 지속적인 자기계발과 함께 자격증 획득을 통한 전문지
식의 함양으로 다양한 분야로 활동 범위를 넓히고 전문직업인으로서의 사명감을 가
지고 활동할 수 있을 것으로 예상한다.

3. 푸드아트테라피 치료실의 환경 구성

푸드아트테라피 활동이 진행되기 위해서는 치료 공간이 기본적으로 갖추어져 있어
야 한다. 푸드아트테라피의 치료실 환경은 정서적 공간과 물리적 공간으로 구성되어
있다. 푸드아트테라피는 미술치료와 비교해 직접 요리를 할 수 있는 기본적인 환경 요
건이 갖추어진 경우 내담자에게 보다 다양한 활동의 기회를 제공할 수 있다.

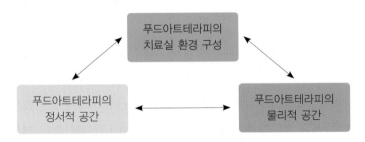

[그림 4-1] 푸드아트테라피의 치료실 환경 구성 요소

1) 푸드아트테라피의 정서적 공간

내담자에 있어 치료실은 치유의 공간으로 힘들고 지친 심신이 편안함과 안정감을
느낄 수 있는 공간이어야 한다. 자신의 문제를 노출하고 힘든 마음을 드러내기 위해서
는 그 공간이 내담자에게 불편함이 없어야 하며 저항과 거부감이 없고 치료에 방해가

되는 요소가 없는 공간이어야 한다. 또한 자신이 하는 활동에 대한 비밀이 보장되어야 하며 자기 노출에 대한 걱정과 불안을 느끼지 않고 자유롭고 편안함이 느껴지는 공간이어야 한다.

즉, Winncott(1984)는 '안아 주는 환경(holding environment)'를 제공함으로써 치료적 효과를 높여야 한다고 말하고 있다(이재훈, 1988). 누구에게도 마음 편하게 드러내지 못한 내면의 힘든 문제와 감정을 표현할 경우 편안하고 적절한 치료실 환경 속에서 상담사의 공감과 지지를 통해 자기 문제를 자신의 일부로 받아들이고 자기 의지로 살아갈 수 있도록 치료가 진행되는 동안 내담자가 머무르게 되는 치료실은 정서적인 공간이 무엇보다 중요하다.

2) 푸드아트테라피의 물리적 공간

푸드아트테라피의 활동 특성상 간단한 조리가 가능한 시설이 갖추어져 있으면 좋으나 필수적인 요소는 아니다. 휴대용 조리기구로도 충분히 활동이 가능하므로 푸드 작품 활동 시 불편함이 없는 공간이면 된다.

푸드아트테라피의 특성상 집단으로 진행되는 경우가 많으므로 10명 내외의 인원이 함께 활동할 수 있는 집단실이 있을 경우 보다 효과적인 치료가 가능하다. 깨끗한 탁자와 조리 도구(칼, 도마, 접시 등)가 갖추어진 공간이어야 하며 적당한 온도와 쾌적한 환경으로 푸드 매체를 보관할 수 있는 냉장고가 구비되어 있으면 좋다. 깨끗한 앞치마를 구비해 놓고 활동하기에 편안한 공간이어야 하며 푸드 작품 활동을 끝낸 후 마지막 정리까지 스스로 할 수 있는 기회를 주며 모든 활동이 치료 과정 중 하나의 규칙으로 이어지도록 해야 한다. 이렇게 푸드아트테라피 활동을 통해 형성된 안정된 틀은 일상생활로 이어져 긍정적인 변화를 가져온다.

PART 02 Food Art Therapy
푸드 매체 연구 및 실제 적용

치료 매체

1. 매체의 개념

매체(Medium)는 영어 Media의 복수형으로서 라틴어로 '중간의'를 나타내는 medius 에서 유래되었으며 매체 또는 수단으로써 어떤 의사나 사실을 전달하는 도구라고 할 수 있다(이근매, 최인혁, 2008).

미술 매체의 경우 세상의 일부분으로 존재하기 때문에 미술치료에서 내담자가 특정한 미술 매체를 사용할 때 세상과 접촉하게 되어 정서적 각성과 의식을 한꺼번에 일으키게 해 주며 내담자와 매체, 치료사와 역동적인 과정을 만들어 낸다고 한다 (Betensky, 1995).

개인이 느끼는 희로애락은 자신이 현실에서 경험하고 의식화된 감정으로 감정을 표현할 수 있는 대상이 없다면 자신이 현재 느끼는 감정을 표출할 수 있는 기회는 없을 것이다. 따라서 매체를 통한 자신이 경험하면서 느낀 감정들을 표현하는 활동은 성장에 중요한 영향을 미친다.

매체 선정 시 매체에 대한 안전성 검증은 반드시 필요하다. 유·아동 및 청소년은 신체적인 성장 발달에 있어 신진대사가 성인보다 빠르기 때문에 소량의 사용이라도

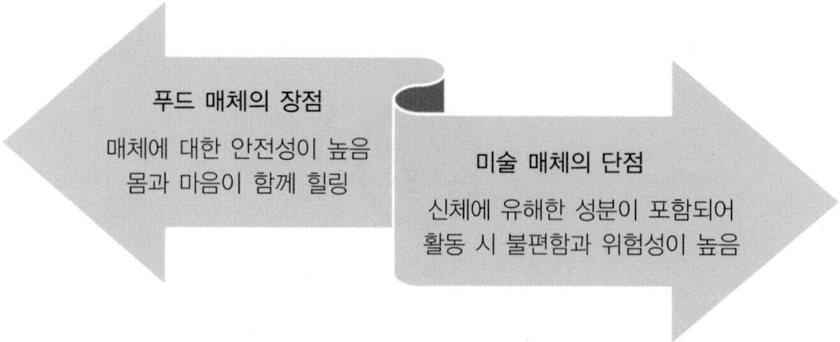

푸드 매체의 장점

매체에 대한 안전성이 높음
몸과 마음이 함께 힐링

미술 매체의 단점

신체에 유해한 성분이 포함되어
활동 시 불편함과 위험성이 높음

[그림 5-1] 푸드 매체와 미술 매체의 장단점

치명적일 수 있고 유·아동의 경우 뇌와 신경계까지 영향을 미치므로 특히 주의해야 한다(이근매, 최인혁, 2008). 특히 장애가 있는 경우 활동 도중 매체를 입으로 가져가거나 먹으려는 행동 등 위험한 일이 발생하므로 매체 선택 시 신중하게 고려한 후 제공해야 한다. 하지만 푸드 매체는 이런 위험 요소가 없는 안전성이 보장된 매체를 통해 자유롭게 활동할 수 있다. 이것이 푸드아트테라피가 가진 장점 중 하나이다.

심리치료에서 매체는 내담자 증상에 따라 적절하게 제공하고 현재 나타나고 있는 증상 완화에 도움이 되는 매체를 제공해야 한다. 푸드 매체는 매체가 주는 안전성으로 인해 신체적인 힐링과 함께 보다 편안한 공간 속에서 치료가 가능하다. 미술 매체는 석고가루가 눈에 들어가거나 물감이 튀고 손에 묻은 물감을 입에 넣는 경우와 유성매직 자국으로 불편함을 느끼는 경우가 있다. 특히 신체에 유해한 성분이 포함된 매체는 유아기의 뇌와 신경계에도 영향을 미칠 수 있으므로 주의해야 하는 불편함이 있지만 푸드 매체는 이러한 불편함과 위험성이 없는 안전한 매체로 신체에 노출되었을 때에도 위험 부담이 전혀 없어 장애아 및 유·아동에게 적합한 매체이다.

푸드 매체를 활용한 매체 기법과 그에 따른 푸드 매체의 종류를 정리하면 〈표 5-1〉과 같다.

〈표 5-1〉 푸드 매체의 종류

매체 기법	푸드 매체의 종류
그리기 매체	초코펜, 케첩, 머스터드, 땅콩버터, 초코버터, 밀가루, 전분가루
바탕 매체	라이스페이퍼, 만두피, 식빵, 또띠아, 김, 쌀밥
조소 매체	다양한 야채와 과일들(예: 감자, 고구마, 밤, 대추, 땅콩, 사과, 바나나, 포도 등)
비정형 매체 및 기타 매체	물, 생크림, 밀가루, 밀가루 풀, 전분, 소금

2. 매체가 갖는 치유적인 측면과 심리학적 의미

심리치료에서 매체는 필수적이다. 적절하게 제공된 매체를 통해 내적인 심상을 표현하게 된다. 언어로 표현하기 힘든 내면의 정서를 매체를 활용한 창작 활동을 통해 무의식 속에 숨겨 두었던 내적인 욕구와 소망을 표현할 수 있다. 또한 매체를 사용하여 만들어 낸 창작물을 통해 만날 수 있는 색채와 형태가 주는 만족감과 즐거움은 내면의 고통을 자극하여 자신이 미쳐 알 수 없었던 내면을 들여다보고 문제를 해결할 기회를 가진다.

심리적으로 경직되고 강박적인 성향을 내담자에게 퇴행을 촉진하고 긴장을 완화하는 것을 치료 목표로 두는 경우 매체는 무른 점토 및 유동적인 재료를 제공하여 자연

[그림 5-2] 매체의 치유적인 측면과 심리학적 의미

스럽게 긴장을 완화시키고 퇴행을 촉진시키는 활동이 도움이 된다. 푸드 매체의 경우 점토와 유사한 특징을 가진 밀가루 반죽, 생크림, 초코버터 등을 이용하면 동일한 치료 효과를 가져올 수 있다. 또한 산만하고 충동적인 성향이 많고 자아경계가 불분명하며 정신적인 혼돈상태에 있는 내담자에게 제공되는 매체는 딱딱하고 분명한 효과를 제공하는 통제성이 강한 매체를 제공하는 것이 효과적이다. 이런 경우 감자, 고구마 등과 같은 딱딱한 푸드 매체를 이용하여 자신의 생각과 느낌을 표현하도록 한다. 이렇 듯 매체가 치유적인 부분을 가지기 위해서는 내담자가 무의식적으로 억압하고 있는 부정적인 내적인 에너지를 매체를 통해 안전하게 분출할 수 있어야 한다.

치유적인 매체는 만지고 창작하는 과정을 통해 자신의 무의식적인 욕구와 스스로 방어하고 거부해 온 욕구를 표출할 수 있게 돕는다. 즉, 부정적인 감정을 그대로 외적으로 표현할 경우 타인에게 해가 되는 행동으로 이어지는 위험이 발생할 수 있으므로 매체라는 안전한 통로를 통해 자신의 억압되어 있던 부정적인 감정을 자유롭게 표출하는 기회로 심리적인 안정감과 함께 승화를 경험할 수 있다. 매체를 자유롭게 다룰 수 있고 매체를 통해 자신이 경험했던 일과 감정을 어렵지 않게 표현할 수 있다는 것은 자기 생각을 중심으로 살아갈 수 있는 능력이 있다는 것을 의미한다. 매체를 활용한 활동은 정서 활동으로 우뇌를 활성화하며 매체를 사용한 창작 활동은 감정과 느낌을 표현하며 자신도 모르는 사이 본능적 충동에 이끌려 울기도 하고 폭발하듯 쏟아져 나오는 분노를 매체를 통해 안전하게 분출한다. 이렇듯 자신도 모르는 사이 내적으로 잠재되어 있던 감정이 분출되어 표출하여 해소하는 것이 예술 매체가 가지는 치유적인 힘이라고 말한다(옥금자, 2013).

자신감이 부족하고 자존감이 낮은 내담자에게는 사용하기 단순하며 어렵지 않은 쉬운 매체를 이용하여 완성도 높은 작품을 통한 승화와 자기 만족감을 경험하도록 하여 자존감을 높일 수 있는 기회가 되도록 한다. 특히 친숙한 푸드 매체는 누구나 어렵지 않게 사용할 수 있으며 수정이 용이한 장점으로 인해 실패의 경험이 최소화되어 치료적 가치로서의 의미와 효과가 크다.

3. 매체 이해하기

푸드 매체의 경우 매체의 특성상 활동 시 주위가 어지럽혀지거나 활동 공간이 지저분해지는 경우가 잦다. 이때 푸드예술심리상담사는 내담자가 푸드 매체를 자유롭게 사용할 수 있게 편안한 환경을 제공해야 한다. 즉, 밀가루 활동의 경우 책상과 바닥 등 밀가루로 더럽혀지는 경우가 많다. 이때 조심해서 사용하라는 말, 또는 옆에서 부정적인 시선으로 바라보는 행동은 내담자로 하여금 내적인 활동을 제한하는 부정적인 영향을 줄 수 있다. 아무리 훌륭한 매체라 하더라도 매체를 자유롭게 사용할 수 없다면 치료 효과는 기대하기 힘들기 때문에 내담자가 자유롭게 감정을 표현할 수 있도록 배려하고 이해하는 마음의 자세가 무엇보다 중요하다.

내담자는 다양한 매체 경험을 통해 자신의 감정을 표현하고 완성 작품을 통해 자기 이해의 과정을 가진다. 이런 측면에서 매체는 치료의 필수 요건이며 어떠한 매체를 사용하여 치료적인 접근을 하느냐에 따라 치료 효과는 다르게 나타난다. 매체는 치료적 관계를 형성하는 데 중간 대상이라는 치료적 의미를 가지는 중요한 역할을 하는 것으로(옥금자, 2013), 푸드예술심리상담사는 먼저 치료 매체에 대해 충분히 탐색하고 경험하여 매체가 가진 특징과 치유적인 면을 정확히 인지한 후 제공해야 한다. 이를 바탕으로 내담자와 친숙함과 신뢰감을 바탕으로 치료 관계를 형성하는 것은 물론 지속적으로 긍정적인 치료관계를 유지할 수 있도록 끊임없이 노력해야 한다.

매체를 선택할 때 몇 가지 유념해야 할 사항이 있다. 내담자가 가지고 있는 개인적인 성격 및 특성에 따라 매체를 선호하는 경향이 다르며 자신이 선택한 매체에 다양한 정서적 반응을 일으킨다. 핑거페인팅 기법은 내담자의 개인적인 경험에 따라 선호하는 경우와 그렇지 않은 경우가 확실히 나타난다. 또한 자유롭게 변형이 가능한 매체는 편안함을 느끼는 내담자도 있지만 매체를 적절히 통제하지 못해 위협감을 느끼는 내담자 등 매체는 항상 양면성이 있으므로 내담자에 따라 적절히 조절하여 신중하게 사용해야 한다. 매체를 제공할 때 내담자 개인의 발달을 이해하고 그에 따른 적절한 매체를 제공하는 것은 효과적인 치료방법인 동시에 시행착오를 겪지 않고 치료를 진행할 수 있는 방법이다. 따라서 인간의 발달단계를 이해하고 그에 따른 적절한 매체의 선택과 제공은 푸드예술심리상담사가 필수적으로 알아두어야 하는 것 중 하나이다.

4. 발달 상황에 따른 매체 선정

유아 및 아동의 경우 발달단계에 따른 치료 목표와 그에 따른 적절한 중심 매체를 선택하고 적용하여 내담자의 신체 발달과 정서 발달이 함께 성장할 수 있도록 해야 한다.

매체 선택 시 내담자의 발달단계를 이해하고 그에 따른 적절한 매체를 선택하고 적용하는 것은 중요한 일이며, 내담자에 따라 융통성 있게 적용해야 한다. 발달단계에 맞게 적절한 매체를 활용하는 것은 창조적인 활동이 가능한 수단으로 발달을 촉진하므로 내담자의 발달단계에 맞는 매체의 선택과 활용은 치료 시 중요한 부분이다(옥금자, 2013). 또한, 푸드예술심리상담사는 내담자의 발달 특성에 맞는 푸드 매체를 적절히 제시하고 먼저 다양한 푸드 매체에 대한 검증을 통해 내담자가 실패나 좌절을 경험하지 않도록 배려하는 것이 중요하다.

1) 난화기(2~4세)

난화기에는 자신이 선택한 매체를 통해 즐겁게 활동을 하는 것만으로도 활동 목적을 달성할 수 있다. 또한 난화기에는 매체를 통한 근육운동감각을 경험하는 것에 중점을 둔다. 즉, 푸드 매체로 완성도 높은 작품을 만드는 것에 목표를 두지 않고 자유로운 활동을 통해 표현의 즐거움과 매체 자체의 만족감을 느낄 수 있는 적절한 매체를 선택하는 것이 중요하다.

특히, 2세 정도의 유아는 활동에 대한 완성작이 나오거나 눈에 보이는 결과물이 나오기 어려운 시기로 활동 과정에서 느낄 수 있는 만족감과 푸드 매체가 주는 즐거움을 오감을 통해 느끼는 것을 중심으로 한다.

　푸드아트테라피는 2세 이전 유아의 경우 먹는 것과 먹을 수 없는 것을 구분하지 못해 혼란이 있을 수 있으므로 보호자가 함께 참여하는 활동을 권장한다. 3~4세부터는 소근육이 발달하는 시기로 소근육 발달에 효과적인 매체를 선택하는 것이 중요하다. 밀가루 반죽 등 가소성 있는 매체를 이용한 핑거페인팅 등 다양한 방법을 통해 소근육이 자연스럽게 발달할 수 있다. 이 시기에는 매체를 통한 형태가 있는 완성품을 만드는 것이 중요한 것이 아니라 주무르고 만지고 두드리는 등 활동 과정 자체가 중요한 시기이다. 소심하고 긴장감이 높고 새로운 것에 대한 접근을 두려워하는 내담 아동의 경우 핑거페인팅을 이용한 활동은 긴장 완화를 통해 효과적인 감정 표출을 돕는다.

　성인의 경우 어린시절 난화기에 감정 표현의 기회를 잃은 경우, 자율성과 적절한 감정 경험의 부재로 인해 현재 어려움을 겪고 있는 경우가 많다. 이런 경우 난화기를 충분히 경험할 수 있도록 다양한 푸드 매체를 제공한다.

2) 전도식기(4~7세)

　자신이 경험한 것과 일상생활에서 실제로 경험해 보는 것을 탐구하는 전도식기에는 자신의 경험을 자유롭게 재현할 수 있는 가소성 있는 3차원 매체가 효과적이다. 푸드 매체의 경우 밀가루 반죽, 쌀 반죽, 쿠키 반죽 등이 이에 해당한다. 주의할 점은 결과물이 꼭 있어야 하는 활동이 아니므로 지시적인 활동이 아닌 내담자가 매체를 자유롭게 탐색하고 자유롭게 표현할 수 있는 기회를 주는 것이 중요하다.

3) 도식기(7~9세)

　형태를 인지하기 시작하는 도식기에는 정확한 표현이 가능한 매체를 선택하는 것이 중요하다. 도식기에는 우연의 효과로 얻어질 수 있는 매체는 매체 통제의 어려움으로 활동이 실패로 이어지는 경우가 많으므로 주의할 필요가 있다. 푸드 매체의 경우 다양한 야채와 곡류 등을 이용한 3차원 입체 작품이 가능하므로 상상력과 창의력을 키울 수 있는 활동을 제시하는 것이 효과적이며, 다양한 표현이 가능한 푸드 매체는 특별한 제한 없이 모두 사용 가능하다. 특히 결과물이 예측되기 어려운 푸드 매체는 이 시기에 창의력을 향상할 수 있는 좋은 매체이다.

4) 또래 집단기(9~12세)

자아인식이 확대되어 환경에 대한 인식과 감수성이 발달하여 이성에 대한 호기심과 애정 및 정의감이 발달하는 시기이다. 표현의 경우 자신이 경험한 것을 사실적으로 표현하는 특징을 가지며 자기 능력에 대한 주관적인 판단이 나타나는 시기로 자기가 표현한 것에 실망하고 좌절을 경험하지 않도록 실패가 적고 만족감이 높은 푸드 매체를 적용한 푸드아트테라피 활동은 치료효과가 크다. 또한 사회적 관계 속에서 경험한 것을 표현하는 시기로 하나의 주제로 푸드아트테라피 협동작품을 만드는 활동은 사회성 향상에 긍정적인 역할을 한다.

5) 의사실기(12~14세)

사실적인 표현이 많이 보이는 시기로 각각 다른 두 개의 공간개념이 발달하며 자기중심적인 사고에서 벗어나 현재의 표현뿐 아니라 미래에 대한 표현까지 사고가 확장되는 시기이다. 푸드아트테라피의 경우 다양한 푸드 매체를 활용하여 자기의 생각을 자유롭게 표현하고 3차원적인 조형 작업이 가능한 푸드 매체를 제공하여 자기표현의 기회를 제공해 주는 것이 중요하다. 또한 집단 푸드아트테라피 활동으로 또래관계 및 사회성이 향상될 수 있도록 한다.

6) 사춘기(14~17세)

사춘기는 신체적뿐 아니라 정신적으로도 많은 변화를 겪으며 정서적으로는 불안감이 많이 나타나는 시기이다. 사소한 일에 화를 내고 반항하는 등 정서적인 스트레스가 많으므로 다양한 푸드 매체로 자기가 표현하고 싶은 것을 자유롭게 표현하며 스트레스를 해소할 수 있는 기회를 제공하는 것이 중요하다. 표현이 침체되는 시기이므로 특정한 완성작품을 만들지 않아도 푸드 매체를 보고 만지는 것만으로도 심리적으로 안정감을 주는 효과가 있으므로 정서적으로 불안감이 많아지는 사춘기에 효과적인 치료매체이다. 또한 사춘기는 부모와의 소통보다는 타인과의 소통을 더욱 원하므로 또래와의 다양한 집단 푸드아트테라피 활동을 통해 긍정적인 에너지를 형성할 수 있다.

〈표 5-2〉 **발달단계에 따른 푸드 매체의 선택**

연령		발달단계 특징 및 구체적 활동	푸드아트테라피 활동	푸드 매체
1단계: 난화기	2~ 4세	① 감각과 신체에 대한 초기 인식 단계로 감각적 자극에 반응함 ② 특정한 결과물이 없는 활동에 대한 허용과 제재 없는 자유로운 표현 활동 제공 ③ 난화 형식으로 자유롭게 감정과 느낌을 표현할 수 있도록 적절한 푸드 매체 제공 ④ 푸드 매체를 활용한 다양한 놀이 활동으로 엄마와의 긍정적인 관계 형성	① 오감을 이용하여 푸드 매체 탐색하기 ② 푸드 매체를 이용한 자유 활동으로 소근육, 대근육 발달시키기(예: 당근 조각 높이 쌓기, 밀가루 반죽 주무르기 등) ③ 긴장, 소심하고 적응이 힘든 내담자의 경우 핑거페인팅으로 긴장 완화	생크림, 밀가루 및 전분 가루 반죽 물 등
2단계: 전도식기	4~ 7세	① 인물을 현실적으로 표현하기 시작하며 자신의 생각을 처음으로 표현하기 시작함 ② 자기중심적인 사고와 공간을 사용하며 상징적인 표현을 시작하는 첫 단계로 자신이 본 것을 중심으로 표현하며 대상과의 관계를 발견하게 됨 ③ 푸드 매체로 경험한 것을 표현하도록 유도 ④ 다양한 푸드 매체로 자기 생각과 감정을 자유롭게 표현할 수 있는 기회 제공	① 자신이 인식하고 표현하고 싶은 것을 푸드 매체로 자유롭게 표현하기 ② 도구를 사용하여 푸드 매체를 자르기, 썰기, 껍질 벗기기 등 간단한 조작으로 소근육, 대근육 발달 및 창의력을 발휘하여 표현의 즐거움 주기 ③ 특정한 결과물이 없어도 되며 활동 자체에 대한 만족감이 중요함	초코펜, 케첩, 식빵, 쿠키 반죽 등

단계	나이			
3단계: 도식기	7~ 9세	① 사람 표현의 경우 자신이 생각하고 있는 것을 그림으로 표현함 ② 학령기의 시작으로 푸드 매체를 이용한 작은 성공의 반복적인 경험으로 자기효능감을 향상시킴 ③ 푸드아트테라피 집단 활동으로 사회성 향상의 기회 제공	① 다양한 푸드 매체로 자신이 느끼는 감정과 생각을 표현하는 활동으로 자율성과 만족감 향상 ② 활동 주제로는 나의 감정 표현하기, 나의 얼굴, 신체 표현하기, 내가 행복할 때 표현하기 등	다양한 야채와 채소, 과일류, 생크림, 밀가루 반죽 등
4단계: 또래 집단기	9~ 12세	① 남녀 구별이 분명해지고 보이는 대로 사실적으로 묘사함 ② 주관적인 색채의 사용과 객관적이고 사실적인 표현이 나타나는 시기 ③ 매체를 다양하게 많이 사용하며 외적인 표현과 내적인 표현이 나타나는 시기 ④ 사실적인 표현의 등장으로 자기가 표현한 것에 대한 평가로 자신감이 저하되는 시기	① 자기 능력에 대한 주관적인 판단이 나타나는 시기로 완성도가 높은 푸드 작품 만들기(예: 푸드만다라) ② 자기가 표현한 것에 실망하고 좌절하지 않도록 실패가 적고 만족감이 높은 푸드 매체 활동하기 ③ 활동 주제: 희망 항아리, 희망 나무 만들기, 신기한 요술 알 등	푸드 매체 모두 사용 가능. 수정이 용이하고 실패의 경험이 적은 푸드 매체를 적극적으로 활용
5단계: 의사 실기	12~ 14세	① 개별성에 따라 감정을 표현하는 형태와 색을 사용하여 만들고 표현함 ② 자기중심적인 사고에서 벗어나 미래에 대한 관심이 확장되는 시기 ③ 함께하는 집단 활동을 통해 사회성 향상과 긍정적인 또래관계를 형성하는 것이 중요한 시기	① 다양한 푸드 매체를 활용하여 비구조적인 표현 방법으로 자신이 표현하고 싶은 것을 중심으로 푸드 작품 만들기(푸드 작품 완성 후 제목을 정하며 푸드 작품 속의 자기 감정과 느낌 찾기) ② 집단 또래수업을 통해 대인관계 및 사회성이 발달될 수 있도록 집단 푸드아트테라피를 실시함	다양한 푸드 매체 및 3차원적인 조형 작업을 할 수 있는 매체 활용(예: 감자, 고구마, 당근, 무 등)
6단계: 사춘기	14~ 17세	① 사실적인 모습을 강조하거나 감정적인 표현을 함 ② 사실적인 색채 사용 또는 3차원적으로 표현이 가능. 원근감 사용 ③ 추상적인 내용의 정서 표현이 가능해지고 객관적이고 주관적인 경험 두 가지 표현 양식이 복합되어 사용되기도 함	① 다양한 푸드 매체를 통해 자신의 주관적인 생각을 표현할 수 있도록 편안한 활동 분위기와 다양한 푸드 매체 제공이 중요함 ② 감각적인 자기 경험을 표현할 수 있도록 새로운 푸드 매체로 자유롭게 표현하는 것이 중요함	주요 푸드 매체: 간장, 설탕, 야채, 과일 껍질, 아로니아 가루 등 다양한 식용 색소

출처: 옥금자(2013). 미술치료의 발달적·심리학적 매체 선택과 적용 참조.

5. 푸드 매체와 미술 매체의 차이점과 공통점

〈표 5-3〉 **푸드 매체와 미술 매체의 차이점과 공통점**

	푸드 매체	미술 매체
차이점	① 매체에 대한 안전성이 높다. ② 남녀노소 전 연령에 적용 가능하다. ③ 결과물이 예상되지 않는 매체를 통해 보다 창의력이 높은 작품 활동이 가능하다. ④ 매체가 주는 친근함으로 거부나 방어가 적다.	① 미술 매체에 포함된 유해요소로 인해 유아의 경우 특별한 주의가 필요하다. ② 각 연령에 따라 매체 사용을 제한해야 하는 경우가 있다. ③ 매체가 주는 예상 가능한 결과물로 창의력이 제한되는 경우가 있다. ④ 증상에 따라 매체가 주는 거부나 방어로 인해 자신의 생각과 느낌을 표현하는 것에 어려움이 있다.
공통점	① 자신의 생각과 감정을 표현하는 데 필요하다. ② 매체를 다루는 동안 자신의 감정과 느낌을 표현하는 기회를 통해 자기 성장의 기회를 가진다. ③ 정서 발달에 중요한 기능을 가진다. ④ 매체를 통한 자유로운 표현을 통해 내적인 문제와 희망을 자유롭게 표출 가능하다.	

〈표 5-4〉 **푸드 매체와 미술 매체의 종류**

푸드 매체	미술 매체
밀가루 풀죽	젖은 점토
초코펜, 케첩, 머스터드 소스 등	그림 물감
밀가루 반죽, 마시멜로, 찹쌀떡 반죽	천사점토, 아이클래이, 폼클래이
초코버터, 땅콩버터	오일 파스텔
색 도마를 활용한 표현	켄트지
다양한 푸드 매체를 이용한 창작 활동	콜라주
식용색소를 넣어 만든 쌀가루 반죽	찰흙, 고무 찰흙
라이스페이퍼	OPP 필름
딱딱한 푸드 매체, 당근, 무 등을 활용한 그림 표현	색연필
곡류를 활용한 표현	연필

또래 관계에 어려움이 있거나 타인과의 상호작용에 불편함을 겪는 내담자의 경우와 사회성이 부족하고 자기 표현력이 부족하여 활동에 대한 불안과 방어가 있는 경우에는 푸드 매체를 활용한 촉진 활동을 이용하여 치료에 대한 긴장감과 불안을 감소시키는 것이 효과적이다. 예를 들어, 생크림 또는 밀가루 반죽 풀을 이용한 핑거페인팅으로 긴장감과 불안을 해소할 수 있다.

치료가 필요한 내담자는 언어로 자기 감정을 표현하는 것에 대한 어려움으로 자신의 문제를 회피하는 방식으로 자기 방어가 심한 경우가 대부분이므로 방어가 적은 푸드 매체를 통해 자유롭게 감정을 표현할 수 있는 기회를 제공한다. 모든 심리치료의 중요한 요소 중 하나는 내담자의 내면을 표현하도록 돕는 적절한 매체를 제공하는 것이다. 따라서 현재 활용하고 있는 다양한 푸드 매체는 물론 새로운 푸드 매체를 개발하는 것이 중요하다.

내담자에게 매체에 대한 흥미는 창조적 활동 시 자발적인 참여와 동기부여로 인해 집중력을 발휘할 수 있는 긍정적인 효과가 있다. 매체는 내담자의 자발적인 동기부여를 위해 거부 반응과 부담을 주는 것이 아닌 표현하고 싶다는 생각을 줄 때 중요한 치료 요소가 될 수 있다.

푸드 매체의 경우 다른 치료 매체에 비해 푸드예술심리상담사가 미리 준비해야 하는 것이 많다. 푸드 매체가 다양한 만큼 매체를 준비하기 위해 여러 곳을 방문해야 하는 수고와 매체 보관상 주의해야 할 사항도 있다. 다른 치료도 치료사의 선 경험을 통해 치료에 대한 애정과 믿음이 기초가 되어 진행되어야 하듯 푸드아트테라피는 무엇보다 치료에 대한 관심과 애정을 많이 가지고 있어야 장기간 치료가 가능하다. 필자의 경우 집단 치료 시 많은 양의 푸드 매체를 구입해야 하고 그 준비 과정이 미술 매체와 비교해 몇 배로 힘든 경우가 있지만 내담자들이 보여 주는 푸드아트테라피에 대한 애정과 만족감 등의 긍정적인 반응들로 인해 내담자와 함께 힐링이 되고 같이 성장하는 경험을 할 수 있었다. 즉, 푸드아트테라피는 푸드예술심리상담사가 케어에 대한 만족감을 느낄 수 있는 심리치료이다.

푸드아트테라피에 있어 푸드는 치료의 중심이 되며 내담자와 상담사를 이어 주고 내담자의 내면을 표현하는 등 푸드의 치료적인 역할을 인지한 후 창조적으로 잘 활용해야 한다. 이처럼 치료에 있어 중요한 매체가 때로는 내담자를 두렵게 만드는 위협적인 도구가 되는 경우가 있다. 미술치료의 경우 평소 그림을 그리는 것에 대해 자신감이 없고 좌절감을 경험한 내담자에게 미술 매체는 치료 과정에서 한 걸음 뒤로 물러서게 하는 매체가 될 수 있지만 푸드 매체는 종이와 연필이 아닌 식빵 또는 밀가루 반죽 위에 초코펜을 이용해서 표현하는 등 흥미를 유발하는 매체로 거부감이 없고 그림을 잘 그려야 한다는 부담감이 없어 자유로운 표현이 가능하다. 특히 성인과 노인의 경우 표현에 대한 두려움 없이 일상생활에서 항상 접할 수 있는 푸드 매체로 자유롭게 자신의 감정을 표현하는 모습을 어렵지 않게 관찰할 수 있다.

6. 내담자의 증상별 푸드 매체의 적용

장애의 경우 증상에 따라 다르지만 보통 신체적, 정신적, 발달적 문제를 가지고 가정 및 사회에서 부적응적인 행동을 보이기 시작하여 청소년기에 접어들면서 그 정도가 심해지는 경향이 있다. 이 시기에는 자신의 생각과 느낌을 언어로 표현하는 것에 한계가 있고 이로 인해 스트레스가 많으므로 긴장과 스트레스를 해소할 수 있는 푸드 매체를 활용하여 활동하는 것이 효과적이다. 위축 아동의 경우 푸드 매체를 통해 긴장감을 해소하고 안정감을 느낄 수 있는 매체를 제공하는 것이 효과적이다. 예를 들면, 생크림을 이용한 핑거페인팅과 전분 물을 이용한 촉감 놀이 등이 있다.

충동성이 있는 내담자는 성격이 급하고 집중력이 낮은 경향이 있으므로 일정한 주제를 제시한 후 푸드 매체를 활용한 표현 활동을 통해 자신의 마음을 자유롭게 표현할 수 있는 기회를 제공하고 긴장을 완화하고 이완시킬 수 있는 방법을 사용한다. 표현 기법의 예로는 초코펜을 이용한 난화 활동과 원두커피 가루를 이용한 핑거페인팅 등이 있다.

모든 푸드 매체는 내담자의 증상과 상태, 연령에 따라 적절하게 사용되어야 한다.

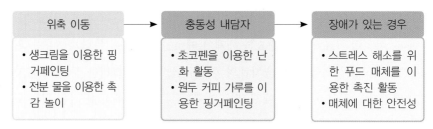

[그림 5-3] 내담자의 증상별 푸드매체의 적용

푸드예술심리상담사는 내담자가 스스로 선택한 매체를 통해 만족감이 높은 활동이 되도록 도와주어야 하며 매체를 다루는 방법 및 특징을 인지하고 있어야 한다. 심리치료에 있어 매체는 내담자에게 자신이 경험한 사실을 표현하고 재경험을 통해 재인지를 할 수 있는 긍정적인 면으로 인해 치료에 중요한 역할을 한다. 또한 매체에는 다양한 감정을 표현할 수 있는 내적인 에너지가 내포되어 있으므로 매체를 활용한 기법과 개발이 중요하다. 특히 푸드 매체는 활용 범위가 넓고 다양한 특징으로 인해 치료 매체로서 앞으로 더 중요한 역할을 할 것으로 예상한다.

7. 문제 행동에 따른 푸드 매체의 적용

푸드 매체 사용 시 불안도가 높고 심리적으로 불안정한 경우 안정감을 갖는 데 도움이 되는 특정한 향을 지닌 푸드 매체를 사용하는 등 단순한 매체로 시작하는 것이 도움이 된다. 지나치게 의존적인 경우에는 푸드예술심리상담사가 먼저 푸드 매체를 이용하여 활동하는 모습을 보여 준 후 푸드예술심리상담사가 표현한 것을 참고로 표현할 수 있도록 배려한다. 충동적인 경우에는 접시, 쟁반 등을 이용하여 경계를 설정해 주는 것도 좋은 방법이 될 수 있다. 또한 내담자가 가진 특성에 따라 자유롭게 활동하거나 특정한 주제 및 과제를 제시하여 활동할 수 있게 한다. 푸드예술심리상담사는 푸드 매체를 사용하는 태도와 매체를 다루는 진행 과정을 주의 깊게 관찰하고 완성한 푸드 작품의 이미지와 관련하여 이야기를 나누는 활동을 통해 사고 확장의 기회를 가질 수 있게 한다.

〈표 5-5〉는 문제 행동에 따른 푸드아트테라피 활동을 적용한 것으로 다양한 문제 행동에 효과적으로 사용할 수 있다.

〈표 5-5〉 문제 행동에 따른 푸드아트테라피의 적용

	반항 공격	주의력결핍 과잉행동
의미	• 의도적으로 상대에게 상해를 입히는 행위 • 언어, 신체, 감정 동반, 충동적, 반응적, 개인적, 집단적 공격	• 가만히 있지 못하고 돌아다님 • 흥분된 상태 유지, 기다리지 못함 • 집중력 결여, 건망증, 위험한 행동, 듣는 태도 결여
원인	• 불안, 자아실현의 결여 • 강압적인 가족 분위기, 불만족한 생활 조건, 정치 상황, 사회적 가치관, 잘못된 교육, 본능적 충동 등	• 음식에 함유된 과다 성분(인산염, 당분, 중금속으로 인한 알레르기성 반응). • 가정환경의 영향
대처 방안	• 질 높은 교육 제공 • 집단 생활, 사회생활 기회 제공 • 공감을 바탕으로 한 가족 환경 • 자아실현의 기회 제공 • 창의적인 취미 활동 제공	• 안정감과 신뢰감을 주는 환경 제공, 정해진 일과 계획성 있는 생활 • 자극적인 것 삼가, 영양분 있는 음식, 복합비타민 섭취 • 진지한 관심과 애정
푸드 아트 테라피 적용	• 밀가루 반죽, 쿠키 반죽, 쌀가루 반죽 등을 활용한 긴장 해소 및 부정적인 감정 표출 및 해소 • 부모와 함께하는 푸드아트테라피 활동을 통해 가족과 마음 나누기 및 공감하기	• 안정감을 주고 심신을 차분하게 하는 음악을 틀어놓고 활동하기 • 감각을 자극하는 다양한 푸드 매체 사용하기 • 곡물을 이용한 만다라, 야채 조각을 이용한 모자이크
	틱	손톱 물어뜯기 손톱 씹는 반복적인 행동
의미	• 눈을 계속 깜빡이기, 머리를 젖히기, 손뼉 치기, 헛기침, 코를 훌쩍거림, 자신이 만든 일정한 소리 등	• 손톱을 물어뜯거나 씹는 반복적인 행동
원인	• 무의식적 모방이 습관화 • 심리적 부담 • 운동 충동에 분출 • 자기 욕심과 속박	• 심리적 억압, 속박, 애정결핍 • 긴장과 흥분 • 공격성의 다른 표현 • 과도한 도덕적 행동 강요

대처 방안	• 안정감 필요 • 감정 이완 필요 • 공감과 관심 • 자유롭고 편안한 공간 제공	• 습관화된 행동 관찰 • 다른 활동 유도, 자유로운 생활 • 자율적 활동 연습 • 공격적 충동을 안전하게 표출
푸드 아트 테라피 적용	• 푸드 매체를 활용한 놀이와 활동을 접목하 여 실시(촉진 활동) • 긴장되고 굳어 있는 감정을 이완할 수 있도 록 매체 선택 • 생크림, 밀가루 반죽물 등을 이용한 핑거페 인팅	• 심리적인 긴장과 억압되어 있는 감정을 표출 할 수 있도록 난화 기법 및 핑거페인팅 및 푸 드 매체를 활용한 활동 • 만족감이 높은 활동으로 승화 경험 제공

	거짓말	**자폐**
의미	• 편리성 거짓말 • 위급 상황 거짓말 • 농담-장난 거짓말 • 꾀병, 위장, 가장 거짓말	• 사회 기술, 언어, 의사 소통 발달 지연 • 전반적인 발달 장애 • 상동증(반복 행동)
원인	• 애정결핍 • 상상과 실제의 혼동 • 자기중심적 사고 • 부적절한 본보기 • 자기 보호	• 복합적인 원인으로 규명. 생물물리학적, 신경 심리학 비교행동, 정신분석, 학습 이론적 관 점 • 전체 뇌 크기, 측두엽 이상 • 높은 빈도의 경련성 질환 발견
대처 방안	• 성인의 일관성 있는 행동 • 갈등 상황 파악 • 정서적 · 심리적 욕구 인정 • 지속적인 관심	• 조기 발견을 위한 진단 • 교육과 치료 병행 • 부모상담 • 단계적이고 지속적인 계획에 의한 교육. 치료 접근 시도
푸드 아트 테라피 적용	• 쌀가루를 활용한 가족 만들기를 이용하여 역할극을 통해 자기 문제점 들여다보기 • 가족과 함께하는 협동 활동을 통해 가족 속 에서의 자신의 모습 객관적으로 바라보기	• 감각 훈련을 자극하는 푸드 매체 활용 • 푸드 매체를 활용한 핑거페인팅, 신체 표현하 기 등 • 푸드 매체로 스트레스 해소 기회 제공

출처: 고현, 유시덕 외(2008). 매체를 활용한 유아동 미술교육과 미술치료 참조.

8. 활동 후 자기표현 확장하기와 상담에 적용하기

푸드아트테라피의 경우 푸드 매체를 탐색하는 것만으로도 치료가 되는 효과가 있으므로 특정한 것을 만들고 완성도 높은 작품을 만드는 것에 치중하기보다는 푸드 매체를 탐색하고 작품을 만드는 과정을 소중히 생각해야 한다. 정서적 반응을 탐색한다는 것은 자신이 완성한 작품을 대면하면서 느껴지는 감정을 표현하고 그때 느껴지는 생각과 느낌을 다시 푸드 매체로 표현하는 활동으로 자기표현 확장의 기회를 갖는다. 또한 자신이 완성한 푸드 작품을 보며 떠오르는 느낌과 생각을 기록한 뒤 하나의 문장으로 만들거나 작품의 제목을 만드는 활동으로 자기 경험을 구체화시키는 기회를 제공한다. 마지막으로 푸드 작품을 통한 푸드예술심리상담사와의 연상 작업으로 의사소통할 수 있는 기회를 통해 친밀감 형성은 물론 자기 경험을 확장할 수 있다.

내담자의 내적 · 외적인 경험을 확장할 수 있는 푸드예술심리상담사의 질문들은 다음과 같다.

- 푸드 작품을 보면 누가 생각나는가?
- 푸드 작품을 보면서 어떤 느낌과 생각이 떠오르는가?
- 지금 현재 어떤 느낌과 기분이 드는가?
- 활동 전과 후의 달라진 느낌과 기분은 어떠한가?
- 푸드 작품에서 어떤 장소와 어떤 상황을 생각나게 했는가?
- 푸드 작품을 보면서 떠오르는 이미지는 어떤 것들인가?
- 푸드 작품에 대한 이미지를 하나의 이야기로 만들면 어떠한가?
- 푸드 작품을 사진을 통해 바라볼 때 어떤 차이가 있는가?

완성한 푸드 작품은 가족과의 면담 시 내담자가 완성한 푸드 작품을 보여 주기 전 내담자의 동의 하에 개방 여부를 결정해야 한다. 또한 푸드 작품에 대한 어떠한 해석과 작품에 대한 설명을 먼저 하지 않고 푸드 작품을 본 부모의 느낌과 생각을 중심으로 내담자와 공통된 부분이 어떤 것이며, 다른 점은 어떤 것인지 등을 상담에 활용한다.

9. 푸드 매체의 활용

심리치료를 받으러 오는 경우 유아와 아동은 부모의 설득이나 "오늘 치료를 받으러 가면 원하는 것을 해 주겠다." 등의 조건을 걸고 오는 경우가 있다.

청소년들은 아주 반항적이고 거부적인 태도로 무엇 때문에 여기에 왔는지 자신이 이런 곳에 와서 치료를 받는 것에 대해 못마땅해 하며 대부분 부정적인 반응을 보인다. 심리치료를 받으러 올 때 기분이 어땠는지 물어보면 "오기 싫었다." "아무것도 하고 싶지 않다." 등의 대답으로 자신이 어떠한 문제를 가지고 방문한 것에 대해 부정적인 시선과 감정으로 상담사에게 적대적인 감정을 보이는 경우가 많다. 이렇듯 비자발적인 청소년은 자신의 의지로 치료실에 방문한 경우가 드물며 상담과 치료에 대해 거부감이 강하므로 치료적 관계를 형성하기 위한 초기 친밀감 형성이 아주 중요하다.

내담자에게 효과적이고 훌륭한 치료법이라고 할지라도 접할 기회가 주어지지 않는다면 무용지물이 될 뿐이다. 이러한 이유로 모든 심리치료의 첫 단계는 흥미와 관심을 유도하는 것으로서 미술치료는 미술 매체를 통한 치료 동기 및 흥미 유발로 미술치료와 활동에 대한 관심을 유도한다.

반항과 적대심이 강한 청소년도 푸드 매체에 대한 거부감을 표현하는 경우는 아주 드물며 푸드 매체가 주는 친밀감과 흥미로 인해 특별한 기법을 사용하지 않아도 매체에 대한 거부감 없이 자연스럽게 푸드 매체로 표현한다.

푸드아트테라피는 푸드 매체에 대한 거부 반응이 적고 일상생활에서 항상 접할 수 있는 친근한 매체를 활용한 창조적인 활동을 통해 어렵지 않게 성공 경험을 할 수 있다. 이런 반복적인 성공 경험은 자신에 대한 자부심으로 이어져 치료 효과가 향상되며 상담사와의 긍정적인 관계로 이어진다. 이렇듯 푸드 매체를 활용한 촉진 활동은 치료

[그림 5-4] 푸드 매체의 장점

적 관계형성에 효과적인 영향을 준다.

　청소년 및 노인의 경우 치료 초기에 긍정적인 치료 동기를 형성하기 위해서는 치료에 대한 부담이 없고 자발적인 참여와 표현으로 치료에 대한 거부감이 없어야 한다. 즉, 적절한 치료 매체를 선택하여 활동에 대한 흥미 유발을 바탕으로 긍정적인 치료 관계를 형성하는 것이 무엇보다 중요하다. 이런 면에서 본다면 푸드 매체는 긍정적인 치료 관계를 형성하고 치료에 대한 긍정적인 부분을 부각시키는 훌륭한 치료 매체라고 할 수 있다.

10. 푸드 매체의 치료 요인

　푸드아트테라피는 푸드 매체를 통해 자기의 감정과 행동, 경험을 표현한 것을 통해 자기를 탐색하여 미처 깨닫지 못한 자신의 모습을 찾아가는 활동으로 자기이해를 통해 성장할 수 있는 기회를 제공받는다. 심리적인 문제를 가지고 있는 내담자는 주위로부터 공감과 인정을 받지 못한 경우가 대부분으로 푸드 매체를 통한 케어에 대한 만족감을 경험하고 활동 후 마음 나누는 활동을 통한 공감 활동으로 자아 성장의 기회를 갖는다. 또한 심리적 안정감을 바탕으로 한 창작 활동으로 만든 완성도 높은 푸드 작품은 적대적이고 방어적인 내담자의 마음을 열게 하는 장점을 가지고 있다. 성인을 대상으로 한 미술치료의 경우 "그림을 그리지 못한다." "그림 그리기 싫다." 등의 선입견과 부담감으로 치료에 대한 거부감이 많으나 푸드 매체는 남녀노소 누구나 거부감 없이 흥미를 가지고 표현하다 보면 어느새 창작활동에 몰입해서 작업하는 새로운 자신을 발견하는 경우가 많다.

정신분석이나 심리치료에서 받아들여지고 있는 여러 이론에서는 개인의 정신적, 신체적 증후는 자신의 감정을 적절하게 표현하지 못하고 억압했던 것이 원인이 되어 나타나는 것으로 본다(전순영, 2011). 즉, 정신적인 문제의 대부분은 힘들고 어려운 순간 외부적인 압력으로 인해 자신이 현재 느끼는 감정을 표출하지 못하고 억압 또는 회피하는 방식을 취하며 자기 내면의 감정을 적절히 표현하지 못하고 어느 순간 신체화나 정신적인 문제가 발생한다. 이러한 점에서 본다면 모든 심리치료의 중요한 치료 목표는 내담자가 자신의 현재 힘든 상황 및 내면의 억눌려 있던 감정을 숨김없이 표현하고 자신이 처해 있는 상황을 바로 바라보며 자신의 감정을 자유롭게 표출하는 기회를 갖는 것이다. 문제를 가지고 있는 내담자의 경우 내면의 기억은 고통스럽고 힘들고 아픈 감정이 대부분이며 밖으로 드러내는 것을 고통스러워한다. 또한 수치스러움에 감정을 드러내는 것을 억압하며 방어를 하려는 본능적인 반응이 나타나므로 내담자의 다양하고 힘든 감정을 표현하도록 편안하고 안정된 환경을 제공해 주는 것이 무엇보다 중요하다.

푸드아트테라피는 푸드 매체를 통해 자신이 느끼는 여러 가지 감정을 자유롭게 표현하는 것만으로도 정신적인 문제 해결 등의 긍정적인 결과를 경험할 수 있다. 또한 푸드 매체가 가지고 있는 친근함과 거부 반응 없는 긍정적인 효과를 통해 자기 내면의 감정을 표출하기에 용이하며 자신이 표현한 감정에 대한 깨달음과 자신이 만든 푸드 창작 작품을 통한 긍정적인 자기 인식은 승화로 이어져 자아를 성숙하게 하는 장점이 있다.

푸드 매체를 제시할 경우 유아와 아동 및 청소년은 자신의 감정을 푸드 매체를 통해 자연스럽게 표현하고 색과 모양, 향 등 다양한 푸드 매체가 가진 특징으로 인해 긴장 완화와 스트레스를 해소하며 활동에 대한 만족감을 표현한다. 예를 들어, 밀가루 반죽 풀, 원두가루를 이용한 난화 활동 등은 내담자의 억압된 감정을 방어 작용 없이 표현할 수 있으며 긴장완화와 함께 푸드 매체가 주는 안정감으로 인해 자유롭게 내담자가 자신의 감정을 표출할 수 있다. 다양한 푸드 매체를 활용한 표현 활동은 내담자의 감정과 사고를 확장시키고 감정을 표출하는 기회로 내담자 스스로가 통찰할 수 있는 반복적인 경험을 통해 긍정적인 변화를 가져온다.

푸드아트테라피에서 푸드 매체가 주는 치료 요인의 특징을 살펴보면 다음과 같다.

첫째, 푸드 매체를 통해 치료에 대한 거부 반응 없이 자유롭게 자신이 느끼는 감정을 표현하며 자신이 표현한 작품을 통한 자유 연상과 완성한 푸드 작품은 성취감과 함께 긍정적인 자기 인식을 할 수 있게 한다.

둘째, 푸드 창작 작품은 결과물을 예상할 수 없는 창조적인 창작 활동으로 내면의 숨겨진 잠재력 발견을 통해 자아가 성장하며 푸드 매체로 인식한 창조적 과정의 반복적인 성공 경험은 일상생활에서 긍정적인 작용을 한다.

셋째, 일상생활에서 항상 쉽게 접할 수 있는 푸드 매체를 통한 승화의 경험은 자기 내면의 부정적인 감정을 감소시키고 '나도 잘할 수 있다.'는 긍정적인 에너지가 향상되는 효과가 있다.

넷째, 푸드 매체를 이용한 창작 활동 시 사용하는 뇌 기능과 소근육, 대근육, 시·지각 발달 등 신체 발달 면에서도 긍정적인 결과를 가져와 심신이 건강해지는 효과를 가져온다.

다섯째, 푸드 매체가 주는 다양한 치료 효과 중 창조성과 승화의 경험은 가장 중요한 치료 요인이다. 특히 푸드 매체를 보는 것만으로도 창작 욕구를 불러일으키며 푸드 활동을 통해 창조성이 향상되는 효과가 있다. 또한 정형화되지 않은 푸드 매체는 미술 매체와 비교해 창조적인 활동이 훨씬 더 가능하며 예상하지 못하는 결과물로 인해 내담자가 느끼는 성취감은 더욱더 크다. 또한 푸드 매체가 주는 오감 만족을 통한 활동은 활동하는 처음보다 중간과 마무리로 갈수록 작품을 더 멋지게 완성하고 싶은 창작 욕구가 강화되며 이러한 욕구 강화는 완성도 높은 작품이라는 결과로 인해 일반 미술 매체와 비교해 승화 경험과 성취감이 훨씬 더 높다.

이러한 활동으로 습득된 성취감은 자기효능감 향상으로 이어져 긍정적으로 자신을 바라볼 수 있게 해 주며 편안한 자기 인식이 기본이 되어 타인과의 상호작용에도 긍정적인 결과를 보여 준다. 푸드 매체를 가지고 활동하는 순간은 창작 활동이자 치유의

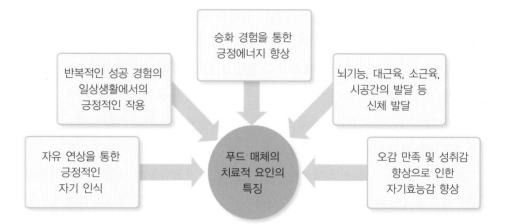

[그림 5-5] 푸드 매체의 치료적 요인의 특징

과정이며 예상하지 못한 작품으로 인해 높은 만족감을 느낄 수 있다.

푸드아트테라피의 푸드 매체 중 밀가루 반죽은 점토와 유사한 특징을 가진 매체로 특히 중증 장애의 경우 점토 매체보다 안전성이 보장되는 장점으로 인해 더욱 효과적으로 다가갈 수 있다. 또한 푸드아트테라피의 모든 매체는 자연에서 얻은 색을 지니고 있어 특히 오감으로 받아들일 수 있는 컬러 푸드의 치료 효과는 더욱 그 영향력이 크다고 할 수 있다. 푸드 매체는 단순히 시각으로 얻어진 색채가 아닌 후각과 미각이 함께 기억되는 매체로 푸드 매체를 활용해 푸드 작품을 만들지 않더라도 푸드 매체를 접하는 순간부터 안정감을 얻는 동시에 푸드 매체와 연결된 기억의 자유연상으로 내담자의 내면을 들여다볼 수 있는 촉진제 역할을 한다.

11. 치료 초기 푸드 매체로 친밀감 형성하기

치료 초기 가장 중요한 것은 내담자와 친밀감을 형성하는 것이다. 푸드 매체는 푸드 예술심리상담사와 내담자 간의 연결고리가 되며 특정한 형태의 완성 작품을 만들지 않아도 푸드 매체에 대한 이야기를 나누는 순간부터 자연스럽게 마음을 열고 자기를 개방하는 모습을 어렵지 않게 관찰할 수 있다. 특히 내담자들은 친숙하고 한 번쯤 경험해 본 푸드 매체에 대해 거부감을 느끼지 않고 친근하게 다가가며 자기의 경험을 어렵지 않게 시각화할 수 있다.

준비된 매체를 가지고 무엇을 표현하려는 것부터 치료의 시작이므로 매체에 대한 거부감이 적은 푸드 매체는 특히 친밀감을 형성해야 하는 치료 초기에 효과적으로 적용할 수 있다. 푸드 매체는 주변에서 흔히 접할 수 있으며 매체에 대한 안전성이 뛰어나고 수정이 용이하여 좌절감을 느끼지 않아 표현 의지를 강화시켜 주며, 푸드 매체의 형태와 용량의 변화 등을 활용한 푸드아트테라피 활동은 학습적인 치료법에 적합한 매체이기도 하다.

현재 푸드 매체에 대한 연구가 미흡하고 기존에 나와 있는 매뉴얼이 부족하므로 푸드예술심리상담사 스스로가 풍부한 임상 경험을 통해 느끼고 경험한 것을 바탕으로 새로운 푸드아트테라피 치료기법을 개발하고 적용하는 등 끊임없는 노력이 필요하다.

푸드예술심리상담사는 자신이 경험한 것을 토대로 내담자에게 발생하는 여러 가지 상황에 적용이 가능하도록 다양한 매체 경험이 필요하다. 푸드예술심리상담사가 푸드 매체에 대한 여러 가지 경험과 지식을 가지고 있다면 매체의 다양한 특성을 이용하여 내담자가 푸드 창작 활동을 통해 자유롭게 표현할 수 있는 기회를 제공해 줄 수 있다. 예를 들어, 생크림 매체의 경우 미술 매체의 면도 크림과 같은 질감과 매체 특징을 가지고 있으며 치료 효과도 거의 동일하다. 생크림을 이용한 핑거페인팅의 경우 달콤한 향과 친숙하게 접해 본 매체로 인해 거부 반응 없이 자유롭게 활동에 몰입할 수 있다.

푸드예술심리상담사는 다양한 푸드 매체를 개발하고 임상 현장에 적용하여 내담자가 사용 시 주의해야 할 부분과 사용방법 및 매체 특성들을 정확히 알고 푸드 매체를 제공해야 한다. 푸드 매체는 매체의 특성상 칼을 사용해야 하는 경우가 있으므로 조리도구를 사용하기 전 충분한 설명과 주의사항을 미리 공지해야 하며 유아와 아동의 경

[그림 5-6] 푸드예술심리상담사의 역할

우에는 안전 칼을 사용할 것을 권장한다. 안전 칼을 사용하는 것에 익숙해진 다음에는 점차 일반 칼로 교체하여 활동할 수 있는 기회를 주면 주의력과 집중력이 향상되는 결과를 가지고 올 수 있다. 또한 푸드아트테라피를 통해 스스로 푸드 매체를 통제할 수 있는 환경을 제공하는 것도 중요하다.

푸드 매체는 다른 매체에 비해 위생상 주의가 필요하다. 푸드 활동 후 작품을 먹는 활동으로 확장할 경우 특히 주의해야 하며 수업 시작 전 반드시 손을 깨끗이 씻고 시작하는 것이 중요하다. 또한 감정 조절이 힘든 내담자는 푸드 활동 중에 매체를 먹는 것에 제한을 두는 것이 필요한 경우가 있다. 이런 경우 치료가 진행될수록 활동 중에 매체를 먹는 행동을 절제하는 변화되는 모습으로 나타난다. 이는 사전사후검사를 따로 실시하지 않더라도 활동 중 보이는 푸드 매체에 대한 태도만으로도 문제 행동의 변화를 관찰할 수 있다.

대부분 내담자는 푸드 매체를 사용하여 작품을 만드는 과정 속에 창의적인 요소를 부여하고 작품 활동을 하며 자신도 모르는 사이 활동에 몰입하게 된다. 또한 자신이 완성한 푸드 작품을 통해 내면의 에너지를 향상시킬 수 있으며 자신의 문제를 한 발짝 떨어져서 바라볼 수 있는 객관적인 시각을 통해 자신이 가지고 있는 문제를 직면하고 이를 계기로 자신의 삶을 재인식하는 긍정적인 변화가 일어난다.

내담자는 활동 후 자신이 만든 작품을 대하는 행동을 통해 활동에 대한 만족감을 표현한다. 푸드아트테라피는 활동 후 작품을 가지고 싶어하는 욕구가 크고 완성한 작품을 자신이 직접 찍은 사진을 통해 바라볼 때 만족감이 더 크므로 활동 후 자신의 작품을 사진으로 찍는 활동 또한 치료의 중요한 한 부분이다.

이렇듯 푸드아트테라피는 매체와 활동에 대한 거부감 없이 편안한 마음으로 활동에 참여하며 활동 중간 몰입하는 과정을 통해 잠재 되어 있는 내면의 능력을 인지하고 활동 후 자신이 만든 작품을 보면서 느끼는 만족감으로 인해 비교적 짧은 시간에 치료 효과를 얻을 수 있는 장점이 많은 치료법이다.

12. 푸드 작품 보관 방법

푸드 작품은 보관상 제한적인 경우가 많다. 푸드 매체 특성상 활동 전에 충분히 설명해야 하며 보관이 어려운 경우 내담자가 직접 사진으로 작품을 찍어서 보관할 수 있도록 배려하는 것이 중요하다. 자신이 만든 작품을 사진으로 남겨 둘 경우 보관의 영속성으로 인해 치료에 도움이 된다. 그리고 푸드 매체로 만든 작품을 먹을 수 있는 기회가 될 경우 그 만족감은 배가 된다. 작품을 섭취하는 것만으로도 치유 효과가 있으나 증상에 따라 먹는 활동에 그치지 않고 작품 활동에 몰입할 수 있도록 활동 전 충분한 설명이 필요하다. 치료 초기 활동 후 작품을 먹는 활동으로 마무리하는 것에 대해 주의가 필요한 경우는 요리 활동과 혼동되어 작품 활동을 통해 자기를 표현하는 활동의 기회를 가지고자 하는 노력을 덜 하게 되는 경우이다. 물론 활동 후 섭취로 이어질 경우 케어에 대한 만족감과 오감을 만족하는 활동으로 다음 활동에 대한 기대감과 성취감 및 만족감은 상승하나 활동 목적이 먹기 위한 요리 활동으로 그치지 않도록 상담사는 치료회기의 진행 시 주의해야 한다.

자신이 완성한 작품 사진은 영구적으로 보관이 가능하며 회기가 끝난 후 푸드 사진 작품집을 만드는 등 자신이 지금까지 활동한 작품을 정리하고 되돌아보는 기회를 통해 자기 변화의 과정을 한눈에 볼 수 있는 장점이 있다.

사진 치료의 경우 사진을 찍는다는 것은 하나의 메커니즘을 따르는 활동으로 기계를 다룬다는 것은 자기 분화가 낮은 사람에게는 커다란 도전이며 이런 새로운 지식의 습득과 활용은 내담자에게 성취감을 느끼도록 한다(전순영, 2011).

푸드 작품을 사진을 통해 다시 보게 될 때 느낄 수 있는 만족감과 자신의 작품을 영구 보관할 수 있다는 장점은 내담자에게 긍정적으로 작용한다. 자신이 만든 푸드 작품을 셔터를 누르는 간단한 조작을 통해 사진으로 남기는 활동은 실패 경험에 두려움을 느끼는 내담자의 경우 효과적인 방법이 될 수 있다. 또한 자신이 활동한 사진을 회기별로 정리한 작품집을 만드는 것은 매체가 가지고 있는 기록성, 사실성, 전달성이라는 특징을 바탕으로 푸드 작품을 완성하는 과정에서 마지막으로 실시하는 방법이다. 내담자가 찍은 푸드 작품 사진은 자신의 내면을 표현한 푸드 작품으로 신뢰감을 형성하고 시간이 지난 후 긍정적인 기억을 반복적으로 재생하는 효과가 있다. 따라서 완성한 푸드 작품을 사진으로 찍어 보관하는 활동은 지속적인 치료 효과와 치료 효과 유지를 가능하게 한다. 푸드 작품 사진을 통해 푸드 작품 활동 중 있었던 에피소드에 대한 즐거운 기억에 대한 재생은 현재의 기억을 미래까지 이어 주는 역할을 하며 기억의 재인식, 재해석으로 내담자가 가지고 있는 다양한 문제를 해결하고 통찰하는 데 도움이 될 수 있다.

푸드 매체 기법

1. 푸드 매체 활용 기법

산만하지 않은 분위기에서 내담자가 작품 활동에만 전념할 수 있는 환경을 제공하며 칼이나 가위 등 도구를 사용하는 경우가 많은 푸드아트테라피 활동은 세심한 주의가 필요하다. 여러 가지 야채와 과일을 이용한 입체 작품 활동은 상상력과 창의력을 향상시키고 자발성 향상과 함께 자기 스스로 만족할 수 있는 활동의 결과는 자기효능감이 향상되는 결과를 가져오며 밀가루 반죽 등을 활용한 조형 활동이 가능한 푸드 매체는 밀가루가 가진 특징 중 하나인 가변성으로 인해 다채로운 표현이 가능하다.

● 푸드 매체를 이용한 여러 가지 기법의 활용

〈표 6-1〉 **푸드 매체의 다양한 기법**

기법	내용
칠하기	포도껍질, 블루베리, 석류 등 자연의 색으로 표현하기
번지기	커피필터 종이를 이용한 천연 자연색소로 표현하기
기름 뿌리기	종이에 기름을 뿌린 다음 색을 칠하여 서로 분리시키기

소금 뿌리기	채색한 다음 건조되기 전에 소금 뿌리기
긁기	초코버터와 땅콩버터를 접시 및 종이 위에 바른 다음 손톱 또는 나무젓가락으로 긁어 표현하기
스탬핑	과일, 야채 등 다양한 모양 찍어내기
데칼코마니	케첩, 머스터드소스, 마요네즈 등 소스로 표현하기
모자이크 기법	과일 껍질 및 과일 등을 칼로 자른 후 표현하기
점묘법	포도껍질, 석류 등 자연의 색을 찍어 표현하기

2. 푸드 매체로 감정 다루기

1) 핑거페인팅

치료 초기 감정을 이완하고 매체에 대한 흥미를 불러일으키며 감각적이고 촉각적인 느낌을 가져다 주는 대표적인 기법은 '핑거페인팅'이다. 예를 들어, 밀가루 풀에 식용색소의 다양한 색을 이용한 활동은 내담자에게 편안함과 긴장을 이완하는 효과를 줄 수 있다.

핑거페인팅 기법은 Piaget의 인지발달이론의 감각, 동작기(sensorimotor) 발달단계, Lowenfeld의 난화기(scribbling) 수준, Freud의 항문기 발달 수준에서 감정을 이완할 수 있는 기법이다. 학령기 아동, 청소년, 성인에게 핑거페인팅을 적용할 경우 감정을 이완하고 퇴행을 촉진하여 내면의 무의식을 끌어낼 수 있는 기회를 제공한다.

핑거페인팅은 매체를 이용하여 추상적이고 구상적인 작품을 예술적으로 창조할 수 있으나 내담자에 따라 손에 묻는 것과 촉촉하고 끈적거리는 감촉을 싫어하며 저항하는 내담자가 있을 수 있다는 것을 염두해 두어야 한다(전순영, 2011).

밀가루 반죽 물, 전분 물, 생크림 등을 이용한 핑거페인팅을 푸드아트테라피에 적용할 경우 매체에 대한 안전성으로 인해 활동 중 위험 요소가 없어 특히 장애를 가진 내담자에게 편리하고 안전하게 제공 가능한 장점이 있다. 핑거페인팅은 저항을 감소시키고 감정 이완 효과가 있으며 작업을 촉진하고 스트레스와 욕구 불만 표출에 도움이 되는 매체이다.

Naumburg는 핑거페인팅은 치료와 정화, 원활한 의사소통의 효과를 거둘 수 있다고 한다(김동연, 2003, 재인용).

2) 핑거페인팅 활용하기

- 양손 모두 사용하여 푸드 매체를 이용한 촉감 활동 과정을 충분히 반복하며 심리적인 퇴행을 경험하게 한다.
- 스프레이로 물을 뿌리거나 식용색소를 넣어 얼린 색 얼음으로 문질러서 표현하는 활동을 할 수 있다.
- 엄마와 함께하는 활동의 경우 푸드 매체를 이용한 스킨십 활동으로 애착 관계 형성에 긍정적인 영향을 준다.

3. 밀가루 매체 연구

1) 밀가루 놀이

밀가루 색 반죽 물은 다양한 촉각 활동으로 이어져 감정을 이완시킬 수 있다. 치료 초기 난화기의 발달과업을 충분히 습득하지 못한 내담자에게 밀가루 반죽 물은 매우 효과적인 치료 매체이다. 핑거페인팅의 모든 매체는 촉각적인 매체이므로 내담자와 함께하는 활동을 통해 신체적인 상호작용을 할 수 있는 특징으로 인해 친밀감을 형성하기에 효과적이다.

타인에 대한 적대감이 많은 내담자의 경우 신체적인 스킨십으로 긴장을 해소하고 자신이 평소에 형성해 온 부정적인 대인관계를 개선할 수 있다. 또한 어떤 특정한 형태를 표현하고 작품을 멋지게 완성해야 하는 압박감에서 벗어나 자유롭게 표현하는 활동을 통해 자기 개방이 어렵지 않게 촉진되어 감정 표현에 용이하며 집중력과 치료에 대한 흥미를 높일 수 있다. 문제를 가지고 있는 내담자의 경우 자신이 느끼는 부정적인 감정을 억압하고 힘든 상황에서 느껴지는 감정들을 적절하게 표현하지 못한 결과 병리적인 증상으로 이어져 문제가 발생한 경우가 많으므로 자신의 감정을 매체를 통해 표현하고 자기 감정을 객관적인 시각으로 바라볼 수 있는 기회를 제공하는 것은 무엇보다 중요하다.

밀가루 반죽을 이용한 활동은 형태의 변화를 손과 발의 감각으로 느낄 수 있는 감각 통합 활동으로 이어져 치료에 효과적이다. 밀가루 반죽의 경우 집단 활동 시 손과 손가락으로 밀가루 반죽하기, 늘리기와 맨발로 밀가루 반죽을 밟는 활동 등 다양한 신체 활동을 통해 활동에 대한 흥미와 정서적인 측면에서 통제성을 기를 수 있으며 변형이 가능한 밀가루 매체의 특징으로 코일링, 손바닥을 이용한 공 모양 성형 등 다양한 기법을 통해 손과 눈의 협응력을 길러 주며 만드는 과정에서 심리적인 안정감을 느낄 수 있다. 또한 자유자재로 형체 변형이 가능한 특징으로 내담자에게 자신의 감정과 생각을 자유롭게 표현 가능한 중요한 기능을 가지고 있다.

푸드아트테라피의 경우 밀가루 반죽 등은 점토와 유사한 특징을 가진 매체로 점토의 치료 효과와 동일한 효과가 있다. 밀가루 반죽은 자유롭게 자신의 의지대로 표현되는 형태로 인해 자율성과 함께 실패에 대한 두려움 없이 적극적으로 표현되는 작품으로 인해 성취감을 느낄 수 있다. 또한 다양한 색소를 이용해서 자신이 직접 만드는 색 밀가루 반죽은 색 인지와 함께 색 밀가루를 만드는 과정에서 느껴지는 촉각 자극으로 긴장이 완화되어 자신의 감정을 이해하고 창의적으로 표현하는 데 많은 도움이 된다.

부드럽고 촉촉한 재료에 몰입하면 누구든지 건설적인 퇴행(constructive regression)의 요소를 경험할 수도 있는데, 이것은 재료의 특성인 장난스럽게 만질 수 있어 부담이 없는 것이 억압을 줄여 주는 효과가 있기 때문이다(David Heneley, 2002, 김선현 역, 2005). 이러한 측면에서 밀가루 반죽, 쿠키 반죽, 마시멜로 등의 푸드 매체는 애착에 문제가 있는 아동에게 효과적인 매체로 적용이 가능하다. 이렇게 다양한 장점과 치료 효과로 인해 남녀노소 모든 연령에 적용이 가능하며 치료 효과도 높고 목적에 따라 완성된 작품을 섭취할 수 있는 경우 그 효과는 더 높은 치료 매체이다.

2) 밀가루 매체의 특징

〈표 6-2〉 **밀가루 매체의 특징**

특성 및 치유 요인	설명
가소성	자유자재로 형태를 만들 수 있으며 자신이 원하는 형태로 변형이 가능하며 자신의 생각대로 다양한 형태로 창작 조형이 가능한 매체이다.
접착성	밀가루 반죽이 굳기 전에는 별도의 접착제 없이 물만으로 접착이 용이하며 수정도 편리하다.
조화성	밀가루 반죽 및 쿠키 반죽은 반죽의 묽기의 정도에 따라 다양한 촉감을 느낄 수 있으며 완전히 굳기 전까지 얼마든지 자신의 생각대로 변형이 가능한 매체이다.
입체성	밀가루 반죽을 넓게 펼쳐 찍기 및 밀가루 반죽 위에 그림으로 표현하는 평면 작품 및 입체적으로 조형이 가능한 매체이다.
재활용성	밀가루 반죽은 매체의 특성상 보관이 잘된 경우 여러 번 재활용이 가능한 매체이다.
흥미성	밀가루 반죽을 만지는 과정 자체가 즐거움과 흥미를 주며 실패의 두려움 없이 자유로운 표현 활동을 통해 창작 활동에 대한 흥미도가 상승한다.
창의성	자신이 생각하고 머릿속 생각을 자유롭게 표현하는 활동을 통해 창의성이 뛰어난 작품을 만들 수 있다.
정밀성	밀가루 반죽을 이용해 세밀한 부분까지 표현이 가능하며 다양한 도구를 통해 정밀한 작품 표현이 가능하다.
촉감성	밀가루 반죽을 만지는 동안 부드러운 촉감으로 심리적으로 안정되며 긴장이 완화되며, 의미 없이 반죽을 만지는 동안 창작에 대한 욕구가 생기게 된다. 매체가 주는 유연성과 촉감성으로 매체에 대한 거부감과 방어 없이 자신의 마음속의 심상을 표현하기에 용이하다.
운동성	밀가루 반죽을 맨발로 밟고 발 도장을 찍는 활동 등 대근육 자극과 손을 이용한 코일링, 주무르기 등의 소근육 자극에 의한 운동성이 발달한다.
절단성	무른 밀가루 반죽은 자신의 손끝 및 손가락을 이용한 자르기 활동을 통해 다양한 모양 표현이 가능하다.

전이성	처음에 예상하고 계획했던 형태를 만드는 과정 중 여러 가지 다른 형태로 변화해서 창작하는 경우가 많다. 이런 경우 아이에게 좌절과 실패의 경험 없이 자유롭게 주제를 바꾸어 창작이 가능하며 자신이 만든 과정을 설명하는 기회를 통해 언어 표현력 및 의사소통 능력이 발달한다.
정신성	다양한 형태로 표현된 창작 활동으로 인해 성취감을 느낄 수 있으며 자신의 완성된 작품을 통해 만족감을 느낄 수 있다. 또한 부정적이고 억압된 감정을 창작 활동을 통해 표현할 수 있다.
경제성	밀가루 반죽의 특성상 재활용이 가능한 매체이며 일상생활에서 쉽게 구할 수 있는 점에서 경제적인 매체이다.
오감 만족	오감을 만족시키는 매체이며 활동의 목적상 자신이 만든 작품을 섭취할 수 있는 경우 만족감이 더 높은 매체이다.

3) 밀가루 매체의 다양한 기법

〈표 6-3〉 **밀가루 매체의 다양한 기법**

	주제	목적 및 내용	방법
1	밀가루 반죽 만지기	근육 이완, 감정 순화	밀가루 촉감 만지기, 밀가루 반죽 두드리기, 주무르기, 밟기
2	밀가루 반죽 그림	긴장 완화, 흥미 유도, 정서 이완	밀가루 색 반죽물을 이용한 핑거페인팅으로 자유롭게 그림 그리기
3	밀가루 반죽 놀이	스트레스 해소 및 부정적인 욕구 발산	밀가루 반죽으로 다트를 만든 후 밀가루 반죽 공을 던져 놀이를 한다.
4	자유 활동	자율성 향상 및 자기효능감 향상	밀가루반죽을 이용하여 자유롭게 창작 활용을 한다.
5	색 밀가루로 피자 만들어 선물하기	색 인지 능력 향상 및 원활한 상호작용을 통해 사회성 향상	색 밀가루 반죽으로 피자를 만드는 과정 속에서 색 인지와 함께 만든 밀가루 피자를 친구에게 선물하는 활동의 연계로 사회성을 향상시킨다.
6	밀가루 반죽으로 눈사람 가족 표현하기	성취감 향상, 가족 구성원과의 관계 개선	오일과 밀가루를 반쯤 반죽하여 덩어리가 생기도록 한 후 눈이 온 풍경 및 눈사람 가족을 만들어 소개한다.

- 푸드 스토리 테스트 성인용, 아동청소년용 (1)~(12) 문항에 대한 질문에 대한 답은 어린 시절부터 최근 가장 기억에 남는 음식까지 다양한 음식과 관련된 에피소드를 통해 내담자와 이야기를 나누며 음식 이야기 속에 등장하는 인물과의 관계 및 추억 속의 감정, 느낌, 기분 등을 떠올려보는 기회로, 내담자의 개인적인 히스토리를 통해 내담자의 주 호소 문제와의 연관성에 대해 찾아본다. 노인용의 경우는 질문 (1)~(10)까지의 내용을 중심으로 상담을 진행한다.

- 푸드 스토리 테스트 성인용, 아동청소년용 (13)~(20) 문항에 대한 질문에 대한 답은 식습관과 관련된 문항의 경우 엄마와 아이와의 관계, 가족과의 친밀감 등을 탐색할 수 있다. 미혼의 경우 (13)~(20) 문항에 대한 답은 작성하지 않는다. 노인용의 경우는 질문 (11)~(17)까지의 내용을 중심으로 상담을 진행한다.

- 푸드 스토리 테스트 성인용, 아동청소년용 (21)~(22) 문항에 대한 질문에 대한 답은 어머니와 아버지와의 친밀감 정도를 알아볼 수 있는 문항들로, 푸드 마인드 맵의 내용이 많을수록 관계에서의 높은 친밀감을 알 수 있다. 예를 들어, 문제 행동을 보이는 청소년 및 부모님과의 관계가 좋지 않은 내담자는 푸드 마인드 맵의 내용을 거의 적지 못하는 경우가 많다.

- 푸드 스토리 테스트 노인용 (19) 문항에 대한 질문에 대한 답은 아들과 딸과의 관계를 알아보는 질문으로, 현재 가족과의 친밀감을 알 수 있다.

푸드 스토리 테스트는 〈표 7-1〉과 같다.

〈표 7-1〉 **푸드 스토리 테스트**

푸드 스토리 테스트 성인용

작성일	이름
나이	성별

(1) 어린 시절 가장 기억에 남는 음식은 무엇인가요? (0~7세)

(2) 초등학교 시절 가장 기억에 남는 음식은 무엇인가요? (8~13세)

(3) 중·고등학교 시절 가장 기억에 남는 음식은 무엇인가요? (14~19세)

(4) 최근 가장 기억에 남는 음식은 무엇인가요?

(5) 입학식과 졸업식 때 먹었던 추억의 음식은 무엇인가요?

(6) 내 인생에서 가장 기억에 남는 음식은 무엇인가요?

(7) 내가 가장 좋아하는 음식은 무엇인가요?

(8) 맛있는 음식을 먹으며 행복했던 추억 속의 장소는 어디인가요?

(9) 기쁘고 행복함으로 기억되는 음식 이야기

(10) 슬픔과 아픔으로 기억되는 음식 이야기

(11) 엄마가 해 준 음식 중 가장 기억에 남는 음식 이야기

(12) 친정엄마가 생각나는 음식(남자의 경우 어머니 음식)

＊다음 질문에 해당되는 곳에 O, X 또는 간단한 메모로 답을 적어 주세요(남성일 경우 아내의 경험을 바탕으로 작성. 미혼일 경우에는 미작성).

(13) 모유수유를 하셨나요?

(14) 어린 시절 이유식은 직접 만들어 주었나요?

(15) 아이의 식습관은 좋은 편이였나요?

(16) 하루에 가족과 같이 식사하는 횟수를 적어 주세요. (　　)회

(17) 아이가 가장 좋아하는 음식은 무엇인가요?

(18) 아이가 가장 싫어하는 음식은 무엇인가요?

(19) 아이가 엄마의 음식 중 가장 좋아하는 것은 무엇인가요?

(20) 아이와 함께 음식을 만들어 본 적이 있나요?

＊푸드 마인드맵을 완성해 주세요.

(21) '어머니' 하면 떠오르는 음식과 느낌을 적어 보세요.

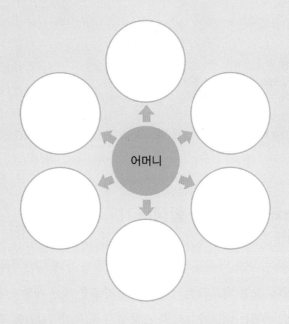

• 어린 시절 어머니와 함께 먹었던 가장 맛있는 음식은 무엇인가요?
• 어머니를 떠올리게 하는 향은 무엇인가요?
• 어머니를 생각하면 떠오르는 맛(단맛, 신맛, 짠맛 등)과 그 이유는 무엇인가요?

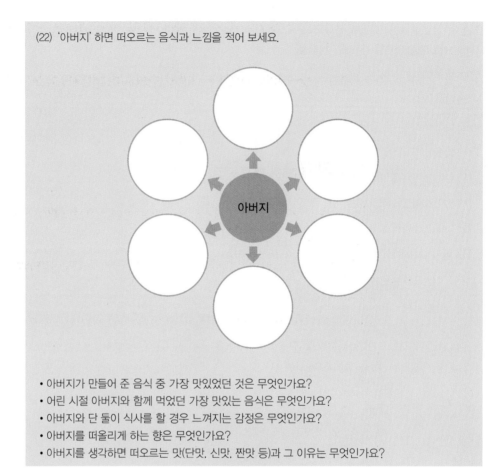

(22) '아버지' 하면 떠오르는 음식과 느낌을 적어 보세요.

- 아버지가 만들어 준 음식 중 가장 맛있었던 것은 무엇인가요?
- 어린 시절 아버지와 함께 먹었던 가장 맛있는 음식은 무엇인가요?
- 아버지와 단 둘이 식사를 할 경우 느껴지는 감정은 무엇인가요?
- 아버지를 떠올리게 하는 향은 무엇인가요?
- 아버지를 생각하면 떠오르는 맛(단맛, 신맛, 짠맛 등)과 그 이유는 무엇인가요?

2. 푸드 매체로 친밀감 형성하기

푸드아트테라피는 푸드 매체를 활용한 촉진 활동을 통해 내담자와 친밀감을 형성하는 데 효과적이다. 모든 치료와 상담에서 가장 중요한 것은 내담자와 상담사와의 라포 형성이다. 푸드 매체는 내담자와의 라포 형성은 물론 집단치료의 경우 집단원과 친밀감 형성에 효과적으로 다가갈 수 있다.

🍓 **푸드 매체를 이용한 촉진 활동하기**

〈표 7-2〉 **푸드 매체를 이용한 촉진 활동**

주제	방법	푸드 매체
풍선껌 크게 불기	• 방법: 풍선껌을 가장 크게 분 사람이 이기는 게임 • 활용하기: 자신의 소망을 담아 소망 풍선껌 불기	풍선껌
수박씨 멀리 던지기	• 방법: 수박씨를 입으로 불어 가장 멀리 던진 사람이 이기는 게임 • 활용하기: 게임을 한 후 던져진 수박씨를 선으로 이어 만들어진 모양을 통해 연상되는 이미지 나누기 활동으로 확장한다.	수박씨, 색 사인펜, 전지
수박씨 누가 누가 많나?	• 방법: 수박을 한 조각씩 나눈 후 수박씨를 가장 많이 가진 사람이 이기는 게임 • 활용하기: 수박씨를 이용해 상대방이 말하는 단어 및 자신의 이름을 만드는 활동으로 확장한다.	수박씨, A4 용지
수박씨로 웃기기	• 방법: 두 명이 짝을 이루어 수박씨로 자신의 얼굴에 꾸민 후 웃음 참기를 한다. • 활용하기: 게임에서 진 사람은 수박씨를 이용하여 상대방의 얼굴을 만들어 선물한다.	수박씨, 색지
과일 길게 깎기	• 방법: 청소년 이상, 성인 대상으로 사과 껍질을 가장 길게 깎은 사람이 이기는 게임이다. 집단치료의 경우 집단원이 돌아가며 협동으로 가장 길게 깎은 팀을 선정한다. • 활용하기: 길게 깎은 사과 껍질을 이용하여 이미지를 표현한 후 연상되는 이미지를 나누도록 한다.	사과, 과일칼, 전지
밀가루 분장 쇼	• 방법: 밀가루를 이용하여 자신의 얼굴을 분장한 후 분장 쇼를 한다 (어떤 모습을 표현한 것인지 설명도 함께한다). • 활용하기: 집단 활동의 경우 모델과 꾸며 주는 사람으로 나누어 진행하고 분장 쇼의 주제를 정한 후 발표한다.	밀가루
김 분장 쇼	• 방법: 김을 이용하여 분장을 한 후 상대방을 먼저 웃게 하는 사람이 이기는 게임이다. • 활용하기: 두 사람이 짝이 되어 상대방의 얼굴을 꾸미게 한다.	김
밀가루 마사지	• 방법: 두 사람이 짝이 되어 상자 속의 밀가루에 손을 넣은 후 마사지를 해 주는 활동을 통해 친밀감을 향상시킨다. • 활용하기: 밀가루가 담긴 상자 속에 물건을 넣은 후 먼저 찾는 팀이 승리하는 활동으로 활용한다.	밀가루, 상자, 작은 장난감

밀가루 반죽 장갑 만들기	• 방법: 밀가루 반죽을 이용해 상대방의 손 본뜨기를 한 후 선물한다. • 활용하기: 밀가루 반죽으로 목걸이, 팔찌, 반지 등을 만들어서 서로 꾸며 주는 활동으로 활용한다.	밀가루 반죽
얼음 빨리 녹이기	• 방법: 각 얼음을 먼저 녹이는 게임. • 활용하기: 미션종이를 넣어 만든 얼음을 이용해 팀별로 미션 수행 게임을 진행한다.	얼음 틀, 코팅 종이, 네임펜
통밀 속 보물찾기	• 방법: 통밀 속에 미션 종이 및 장난감을 넣은 후 먼저 찾는 게임 • 활용하기: 통밀 속 깃대 쓰러뜨리기 놀이로 활용한다.	통밀, 장난감, 나무젓가락
밀가루 속 사탕 찾기	• 방법: 밀가루 속에 알사탕을 넣은 뒤 손을 사용하지 않고 먹는 게임. • 활용하기: 밀가루 반죽을 이용하여 손, 발 찍기를 한다.	밀가루, 쟁반, 알사탕
빼빼로 게임	• 방법: 빼빼로 과자를 이용하여 가장 짧게 과자를 만드는 사람이 이기는 게임. • 활용하기: 빼빼로 과자를 이용해 칼싸움을 한다.	빼빼로 과자
꼬깔콘 빨리 먹기	• 방법: 꼬깔콘을 짝의 손가락에 모두 끼워 준 후 가장 길게 만든 팀이 이기는 게임으로 게임한 후 서로 먹여 주는 활동으로 마무리한다. • 활용하기: 꼬깔콘 모양을 보고 연상되는 이미지를 이어 말하기한 후 꼬깔콘 과자를 이용한 이미지 그리기 활동으로 확장한다.	꼬깔콘 과자, A4 용지, 색 사인펜
뻥튀기 가면 쇼	• 방법: 뻥튀기를 활용해 가면을 만든 후 자신이 만든 가면의 이름을 정하고 뻥튀기 가면 쇼를 한다. • 활용하기: 뻥튀기 격파	뻥튀기 과자
바나나 칼싸움	• 방법: 바나나를 이용하여 칼 싸움 • 활용하기: 바나나 껍질을 이용한 상대방이 제시하는 단어 빨리 만들기	바나나
쿠키 페이스	• 방법: 얼굴 위에 과자를 올려놓고 얼굴을 이용하여 과자 먹기 게임 • 활용하기: 매운 과자가 섞여 있는 과자를 이용하여 복불복하기	과자
각설탕 쌓기 게임	• 방법: 각설탕 높게 쌓기 게임 • 활용하기: 각설탕 물에 빨리 녹이기 게임	각설탕
오징어볼 속 이미지 찾기	• 방법: 오징어볼 과자에 나타난 이미지를 찾은 뒤 문장 만들어 보기 • 활용하기: 오징어볼 과자 속에서 얼굴 표정을 찾은 후 똑같은 표정을 지은 후 감정 표현하기	오징어볼 과자
포도알 따기	• 방법: 포도를 한 송이씩 나눈 뒤 포도 알 빨리 따는 게임 • 활용하기: 상대방이 말하는 수만큼 포도 알 따기(유아 및 장애아에게 효과적으로 적용 가능).	포도

눈감고 과일 이름 맞추기	• 방법: 과일을 여러 가지 종류별로 준비한 뒤 안대를 한 후 과일 이름 알아맞히는 게임 • 활용하기: 안대를 한 후 냄새를 맡고 과일 이름 맞추기	여러 가지 과일, 안대, 상자
건빵 높이 쌓기	• 방법: 건빵 한 봉지씩 나누어 준 뒤 가장 빨리 높게 쌓는 팀이 승리하는 게임 • 활용하기: 상대편이 말하는 단어 이미지를 건빵으로 표현하기	건빵
국수 칼 싸움	• 방법: 국수를 이용하여 먼저 부러지는 사람이 지는 게임 • 활용하기: 국수와 목공 풀을 이용하여 사다리를 만든 후 사다리 게임하기	국수, 소면
숟가락으로 사탕 옮기기	• 방법: 두 팀으로 나눈 뒤 숟가락을 입에 문 뒤 숟가락에 올려진 사탕을 옮기는 게임 • 활용하기: 두 팀으로 나눈 후 달걀 껍질에 각자가 소중하게 생각하는 이미지를 그린 후 옆 사람에게 숟가락으로 넘기면서 바구니에 옮겨 담는 게임	일회용 숟가락, 사탕, 달걀 껍질
파스타 색 구분 및 찾기	• 방법: 식용 색소로 물들인 파스타를 색깔별로 빨리 분류하는 게임(유아 및 장애를 가진 내담자에게 적용) • 활용하기: 두 편으로 나눈 뒤 상대편이 말하는 색의 파스타를 찾은 후 제시된 단어 완성하기	색 파스타, 접시
젓가락으로 콩 옮기기	• 방법: 젓가락을 이용해 콩 빨리 옮기는 게임 • 활용하기: 상대편이 말하는 단어 이미지를 콩으로 표현하기	콩, 젓가락, 접시

3. 푸드아트테라피의 해석

　푸드아트테라피의 경우 초기 상담 시 진행하는 푸드 스토리 테스트를 통해 현재 내담자가 가지고 있는 주 호소 문제와 가족과의 관계를 탐색하여 초기 진단검사를 한 후 푸드 매체를 활용해 증상과 목적에 따라 푸드아트테라피 프로그램을 진행한다.

　치료실을 방문하는 많은 내담자 및 부모들은 자신이 그리고 만든 작품에 대해 어떠한 마음이 표현되었는지 알고 싶어 하며 또한 상담사가 자신의 작품을 분석하고 마음을 알아봐 주길 바란다. 또한 부모들은 아이들이 어떠한 마음을 표현했는지 궁금해한다.

푸드아트테라피의 작품 해석은 미술치료의 대가인 Naumburg(1984)의 치료적 해석을 같이 한다. 즉, 내담자의 작품을 분석하고 평가하고 해석하는 것이 아니라 내담자 스스로가 자신이 만든 작품을 통해 자기 내면을 들여다보고 자기 스스로 통찰하는 과정을 통해 성장할 수 있도록 돕는다. 또한 자신이 만든 작품에 제목을 붙이고 제목과 작품과의 연관성을 통해 자신의 내면에서 말하고 있는 메시지를 스스로 알아차리는 반복적인 활동을 통해 자신을 이해하는 과정을 경험한다. 집단 활동의 경우에는 마음 나누기로 타인과 주고받는 긍정적인 피드백을 통해 자신감을 향상시키고 타인과 함께하는 즐거움을 느끼도록 한다.

푸드아트테라피 활동의 가장 중요한 해석적 의미는 자신이 스스로 느끼고 깨닫는 자발적인 해석으로 지금-여기에서의 자신의 마음을 이해하고 깨달아 가는 것이 가장 중요하다. 푸드 매체가 주는 의미는 개인이 느끼고 경험한 것에 따라 다양한 의미를 전달해 주며 개인적인 가치관과 어린 시절의 경험에 따라 독특한 푸드 작품이 완성되며 그 의미도 함께 표현된다.

푸드아트테라피에 의해 완성된 푸드 작품은 개인이 경험한 매체 경험에 따라 같은 푸드 매체라 하더라도 다양한 감정과 연결되어 표현되며 자신의 감정과 생각도 함께 담긴다. 푸드예술심리상담사의 경우 내담자가 표현한 푸드 작품에 대해 존중하고 내담자가 표현한 작품 및 그의 생각과 감정을 함께 공감하는 것이 가장 중요하며 내담자가 자신이 만든 작품 속에서 자신의 생각과 감정을 읽고 알아차릴 수 있도록 배려한다. 또한 특별한 의미를 두지 않고 만든 작품에 제목을 붙이고 제목과 작품을 연결하는 과정에서 오는 다양한 반응과 연결성은 모두 치료가 되는 중요한 과정으로, 푸드예술심리상담사는 내담자가 자연스럽게 자신을 표현하고 바라볼 수 있도록 한다.

푸드아트테라피 활동에 참여한 내담자들은 자신의 작품뿐 아니라 타인이 표현한 작품을 보는 것만으로도 치유가 되는 경험을 할 수 있었다고 말한다. 우리의 뇌는 좋은 그림을 보면 뇌를 자극해서 기분을 좋게 만드는 효과가 있다. 즉, 화려한 색과 모양으로 완성된 푸드 작품은 시각적인 힐링을 경험하게 해 주고 푸드 매체로 표현된 창의적인 작품은 자신만의 한정된 생각의 틀을 깨고 나올 수 있는 사고 전환의 기회가 되었다는 긍정적인 경험을 이야기한다.

푸드아트테라피의 특성상 내담자가 만든 작품을 영구 보관하기에는 한계가 있으므로 내담자가 자신의 작품을 스스로 사진을 촬영하고 사진 속에서의 자신의 작품과 현재 만들어진 작품과의 느낌과 감정의 차이가 있는지를 알아 보는 것도 자기를 이해하는 좋은 기회가 될 수 있다.

또한 회기마다 사진을 촬영하고 제목을 붙인 푸드 작품을 모아 둔 작품집은 회기가 종결되는 시기에 자신의 작품을 회고하는 시간으로, 변화된 자신의 모습을 한 번에 볼 수 있다. 시간이 지난 후 자신의 작품을 통해 느낀 '슬픔' '아픔'의 이미지가 '행복' '희망' 등의 긍정적인 이미지로 다시 표현되는 경우 내담자의 감정적인 변화를 한눈에 볼 수 있는 개인 회고록으로 중요한 의미와 통찰력을 가질 수 있는 기회를 제공하므로 푸드아트테라피 활동은 개인 작품집을 꼭 만들어서 보관하도록 권장한다. 똑같은 작품이라도 보고 느끼는 사람에 따라 각자의 마음의 눈으로 바라보는 작품은 다양한 해석과 감정으로 표현된다.

투사적 그림검사도 내담자가 그린 그림만 가지고 해석하는 것은 완전히 다른 해석으로 해석적 오류가 생길 수도 있으므로 반드시 내담자의 생각과 감정을 함께 물어보고 함께 해석해야 하는 것처럼 푸드 작품도 작품을 만든 사람의 의도와 제목을 붙인 이유를 들은 뒤 작품을 만든 사람의 생각의 틀에서 함께 공감해야 한다.

푸드아트테라피 집단 활동은 각자 완성한 푸드 작품을 통해 서로 함께 감정과 생각을 나누는 활동으로, 편협한 생각을 가진 내담자의 경우 자신이 바라본 작품 속의 이미지와 다른 사람들의 생각과 감정이 다르다는 것을 깨닫게 되는 기회는 융통성 있는 사고를 할 수 있는 기회를 제공한다. 또한 같은 작품 속에서 바라보는 사람의 생각과 감정에 따라 다양하게 표현되는 모습을 통해 다양성을 인정하고 타인의 생각을 인정하고 배려하는 마음을 함께 느낄 수 있다.

PART 03   Food Art Therapy
푸드아트테라피와 개인상담기법

나와 마주보기

1. 나의 희로애락

자기의 감정을 제대로 인식하고 표현하는 것은 무엇보다 중요한 일이지만 어떤 상황에 기쁘고 슬프고 화나는지 자신이 느끼는 다양한 감정을 표현하는 것을 어려워하는 경우가 많다. 특히, 내면의 힘든 상처가 많은 경우 자신이 현재 느끼는 감정이 어떤 것인지 제대로 인지하기 어렵고, 자기 감정을 자유롭게 표현하지 못하는 어려움으로 인해 정신적인 문제의 발생 원인이 되고 있다. 이러한 감정 표현의 부족은 자기 성장을 방해할 뿐만 아니라 대인관계의 어려움으로도 나타난다. 또한, 자기표현의 부족으로 자신감과 자존감이 낮은 경우 자기 감정을 언어나 그림으로 표현하는 것을 두려워하며 주저하는 경우가 많다. 이런 경우 푸드라는 친숙한 매체를 이용한 푸드아트테라피 활동은 자기가 느끼는 감정을 표현하는 데 효과적이며 활동 후 타인과 함께 마음을 나누고 공감하는 시간을 통해 긍정적인 대인관계를 형성할 수 있다.

'나의 희로애락' 활동은 '식빵'과 '초코 펜'이라는 일상생활에서 친숙하게 접할 수 있는 푸드 매체로 인간이 느끼는 가장 기본적인 감정에 해당하는 기쁨, 화남, 슬픔, 즐거움의 감정을 자유롭게 표현하는 활동을 통해 자기표현의 즐거움과 자기 성장의 기회를 제공한다.

1) 활동 목표

- '희로애락'과 관련된 경험에 대한 감정을 표현하는 활동을 통해 자기 이해를 바탕으로 자기 성장의 기회를 가진다.
- 자기 감정의 주인공이 되어 자신이 느끼는 다양한 감정에 대해 인지하고 통찰하는 기회를 통해 자기 표현력을 향상시킨다.

2) 준비물

식빵, 둥근 접시, 초코 펜(딸기, 바닐라, 초코), 색 사탕, 젤리

🍅 푸드 매체 이야기

식빵: 식빵 조각의 흰색 부분은 종이의 역할을 대신하며 다양한 표현이 가능하다. 식빵이 가진 부드러운 촉감은 심리적인 안정감을 준다. 집단 활동 시 식빵을 한 조각씩 나누어 이미지를 표현한 후 하나의 작품으로 완성하는 활동은 함께하는 기쁨과 새로운 작품으로 재탄생하는 즐거움을 느낄 수 있다.

또한, 식빵을 구웠을 때 나타나는 식빵 색의 변화를 활용한 표현 활동은 매체가 주는 즐거움과 함께 식빵이 구워지면서 맡을 수 있는 후각적인 즐거움과 활동 후 먹을 수 있는 미각 만족까지 충족 가능한 효과적인 매체이다.

- -

초코 펜: 연필, 색 사인펜과 같은 역할을 하는 매체로 세밀한 이미지 표현이 가능하다. 특히, 아이들에게 친숙한 매체로 초코 펜이 주는 달콤한 향에 흥미를 가지고 표현하며 활동에 대한 두려움을 해소하고 표현하는 즐거움을 준다. 초코 펜의 경우 초코, 딸기 시럽 등을 플라스틱 물약 병에 넣어 이용하면 편리하고 경제적으로 사용이 가능하다.

3) 활동 방법

① 한 주 동안 있었던 일에 대해 서로 이야기를 나눈 후, 푸드 매체와 흰색 둥근 접시를 제시한 후 지금 현재 느껴지는 기분을 얼굴 표정으로 표현하고 기분 나누기를 한다.

② 내담자에게 식빵과 초코 펜 등 푸드 매체를 탐색해 볼 시간을 제공한다. 이때 오감으로 충분히 느낄 수 있도록 한다.

③ 오늘 활동할 내용을 간단히 소개한 후 활동 매체인 '식빵'과 '초콜릿'의 냄새를 맡아보게 한 후 '식빵'과 '초콜릿'에 연상되는 이미지 및 관련 에피소드가 있는 경우 함께 이야기를 나눈다.

④ '희로애락' 용어에 대해 간단한 설명한 후, 두 눈을 감고 자신이 지금까지 겪은 여러 가지 일 중에서 '희로애락'에 해당하는 경험에 대해 생각하는 시간을 가진다.

⑤ 식빵 4조각과 초코 펜, 모양 사탕 등을 제시한 후 '기쁜 기억' '화가 났던 기억' '슬펐던 기억' '즐거웠던 기억'을 식빵에 표현한다.

⑥ 완성한 식빵에 표현한 희로애락 작품의 제목을 정한 후 작품을 소개하고 네 가지 기억에 대해 함께 공감하는 시간을 가진다.

⑦ 표현한 '희로애락'에 대한 감정 중 현재 자신이 가장 많이 느끼는 감정이 무엇인지 이야기를 나눈다.

⑧ 완성한 푸드 작품 사진을 찍은 후 사진 속의 푸드 작품에 대해 느껴지는 감정과 소감을 나눈다.

⑨ 푸드아트테라피 활동 소감에 대해 이야기를 나누며 자신이 만든 푸드 작품을 함께 나누어 먹는 시간을 가진다.

4) 상담에 적용하기

'희로애락' 활동은 개인의 라이프스토리를 한눈에 볼 수 있는 효과적인 방법으로 자신이 느끼는 감정에 대한 탐색은 자기 이해의 기본이 된다. 또한, 자신이 느끼는 감정 중 현재 생활에서 가장 많이 느끼는 감정에 대해 서로 이야기를 나누며 함께 공감하고 서로 지지를 해 주는 활동을 통해 정서적인 안정감과 긍정적인 관계를 형성하는 기회를 가진다.

5) 활용하기

- 식빵 위에 감정 파이를 그린 후 현재 느끼는 감정의 크기만큼 감정을 나눈 후 표현한 다양한 감정에 대한 이야기를 나눈다.
- 집단 활동의 경우 나누어 주고 싶은 감정 및 상대방에게 필요한 감정을 식빵 조각 위에 표현한 후 완성한 감정 식빵 조각을 선물한다.
- 집단 활동의 경우 개인이 완성한 '희로애락' 식빵 조각을 모두 하나의 식빵 벽화로 만들어 새로운 작품으로 재탄생시킨다.

6) 실제 적용하기

[그림 8-1]은 내담자(여, 12세)의 작품으로 잦은 전학으로 또래 관계에서의 어려움을 겪고 있으며 어눌한 말투와 불안한 표정으로 자신의 감정을 언어로 표현하는 것을 어려워했다. 내담자에게 자신이 겪었던 일 중에서 '희로애락' 경험을 초코 펜으로 간단한 그림과 단어로 표현하도록 했다. 내담자는 '희'에는 고양이 그림, '로'에는 두 명의 사람 중 한 사람은 화가 난 표정으로 표현하였고, '애'는 사슴벌레로, '락'은 여자아이가 풍선을 들고 있는 모습을 표현하였다. 표현한 '희로애락'은 고양이가 내담자에게 처음으로 오던 날이 가장 기뻤고(희), 친구가 나를 놀리고 억울하게 만들 때 가장 화가 나며(로) 키우던 사슴벌레가 죽었을 때 가장 슬펐고(애) 마지막 가장 즐거웠던 때는 가족 모두 롯데월드에 놀러 갔을 때라고(락) 자신이 느끼는 '희로애락'에 대해 설명하였다. 현재의 기분은 '희'가 가장 많이 차지하고 있으며 그 이유는 보고 싶었던 외할머니, 외

할아버지가 집에 오셨기 때문이라고 설명했다. 자신이 만든 식빵 그림을 사진으로 찍은 후 먹도록 하자 내담자는 '로'와 '애'를 표현한 식빵은 먹지 않고 남겨 두었다. 그 이유는 '애'에 그려놓은 사슴벌레를 먹으면 사슴벌레랑 추억이 없어질까 슬퍼서 못 먹겠고 '화'를 먹어 버리면 나를 화나게 했던 기억이 없어질 것 같다고 이야기하며 꼭 나를 괴롭힌 친구에게 복수하고 싶다며 자신의 현재 느끼는 감정을 표현하였다. 푸드 매체 사용에 대한 소감은 식빵 냄새가 나서 먹고 싶었고 종이에 표현하는 것보다 부담스럽지 않고 재미있었다고 했다.

7) 푸드 작품 사진

[그림 8-1] 희로애락을 표현한 식빵

[작품 1] 희로애락을 표현한 식빵

[작품 2] 푸드 매체 응용 작품: 케첩, 머스터드, 초코 시럽으로 그린 식빵 그림

8) 푸드 매체 활용 작품

견과류를 이용해 희로애락 표현하기

설탕을 이용해 희로애락 표현하기

[활동]

[작품 1] 제주도로 여행가는 모습(희)

[작품 2] 변비에 걸려 힘든 모습(애)

[작품 3] 물로 힘들었던 기억 지우기

녹차와 물엿을 이용해 희로애락 표현하기

[작품 4] 맛있는 과자를 먹는 모습(희)

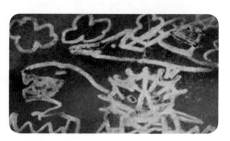

[작품 5] 꿈속에서 나타난 공룡(로)

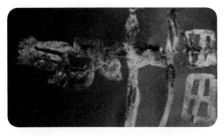

[작품 6] 자동차 사고가 난 모습(애)　　　　[작품 7] 친구들과 축구하는 모습(락)

원두가루, 설탕, 소금을 이용해 희로애락 표현하기
OO대학 평생교육원 푸드예술심리상담사 1급 과정 선생님들의 작품

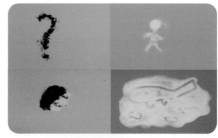

[활동]　　　　　　　　　　　　[작품 1] 희로애락 1

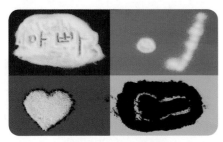

[작품 2] 희로애락 2　　　　　　　　[작품 3] 희로애락 3

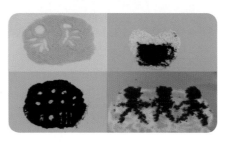

[작품 4] 희로애락 4　　　　　　　　[작품 5] 희로애락 5

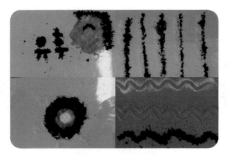

[작품 6] 희로애락 6

[작품 7] 희로애락 7

과자를 이용해 희로애락 표현하기
OO대학교 대학원 상담학과 석박사 과정 작품

[활동]

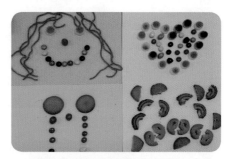

[작품 1] 화가 나면 물건을 던지는 나

[작품 2] 가족이 그리운 내 모습

[작품 3] 슬픔에 갇혀 있는 나

[작품 4] 사랑의 시작

[작품 5] 단단한 가족

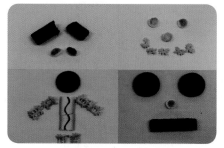
[작품 6] 나의 기쁨과 슬픔

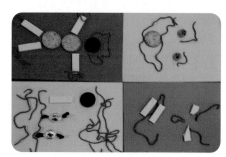
[작품 7] 얽혀 있는 내 모습

2. 나의 어린 시절 이야기

어린 시절 성장 과정에서 경험한 다양한 감정 중 특히 상처받은 기억은 성인이 되는 순간까지 삶에 많은 영향을 주며 타인과의 관계를 형성하는 과정에서 상처가 반복되며 인생의 걸림돌이 되는 경우가 많다.

성인의 경우 푸드아트테라피를 통해 어린 시절에 경험한 상처받은 기억을 통해 자신을 돌아보며 현재 겪고 있는 힘든 시간과의 연관성을 탐색해 보는 시간을 가진다. 또한, 자기 상처를 객관적으로 바라보는 시간과 상처받는 내면 아이를 따뜻하게 감싸주고 위로하며 상처를 치유 받는 시간을 가진다.

유아 및 아동의 경우 어린 시절의 힘들었던 경험을 표현하는 기회를 통해 내면에 감춰진 부정적인 감정을 표출한다.

1) 활동 목표

- 어린 시절 성장 과정에서 겪은 상처를 알아차리고 표현한다.
- 어린 시절 상처받은 내면 아이를 만나는 과정을 통해 스스로 위로하고 보듬어 주는 시간과 자기 성장의 기회를 가진다.
- 어린 시절 내면 아이와의 만남을 통해 과거의 상처를 객관적으로 바라보는 기회와 과거의 부정적인 경험과 감정을 분리하여 정서적인 안정과 건강함을 되찾는다.

2) 준비물

둥근 흰색 접시 또는 색 도마, 다양한 야채, 안전 칼, 도마

 푸드 매체 이야기

 다양한 야채와 과일: 여러 가지 종류의 야채 및 과일은 푸드아트테라피 활동에 효과적으로 적용 가능한 푸드 매체로 많이 사용하며, 야채와 과일이 가지고 있는 여러 가지 자연 색은 다양한 생각과 감정을 표현하는 데 효과적이다. 또한, 야채와 과일의 껍질만으로도 다양한 표현이 가능하며 경제적이다.

 안전 칼: 아동의 경우 안전 칼을 사용하여 활동 중 손이 다치는 불편함이 없도록 배려한다(일반 칼을 제공할 경우 도구 사용을 통해 조심성과 집중력 향상에 도움이 됨). 안전 칼이 없을 경우 케이크용 플라스틱 칼을 사용한다.

3) 활동 방법

① 두 눈을 감고 태아 때부터 어린 시절까지 시간 여행을 떠난다.

② 태아 때부터 연대기별로 자신이 느끼고 경험했던 다양한 일 중 나를 가장 힘들고 슬프게 했던 기억을 떠올려 본다.

③ 준비해 놓은 다양한 야채와 과일을 손으로 만져 보고 냄새를 맡는 등 오감을 이용하여 자유롭게 푸드 매체를 탐색하는 시간을 가진다.

④ 다양한 야채와 과일을 이용하여 둥근 접시(색 도마) 위에 자신이 겪은 어린 시절의 힘들고 아픈 기억을 자유롭게 표현한다.

⑤ 완성한 푸드 작품의 제목을 정한 후 작품 사진을 직접 찍는다.

⑥ 자신이 완성한 푸드 작품을 설명하며 어린 시절 상처받은 자기를 안아 주고 보듬어 주는 치유의 시간을 가진다.

⑦ 어린 시절의 상처가 현재로 이어져 많은 어려움을 겪는 내담자일 경우 상담사는 더 깊은 공감과 지지를 통해 위로하고 상처받은 내면 아이와의 만남을 통해 어린 시절 힘들었던 감정을 덜어 낸다.

⑧ 집단 활동일 경우 집단원 모두가 서로를 위로하고 안아 주는 공감 활동을 통해 혼자만 겪는 아픔이 아니라는 것과 상처받은 내면이 치유되는 경험을 같이한다.

4) 상담에 적용하기

• 내담자의 내면의 힘이 생기는 치료 중기에 적용하는 것이 좋다.

• 조용한 음악을 들으며 자신을 탐색할 수 있도록 편안한 공간을 제공한다.

• 자신의 상처를 들여다보는 것을 힘들어하는 경우 내담자에게 충분히 생각할 수 있도록 시간을 주고 기다려 주는 것이 필요하다.

• 자신의 상처를 표현하는 것을 어려워하거나 생각이 잘 나지 않는 내담자의 경우 '나를 가장 슬프게 한 일' '나를 가장 화나게 한 사람' '돌아가고 싶지 않은 나이' 또

는 '버리고 싶은 기억' 등 구체적인 주제를 제시한다.

- 어린 시절 상처받는 자신을 충분히 위로하고 안아 주는 시간을 가진다.
- '어린 시절의 상처 들여다보기' 활동을 통해 자신의 상처를 객관적으로 바라보는 관점의 변화를 경험할 수 있도록 한다.
- 내면의 상처받은 자신과의 만남을 통해 변화된 것이 무엇인지 이야기를 나누며 자신이 가지고 있는 긍정적인 부분도 같이 인식할 수 있도록 한다.

5) 활용하기

- 원두가루, 설탕, 밀가루, 소금, 녹차 가루 등의 푸드 매체는 손가락으로 그린 후 쉽게 지울 수 있는 특징을 가진 푸드 매체로, 표현하는 것을 어려워하거나 부담을 가진 내담자에게 쉽게 다가갈 수 있다.
- 다양한 가루 형태의 푸드 매체를 색지 위에 올려놓고 손가락 또는 나무젓가락을 이용하여 자신의 상처를 표현하고 지우는 활동을 반복하며 내면의 상처를 치유하는 활동으로 응용한다.
- 설탕과 소금을 이용한 경우 손가락 및 나무젓가락을 이용하여 어린 시절 아픈 기억을 그린 후 물로 지우는 활동을 통해 기억 속의 힘들었던 상처를 치유하는 활동으로 확장하여 활용한다.

6) 실제 적용하기

[그림 8-2]와 [그림 8-3]은 내담자(9세)의 작품으로 어린 시절 병으로 돌아가신 아빠와의 이별 장면을 푸드 매체로 표현하였다. 아버지가 돌아가셨을 때 내담자(6세)가 너무 어려서 3년간 아버지가 돌아가셨다는 사실을 모른 채 아버지가 공부하러 가신 걸로 알고 지냈다. 내담자는 언젠가는 아버지를 만날 수 있다는 희망을 가지고 그리워하며 지내 왔고 얼마 전 아버지가 돌아가셨다는 말을 어머니로부터 들은 후 늦게 알려

준 엄마에 대한 원망과 아버지가 돌아가셨다는 상실감으로 현재 학교생활 및 가정에
서의 문제 행동이 나타나고 있으며 아버지에 대한 죽음을 받아들이지 못하고 우울한
날을 보내고 있었다. 내담자에게 가장 힘들었던 기억을 푸드 매체로 표현하도록 하자
흰색의 야채로 아빠의 머리, 호박으로 몸통, 파프리카로 팔과 다리를 표현하였다. 특
징적인 것은 아빠가 병원에 있을 때 머리카락이 하나도 없어서 머리카락이 없는 얼굴
을 표현하였고 호박의 몸통 부분은 십자가로 만들어 칼을 꽂은 후 아빠가 죽은 장면을
표현하였다. 내담자는 처음으로 아버지가 돌아가셨다는 말을 하였고 아빠가 너무 보
고 싶고 그립다는 말을 하며 눈물을 흘렸다. 자신이 만든 푸드 매체 속의 아버지에게
하고 싶은 말을 하도록 하자 "아빠! 보고 싶어요."라고 말을 하였고 상담사는 아버지가
되어 "○○야, 아빠도 너무 보고 싶어. 같이 있어 주지 못해서 미안해."라는 대화를 나
누며 아버지에 대해 충분히 애도하고 슬퍼할 시간을 가졌다. 내담자에게 아버지와 무
엇을 가장 하고 싶었는지 꾸며 보도록 하자 아빠 옆에 자신을 푸드 매체로 표현한 뒤
손을 잡고 있는 모습을 완성하였고 같이 목욕탕에서 장난치고 있는 모습으로 완성한
후 아빠를 만난다면 같이 목욕탕에 가고 싶다는 바람을 이야기하였다. 푸드아트테라
피 활동 이후 아빠 이야기를 하는 것에 대해 어려워하거나 피하지 않았고 아빠와의 이
별을 현실적으로 받아들이는 모습을 보이기 시작했다.

7) 푸드 작품 사진

[그림 8-2] 돌아가신 아버지를 표현

[그림 8-3] 아버지와 함께 목욕탕에서

[작품 1] 기차타고 여행가는 모습

[작품 2] 친구랑 함께 노는 모습

[작품 3] 단짝 친구랑 놀았던 기억

[작품 4] 친구랑 운동장에서 놀았던 기억

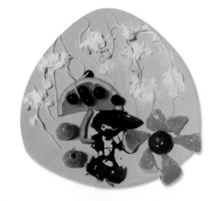

[작품 5] 비오는 날 우산을 가져다 주신 부모님과 할머니 생각

3. 현실 속의 나

자신이 어떤 사람인지 바로 알고 타인에게 표현하는 것은 어려운 일이다. 그러나 나는 누구인지, 좋아하는 일은 무엇인지, 인생의 목표는 무엇인지 등 자신을 돌아보고 자기를 제대로 이해한다는 것은 인생의 주인공으로 주체적인 삶을 살아갈 수 있는 기본적인 요소이자 가치 있는 일이다.

'현실 속의 나'라는 푸드아트테라피의 활동 주제로 사진 속의 자기 모습을 표현하는 활동을 통해 자신이 느끼는 감정과 자아를 찾아가는 의미 있는 시간을 가진다.

1) 활동 목표

- 현재 나의 모습을 탐색하는 시간을 통해 자기 내면의 욕구를 파악한다.
- 자기 이해를 통해 인생의 주인공으로 주체적인 삶을 살아간다.

2) 준비물

OHP 필름, 다양한 모양과 색깔의 곡물, 목공 풀, 개인 얼굴 사진 프린트

🍅 푸드 매체 이야기

다양한 모양의 곡물: 다양한 모양과 색을 가지고 있는 곡물의 경우 만다라 활동 및 글자를 만드는 활동 등 정교한 표현이 가능한 푸드 매체로 활용이 가능하다. 발달장애 내담자를 대상으로 적용할 경우 다양한 색과 모양의 콩을 섞은 뒤 분류하는 활동으로 눈과 손의 협응력 및 인지 능력을 향상시킬 수 있다.

3) 활동 방법

① 조용한 명상 음악을 들으며 자신과 만나는 시간을 가진다.

② 미리 찍어 놓은 자신의 사진을 보고 '지금 무슨 생각을 하고 있는지?' '현재 기분은 어떤지?' '내가 가장 좋아하고 하고 싶은 일은 무엇인지?' 등 다양한 질문을 스스로에게 던지며 답을 찾아보는 시간을 가진다.

③ 얼굴 사진 프린트 위에 OHP 필름을 올려놓고 얼굴 윤곽을 따라 다양한 곡물을 이용하여 자신의 얼굴을 표현한다.

④ 완성한 곡물 자아상의 제목을 만든다.

⑤ 완성한 곡물 자아상을 보며 현재의 모습과 닮아 있는 부분과 앞으로 어떤 얼굴로 살아가고 싶은지 등 다양한 자신에 대한 질문을 통해 자아 찾기 시간을 가진다.

⑥ 곡물 자아상 속의 자신이 가장 바라고 원하는 것이 무엇인지 생각해 보는 시간을 통해 내면의 욕구를 표출한다.

⑦ 자신이 미래에 원하는 모습이 되기 위해 노력해야 하는 것이 무엇이며 필요한 것은 무엇인지 생각하는 시간을 통해 자신의 삶을 되돌아보고 새로운 삶의 방향을 설정해 보는 시간을 가진다.

⑧ 완성한 곡물 자아상을 사진을 찍은 후 사진 속의 푸드 작품에 대한 느낌을 나눈다.

4) 상담에 적용하기

• 자신이 어떤 사람인지 생각해 보고 찾아가는 과정은 인생의 주인공으로 자신이 주체가 된 삶을 살아가는 데 아주 중요한 부분이므로 조용한 분위기에서 편안하게 자신과 만나도록 배려한다.

• 자신이 원하는 삶의 모습이 되기 위해 노력해야 하는 것이 무엇인가? 지금 가고 있는 삶의 방향과 일치하는가? 등의 질문을 통해 자기 이해의 시간을 가진다.

- 집단 활동일 경우 "현재 이 사람은 무엇을 하고 있는 사람인가요?" "이 사람은 무슨 생각을 하고 있나요?" "이 사람의 기분은 어떤가요?" 등 집단원이 서로 주고받는 질문을 통해 현재의 자기 모습을 객관적으로 바라보는 기회를 가진다.

5) 활용하기

- 초콜릿 버터 및 땅콩버터, 생크림 등의 푸드 매체로 자신의 현재 모습을 자유롭게 표현한다.
- 다양한 야채 및 과일을 이용하여 자신의 모습을 나타내는 상징물을 입체적으로 표현한다.

6) 실제 적용하기

초등학교 3학년부터 6학년까지 6명을 대상으로 곡물을 이용한 자아상 만들기 푸드아트테라피 활동을 실시하였다.

- [그림 8-4(남1, 11세)] "동생이 날 괴롭혀서 기분이 좋지 않고 동생이 없었으면 좋겠어요."
- [그림 8-5(남2, 10세)] "나는 공부는 잘하지만 운동을 못해서 속상해요. 다른 친구들처럼 축구를 잘하고 싶어요."
- [그림 8-6(남3, 13세)] "시험을 망쳐서 기분이 안 좋아 우울한 모습이 표현된 것 같고 엄마한테 야단맞을 것 같아 걱정되요."
- [그림 8-7(남4, 10세)] "친구랑 축구하고 와서 기분이 좋고 축구 선수가 꿈인데 그 꿈이 꼭 이루어졌으면 좋겠어요."
- [그림 8-8(남5, 11세)] "원래 나는 머리숱이 없어서 친구들이 외계인이라고 놀려서 기분이 안 좋은데 내가 만든 나는 머리카락이 많아 보여서 마음에 들어요."
- [그림 8-9(남6, 10세)] "맛있는 간식을 먹어서 기분이 좋아요. 과학자가 되어 우주

비행기를 만들고 싶어요." 이렇게 활동 후 자신이 만든 자화상을 보며 현재 느껴지는 감정과 기분에 대해 표현하고 자신이 바라는 모습에 대해 이야기를 나누며 서로 격려하고 지지해 주는 시간을 가졌다.

7) 푸드 작품 사진

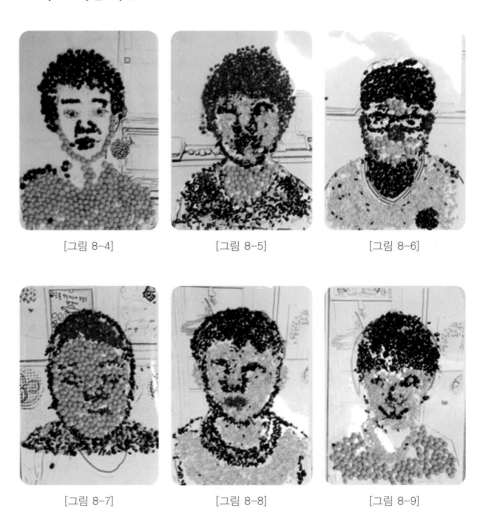

[그림 8-4]   [그림 8-5]   [그림 8-6]

[그림 8-7]   [그림 8-8]   [그림 8-9]

8) 푸드 매체 활용 작품

[활용 1] 초코버터를 이용한 자아상

현재 자신의 모습을 표현

[활용 2] 야채를 이용한 돌고래 자아상

악어를 닮은 자신의 모습

[활용 3] 라이스페이퍼와 초코 펜 자아상
화가 나면 악마로 변하는 나의 모습

[활용 4] 라이스페이퍼와 초코 펜 자아상
신나게 놀고 있는 나의 모습

[활용 5] 쌀 과자로 표현한 나
몸은 하나인데 해야 할 일이 많은 나를
몸은 하나 머리는 다섯 개로 표현

[활용 6] 도넛으로 표현한 나
할로윈 데이에 유령 영화를 본
무서운 마음을 표현

[활용 7] 식빵과 초코 펜으로 표현한 나
기분이 좋은 나를 표현

[활용 8] 과자와 젤리로 표현한 나
야단을 맞아 기분이 좋지 않은 나를 표현

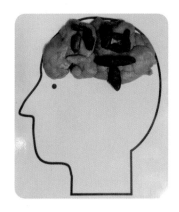

[활용 9] 활동지와 색 밀가루 반죽으로 표현
시험을 앞두고 머릿속에 온통 공부 생각에
스트레스를 받고 있는 나를 표현

4. 내가 만일 거인이 된다면?

『걸리버 여행기』에 등장하는 소인국의 거인 걸리버의 모습처럼 자신이 만일 거인이 된다면 무엇을 가장 하고 싶은지 표현하는 활동은 평소 가장 바라고 하고 싶었던 자기 욕구와 소원을 엿볼 수 있는 기회가 된다. 또한 자신이 표현한 소인국 속의 거인이 되었을 때의 기분과 소인국에 살고 있는 사람들은 어떤 사람들로 구성되어 있는지 등 다양한 자기 탐색을 통해 자기 이해의 기회를 가진다. 또한 '마음속의 거인'이라는 주제를 통해 내 안에 자리하고 있는 큰 존재가 누구인지를 알아보는 활동은 심리적으로 가장 가까운 사람과 가장 의지가 되는 사람이 누구인지에 대해 알아보는 시간으로 심리적인 안정감을 얻을 수 있는 기회가 된다.

1) 활동 목표

- 거인으로 표현된 자기 모습을 통해 내면의 욕구를 탐색한다.
- 자기 내면 탐색을 바탕으로 대인관계 속의 패턴을 객관적으로 바라보는 기회를 가진다.

2) 준비물

귤, A4 용지, 색 사인펜

3) 활동 방법

① 조용한 명상 음악을 들으며 자신과 만나는 시간을 가진다.
② 『걸리버 여행기』에 등장하는 소인국의 거인 걸리버처럼 자신의 모습이 거인이

된다면 가장 먼저 해 보고 싶은 것은 무슨 일인지, 소인국에서 가장 친한 사람은 누구이며 어떤 사람들로 구성되어 있는지, 거인이 되었을 때의 기분과 앞으로 어떠한 일이 일어날 것 같은지 등의 다양한 질문을 통해 내면의 욕구 및 관계 형성 패턴을 객관적으로 바라보는 기회를 가진다.

③ 거인을 표현하는 매체인 '귤'과 관련된 에피소드를 서로 나눈다.

④ 귤의 껍질을 벗기기 전 귤 껍질에 현재 모습을 색 사인펜으로 간단하게 표현하고 귤의 껍질과 귤로 거인의 모습을 표현하거나 거인이 되어 하고 싶은 일 등을 표현한다.

⑤ 완성한 푸드 작품의 제목을 정한다.

⑥ 작품 속에 표현한 거인의 성별과 이름을 지어 준다.

⑦ 자신이 표현한 거인의 모습과 현재 모습과의 닮은 점과 다른 점을 찾아보고 그 이유에 대해서도 생각해 보는 시간을 가진다.

⑧ 집단 활동일 경우 자신이 만든 작품을 집단원에게 소개하며 서로 공감하고 긍정적인 피드백을 나눈다.

⑨ 완성한 푸드 작품을 사진을 찍은 후 사진 속의 푸드 작품에 대한 느낌을 나눈다.

4) 상담에 적용하기

• 대상이 유아 및 아동일 경우, '내가 만일 거인이 된다면?'이라는 주제를 제시한 후 거인이 된 모습을 표현하거나 거인이 된다면 하고 싶은 일을 자유롭게 표현한다.

• 대상이 청소년 및 성인일 경우 '내 마음속의 거인'이라는 주제를 제시한 후 자기 마음속에 가장 크게 차지하고 있는 존재의 의미와 심리적으로 의지가 되고 가까운 사람이 누군지를 서로 이야기를 나누며 심리적으로 안정감을 얻을 수 있는 기회를 가진다.

• 집단 활동일 경우 "거인은 무엇을 하고 있는 사람인가요?" "거인은 무슨 생각을 하고 있나요?" "거인의 기분은 어떤가요?" "거인이 살고 있는 곳은 나중에 어떻게

될 것 같은가요?" 등의 다양한 질문을 통해 자기 탐색의 기회를 가진다.
- 자신의 모습이 소인과 거인이 되었을 때의 장단점에 대해 생각하고 긍정적인 피드백을 나눈다.

5) 활용하기

- '거인국 이야기' 주제로 자신의 모습이 소인이 되어 거인국에 도착했을 때의 기분과 힘든 상황을 해결할 수 있는 방법 등을 스스로 찾는 기회를 가진다.
- 밀가루 반죽 또는 다양한 야채와 과일을 이용하여 소인과 거인이 살고 있는 집을 표현한다.
- 엄마와 함께하는 활동의 경우 무, 당근, 콩을 이용하여 소인과 거인의 모습을 입체적으로 만든 후 역할 놀이를 한다.

6) 실제 적용하기

초등학교 고학년 남아 6명을 대상으로 '내가 만일 거인이 된다면?'이라는 주제로 푸드아트테라피 활동을 실시하였다.
- [그림 8-10(남1, 13세)] "거인이 되면 폭탄을 학교에 집어던져 교실을 사라지게 한 후 학교 안 가고 쉬고 싶어요."
- [그림 8-11(남2, 12세)] "몸집이 아주 큰 거인으로 변신하고 싶어요."
- [그림 8-12(남3, 13세)] "여러 가지 역할을 하는 거인을 여러 명 만든 후 합체해 더 큰 힘을 가진 거인이 되고 싶어요."
- [그림 8-13(남4, 13세)] "팔이 긴 거인이 되어 하늘의 구름과 별 등을 만져 보고 싶어요."
- [그림 8-14(남5, 11세)] "힘이 강한 거인이 되어 지구를 조각내고 싶어요. 학교를 가지 않아도 되니깐 좋을 것 같아요."

- [그림 8-15(남6, 10세)] "큰 날개가 달린 거인이 되어 드래곤 볼을 가지고 저글링을 하고 싶어요."

이렇게 활동 후 자신이 만든 거인의 모습을 보며 내면의 욕구 및 현재 생활에서의 불편한 점에 대해 이야기를 나누는 시간을 가졌다.

7) 푸드 작품 사진

[그림 8-10] 폭탄이 된 귤

[그림 8-11] 다시 태어난 괴물 거인

[그림 8-12] 분신술 거인

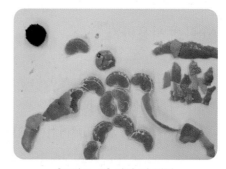

[그림 8-13] 팔이 긴 거인

[그림 8-14] 지구를 조각 낸 거인

[그림 8-15] 날개 달린 거인

5. 미래에서 만난 나

초코파이는 남녀노소, 누구나 거부 반응 없이 적용이 가능한 친숙한 매체로 활용성이 높은 푸드 매체이다. 초코파이를 이용하여 미래 모습을 표현해 보는 활동을 통해 자신이 미래에 어떠한 삶을 살고 싶은지, 꿈꾸어 왔던 미래의 모습은 어떠한지 자유롭게 표현해 본다. 이러한 활동으로 새로운 삶에 대한 희망과 소망을 표현하며 자기 미래상을 확립하여 긍정적인 삶을 살아갈 수 있도록 한다. 또한, 집단 활동일 경우 서로에게 힘이 되어주는 긍정적인 피드백으로 공감하며 함께 성장하는 시간을 가진다.

1) 활동 목표

- 자신이 이루고 싶은 꿈 및 자기 미래의 모습을 표현해 보는 활동을 통해 긍정적인 자아상을 확립한다.
- 긍정적인 피드백을 통해 미래에 대한 꿈과 희망을 가지고 긍정적인 삶을 살아간다.

2) 준비물

초코파이, A4 용지, 색 사인펜

 푸드 매체 이야기

초코파이: 남녀노소가 모두 좋아하는 푸드 매체로 초코파이의 역사만큼 관련된 추억이 많은 매체이다. 자신이 좋아하는 매체를 가지고 활동하는 것만으로도 심리적인 만족감을 주며 매체가 주는 편안함은 심리적인 치유 효과를 준다.

3) 활동 방법

① 초코파이의 향을 맡아 보는 시간을 가진 후 각자가 가지고 있는 초코파이와 관련된 추억에 대해 이야기를 나눈다.

② 자신의 꿈과 미래에 대해 생각해 보는 시간을 가진 후 자신이 꿈꾸고 희망하는 미래의 모습을 푸드 매체를 활용해 자유롭게 표현한다.

③ 미래의 자기 모습이 표현된 푸드 작품을 소개하고 서로 같이 공감하며 나누는 긍정적인 피드백을 통해 자기효능감을 향상시키고 미래에 대한 희망을 가지는 활동으로 마무리한다.

④ 자신이 완성한 '미래에서 만난 나'의 푸드 작품 사진을 찍는다.

⑤ 푸드 작품 섭취를 통해 자기 미래를 마음속에 담아 두는 의미를 설명하며 초코파이를 맛있게 먹는 시간으로 미각도 함께 충족하는 시간을 가진다.

4) 상담에 적용하기

• 자기의 미래 모습에 대해 푸드 매체로 표현하는 것을 어려워하는 경우 미래의 꿈을 단어로 간단하게 표현한다.

• 미래의 꿈을 먹는 의미로 자신이 만든 초코파이에 담긴 꿈을 먹은 소감에 대해 이야기를 나눈다.

• 미래의 나는 무엇을 하고 있으며 어떤 기분이 드는지, 미래의 자신에게 하고 싶은 말 등을 생각해 보고 긍정적인 피드백을 나눈다.

• 내담자의 표현에 대해 무조건적인 수용과 긍정적인 피드백을 통해 새로운 희망을 가질 수 있는 기회를 제공한다.

• 자신의 꿈에 대해 정하지 못하고 표현하는 것을 힘들어하는 경우 일정한 기간을 정해 주어 꿈을 단계적으로 설계할 수 있게 한다.

5) 활용하기

- 감자, 고구마, 당근, 무 등을 이용하여 미래의 꿈을 입체적으로 표현한다.
- 다양한 모양의 과자를 이용하여 미래 모습을 표현한다.
- 부모와 함께하는 활동일 경우 각자가 생각하는 미래에 모습을 표현한 후 알아맞히는 활동으로, 서로의 생각을 인정하고 격려하는 활동을 통해 긍정적인 관계를 형성하는 시간을 가진다.
- 자신이 꿈꾸는 미래를 이루기 위해 실천할 사항을 푸드 매체를 활용한 꿈의 계단을 만드는 활동을 통해 목표를 설정한다.

6) 실제 적용하기

- [그림 8-16(남, 10세)] 슈퍼맨처럼 강한 사람이 되고 싶은 생각을 담아 표현
- [그림 8-17(남, 14세)] 회사원이 되어 바쁘게 출근하는 모습을 표현
- [그림 8-18(여, 12세)] 무엇이든지 해결할 수 있는 슈퍼히어로가 되어 세상을 지배하는 사람이 되고 싶은 욕구를 표현
- [그림 8-19(여, 11세)] 멋진 아빠가 된 모습, 다시 태어나면 남자로 태어나고 싶은 마음을 표현
- [그림 8-20(남, 11세)] 여행을 다니는 모습을 표현
- [그림 8-21(남, 12세)] 자신이 미래에 낳은 아들을 표현하고 잘 놀아 주는 아빠가 되고 싶다고 표현
- [그림 8-22(남, 11세)] 놀이동산에서 놀고 있는 대학생이 된 나의 모습을 표현
- [그림 8-23(여, 10세)] 키 큰 어른이 되어 원하는 것은 무엇이든 살 수 있는 능력을 가진 어른이 되고 싶은 욕구를 표현

7) 푸드 작품 사진

[그림 8-16]

[그림 8-17]

[그림 8-18]

[그림 8-19]

[그림 8-20]

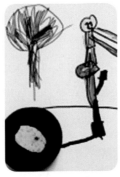

[그림 8-21]

[그림 8-22]

[그림 8-23]

8) 푸드 매체 활용 작품

[활용 1]
박쥐가 되어 잠을 자고 싶어하는 모습

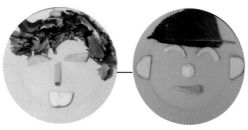

[활용 2]
잘생긴 사람과 결혼한 모습

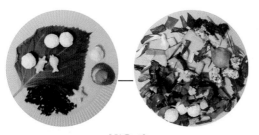

[활용 3]
연못과 꽃밭이 있는 집에 살고 있는 모습

[활용 4]
바닷속에 살고 있는 모습

[활용 5]
가족이 함께 살고 있는 모습

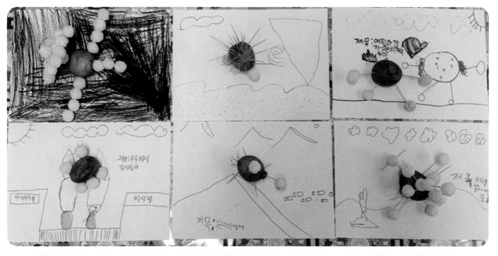

[활용 6] 감자와 이쑤시개로 미래 우주선을 만든 후, 미래에 하고 싶은 것을 표현한 작품들

[활용 7] 도넛을 이용한 미래 모습 표현하기

6. 나의 강점 찾기

　　푸드아트테라피 활동의 가장 중요한 핵심은 내담자 스스로 자신이 가치 있는 사람
이라는 긍정적인 관점에서 자기를 바라보고 자신의 강점을 부각시키며 내면의 긍정
적인 요소를 찾아내도록 하는 것이다. 즉, 긍정적인 자각을 통해 타인의 인정과 시각
에서가 아닌 스스로 자신의 긍정적인 자원을 통해 자기효능감이 높은 삶을 살아갈 수
있도록 하는 것이다. '나의 강점 찾기'라는 주제를 통해 자신이 가진 강점을 스스로 찾
고 인정하는 시간을 가지며 자기효능감을 향상시키는 기회를 가진다.

1) 활동 목표

- 자신의 강점을 찾고 긍정적인 단어로 표현해 보는 활동을 통해 자기효능감을 향상시킨다.
- 강점에 대한 칭찬과 긍정적인 지지를 통해 자긍심을 높인다.

2) 준비물

다양한 파스타 및 마카로니, 식용색소, 종이컵, 플라스틱 숟가락

🍅 푸드 매체 이야기

파스타 및 마카로니: 여러 모양의 파스타와 마카로니는 다양한 표현이 가능하다. 식용 색소로 물들인 파스타와 마카로니를 활용하면 활동 시 만족감이 향상되며 만들어 놓은 색 파스타와 마카로니는 재사용이 가능하고 영구적으로 보관 가능한 경제적인 푸드 매체이다.

3) 활동 방법

① 식용색소를 이용하여 색 파스타와 마카로니를 만든다(시간이 부족한 경우 미리 만들어 놓은 색 파스타를 사용한다).
② 자신의 강점에 대해 생각해 보는 시간을 가진다(유아와 아동의 경우 강점이라는 단어의 의미에 대해 쉽게 설명해 준다. 예: 자신이 가장 잘하는 것 등으로 표현).
③ 자신이 생각하는 강점이 나타나는 구체적인 상황을 예를 들어 설명한다.
④ 자신의 강점을 하나의 단어로 명료화시켜 만든다.
⑤ 자신이 찾은 강점에 대해 칭찬해 주고 격려해 주는 시간을 가진다.

⑥ 강점을 5개 이상을 찾은 후 강점 단어를 이용하여 하나의 문장으로 만든다.

⑦ 현재의 강점은 아니지만 갖고 싶은 희망 강점에 대해 표현한 후 강점을 가지기 위해 노력해야 하는 구체적인 목록에 대해서도 이야기를 나눈다.

4) 상담에 적용하기

• 가장 마음에 드는 단어를 선택하고 그 이유를 설명한다.

• 상담사와 내담자가 서로에게 강점을 찾아 주고 강점 단어를 선물해 주는 긍정적인 피드백을 통해 자기효능감을 향상시킨다.

• 에너지가 낮고 무기력한 내담자는 자기를 이해하고 표현하는 것을 어려워하는 경우가 많다. 이러한 경우 상담사가 먼저 내담자의 강점을 찾아 표현해 준다. 이때 눈으로 바로 확인할 수 있는 강점으로 내담자가 용기를 가지고 자신의 강점을 찾을 수 있게 용기를 준다.

• 내담자가 강점을 찾았을 때 상담사는 강점을 찾아볼 수 있는 구체적인 상황 전개로 긍정적인 자기 이해를 향상시킨다.

• 상담사는 내담자의 강점을 인정하고 용기를 주는 칭찬과 격려를 충분히 하여 내담자가 스스로 자신을 긍정적으로 바라보는 시각을 통해 자기효능감 향상에 긍정적인 영향을 준다.

5) 활용하기

• 강점 단어 표현과 함께 구체적인 상황을 간단한 파스타 그림으로 표현하며 자기 표현력을 향상시킨다.

• 집단원이 함께하는 활동일 경우 상대방의 강점을 찾아 주는 활동으로 또래 관계와 공감 능력을 함께 향상시키는 기회를 제공한다.

• 자신의 강점 찾기를 힘들어하는 경우, 긍정적인 단어카드를 제시하여 선택하여

표현하도록 배려한다.
- 자신이 생각하는 강점을 색으로 선택한 후 자신이 찾은 강점 색으로 만들어진 파스타와 마카로니로 강점 단어를 표현한다.

6) 실제 적용하기

[그림 8-24(남, 11세)] 내담자는 현재 초등학교 4학년으로 또래 관계에서의 따돌림 경험으로 힘든 학교생활을 겪고 있었다. 낮은 자존감과 공격적인 말투 및 부정적인 시선으로 자신의 강점을 찾는 활동을 거부하였다. 상담사가 먼저 내담자의 강점을 '건강'이라는 단어로 표현하고 긍정적인 피드백을 준 후 강점이 적힌 단어 카드 중에 선택해서 찾아보도록 하자 '착함' '얌전'이라는 단어를 선택하였다. 내담자는 어떠한 상황에서도 웃는 모습과 학교에서 얌전하게 앉아 있어 선생님께 지적받는 일이 없으며 집에서는 착한 아이라고 설명했다. 현재 내담자가 느끼는 자신의 강점이 가진 힘에 대해 상담사가 공감하고 격려해 주는 시간을 가졌고 자신이 찾은 강점을 가지고 하나의 문장으로 만들었다. "나는 얌전하고 착하고 건강해요."라는 문장을 만들고 크게 읽은 후 자신이 갖고 싶은 강점을 하나를 더 찾는 활동에서 '힘'이라는 단어를 만든 후 힘과 용기를 가지고 친구들에게 먼저 다가가고 상처 주는 말을 해도 견딜 수 있는 힘이 생겼으면 좋겠다는 바람을 이야기하였다.

7) 푸드 작품 사진

[그림 8-24] 나의 강점을 단어로 표현하기

8) 푸드 매체 활용 작품

파스타로 자유롭게 표현하기

[활용 1] 자동차 표현

[활용 2] 배와 별 표현

[활용 3] 울타리 속의 나

[활용 4] 전갈 표현

[활용 5] 주차선 표현

[활용 6] 전투함 표현

과자를 이용해 나의 강점 표현하기

[활용 7] 나의 강점

[활용 8] 바쁜 나

[활용 9] 강점

[활용 10] 긍정적인 나

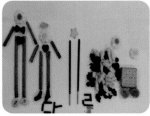
[활용 11] 다름

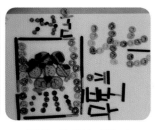
[활용 12] 항상 예쁜 나

[활용 13] 나의 강점

[활용 14] 나의 강점

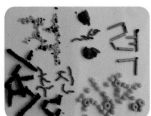
[활용 15] 강점들

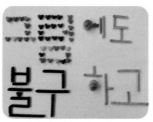
[활용 16] 나의 강점

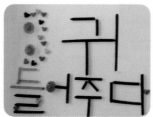
[활용 17] 열린 귀와 마음

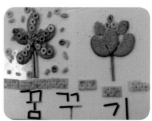
[활용 18] 나의 장점

[활용 19] 예쁜 나

[활용 20] 내가 보는 나

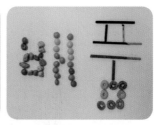
[활용 21] 나의 장점

7. 나만의 성

힘들고 지칠 때 편안하게 쉴 수 있는 공간은 누구에게나 필요하다. 누구의 방해도 받지 않고 혼자 있을 수 있는 나만의 공간을 상상하는 것만으로도 심리적인 안정감을 느낄 수 있다. 만약 현실에서 가질 수 없는 경우 푸드 매체를 통해 자신이 살고 싶은 성, 안전하고 편안한 공간을 만들어 보는 활동을 통해 심리적인 안정감을 제공해 줄 수 있다.

자신이 살고 싶은 성에서 하고 싶은 일이 무엇인지, 또한 한 명을 초대한다면 누구를 초대하고 싶은지, 초대한 사람과 무엇을 하고 싶은지 등의 다양한 질문을 통해 내담자 내면의 심리적인 욕구 탐색을 통해 자기이해를 향상시키고 안정된 공간을 통해 심리적인 편안함을 느낄 수 있는 기회를 제공한다.

1) 활동 목표

• 자신이 힘들고 지칠 때 쉴 수 있는 나만의 공간인 '성 만들기'를 통해 편안함과 안정된 감정을 느끼는 시간을 가진다.
• 자신만의 공간 속에서 무엇을 하고 싶은지 내면의 욕구탐색을 통해 자기 이해를 돕는다.

2) 준비물

무, 식용색소, 분무기, 물약 병, 안전 칼, 이쑤시개, 도마, 흰색 접시

🍎 푸드 매체 이야기

 무: 주위에서 흔하게 접할 수 있는 푸드 매체로 무의 특성상 다양한 모양으로 변형이 가능하며 무의 흰색에 색소를 이용한 다양한 색 연출로 자유로운 표현 활동을 통해 창의력과 표현력을 향상시킬 수 있다.

네모 모양으로 썰어서 쌓기 게임 또는 모양 틀을 이용한 문양 찍기 등, 다양한 표현 활동에 효과적인 푸드 매체이다.

3) 활동 방법

① 푸드 매체인 '무'(깍두기 김치 등)와 관련된 에피소드에 대해 이야기를 나누어 본다 (관련된 에피소드가 없을 경우 '무'에 대한 연상 이미지 떠올리기로 친밀감을 형성한다).
② 조용한 명상 음악을 들으며 자신이 가장 편하게 있을 수 있는 공간에 대해 생각해보는 시간을 가진다.

③ 두 눈을 감고 편안하게 쉴 수 있는 '나만의 성'에 살고 있는 자신의 모습을 상상한다.

④ 어떤 공간에 있을 때 가장 편안하고 안정된 감정이 느껴지는지, 반대로 불편하고 힘든 공간은 어디인지 등 이야기를 나누며 자신이 바라는 가장 편안하고 안정된 공간을 '나만의 성'이라는 주제로 자유롭게 표현한다.

⑤ 무를 칼과 이쑤시개를 이용하여 성 만들기를 한 후 식용 색소 및 물감을 넣은 스프레이를 뿌려 채색한 후 완성한다.

⑥ 완성한 '나만의 성' 푸드 작품 사진을 찍는다.

⑦ 자신이 만든 성의 이름을 만들고 어떠한 상황일 때 나만의 성으로 들어가고 싶은지, 함께하고 싶은 사람이 있는지, 나만의 성에서 가장 마음에 드는 일은 어떤 일인지 등 다양한 질문을 통해 자기 내면의 욕구를 탐색하고 안정된 공간 속에서 편안함과 안정감을 느껴 본다.

4) 상담에 적용하기

• 현실에서 힘들 때 쉴 수 있는 공간 또는 기댈 수 있는 사람에 대해 이야기를 나눈다.

• 내담자가 '가장 안전하고 편안함을 느낄 수 있는 곳이 지금 현재 있는지?' '있다면 어디인지?' '편안함을 느끼는 이유는 무엇인지?' 등 다양한 질문을 통해 자기내면을 탐색할 수 있는 기회를 가진다.

• 내담자가 겪고 있는 불행하고 힘든 상황이 올 때 언제든 자신이 만든 공간 속에서 쉴 수 있는 공간을 스스로 만들어 보는 활동을 통해 심리적인 안정감을 가진다.

• 자신이 만든 나만의 성에 초대하고 싶은 사람이 있다면 누구인지, 들어오지 못하는 사람은 누구인지 등의 다양한 질문으로 내담자의 심리적인 거리와 밀접하게 관계된 사람들을 통해 내담자를 이해하는 기회를 가진다.

5) 활용하기

- 유아 및 아동의 경우 미리 잘라 둔 조각 무 쌓기로 안정된 공간을 만든다.
- 무뿐만 아니라 당근, 감자, 배추 등을 함께 사용하여 성을 만든 후 성 속에 있는 자신의 모습도 함께 표현한다.
- '부정적인 감정 대피소' '내 마음의 블랙홀' 등의 주제로 자신의 공간을 만든 후 부정적인 내면을 표출하고 덜어 내는 작업을 한다.

6) 실제 적용하기

[그림 8-25(남, 10세)]는 현재 누나와의 잦은 다툼으로 엄마에게 야단을 맞는 등 힘든 상황을 이야기하며 집에서 누나 얼굴만 봐도 화가 난다고 했다. 내담자는 누나가 들어올 수 없는 나만의 성을 만들고 싶다고 했고, 누나가 들어오면 뾰족한 칼로 찌를 수 있도록 무기를 만들어 성을 지키고 싶다고 했다. 무를 이용해서 '혼자 사는 성'이라는 제목을 만들었고 성 안으로 들어가면 편안하고 모든 것이 다 이루어지는 공간이라고 했다. 한 명을 초대한다면 엄마를 초대하고 싶고 엄마가 아니라도 누나만 들어오지 않았으면 좋겠다고 했다. 내담자는 나만의 성 만들기를 통해 현재 누나와의 관계에서의 어려움과 스트레스 상황을 푸드아트테라피 활동을 통해 표현하였다.

7) 푸드 작품 사진

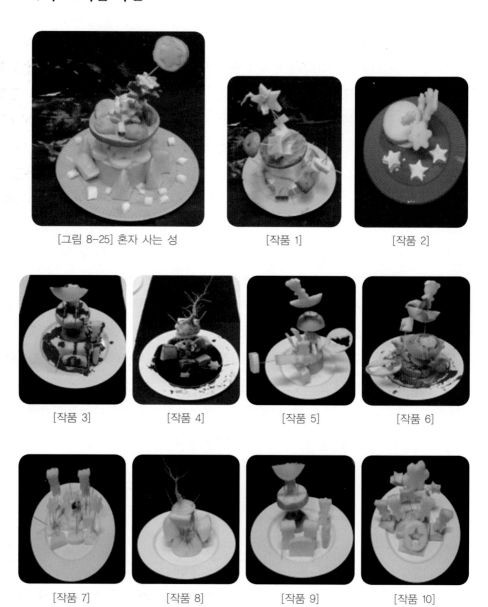

[그림 8-25] 혼자 사는 성

[작품 1]

[작품 2]

[작품 3]

[작품 4]

[작품 5]

[작품 6]

[작품 7]

[작품 8]

[작품 9]

[작품 10]

8) 푸드 매체 활용 작품

[활용 1] 감자와 이쑤시개로 표현한 성

[활용 2] 색 소금으로 만든 소금 성

관계 속의 나 찾기

1. 내가 보는 나, 타인이 보는 나

인간은 혼자서 살아가기 힘들며 항상 관계 속에서 성장하며 함께 살아간다. 그리고 가족과의 관계, 친구와의 관계 등 다양한 사회 관계 속에서 상호작용하며 긍정적인 사회적 관계를 형성한다. 이렇게 형성된 사회 관계는 우리의 삶에 매우 중요한 부분을 차지한다.

아동 및 청소년의 학교에서 나타나는 문제의 대부분은 또래 관계의 불편함으로 발생하고 있으며 타인과의 관계 맺기가 원만하지 못하다는 것은 자기 이해와 함께 타인의 감정 읽기의 어려움이 원인으로 작용한다. 자신이 어떻게 타인과 관계를 맺고 있으며 관계 속에서의 자신의 모습을 통찰하고 인식하는 것은 자기 성장을 위해 중요한 부분이며 건강한 삶을 살기 위해 반드시 필요한 과정이다.

1) 활동 목표

• 인간관계(또래 관계)의 중요성을 인식한다.

- 자신이 맺고 있는 인간관계에서의 일정한 패턴과 다양한 관계 속에서의 자신의 위치와 역할을 탐색하는 기회를 통해 자기정체감을 확인한다.
- '내가 보는 나, 타인이 보는 나' 주제로 자신과 닮은 동물을 만드는 활동을 통해 객관적으로 자신을 바라보며 자기 이해와 자기 통찰의 기회를 가진다.

2) 준비물

찹쌀 반죽, 식용 색소, 식용유, 나무 막대, 도마

🍎 푸드 매체 이야기

찹쌀가루 및 반죽: 미술 매체에서는 클레이와 촉감이 유사한 푸드 매체로, 찹쌀가루를 이용한 핑거드로잉 활동이 가능하다. 또한 물을 섞어 만드는 반죽의 농도에 따라 다양한 촉감 활동으로 퇴행을 촉진시키는 역할도 가능한 매체이다. 찹쌀 반죽은 변형이 용이하고 다양한 색 반죽으로 입체적인 표현 활동에 효과적이다. 안전한 매체론 발달장애 등 매체의 안전성이 보장되어야 하는 내담자에게 효과적으로 적용 가능한 푸드 매체 중 하나이다.

3) 활동 방법

① 푸드 매체를 오감을 이용해 자유롭게 탐색할 수 있도록 찹쌀가루를 충분히 만질 수 있는 시간을 제공한다.
② 눈을 감고 자신이 현재 맺고 있는 인간관계의 모습과 관계 속에서 느껴지는 자신의 존재와 느낌 및 감정을 생각해 보는 시간을 가진다.
③ 자신과 닮은 동물을 찾은 후 찹쌀가루 위에 핑거드로잉으로 표현한다.

④ 타인이 바라보는 나와 닮은 동물을 찾은 후 핑거드로잉으로 표현한다.

⑤ 자신이 닮은 동물과 타인이 바라본 나를 동물로 표현한 것의 공통점과 다른 점에 대해 알아보고 그 동물을 선택한 이유에 대해 이야기를 나눈다.

⑥ 찹쌀가루와 식용색소, 식용유와 물을 섞은 후 색 찹쌀가루 반죽을 만든다.

⑦ 찹쌀 반죽을 이용하여 나를 닮은 동물과 타인이 바라본 나와 닮은 동물 2개를 만든 후 사진을 찍는다.

⑧ 완성한 동물의 이름을 정한 후 새롭게 발견한 자신의 모습에 대해 이야기를 나누며 긍정적인 피드백을 나눈다.

4) 상담에 적용하기

• 자신이 닮고 싶은 동물과 그 이유에 대해 알아본다.
• 자신과 닮은 동물의 성격과 장단점은 무엇인지, 어떤 동물 친구를 좋아하는지, 친하게 지내고 싶은 동물과 그 동물을 닮은 사람이 주위에 있는지 알아본다.
• 타인이 생각하는 자신과 닮은 동물의 성격과 장단점에 대해 알아본다.
• 새롭게 알게 된 자신의 모습을 두 가지 이상 찾아본다.

5) 활용하기

• 가족의 모습을 색 쌀밥으로 만든 후 가족과 함께 서로의 역할을 바꾸어 역할극을 해 보는 기회를 통해 서로의 입장을 이해하고 감정을 표현하는 과정으로, 긍정적인 가족 관계를 형성한다.
• 견과류 및 감자, 고구마 등으로 자기 모습을 동물로 만드는 창의적인 활동으로 자기표현의 만족감과 자기효능감이 향상되는 기회를 가진다.
• 창작물을 활용한 역할극은 자신이 주체가 되어 자기 감정을 솔직하게 표현하는 활동으로, 타인과 함께 감정을 소통하는 기회를 통해 자기와 타인을 이해한다.

- 역할극을 통해 또래 관계에서의 의사소통 방법과 상호작용하는 방식을 객관적으로 관찰하고 타인과 함께하는 활동을 통해 긍정적인 자아상을 확립하고 사회성을 향상시킨다.
- 함께 역할극에 참여한 집단원과 활동 후 자신이 맡은 역할에 대한 소감과 느낌을 나누며 상대방의 장점을 찾아 긍정적인 피드백을 나누는 기회를 통해 자기효능감을 향상시킨다.

6) 실제 적용하기

[그림 9-1(여, 10세)]과 [그림 9-2(여, 9세)]는 찹쌀가루를 만지며 부드럽고 촉감이 좋다는 느낌을 표현하며 흰색의 찹쌀 반죽이 식용색소로 다양한 색 반죽으로 만들어지는 과정에 흥미롭게 참여했다. 자신과 닮은 동물은 '토끼'이며 타인이 바라보는 나는 '아기 곰'으로 표현하였다. 토끼처럼 앞니가 큰 것과 피부가 흰 점이 닮았고 또래보다 작은 키의 내담자는 친구들이 자신을 아기 곰이라고 생각할 것 같다고 했다. 그리고 놀이할 때 항상 아기를 해서 기분이 좋지 않고 키가 컸으면 좋겠다고 했다. 내담자는 토끼의 이름은 '흰둥이', 아기 곰의 이름은 '미니 곰'이고 토끼와 아기 곰은 작은 키와 착한 마음씨가 닮았다고 했다. 작은 키에 대해 불만이 있는 내담자에게 작은 키가 가진 좋은 점에 대해 생각해 보도록 하였고 숨바꼭질할 때 좁은 곳에 숨을 수 있어서 자신을 잘 찾지 못한다는 장점 이야기를 하며 좋아했다.

7) 푸드 작품 사진

[그림 9-1] 타인이 보는 나(곰)

[그림 9-2] 내가 보는 나(토끼)

[활동] 찹쌀가루를 이용한 표현

[작품] 토끼 얼굴을 표현

[작품 1] 내가 보는 나(다람쥐)

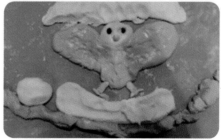

[작품 2] 타인이 보는 나(새)

8) 푸드 매체 활용 작품

[활용 1] 과자로 표현한 나

[활용 2] 타인이 보는 착한 나

[활용 3] 재미있는 나

[활용 4] 피아노 치는 나와 귀여운 나

[활용 5] 발레를 좋아하는 나

[활용 6] 잘 노는 나와 좋은 아이

[활용 7] 만세 하는 나

[활용 8] 춤추는 나

[활용 9]~[활용 16] 다양한 야채와 과일로 표현한 내가 보는 나, 타인이 보는 나(○○ 대학원 대학교 상담학과 석박사 과정 수업 작품들)

[활용 9] 코끼리와 토끼

[활용 10] 꽃을 닮은 나

[활용 11] 강아지와 나무

[활용 12] 귀여운 곰과 개미

[활용 13] 거북이와 토끼

[활용 14] 나무와 토끼를 닮은 나

[활용 15] 곰과 꽃을 닮은 나

[활용 16] 풍성한 나무가 되고 싶은 나

2. 나의 어머니를 소개합니다

어머니는 '어머니'라는 단어 그 자체만으로도 많은 감정을 느끼게 하는 존재이다. 세상에서 가장 아름다운 단어인 '어머니'는 우리의 몸과 마음을 사랑으로 채워 주신 사랑의 존재이다. 하지만 가장 사랑받고 싶은 어머니에게 받은 상처로 인해 많은 아픔을 가지고 살아가는 사람도 있다. 어머니는 특히 푸드아트테라피에 중요한 존재로 우리 머릿속에 존재하는 추억 속 음식의 주인공이자 가슴 속에 오랫동안 사랑으로 남아 살아가는 동안 힘이 되는 음식을 제공해 주신 분이기도 하다. 푸드아트테라피는 푸드 매체를 통해 어머니와 진지하게 만나는 기회를 가지며 다시 한번 어머니의 사랑을 확인하는 시간을 가짐으로써 심리적 안정감을 가진다. 또한 어머니와 아프고 힘든 기억을 가지고 있는 경우에는 푸드아트테라피를 통해 가슴 깊이 남아 있는 어머니에 대한 부정적인 감정을 덜어 내고 어머니를 긍정적으로 마음속에 담아 두는 기회를 가진다.

1) 활동 목표

- 어머니의 모습을 표현하고 사랑을 확인하는 활동을 통해 심리적인 안정감을 가진다.
- 어머니의 인생을 돌아보며 어머니의 사랑과 희생에 대한 감정을 다시 한번 느끼며 어머니를 한 인간으로서 이해하는 시간을 가진다.
- 어머니와의 아픈 상처와 슬픔이 있는 내담자의 경우 어린 시절의 아픈 상처와 가슴 속에 묻어 두었던 감정을 표출하고 덜어 내는 활동을 통해 자신을 위로하는 시간을 가진다.
- 활동 후 어머니와 자신의 상처를 위로하고 어루만지며 어머니와의 관계를 긍정적으로 새롭게 맺는 기회를 가진다.

2) 준비물

라면(사리면), 둥근 흰 접시, 우동 면, 포도 알, 빨간색 피망, 김

🍅 푸드 매체 이야기

라면, 우동면: 라면과 우동 면은 선을 표현하는 매체로 활용 가능하다. 성격이 예민한 내담자는 통제가 힘든 우동 면을 이용해 표현하는 것을 힘들어할 수 있다. 이러한 경우 우동 면을 반죽하여 자신이 원하는 모양으로 만들어서 표현하도록 한다. 라면의 경우 스프와 함께 '라면 벽화' 등으로 활용 가능하다.

특히, 청소년에게 흥미를 주는 매체로 푸드 표현 활동 후 함께 나누어 먹는 활동으로 인해 만족감이 높은 푸드 매체이기도 하다. 흰색 면류는 색소를 이용하여 다양한 색으로 변형이 가능하고 형태를 예상하지 못하는 특성으로 인해 창의력을 향상시키는 장점을 가지고 있다.

3) 활동 방법

① 어머니와 관련된 음악을 들으며 눈을 감고 자기 마음속의 어머니와 만나는 시간을 갖는다.

② 어머니하면 떠오르는 추억의 음식을 대해 이야기를 나눈다(추억의 음식이 없는 내담자의 경우 어머니가 만들어 주었으면 하는 음식을 이야기한다).

③ 머릿속에 떠오르는 자신만의 어머니를 푸드 매체를 활용해 자유롭게 표현한 후 어머니를 자신만의 단어로 표현해 본다.

④ 자신이 만든 작품과 어머니를 표현하는 단어를 소개하는 시간을 가진다.

⑤ 어머니에게 하고 싶은 말을 담은 편지를 적은 후 서로 낭독하는 시간을 가진다.

4) 상담에 적용하기

• 어머니가 해 주신 음식 중 가장 기억에 남는 음식은 무엇인지 알아본다.

• 어머니의 삶을 평범한 한 인간으로 바라보며 이해하는 시간을 가진다.

• 어머니와 닮은 부분(성격, 얼굴 생김새 등)에 대해 이야기를 나눈다.

• 어머니와의 추억 중 가장 기억에 남는 장면을 생각해 본다(즐거웠던 기억, 야단맞았던 기억 등).

• 어머니가 좋아하는 계절, 음식, 색깔 등 다양한 질문을 통해 어머니와의 정서적인 거리를 확인한다.

• 어머니와 닮고 싶은 부분은 무엇이며 앞으로 어떤 어머니가 되고 싶은지 알아본다.

• 어머니에 대한 자신의 감정을 푸드 매체를 통해 표현해 보는 활동으로 그동안 전하지 못했던 말과 감정을 표현하며 어머니와 긍정적인 관계를 형성하고 정서적인 안정감을 느낄 수 있는 기회를 제공한다.

5) 활용하기

- 생크림을 이용한 핑거페인팅 및 핑거드로잉과 다양한 야채를 이용해서 어머니의 모습을 표현해 본다.
- 어머니의 얼굴뿐만 아니라 어머니하면 떠오르는 음식을 푸드 매체로 표현해 본다.
- 어머니하면 떠오르는 물건 및 색깔, 또는 감정에 대해 자유롭게 표현해 본다.
- 어머니와 닮고 싶은 부분과 현재 어머니와 닮은 부분이 어디인지 자신의 얼굴과 어머니의 얼굴을 함께 꾸며 본다.
- 미래에 되고 싶은 어머니 모습에 대해 표현해 본다.

6) 실제 적용하기

내담자(여, 16세)는 현재 학교 부적응 학생으로 맞벌이를 하는 부모로 인해 어린 시절 혼자서 시간을 보내는 경우가 많았다. 엄마에 대한 질문에 대해 '잘 모르겠다.'고 대답했다. 그리고 "엄마는 항상 바빠서 대화도 잘 안 하고 나에게 관심이 없는 것 같아요. 하지만 지금은 오히려 더 편하고 아무렇지도 않아요."라고 말하며 어머니와의 관계에서의 불편함을 표현했다. 푸드 매체를 활용하여 현재 엄마의 모습을 작고 표정이 굳은 모습으로 표현하였다([그림 9-3]). 미래의 엄마 모습은 우동 면으로 흰 머리카락을 표현하였고 완성한 흰머리가 많은 엄마 모습을 보니 쓸쓸하고 외로워 보인다는 느낌을 표현했다([그림 9-4]). 바쁘게 사셨던 엄마 입장이 되어 자신을 바라보도록 하였고 아무리 바빠도 나에게 관심을 주셨으면 외로움이 덜 했을 것 같은데 할머니처럼 흰머리가 많아진 엄마의 모습을 보면 속상하다며 눈물을 보였다. 엄마에게 하고 싶은 말을 푸드 매체를 통해 표현해 보도록 하자 "엄마, 나 외롭고 힘들었어."라는 문장을 완성하였다. 활동 후 소감으로 자신이 만든 엄마의 모습을 보니 많이 늙어 보여서 마음이 좋지 않았고 직접 얘기한 적은 없지만 글로 마음을 표현하니 마음이 조금 가벼워진 기분이라고 했다.

7) 푸드 작품 사진

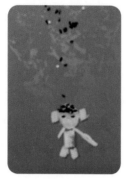

[그림 9-3] 현재 엄마의 모습

[그림 9-4] 미래의 엄마 모습

8) 푸드 매체 활용 작품

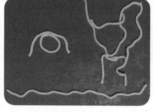

[활용 1] 엄마를 상징하는 모습 표현하기　　　　　　[활용 2]

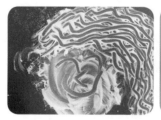

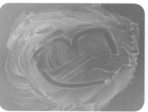

[활용 2] 생크림을 이용해 엄마의 모습을 핑거페인팅으로 표현하기

[활용 3] 국수로 표현한 엄마

[활용 4] 과일로 표현한 엄마를 닮은 동물

[활용 5] 여러 가지 야채를 이용한 엄마와 나의 모습

[활용 6] 다양한 과일과 야채로 표현한 '나의 어머니, 아버지'
(성인 여성 30~40대 푸드 작품들)

3. 나의 아버지의 인생

우리 마음속의 아버지는 든든한 나무 같은 존재이다. 또 어떤 사람에게는 감정적인 교류가 어려운 존재로 항상 일정한 거리를 두고 살아가는 관계이기도 하다. 가족의 생계를 책임지기 위해 항상 바쁘기만 했던 아버지, 항상 엄하기만 했던 아버지, 무뚝뚝하

기만 했던 아버지 등 자신의 아버지와 가족을 위해 바쁘고 힘들게 살아온 아버지의 삶
을 생각해 보는 시간을 통해 아버지와 새로운 관계 형성의 기회를 가진다.

1) 활동 목표

- 자신에게 아버지란 어떤 존재인지 어떤 의미를 가지고 있는지 생각해 본다.
- 내 삶 속에 자리하고 있는 아버지의 존재에 대해 생각해 보고 아버지의 삶을 객
  관적으로 바라보고 이해하는 시간을 가진다.
- 어린 시절 아버지와의 추억을 되새겨보는 시간을 통해 아버지의 사랑에 대해 생
  각하며 정서적인 안정감을 경험한다.
- 아버지에게 그동안 표현하지 못했던 감정을 푸드 매체로 표현해 보는 기회를 통
  해 감정적으로 아버지와의 새로운 관계를 형성한다.

2) 준비물

옛날 과자, 색 도마

🍎 푸드 매체 이야기

옛날 과자: 아버지의 추억과도 연결되는 옛날 과자는
추억과 향수를 일으키는 매체로, 함께 나누어 먹는 활
동만으로도 정서적인 안정감을 느끼게 한다. 옛날 과자
하면 생각나는 인물, 또는 옛날 과자와 연결되는 추억
의 에피소드 등을 떠올리고 생각과 감정을 나누는 시간
을 통해 내담자의 어린 시절을 탐색할 수 있다.

실버 푸드아트테라피의 경우 인지 자극이 될 수 있는 좋은 푸드 매체로 창작 활동에 대한 동
기부여가 높은 매체이다.

3) 활동 방법

① 아버지와 관련된 음악을 눈을 감고 감상하는 시간을 갖는다.

② 음악 속의 가사를 음미하며 자신의 경험과 일치하는 부분이 있는지, 가장 마음에 와 닿는 가사가 어떤 부분인지 적은 후 마음을 나눈다.

③ 아버지에 대해 떠올려보고 현재 일어나는 감정을 옛날 과자를 이용하여 단어 및 표정으로 간단히 표현하고 아버지라는 존재에 대해 지금 느껴지는 자신의 감정을 표현한다.

④ 아버지하면 떠오르는 단어, 물건, 감정 등에 대해 옛날 과자를 통해 자유롭게 표현한 후 긍정적인 피드백으로 감정을 나눈다.

⑤ 집단 활동의 경우 아버지와 관련된 노래의 가사를 함께 푸드 매체로 표현하고 그 의미에 대해 생각해 보는 시간을 가진다.

⑥ 아버지에게 자신의 감정을 담아 편지를 적어 본다.

⑦ 아버지와의 추억을 마음속에 담아 둔다는 의미를 전달하며 자신이 만든 푸드 작품을 먹는 활동을 통해 미각도 함께 만족시키는 활동으로 마무리한다.

4) 상담에 적용하기

• 아버지에게는 감정 표현이 어렵고 시간이 부족하다는 이유로 감정적인 거리를 두고 살아가는 사람이 많이 있다. 말로 하지 못하고 감정으로도 표현하지 못했던 아버지에 대한 여러 가지 감정과 생각, 느낌을 푸드 매체를 통해 표현해 보는 기회로 그동안 가지고 있던 마음의 짐과 죄책감 등 여러 가지 감정을 자유롭게 표출하는 기회를 가진다.

• 아버지에 대한 좋은 기억, 슬픈 기억, 가슴 아픈 기억, 서운했던 기억, 가장 크게 야단을 맞았던 기억, 함께 여행 했을 때의 기억 등을 자연스럽게 떠올리며 그때의 아버지의 감정에 대해 느껴보고 자신이 그 상황이었다면 어떤 기분이었을지

아버지의 입장이 되어 아버지를 이해하는 시간을 가진다.

- 아버지에 대해 부정적인 감정과 기억이 많은 내담자의 경우 아버지에게 하지 못하고 가슴속에 담아 두었던 감정과 말을 푸드 매체로 표현하고 감정을 해소하는 기회를 통해 아버지와의 관계를 재정립한다.
- 현재 자신의 모습 속에서 재현되고 있는 아버지의 모습이 어떤 것이 있는지를 스스로 느끼고 알아차리는 기회를 통해 현재 또는 앞으로 살아갈 아버지로서의 삶에 긍정적인 영향이 되도록 한다.
- 평면 푸드 매체가 아닌 입체적으로 표현이 가능한 감자, 고구마, 당근, 무 등을 활용하여 아버지의 모습을 만든다.

5) 활용하기

- 아버지와 가장 행복했던 기억을 떠올려 본 후 그때의 한 장면을 푸드 매체로 표현해 본다.
- 아버지에게 가장 많이 보았던 얼굴 표정을 표현해 보고 그때로 돌아가 아버지의 감정을 느껴 본다.
- 아버지에게 선물하고 싶은 것을 떠올린 후 푸드 매체를 통해 표현해 보고 마음을 표현해 보는 기회를 제공한다.
- 미래 자신이 아버지가 되었을 때 자식에게 가장 하고 싶은 일을 표현해 본다.

6) 실제 적용하기

내담자(남, 10세)는 직장 때문에 주말에만 아빠를 만날 수 있는 상황으로 아빠와 항상 함께 놀고 싶지만 그렇게 하지 못해 속상하다고 했다.

[그림 9-5] 아빠와의 추억 중 가장 기억에 남는 것은 바다낚시를 갔던 일이라고 말한 후 옛날 과자를 이용하여 입체적으로 물고기를 잡고 있는 아빠의 모습을 푸드 매체

로 표현하였다.

[그림 9-6] 과자로 아버지하면 떠오르는 단어를 '갯벌'로 표현한 것으로, 아빠와 갯벌에서 조개를 잡았던 기억이 떠오른다고 했다. '낚시 바늘'을 푸드 매체로 만든 후 큰 물고기를 잡을 때 사용하라고 선물해 주고 싶다고 했다. 마지막으로 아빠에게 편지를 쓰는 활동에서는 '아빠 같이 놀아줘서 고마워요. 사랑해요.'라고 마음을 전하는 활동으로 마무리했다.

7) 푸드 작품 사진

[그림 9-5] 갯벌에서 고기 잡는 모습

[그림 9-6] 아빠에 대한 이미지를 단어로 표현하기

8) 푸드 매체 활용 작품

[활용 1] 아빠를 상징하는 것을 물건으로 표현하기

[활용 2] 아빠 모습 표현하기

[활용 3] 아빠에 대한 이미지를 단어로 표현하기

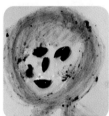

[활용 4] 포도 껍질을 이용한 아빠와 자신의 모습 표현하기

[활용 5] 아침 일찍 출근하는　　　[활용 6] 택배기사 아빠　　　[활용 7] 케첩으로 아빠에게
아빠(야채 활용)　　　　　　　　　(국수 활용)　　　　　　　　　편지 쓰기

[활용 8] 김밥 재료로 표현한 '나의 어머니, 아버지'

'베트남의 전통가옥' '가슴으로 낳아 주고 길러 주신 분'은 다문화가정의 작품으로 베트남에 계신 어머니를 그리워하며 만든 푸드 작품이다. 언어로 충분히 표현하지 못하는 어머니에 대한 그리움을 푸드 작품을 통해 표현한 후 만족감을 나타냈다.

[활동 1]

[활동 2]

[작품 2] 엄마의 젖가슴

[작품 3] 자전거와 나

[작품 1] 모든 것을 주신 분

[작품 4] 배트남의 전통가옥

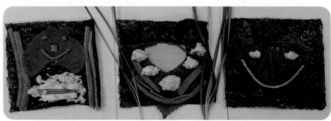

[작품 5] 사랑으로 가득한 어머니와 아버지

[작품 6] 가슴으로 낳아 주고 길러
주신 분

[작품 7] 어린 시절 외갓집에 가는 길

[작품 8] 새가 되어 훨훨 나는 엄마　　　　[작품 9] 자식을 위해 항상 기도하는 나의 어머니

4. 흔들흔들 가족 모빌

가족이란 인간이 태어나 처음으로 경험하는 사람과의 관계 시작이자 사회적인 관계의 첫 시작이기도 하다. 가족이란 가장 중요하고 소중한 관계로 가족과의 관계가 어떻게 형성되어 자라 왔는지에 따라 한 사람의 삶이 결정될 정도로 많은 영향을 서로 주고받는다. 건강한 가족은 어떠한 어려움도 견딜 수 있는 내적인 힘이 존재하지만 가족이 흔들리면 여러 가지 정신적으로 어려운 상황과 증상이 나타나 성장 후 사회생활에서도 어려움을 겪는 경우가 많다. Virginia Satir는 가족은 모빌과 같다고 표현하였다. 모빌은 하나의 조각만 건드렸을 뿐이지만 그 조각뿐만 아니라 모빌에 매달려 있는 모든 물체가 함께 흔들리는 것으로 가족구성원 중 좋은 영향이든 나쁜 영향이든 한 사람 한 사람의 움직임이 가족 모두에게 똑같이 영향력을 주며 함께 움직이는 존재로 그 모빌이 움직임을 멈추고 평형을 유지하는 데도 함께 균형을 맞추어야 가능하다고 말하고 있다(최광현, 2013). 가족은 서로가 함께 소통하며 감정과 느낌을 끊임없이 나누며 상호작용해야 하는 중요한 구성원이다. 가족 중 어느 한 사람이 큰 문제를 가지고 있다면 모빌은 심하게 움직이며 균형을 잃게 된다. 그 결과 주위의 다른 가족들 모두에게 영향을 주므로 가족이 모두 함께 상호작용하며 모빌의 적당한 균형을 유지하기 위해 함께 노력해야 한다.

1) 활동 목표

• 나의 가족에 대한 소중함과 가족구성원과의 관계를 탐색하여 자신의 존재를 확인한다.

• 가족 간의 소통 방법 및 역동과 가족구성원들의 역할 탐색을 통해 서로 이해하고 긍정적인 관계를 형성한다.

• 가족의 모빌이 유지되기 위해 필요한 것이 무엇인지 서로 탐색하고 느껴 보는 시간을 통해 긍정적인 가족의 미래를 설계한다.

2) 준비물

둥근 모양의 과자, 다양한 초코볼, 팔과 다리 모양과 비슷한 모양의 과자, 글루건

 푸드 매체 이야기

둥근 모양의 과자: 둥근 모양의 흰색 과자(쌀 과자)는 얼굴 및 색이 있는 푸드 매체의 바탕으로 사람의 얼굴 및 여러 가지 모양과 글씨를 표현하는 바탕 매체로 활용 가능하며 과자 쌓기 게임 등의 촉진 활동으로 활용 가능하다.

초코볼: 사람의 표정, 글씨 등 세밀한 표현에 활용 가능하며 유아 및 아동에게 친숙한 푸드 매체로, 활동에 대한 동기부여에 좋은 매체이다.

3) 활동 방법

① 성인의 경우 이승환의 〈가족〉이라는 음악을 들으며 자신이 생각하는 가족에 대해 생각해 본다.

② 자신의 가족구성원, 가장 힘들게 했던 가족, 나와 가장 가까운 가족, 함께해서 행복했던 기억 및 힘들었던 기억 등을 모두 떠올려 본 후 푸드 매체를 활용해서 가족 모빌을 만들어 완성한다.

③ 자신이 만든 가족 모빌을 소개하며 모빌의 움직임을 이용해 가장 힘들게 했던 가족구성원과 그 구성원으로 인해 자신의 인생에 미친 영향과 현재 관계의 영향에 대해 이야기를 나눈다.

④ 가족 모빌의 균형을 유지하기 위해 했던 노력과 가장 힘들었을 가족구성원에 대해 생각해 본다.

⑤ '가족'이란 무엇인지 하나의 단어로 표현해 본다.

⑥ 자신이 가장 미안한 가족구성원에게 마음을 담은 푸드 매체로 선물을 만들어 본다.

4) 상담에 적용하기

• 완성한 과자 가족 모빌의 움직임을 이용하여 가족 구성원 중 모빌을 가장 많이 흔들리게 만든 구성원이 누구였는지 이야기를 나누며 구체적인 상황으로 연결하여 대화를 나눈다.

• 내담자의 삶에 가장 많은 영향을 준 가족구성원에 대해 느끼는 감정을 탐색하며 내담자가 현재 겪고 있는 어려움에 영향을 주는 부분이 무엇인지 스스로 알아차리고 그 감정을 느낄 수 있도록 한다.

• 가족 모빌을 가장 많이 흔들고 있는 존재를 찾아 모빌을 움직임을 보며 그 구성원의 입장이 되어 무엇 때문에 힘든 상황을 만들고 있는지 객관적으로 상황을 바

라보는 시간을 가진다.

• 가족 모빌이 흔들리지만 균형을 어느 정도 이루고 살아가기 위해 각자가 해야 할 역할에 대해 생각해 보고 가족의 중요성 및 가족과 소통하는 방법 등을 탐색하여 건강한 가족으로 재탄생할 수 있는 기회를 제공한다.

5) 활용하기

• 조개껍질 등을 이용한 가족사진 표현하기를 통해 가족에 대한 소중함을 느낄 수 있도록 한다.
• 가족을 표현한 목걸이로 가족에게 사랑을 표현하고 심리적 거리를 좁혀 건강한 삶을 살아갈 수 있도록 한다.
• 쌀 반죽으로 가족 표현하기, 과일 가족 만들기, 건빵 가족 만들기, 도시락으로 가족 표현하기 등으로 가족 간 상호작용하는 기회를 통해 긍정적인 가족 관계를 형성한다.

6) 실제 적용하기

[그림 9-7(여, 13세)]은 알코올중독 증상을 가진 아버지, 술을 마시면 폭력을 행사하는 아버지에게 맞는 어머니, 학교에서 문제 행동을 보이는 오빠와 함께 살고 있는 내담자의 작품으로, 현재 학교에서 따돌림을 당하며 또래 친구들과의 관계에서 어려움을 보이고 있다. 다른 활동과 비교해 과자를 이용해서 가족을 표현해 보는 활동에는 특히 더 관심을 보이며 적극적으로 참여했다. 엄마의 모습을 가장 먼저 만들고, 오빠, 아버지 그리고 자신의 모습은 가장 마지막에 표현하였다. 아빠가 술을 마시는 날은 가족이 모두 긴장을 해야 하며 어린 시절에는 아빠가 술을 덜 마시도록 자신이 몰래 술을 마셨던 기억을 이야기하며 힘들어했다. 완성된 모빌 중 아빠의 모빌을 흔들며 술에 취해서 비틀거리는 모습과 닮았다고 이야기하였고 술 마신 아빠와 싸우는 엄마를 보

면 불쌍하다는 생각이 많이 든다고 했다. 아빠만 술을 덜 마시면 행복할 것 같다며 아빠하면 떠오르는 단어를 '술'이라고 적었다.

7) 푸드 작품 사진

[그림 9-7] 가족 모빌

[작품 1] 함께하고 싶은 친구 모빌

[작품 2] 가족 모빌

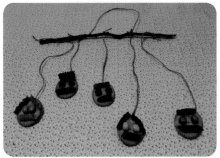

[작품 3] 동생이 생긴 날

8) 푸드 매체 활용 작품

[활용 1]~[활용 3]은 건빵을 이용하여 동그라미 가족화를 만든 것이다. [활용 1]은 가족이 모두 등산을 가고 있는 모습, [활용 2]는 가족이 같이 TV를 보는 모습, [활용 3]은 가족과 강아지가 산책을 가는 모습을 표현하였다. [활용 4]는 또띠아를 이용하여 동그라미 가족화를 표현한 것으로, 가족이 모두 놀러가고 있는 모습을 표현하였다.

[활용 5]는 쌀가루 반죽을 이용하여 가족의 얼굴을 표현하였다. [활용 6]은 도넛으로 가족을 표현하였고, [활용 7]은 일회용 비닐장갑과 과자를 이용하여 입체적으로 가족을 표현하였다. [활용 8]은 숟가락에 초코 버터로 가족을 표현하였고, [활용 9]는 비닐장갑과 쌀 과자를 이용하여 동물을 가족으로 표현한 작품이다.

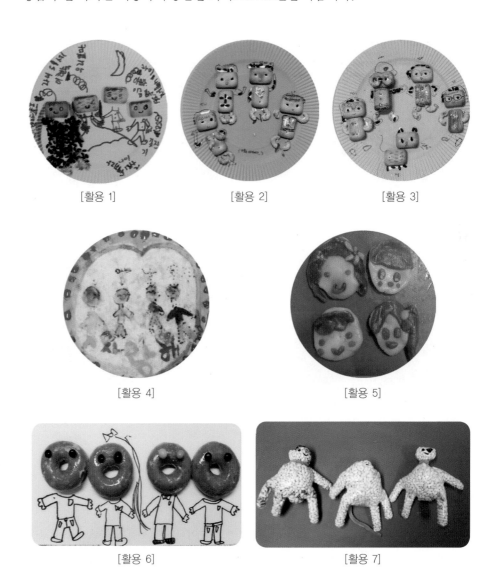

[활용 1]   [활용 2]   [활용 3]

[활용 4]   [활용 5]

[활용 6]   [활용 7]

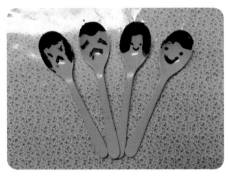

[활용 8]

[활용 9]

5. 나의 친구들

학령기 아동은 다양한 관계 속에서 자신의 감정과 욕구를 표현하고 자신에게 일어나는 문제를 스스로 해결하는 과정을 통해 사회구성원으로서 성장하는 중요한 시기이다. 이 시기의 또래 관계가 긍정적일수록 심리적 안정과 긍정적인 자아개념을 바탕으로 소속감을 가지고 또래로부터 인정을 받는 과정을 통해 만족감과 행복감을 느끼게 된다. 그러나 그렇지 못할 경우 소외감과 고립감으로 힘든 학교생활을 하는 어려움을 겪는다. 대부분의 시간을 학교에서 보내는 학령기에 긍정적인 또래 관계를 형성하는 것은 가장 중요한 발달과업으로, 또래 관계가 좋을수록 개인적인 효능감도 같이 향상되는 중요한 역할을 한다. 학령기에 형성된 개인적 효능감은 이후 성인으로 성장하는 데 필수적인 요소 중 하나이다.

1) 활동 목표

- 푸드아트테라피를 활용한 집단 활동을 통해 긍정적인 또래 관계를 형성한다.
- 집단원과 상호작용하는 기회를 통해 대인관계에서의 긍정적인 변화와 함께 개인적 효능감을 향상시킨다.

2) 준비물

밤, 대추, 감자, 고구마, 땅콩, 글루건, 색 도마

푸드 매체 이야기

초코 버터, 딸기 시럽: 초코 버터와 딸기 시럽은 평면적인 표현을 할 때 쓰이는 매체로 세밀한 그림 표현에 용이하다. 특히 유아와 아동 및 청소년은 초코 버터와 딸기 시럽이 주는 익숙한 향과 맛으로 인해 거부감 없이 사용 가능하며 흥미를 유도하는 푸드 매체이다.

생크림: 미술치료에서 사용하는 면도 크림과 유사한 촉감으로 생크림을 이용한 핑거페인팅 활동은 매체가 주는 안전감이 보장된 매체로 장애아동 및 애착 형성에 어려움이 있는 내담자에게 효과적이다. 또한 긴장감 해소와 치료 초기 친밀감을 형성하기에 용이한 푸드 매체이다.

3) 활동 방법

① 현재 학교생활에 대해 이야기를 나누며 학교에서 가장 친한 친구가 누구인지, 단짝친구를 소개하는 시간을 가진다(친한 친구가 없는 경우 어떤 친구와 단짝이 되고 싶은지 이야기를 나눈다).

② 현재 자신을 괴롭히는 친구가 있거나 사이가 좋지 않은 친구가 있는지 생각해 본다.

③ 자신이 가장 좋아하는 친구와 함께 놀고 있는 모습을 푸드 매체를 이용하여 동물

로 표현한다(경험이 없는 경우 함께 놀고 있는 모습을 상상하여 표현하도록 한다).

④ 자신과 사이가 좋지 않거나 힘들게 했던 친구와 싸운 경우 그때의 상황도 함께 표현하도록 한다(경험이 없는 경우 친구와 가장 힘들었던 순간을 표현한다).

⑤ 성인의 경우, 어린 시절부터 지금까지 살아오면서 가장 친했던 친구의 모습을 떠올린 후 푸드 매체를 활용하여 자유롭게 표현한다.

⑥ 친구랑 함께 놀고 있는 모습을 표현한 것을 보고 느낀 점을 이야기 나누며 친구에게 자신은 어떠한 존재인지, 친구는 나에게 어떠한 존재인지 생각해 보는 기회를 가진다.

⑦ 친구와 힘들었던 경험을 표현한 경우, 싸움의 원인과 마음에 들지 않는 친구는 어떤 모습인지 이야기를 나눈다.

⑧ 집단 활동의 경우 같이 활동한 집단원과 함께 우정의 증표로 초코 버터 및 딸기 시럽을 이용해 서로의 손등에 하트를 그려 주며 함께 마음을 나누고 공감하는 시간을 가진다.

4) 상담에 적용하기

- 친구와 즐겁게 놀았던 기억이 있거나 기억에 남는 장면이 있는 경우, 그 모습을 푸드 매체를 활용하여 표현하며 그때의 행복한 기억을 머릿속에 떠올리며 긍정적인 감정을 느낄 수 있게 한다.

- 현재 친구가 많이 없거나 단짝 친구가 없는 경우, 어떤 친구를 사귀고 싶은지 그런 친구가 있다면 어떤 놀이를 하며 시간을 보내고 싶은지 상상하는 모습을 그림으로 표현하게 한다.

- 각자가 표현한 그림 속의 친구와 자신이 어떠한 대화를 하고 있는지 그림 속의 상황을 자세히 떠올리며 대인관계에서 상호소통하는 모습을 통해 내담자가 가진 문제점을 관찰한다.

5) 활용하기

- 친구하면 떠오르는 이미지를 그림으로 표현한다.
- 친구와 함께하는 집단 활동의 경우 서로의 얼굴을 그려 주고 선물하는 활동으로 마음을 전할 수 있는 기회를 가진다.

6) 실제 적용하기

[그림 9-8(여, 12세)]은 자신을 느린 거북이로 표현하고, 같은 반 친구들은 곰, 사자, 뱀, 도마뱀, 토끼로 표현하였다. 만들어 놓은 동물 친구들이 함께 놀고 있는 모습을 표현하도록 하자 파슬리를 이용해 나무를 만든 후 숨바꼭질하는 모습을 표현하였다. 다른 친구들은 모두 나무 뒤로 숨어 있는데, 거북이로 표현한 내담자가 숨지 못하고 있는 모습, 그리고 그런 내담자를 잡으려는 도마뱀 친구를 표현하였다. 실제 내담자는 학교에서 달리기를 잘하지 못하고 행동이 느려 항상 술래잡기, 숨바꼭질 등의 게임에서 이기지 못해 친구들과 어울려 노는 것이 재미없고, 혼자 도서관에서 책을 보는 게 더 편하고 좋다고 했다. 그리고 사자와 비슷한 친구가 같은 반에 있는데 모두 그 친구의 말만 듣고 자신의 말을 들어주지 않아 속상하다는 이야기도 했다. 다른 친구들은 내담자를 어떻게 바라보고 있는지 친구들이 바라보는 동물의 모습을 표현해 보도록 하자 눈에 보이지 않는 작은 개미 같은 존재일 것 같다고 속상해 하는 모습을 보였다. 개미라는 존재는 크기는 작지만 개미가 가지고 있는 장점인 부지런하고 성실한 모습을 스스로 찾고 친구에게 먼저 다가가서 함께 어울리는 즐거움을 느낄 수 있도록 상담을 진행하였다.

7) 푸드 작품 사진

[그림 9-8] 숨바꼭질 1

[작품 1] 숨바꼭질 2

[작품 2] 고구마와 밤과 땅콩, 대추로 곰 표현

[작품 3] 감자와 도토리와 땅콩으로 사자 표현

8) 푸드 매체 활용 작품

[활용 1]은 밤과 땅콩과 대추를 이용하여 자신의 친구를 생쥐로 표현하였다. 작은 몸짓으로 요리조리 잘 피해 다니는 친구가 생쥐와 닮은 것 같다고 말하며, 자신은 종이 접시 위에 고양이를 그림으로 표현했다. '톰과 제리' 같은 친구 사이로 싸우기도 하지만, 없으면 허전하고 심심하다고 했다. [활용 2]는 바게트빵을 이용하여 친구를 표현한 것이다. 친구는 악어 얼굴, 강아지는 자신의 모습으로 표현하였고, 브로콜리로 숲속을 표현한 후 정글 탐험을 하는 모습을 표현하였다. [활용 3]은 땅콩 껍질로 평소 친구가 자주 쓰는 '이 놈'이라는 단어와 표정을 표현했다. [활용 4]는 식빵과 피자 재료로 사랑

하는 친구 얼굴을 표현하였고, [활용 5]는 모닝 빵과 햄과 피망을 이용하여 친구의 모습을 표현한 것으로, 자신과 친구의 모습을 코끼리로 표현한 후 뽀뽀하는 있는 다정한 모습을 표현하였다.

[활용 1] 톰과 제리

[활용 2] 정글 탐험

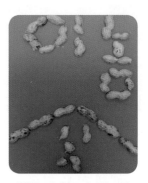

[활용 3] 친구가 하는 말

[활용 4] 사랑하는 친구 모습

[활용 5] 뽀뽀하는 코끼리 우정

6. 우리의 멋진 모습

친구들과 하나의 주제로 같이 만드는 활동은 함께 공감하고 문제를 해결하는 과정을 통해 성장하는 과정을 경험할 수 있다. 우리의 마음과 생각을 담고 있는 신체를 함께 표현해 보는 의미 있는 시간을 통해 긍정적인 또래 관계를 형성한다.

1) 활동 목표

* 친구와 함께하는 활동으로, 긍정적인 피드백을 통해 또래 관계 및 사회성을 향상시킨다.
* 신체를 표현해 보는 기회를 통해 각 신체가 가지고 있는 기능과 내가 가진 기능에 대해 생각해 보는 시간으로 내 몸의 소중함을 느껴 보는 시간을 가진다.

2) 준비물

전지, 다양한 모양과 색깔의 채소 및 야채, 물감, 도마, 칼

 푸드 매체 이야기

뿌리채소와 야채: 잘랐을 때 여러 가지 단면 모양을 가진 채소의 경우 모양 찍기와 채소가 가진 모양을 이용한 연상 이미지를 표현하는 등 다양한 표현 활동이 가능하다.

3) 활동 방법

① 머리끝부터 발끝까지 머릿속에 자신의 몸을 구성하고 있는 신체 부위를 하나씩 떠올리며 천천히 자신의 몸과 대화를 나누는 시간을 가진다.

② 자신의 신체 중 가장 마음에 드는 부위와 가장 마음에 들지 않는 부위 및 가장 감사한 신체와 및 가장 고생한 신체가 어떤 것인지 생각해 보는 시간을 가진다.

③ 집단 활동으로 집단원 중 한 명을 정한 후 신체를 본뜨고 준비한 다양한 야채를 활용해 야채 도장 찍기로 신체를 자유롭게 표현한다.

④ 각 신체 부위가 하는 기능, 가지고 싶은 기능과 능력에 대해 적어서 표현한다.

⑤ 집단원이 만든 신체 본뜨기 완성작을 벽에 붙인 후 새롭게 탄생한 신체에 이름을 붙이고 어떤 사람인지 설명하는 시간을 가진다.

⑥ 함께 활동한 소감과 느낌을 나누는 시간을 통해 긍정적인 피드백으로 자기 몸을 사랑하는 시간을 가진다.

4) 상담에 적용하기

• 집단원과 함께 활동할 때와 혼자 활동할 때의 다른 점 및 장단점에 대해 이야기 나누는 시간을 통해 긍정적인 부분에 대한 피드백을 강조하며 함께 살아가는 행복과 마음을 나누는 기쁨에 대해 이야기 나눈다.

• 자신의 몸을 구성하고 있는 다양한 기능을 가진 신체를 생각하고 자기 몸에 대해

고마움을 느끼는 시간을 가진다.

- 자기 몸에 대해 새롭게 알게 된 사실과 앞으로 새롭게 가지고 싶은 기능을 통해 내면의 욕구를 탐색하고 자신이 바라는 모습이 되기 위해 노력해야 하는 것을 함께 생각하는 기회를 가진다.

5) 활용하기

- 개인 활동의 경우 자신의 몸을 구성하고 있는 각각의 신체에 감사한 마음을 가지고 몸과 대화를 나누는 시간을 통해 자기를 깊게 이해하는 시간을 가진다.
- 새로운 기능을 가지고 싶은 신체 부위를 만들고, 자신의 신체에 붙인 후 집단원이 함께 패션쇼를 하는 활동으로 확장하여 활동에 대한 흥미와 함께하는 즐거움을 제공한다.

6) 실제 적용하기

초등학교 1~4학년 남학생 5명을 대상으로 신체 본뜨기 활동을 실시하였다([그림 9-9]). 친구와 신체 본뜨기를 한 후 피망, 옥수수, 양파, 사과, 브로콜리, 가지, 연근 등의 여러 가지 모양의 야채 단면을 이용해 모양 찍기를 활용해 신체 본뜨기를 완성하였다. 완성한 신체 본뜨기에 날개를 다시 그린 후 하늘을 날 수 있는 능력과 발에는 슈트를 표현한 후 순간 이동할 수 있는 능력, 가방 속에는 무엇이든지 살 수 있는 많은 돈을 표현하였다. 또한 파란색의 모자와 벨트에는 강력한 힘이 숨어 있으며, 잃어버리면 안 되는 소중한 물건이라고 했다. 각자가 원하는 기능을 표현한 후 '슈퍼 히어로'라는 이름을 정한 후 실제로 그런 능력을 가지고 있으면 좋겠다는 소감을 나누었다.

[응용 1]과 [응용 2]는 유치부 작품으로 신체 본뜨기를 한 후 자유롭게 야채와 채소를 이용하여 완성한 작품이다.

7) 푸드 작품 사진

 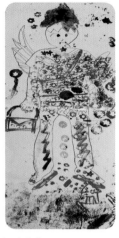  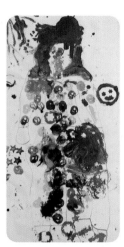

[그림 9-9] 슈퍼히어로   [응용 1]   [응용 2]

8) 푸드 매체 활용 작품

[활용 1] 파스타, 곡류, 과자를 이용해 신체 표현하기

7. 내 인생의 멘토

멘토(mentor)는 현명하고 신뢰할 수 있는 상담 상대, 지도자, 스승, 선생이라는 의미를 가지고 있다. 자신의 멘토(mentor)가 살아온 삶의 이야기는 새로운 삶의 동기부여가 될 뿐 아니라, 행복한 삶의 밑거름이 된다. 또한 자신의 인생에 많은 영향을 준 존경하는 인물이 누구인지 알아보는 활동은 자신이 앞으로 어떤 삶을 살고 싶은지, 원하는 삶을 살기 위해 노력해야 하는 것은 무엇인지 스스로 생각하는 기회가 되어 자신의 삶을 보다 더 주도적으로 살아갈 수 있다.

1) 활동 목표

- 자신의 멘토, 즉 존경하는 인물의 삶 속에서 자신이 원하고 닮고 싶은 부분이 어떤 것인지 탐색하여 자신의 삶을 주도적으로 살아간다.
- 멘토를 통해 긍정적인 미래의 모습을 설계하고 계획해 보는 시간으로 자기 인생의 주인공으로 삶의 목표를 설정한다.

2) 준비물

쿠키 가루 또는 반죽, 초코칩, 오븐, 도마

🍎 푸드 매체 이야기

쿠키 반죽: 쿠키 가루로 만든 반죽은 남녀노소 모두에게 오감을 만족시키는 흥미로운 매체 중 하나이다. 쿠키 반죽은 변형이 쉬워 자신이 원하는 모양을 어렵지 않게 만들 수 있으며 쿠키를 구울 때 나는 고소한 냄새는 후각을 만족시킨다.

자신이 만든 쿠키 작품을 선물하거나 먹을 수 있어 활동에 대한 동기부여는 물론 참여도가 높은 푸드 매체이다.

3) 활동 방법

① 눈을 감고 조용한 음악을 들으며, 자신의 멘토가 누구인지, 또는 존경하는 사람이 누구인지 생각해 보고 어떤 면에서 닮고 싶은지 등에 대해 생각한다.

② 쿠키 가루를 이용하여 반죽을 직접 해 보며, 쿠키 가루가 반죽으로 변형되는 과정을 오감을 이용하여 느끼도록 한 후 느낌을 나눈다.

③ 자신의 멘토를 푸드 매체로 자유롭게 표현한다(사람을 표현하는 것 외에 존경하는 인물의 명언, 또는 대표할 수 있는 상징적인 이미지로 표현이 가능하다).

④ 완성한 쿠키 작품을 오븐에 구울 동안 쿠키가 완성되는 과정을 설명한다(노력하지 않으면 쿠키 가루에 머물지만 물을 넣고 반죽을 하고 모양을 만드는 여러 가지 노력에 의해 자신이 원하는 모양의 쿠키로 만들어지는 것처럼 자신의 삶 또한 끊임없이 노력해서 다른 사람의 멘토가 될 수 있도록 새로운 삶에 대한 희망과 용기를 준다).

⑤ 완성한 푸드 작품을 소개하며, 앞으로 각자의 미래에 삶에 대한 계획에 대해서도 함께 이야기를 나눈다.

⑥ 자신의 쿠키 작품을 먹는 활동을 통해 마음속의 멘토로 남긴다.

4) 상담에 적용하기

- 12세 이상 내담자에게 적용 가능하다.
- 활동 전 멘토의 의미를 자세하게 설명하며, 현재 멘토가 없는 내담자의 경우 생각해 보는 시간을 가진다.
- 내담자가 소개하는 멘토 및 존경하는 인물의 어떤 부분이 가장 닮고 싶은지를 통해 내담자의 내면 욕구를 파악한다.
- 가까운 사람이 멘토일 경우 내담자의 현재 삶에 미치는 영향과 구체적인 상황을 통해 파악하고 그 이유에 대해 스스로가 바라보고 느낄 수 있는 기회를 제공한다.

5) 활용하기

- 부정적인 영향을 미친 인물 또는 나를 가장 힘들게 했던 사람, 잊고 싶은 사람 등 자신의 삶에 부정적인 인물 및 사건을 표현하는 과정에서 현재 내담자가 겪고 있는 주 호소 문제와의 연관성을 탐색하여 자신의 문제를 객관적으로 바라보는 계기를 제공한다.
- 부정적인 영향을 준 인물이 가족 중에 있다면, 그 가족 구성원과의 관계 탐색을 통해 가족의 문제를 객관적으로 바라보는 관점의 변화로 자기이해를 바탕으로 상황을 현실적으로 바라보는 기회를 제공한다.
- 멘토의 직업에 대한 탐색을 통해 현재 내담자가 추구하는 삶과의 연관성을 바탕으로 직업 및 삶의 진로를 설계하고 계획한다.

6) 실제 적용하기

- [그림 9-10(여, 13세)] 화가가 꿈이고 자신의 멘토를 미술학원 원장 선생님으로 표현하였다.

- [그림 9-11(여, 10세)] 가수가 꿈이며, 에이핑크를 멘토로 표현하였다.
- [그림 9-12(남, 12세)] 파일럿이 꿈이며, 이순신 장군을 멘토로 표현하였다.
- [그림 9-13(여, 16세)] 요리사가 꿈이며, TV에 나오는 쉐프를 표현하였다.
- [그림 9-14(여, 8세)] 힘이 센 사람이 되고 싶다고 표현하였고, 쿠키 반죽으로 칼을 들고 있는 모습을 표현하였다.
- [그림 9-15(여, 11세)] 엄마처럼 좋은 엄마가 되고 싶다고 하였고, 엄마의 모습을 멘토로 표현하였다.

7) 푸드 작품 사진

[그림 9-10] 화가

[그림 9-11] 가수

[그림 9-12] 파일럿

[그림 9-13] 요리사

[그림 9-14] 힘이 센 나

[그림 9-15] 좋은 엄마

8. 우리 가족 가계도

가계도는 가족구성원들의 특성과 가족 문제를 한눈에 보기 쉽게 도식화한 것으로, 가족에 대한 정보와 가족 관계 및 가족 간의 상호작용을 볼 수 있는 기법이다. 가족 가계도는 상담사에게 객관적인 정보를 제공하고 상담 목표 설정 및 내담자의 주 호소 문제 등 초기의 문제 파악에 용이하며, 내담자 가족 간의 문제를 이해하는 데 좋은 정보를 제공한다.

1) 활동 목표

- 가계도를 통해 가족 관계 속에서의 자신의 위치와 역할 등 가족관계 탐색을 통해 자기 통찰의 기회를 가진다.
- 가족 관계 속에서 겪은 다양한 감정을 표현하며 가족에 대해 새롭게 생각해 보는 시간을 가진다.
- 가족의 입장에서 자신의 모습을 바라보는 관점의 변화를 통해 가족이 서로 이해하고 수용하는 기회를 가지며 긍정적인 가족애를 형성한다.

2) 준비물

국수 면, 스파게티, 과자, 초코볼, 초코 시럽, 색 도마, 초코펜

3) 활동 방법

① '가족'과 관련한 음악을 들으며 두 눈을 감고 자신의 가족에 대해 생각하는 시간을 가진다.
② 가계도를 표현하는 방법에 대해 설명한다.
③ 다양한 푸드 매체를 활용해서 가계도를 만든다.
④ 과자 위에 가족구성원의 특징을 담은 표정을 그려 준비한다.
⑤ 관계가 좋은 경우는 직선, 나쁜 경우는 X로 표현한다.
⑥ 가족구성원이 남자일 경우 사각형의 과자와 파란색 계열의 색으로 표현하고 여자일 경우 원형의 과자와 붉은 계열의 색으로 표현한다.
⑦ 자신에게 가장 영향력을 많이 준 가족일 경우 모양을 다르게 표현한다.
⑧ 자신이 완성한 가계도를 보며 자신의 가족을 소개한다.
⑨ 가족구성원에 대한 다양한 질문을 통해 가족 관계를 파악한다.
⑩ 집단 활동일 경우 긍정적인 피드백을 통해 서로 공감하는 시간을 가진다.
⑪ 현재 가족가계도가 마음에 들지 않은 경우 새롭게 원하는 가족가계도를 만든 후 달라진 가족가계도에 대해 이야기를 나눈다.
⑫ 관점의 변화를 통해 가족을 이해하고 새로운 관계를 형성하는 기회를 가진다.

4) 상담에 적용하기

• "당신과 가장 가까운 가족은 누구인가요?" "당신을 가장 힘들게 하는 가족은 누구인가요?" 등 다양한 질문을 통해 가족 관계를 파악한다.

- 과자 가족가계도의 제목을 만들고 이유를 설명한다.
- 과자로 만든 가계도를 이용해 가족과 함께 살아온 삶을 간결하게 표현하고 객관적으로 바라볼 수 있게 한다.
- 자신이 평소에 느끼는 가족에 대한 감정과 심리적 거리를 객관적으로 바라보며, 현재 자신과 가족 간의 관계 탐색을 통해 개선할 수 있는 방법을 찾게 한다.
- 집단 활동일 경우 함께 서로의 가족과 삶에 대해 이해하고 새로운 시각에서 바라보며 나누는 긍정적인 피드백을 통해 자기와 가족에 대한 깊은 통찰의 기회를 갖는다.

5) 활용하기

- 가족을 표현하는 색, 모양, 맛, 동물, 식물, 감정을 이용하여 가계도를 표현해 본다.
- 내담자가 기혼일 경우, 자신의 원 가족과 남편의 원 가족을 가계도로 만드는 활동을 통해 가족 문제를 파악하고 문제해결의 실마리를 찾는다.
- 가족이 좋아하는 음식 또는 가족 하면 떠오르는 음식으로 가계도를 완성한다(음식과 연관된 에피소드를 통해 가족 관계를 탐색한다).

6) 실제 적용하기

- [그림 9-16(남, 15세)] 인상 쓰고 있는 아빠, 무표정한 엄마, 심술궂은 동생, 슬프게 웃고 있는 내담자의 얼굴 표정을 과자 위에 초코시럽으로 표현했다. 가족 관계를 모두 국수 면으로 'X'로 표시한 후 엄마와 아빠, 동생 모두 사이가 좋지 않고 서로를 싫어한다고 말하며, 가족의 제목은 'X 가족'이라고 지었다. 가족가계도를 통해 바라본 가족의 모습을 본 느낌은 가족 모두가 불행해 보인다며, 가족가계도를 통해 가정에서의 갈등과 불화를 표현하였다. 내담자의 힘들었던 과거를 공감하고 위로하는 시간을 가진 뒤, 원하는 가족가계도를 다시 만들어 보도록 했다. 내담자는 'X'로 만들어진 관계도 대신 직선으로 대체하여 만든 후 가족이 함께 행

복하면 좋겠다고 했다.

- [그림 9-17(여, 10세)] 아빠, 엄마와는 사이가 좋고 오빠와 내담자만 사이가 좋지 않아 X로 표현한 후 완성하였다.
- [그림 9-18(여, 11세)] 아빠와 엄마는 자주 싸우기 때문에 꼬여 있는 파스타로 선을 표현하였고, 내담자와 오빠는 직선 모양의 파스타로 표현하였다. 작은 동그라미는 동생이 있었으면 좋겠다는 바람을 담아 가계도로 표현하였다.
- [그림 9-19(남, 9세)] 엄마와 아빠는 사이가 좋을 때도 있고 좋지 않을 때도 있다고 말하였고, 여동생과는 싸우지 않고 잘 지낸다고 말하며 직선으로 가계도를 완성하였다.

7) 푸드 작품 사진

[그림 9-16] X 가족

[그림 9-17] 우리 가족

[그림 9-18] 동생이 있는 가족

[그림 9-19] 가족

다양한 과자와 사탕으로 표현한 가족 가계도
(30~40대 성인 여성들의 작품)

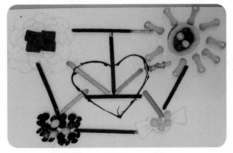

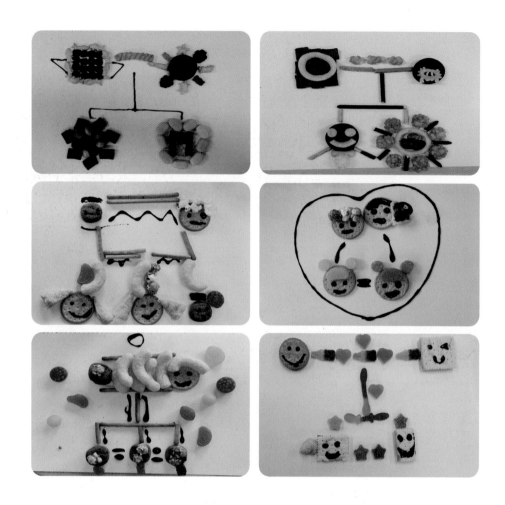

8) 푸드 매체 활용 작품

[활용 1]~[활용 8]은 과일과 야채 등을 활용하여 가계도를 표현한 작품들로, 과일과 야채의 크기 및 모양 등으로 가족과의 관계 및 친밀감을 표현하였다.

과일과 야채를 활용한 가계도 표현

[활용 1]

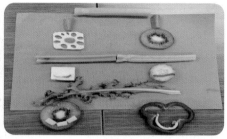

[활용 2]

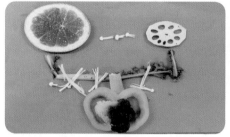

[활용 3]

[활용 4]

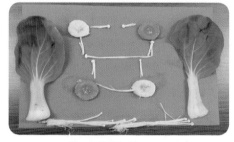

[활용 5]

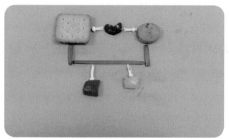

[활용 6]

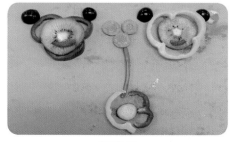

[활용 7]

[활용 8]

9. 새로운 가족의 탄생

　케이크는 서양에서 전래된 음식으로 우리 문화에서 매우 친숙해진 음식 중 하나이다. 케이크는 '축하'의 의미로 생일잔치, 결혼식, 돌잔치 등 축하의 자리에서 빠뜨릴 수 없는 필수 음식이다. 케이크에 꽂는 촛불은 '생명의 등불을 의미'하며 생일을 맞은 아이들은 선물과 음식을 나눠 먹고, 소원을 빌며, 촛불을 끄는 오늘날의 관습은 독일의 '킨테페스테'에서 유래된 것으로, "촛불은 단숨에 끄며, 소원은 마음속으로 빌어야 하는 의미가 담겨 있다. 또한 케이크를 만드는 과정은 상대방에 대한 사랑과 축복의 의미를 담는 행위로, 가족을 위한 케이크 만들기는 가족을 사랑하는 마음을 전하며 서로 사랑을 나누는 기회를 통해 새로운 가족으로 재탄생하는 기회를 갖는 의미가 있다.

1) 활동 목표

- 가족을 위한 케이크 만들기를 통해 사랑하는 마음을 전하고 긍정적인 가족 관계를 형성한다.
- 케이크의 촛불을 끄며 각자 소원을 빌고 함께 케이크를 나누어 먹는 활동을 통해 새로운 삶에 대한 희망을 갖는다.

2) 준비물

케이크 빵 시트, 생크림, 케이크 장식, 통조림 과일, 양초

3) 활동 방법

① 두 눈을 감고 자신의 가족에 대해 생각하는 시간을 가진다.

② 케이크와 관련된 에피소드에 대해 이야기를 나눈다(케이크가 주는 의미와 느낌 등).

③ 케이크의 의미에 대해 설명한 후 케이크를 만든다.

④ 현재 가정에서 불화와 갈등이 있는 경우, 새로운 가족 탄생의 의미를 담아 케이
   크를 만든다.

⑤ 만들어진 케이크에 간단하게 가족에 대한 바람을 적은 메모를 만들어 장식한다.

⑥ 완성한 케이크의 이름을 정한다.

⑦ 개인 상담에 적용한 경우, 완성한 케이크를 집으로 가져가게 한 후 가족이 모두
   모여 서로에게 긍정적인 피드백을 나누며, 케이크를 서로 먹여 주는 모습을 사진
   으로 찍어 오는 과제를 준다.

⑧ 가족 상담 및 집단 상담의 경우, 구성원이 돌아가면서 양초를 꽂으며 상대방에
   대한 긍정적인 메시지를 전달하고 마음속으로 가족에 대한 바람과 소원을 함께
   빈 후 함께 촛불을 끄고 케이크를 나누어 먹는다.

⑨ 집단 활동의 경우, 각자가 만든 케이크로 케이크 만다라를 만든 후 가족에 대한
   긍정적인 메시지를 주고받으며 격려해 준다.

4) 상담에 적용하기

• 케이크가 주는 이미지를 떠올린 후 의미를 나눈다.

• 케이크 하면 생각나는 사람, 에피소드에 대해 이야기를 나눈다.

• 현재 가족이 나에게 주는 감정은 어떤 것이며 축하해 주고 싶은 일이 있는지, 격
   려해 주고 싶은 가족이 있는지 등에 대해 생각해 보고 각자의 바람을 담은 케이
   크를 만든다.

• 케이크에 가족에 대한 사랑을 담아서 만든다.

- '새로운 가족의 재탄생'의 주제를 생각하며 앞으로 바라는 가족의 모습을 함께 나누고 공감한다.
- 촛불을 끄면서 마음속으로 빌었던 소원과 바람에 대해 이야기한다.
- 개인상담의 경우 가족에게 케이크를 선물한 소감과 함께 나누어 먹으면서 나누었던 이야기는 다음 시간으로 이어서 활동한다.

5) 활용하기

- 초코파이를 이용해서 각자의 소원을 담은 초코파이 만다라를 만든 후 가족과 마음을 나눈다.
- 색 밀가루 반죽을 이용한 케이크를 만든 후 힘들어 하는 가족에게 힘을 주는 케이크를 만들어서 선물한다.

6) 실제 적용하기

[그림 9-20]은 고등학교 여학생 9명이 함께 한 집단 활동으로, 케이크 만들기를 진행하였다. 케이크에 대한 이미지를 나누는 시간에는 '축하, 생일, 선물, 감사, 사랑, 축복, 새로운 탄생'의 의미를 나누며, 가족을 위한 케이크를 만들었다. 오늘 생일인 가족이 있는 친구, 아픈 엄마를 위한 케이크, 수능을 앞둔 언니를 위한 케이크, 가족이 행복하길 바라는 케이크 등 각자의 바람을 담은 케이크를 만들었고, 케이크가 주는 심리적인 안정감과 만족감으로 인해 흥미도와 참여도가 높았다.

7) 푸드 작품 사진

[그림 9-20] 푸드아트테라피 활동

[작품 1] 가족을 위한 케이크 만들기 1

[작품 2] 가족을 위한 케이크 만들기 2

[작품 3] 가족을 위한 케이크 만들기 3

8) 푸드 매체 활용 작품

[활용 1~3] 밀가루 반죽 케이크

10. 용서하기와 용서받기

"용서란 누군가를 감옥에서 해방시키는 일입니다."

(Lowis Smedes)

인생을 살다보면 잘못을 저지를 때도 있고 또한 타인의 잘못으로 상처를 받는 일도 빈번하게 일어난다. 즉, 우리는 삶을 살아가는 동안 용서를 하거나 용서를 받아야 하는 일이 항상 존재한다. 상처받은 일을 가슴 깊이 묻어 두면 원한의 감정은 사라지지 않고 살아가는 순간순간 그 고통이 생생하게 기억되어 우리를 고통스럽게 한다. 특히 사랑하고 믿었던 사람에게 받은 상처는 더 용서하기 힘들다. 그 누구보다 믿었고 내 편이라고 생각했기 때문에 상처는 더 크고 용서하기는 더 어려운 일이 되는 것이다. 그러나 용서는 '상대와 상관없이' 내 안에서 나의 아픔을 치유하는 일이다. 내 안의 분노와 아픔과 원망을 없애고 나를 지키고 내 마음의 평온을 찾기 위해서는 내 아픔과 직면하고 용서를 하라고 말한다(이봉희, 2011). 용서란 기억하지 않는 것이 아니라 기억하는 방법을 바꿔 주는 것이다(헨리 나우엔, 2011). '용서하기와 용서받기'라는 주제로 한 푸드아트테라피 활동을 통해 '저주의 기억을 축복의 기억으로' 순서를 바꾸어 나를 더 지혜롭고 강하게 성장시켜 준다는 것을 믿고 더 강해지기 위해 노력하며 아픔의 기억에서 자유로워질 수 있는 기회를 가진다.

1) 활동 목표

- 용서받고 싶은 일을 표현하는 활동을 통해 마음의 짐을 내려놓는 기회로 죄책감을 떨쳐 버린다.
- 나의 아픔과 직면하는 용기로 아픔을 치유한다.
- 기억하는 방법을 바꾸는 생각의 전환으로 자신을 더 강하게 성장시킨다.

2) 준비물

과자와 젤리, 초코렛 및 다양한 푸드 매체

3) 활동 방법

① 두 눈을 감고 내가 저지른 잘못에 대해 생각해 본다.

② 마음속에 담아 두었던 잘못에 대해 푸드 매체로 자유롭게 표현한다.

③ 자신이 지금까지 가장 상처받았고 아픈 기억으로 용서하지 못하고 있는 상대나 사건에 대해 생각하는 시간을 가진 후 푸드 매체로 표현한다.

④ 표현한 '용서받기와 용서하기'에 대한 작품의 제목을 정한 후 작품에 대해 설명한다.

⑤ 활동 후 소감을 이야기하며 활동 전과 활동 후의 감정 변화에 대해 느껴 본다.

⑥ 집단 활동의 경우, 서로가 '용서받기와 용서하기'의 상대가 되어 긍정적인 피드백을 나눈다.

⑦ 푸드아트테라피 활동 작품 사진을 찍은 후 활동을 마무리한다.

4) 상담에 적용하기

• 자신이 생각하는 '용서'의 의미에 대해 서로 이야기를 나눈다.

• 진정한 용서의 의미를 이야기하며 용서받지 못해 죄책감으로 힘들어했던 기억을 푸드 매체로 표현하고 마음의 짐을 내려놓는 기회를 제공한다.

• 용서받기 활동을 통해 변화된 감정과 기분에 대해 이야기를 나눈다.

• 아픈 상처와 직면하는 기회를 통해 분노의 기억으로 용서하지 못하고 미움과 원망으로 남아 있는 상처에 대해 이야기를 나눈다.

• 지난날 나에게 주었던 상처가 현재의 생활에 영향을 미치고 있는 것에 대해 이야

기를 나눈다.

- 아픈 기억 중 긍정적인 변화를 준 것에 대해 생각하는 시간을 가진다.
- 나를 힘들게 했던 원망과 분노로 가득 찬 기억을 현재 나에게 주는 긍정적인 변화를 바탕으로 축복의 기억으로 바꾸는 시간을 가진다.
- 용서하기 활동을 통해 변화된 감정의 변화에 대해 이야기를 나눈다.

5) 활용하기

- 마인드맵을 이용하여 용서하기 전과 후의 머릿속을 차지하고 있던 부정적인 영향과 감정을 활동 후 긍정적인 영향으로 바꾸는 활동을 통해 감정을 구체적으로 확인하는 기회를 가진다.
- '내 마음속의 화산 폭발'이라는 주제로 화산이 폭발하는 모습을 푸드 매체로 표현한 후 마음속의 분노와 원망, 아픔을 털어 내고 다시 성장하는 모습을 긍정적인 이미지로 표현한다.

6) 실제 적용하기

[그림 9-21]은 30대 성인 여성으로 딸에게 용서받고 싶은 마음을 표현한 작품이다. 둥근 과자로 딸과 내담자의 얼굴을 표현한 후 항상 엄마를 향해 사랑을 원하는 딸과 그런 딸을 외면하는 자신의 모습을 표현하였다. 또한 과자로 창을 표현한 후 상처받는 말로 딸의 마음을 아프게 한 자신의 모습을 설명하며 딸에게 용서를 받고 다시 벽돌처럼 단단한 땅 위에 사랑을 키우고 싶은 마음을 하트와 네모 모양의 과자로 이미지를 표현하였다. 산후 우울증으로 힘든 시간을 보내며 자신과 많이 닮은 딸에게 부정적인 감정을 많이 표현했던 지난날을 후회하며 딸에게 용서를 구하며 앞으로 더 많이 노력하여 딸과 가까워지고 싶은 마음을 표현하였다.

7) 푸드 작품 사진

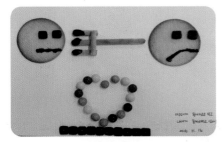

[그림 9-21] 용서받기

[작품 1] 용서하기 1

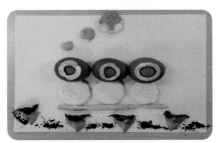

[작품 2] 용서하기 2

[작품 3] 용서하기 3

[작품 4] 용서하기 4

[작품 5] 용서하기 5

[작품 6] 용서하기 6

[작품 7] 용서하기 7

새로운 희망 찾기

1. 희망 항아리

헬렌 켈러는 "희망은 볼 수 없는 것을 보고, 만져 볼 수 없는 것을 느끼고 불가능한 것을 이룬다."고 했다. 희망은 꿈과 가능성의 의미를 지니며 새로운 삶에 대한 용기를 준다. 자기가 꿈꾸는 희망 목록을 적고 희망 항아리에 담아 보는 활동은 자기 욕구를 스스로 알 수 있는 기회로 자기 이해를 향상시킬 수 있다.

현실이 힘든 내담자의 경우 미래에 대한 자기 희망을 스스로 인지하고 언어로 표현하는 것은 어렵고 힘든 일이다. 이에 친숙한 푸드 매체를 사용하는 푸드아트테라피 활동을 통해 미래에 대한 희망을 생각하는 기회를 제공한다.

1) 활동 목표

- 자신이 생각하는 인생에서 소중한 것이 무엇인지 생각하고 표현해 보는 기회를 통해 자신의 내면의 욕구를 파악하고 가치 있는 삶을 살아갈 수 있는 용기를 준다.
- 항아리 속에 담아 놓은 소망, 희망 및 자신이 소중하게 생각하는 것들을 객관적

으로 바라보는 기회를 통해 삶에 대한 희망과 행복을 추구한다.

2) 준비물

항아리가 그려진 코팅 종이, 쌀 반죽, 식용 색소, 식용유

 푸드 매체 이야기

과일: 과일이 가지고 있는 자연색으로 인해 표현을 풍부하게 해 주며 무엇보다 활동 중 후각과 시각 등 오감 만족을 느끼게 한다. 또한, 과일 모양을 응용하여 동물과 사람 등을 창의적으로 표현하는 것이 가능하다.

3) 활동 방법

① 조용한 음악을 들으며 자신이 소중하게 생각하는 것들에 대해 생각하는 시간을 갖는다.

② 새로운 삶에 대한 희망과 바람을 간단한 단어로 표현해 본다.

③ 활동 전 쌀 반죽을 만졌을 때의 느낌에 대해 이야기를 나눈다.

④ 항아리가 그려진 코팅된 종이 위에 색 쌀 반죽을 이용해서 희망 항아리를 만든다.

⑤ 항아리에 자신이 소중하다고 생각하는 것과 앞으로의 희망과 꿈을 적는다.

⑥ 자신이 만든 소중한 항아리에 대해 소개하고 함께 이야기를 나누는 시간을 갖는다.

4) 상담에 적용하기

- 조용한 음악을 들으며 두 눈을 감고 자신이 생각하는 희망에 대해 생각하는 시간을 가진다.
- "희망을 담을 수 있는 항아리가 3개 있습니다. 자신이 담고 싶은 희망과 바람을 생각하며 만들어 보세요." "3개의 희망 항아리에 가장 소원하고 바라는 순서대로 희망을 담아 표현해 주세요."라고 말한 후 자유롭게 항아리를 꾸밀 수 있게 한다.
- 내담자가 자신의 이야기를 솔직하고 편안하게 표현할 수 있도록 배려해 주는 것이 중요하며 자신에 대한 이해가 부족한 경우가 많으므로 편안한 분위기에서 자기의 모습을 찾아갈 수 있도록 배려한다.
- 정확히 정해진 답이 없으므로 내담자가 많이 힘들어하는 경우, 소중한 항아리에 꼭 담아야 하는 것은 아니라고 설명해 주고, 현재에 없다면 앞으로 소중하게 간직하고 싶은 것에 대해 이야기를 나누어 보는 것도 좋은 방법이 될 수 있다.
- "자신이 만든 희망 항아리 속에 어떤 희망이 담겨 있나요?"라고 질문하며 각자가 담은 희망을 자유롭게 이야기한다.

5) 활용하기

- 희망을 색깔 씨리얼이 담긴 접시 위에 적은 후 각자가 원하는 씨리얼을 투명한 용기에 담아 희망의 병을 만든다.
- 버리고 싶은 내 마음속의 재활용 쓰레기통 만들기 활동을 통해 자신의 마음속의 버리고 싶은 감정을 푸드 매체를 통해 표출하는 활동으로 확장한 후 자신의 문제를 객관적으로 바라보고 통찰할 수 있는 기회를 준다.
- 내담자에게 소중한 것과 소중하지 않은 것을 함께 표현하는 활동으로 응용이 가능하다.

6) 실제 적용하기

- [그림 10-1(여, 17세)] 현재 또래 관계의 어려움과 발모광으로 인한 탈모로 가발을 쓰고 있는 상황으로, 고등학교를 자퇴한 지 6개월이 지나고 있지만 미래에 대한 불안과 자신이 계획한 대로 잘 되지 않아 불안함이 더 커진 상황으로 인해 무기력한 생활을 하고 있다. 미래에 대한 계획과 희망하는 자신의 모습을 생각한 후 희망의 항아리를 만들도록 했다. 완벽한 성격으로 자신이 만든 것을 마음에 들지 않는다고 말하며 여러 번 수정한 후에 완성할 수 있었고 자신의 지나치게 완벽한 성격을 탓하며 성격도 마음에 들지 않는다고 했다. 첫 번째 항아리에는 '가족과 대인관계', 두 번째 항아리에는 '학교, 학원'이라고 적은 후 세 번째 항아리에는 희망을 적지 않았다. 가족과 특히 친구들과의 대인관계가 좋았으면 하는 희망을 가장 먼저 담았고, 학교를 그만 두고 바리스타학원을 다니고 싶었지만 학원을 선택하는 것이 어려워 아직 집에만 있다. 학교를 자퇴하면 좋을 것 같았는데 학교라는 곳도 중요한 것 같다는 생각이 들어 자신의 선택에 대한 후회와 함께 학원이든 학교로 돌아가고 싶다는 말을 하였다. 그 뒤에 희망은 잘 생각이 나지 않는다고 말하며 쌀 반죽으로 'X' 표시로 활동을 마무리했다. 현실의 힘든 점과 미래에 대한 불안을 이야기하며 힘들어서 그만 둔 학교에 다시 돌아가고 싶다는 마음이 있다는 사실을 활동을 통해 알게 되었다. 내담자 스스로 그것에 대해 충분히 고민하고 다시 선택할 수 있도록 이야기를 나누었다.

- [그림 10-2(여, 14세)] 첫 번째 항아리에는 '건강, 가족', 두 번째 항아리에는 '돈, 인기'라고 적은 후 세 번째 항아리에는 '욕심, 싸움'을 적어 완성하였다. 가족이 모두 건강했으면 좋겠고 가수가 꿈인 내담자는 인기가 많은 스타가 되어 돈을 많이 벌고 싶고 욕심을 조금 가지고 친구와 싸움하는 것도 줄었으면 하는 바람을 적었다.

- [그림 10-3(여, 9세)] 첫 번째 항아리에는 '우리 가족', 두 번째 항아리에는 '저금통'이라고 적은 후 세 번째 항아리에는 '사랑'이라고 적었다. 가족이 가장 소중하

다고 생각하고 얼마 전 받은 키티 저금통이 소중한 보물이고 사랑하는 마음도 항
아리에 소중하게 담고 싶다는 바람을 이야기하였다.

- [그림 10-4(남, 12세)] 첫 번째 항아리에는 '우리 가족', 두 번째 항아리에는 '휴대
폰'이라고 적은 후 세 번째 항아리에는 '내 돈'을 적어 완성하였다. 참여자 모두 희
망을 항아리에 담아 표현해 보는 시간을 통해 자기 내면의 욕구를 파악하고 새로
운 삶의 희망을 가져 보는 시간을 가졌다.

7) 푸드 작품 사진

[그림 10-1]

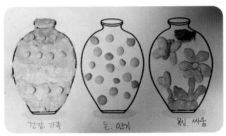
[그림 10-2]

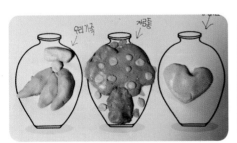
[그림 10-3]

[그림 10-4]

8) 푸드 매체 활용 작품

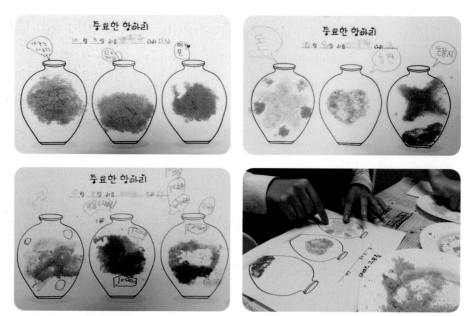

[활용] 색 소금을 이용한 중요한 항아리 표현하기

2. 나의 태몽 이야기

태몽은 아이가 태어날 조짐과 태어날 아이에 대한 바람을 나타내는 꿈으로, 예로부터 우리나라는 출산 전후의 꿈에 나타난 상징을 통해서 아이의 성별이나 장래를 풀이하였다. 큰 동물이나 식물은 남자아이, 선녀나 꽃, 비녀 등 여성스러운 상징물은 여자아이의 태몽으로 여겼다. 그리고 호랑이는 용맹스러운 장수, 학 · 용 · 봉황은 학식이나 벼슬이 높은 학자를 얻을 태몽으로 풀이하였다(네이버 지식 백과, 태몽 [胎夢], 국립민속박물관 전시 해설, 국립민속박물관). 어린 시절 엄마가 들려 주는 태몽에는 태어날 아기에 대한 사랑과 행복한 꿈이 담긴 소중한 기억으로 자신이 부모에게 소중한 존재였다는 것을 느낄 수 있다.

'나의 태몽 이야기'는 자신이 만들어 보는 태몽을 통해 자기 존재의 의미와 자신이 살고 싶은 삶에 대한 소망과 희망을 표현하는 활동이다. 실제, 어머니가 들려 준 태몽과 비교하여 자신이 현재, 원하는 삶의 방향으로 살고 있는지, 또한 앞으로 어떠한 삶을 살아가고 싶은지에 대한 새로운 희망과 삶을 설계하고 계획하는 시간을 가진다.

1) 활동 목표

• 직접 만들어 보는 태몽을 통해 미래의 삶에 대한 희망을 가진다.
• 스스로 삶의 방향을 설정하고 계획하는 주도적인 자세로 행복한 미래를 꿈꾸는 시간을 통해 자기효능감을 향상시킨다.
• 직접 만든 태몽 이야기 속의 상징들을 통해 내적 욕구를 탐색한다.

2) 준비물

김, 밥, 다양한 김밥 재료

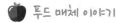
🍅 **푸드 매체 이야기**

김: 바탕 표현에 가장 많이 사용하며, 눈과 머리카락 등 세밀한 부분을 표현할 때 사용한다. 남녀노소 모두에게 익숙하고 친숙한 매체이다.

쌀밥: 흰색 및 검정 쌀밥과 다양한 색소를 이용한 색깔 있는 밥을 이용한 만들기는 형태 표현이 어렵지 않고 푸드 매체가 주는 안전성으로 인해 유아에게 효과적인 푸드 매체이다.

3) 활동 방법

① 조용한 음악을 들으며, 눈을 감고, 엄마 뱃속에 있을 때의 모습을 상상하며, 그때의 감정을 충분히 느껴 본다.

② 자신이 다시 태어난다면 어떤 태몽을 꾸고 싶은지, 태몽 이야기를 간단하게 적은 후, 태몽의 의미가 무엇인지를 이야기 나눈다.

③ 자신이 만든 태몽을 김과 다양한 김밥 재료를 이용하여 자유롭게 만든다.

④ 푸드 작품의 제목과 간단한 작품 설명을 적는다.

⑤ 자신이 만든 푸드 작품을 소개하는 시간을 통해 느낌과 생각을 나누며, 공감하는 시간을 가진다.

⑥ 푸드 작품을 김밥으로 만든 후 함께 나누어 먹으며, 활동을 마무리한다.

4) 상담에 적용하기

• 12세 이하의 경우, 자신의 실제 태몽을 표현한다.

• 실제 자신의 태몽에 대해 이야기 나누고, 자신이 만든 태몽 이야기와 비슷한 점과 다른 점을 찾아본다.

• 자신이 만든 태몽 속에 등장하는 인물과 상징물을 통해 자신의 내적 욕구를 탐색한다.

• 자신이 만든 태몽이 앞으로 자신의 인생에 어떤 영향을 주는지에 대해 이야기를 나눈다.

• 만일 실제 자신의 태몽이 없다면 어떤 태몽을 가지고 태어나고 싶은지 생각해 본다.

5) 활용하기

• 유아에게 적용할 경우 엄마가 태몽동화를 만든 후 들려 주며 마음을 나누는 시간

을 가진다.

- 미혼인 경우, 자신의 미래에 태어날 아이의 태몽을 만들어 보는 활동을 통해 새로운 미래에 대한 희망을 계획한다.

- 자신이 만든 태몽 이야기 속에서 미래에 어떤 모습으로 살아가는지, 푸드 매체를 통해 표현한다.

- 휘핑 크림을 이용해 엄마 뱃속 느낌을 표현해 보고, 핑거페인팅으로 태몽을 그림으로 표현한다.

6) 실제 적용하기

- [그림 10-5(여, 12세)] 김밥 재료를 이용해서 푸드 작품을 만든 후 "바다에서 색동 물고기를 잡는 꿈을 꾸고 싶어요. 알록달록 예쁜 물고기가 나예요."라고 자신의 태몽에 대해 이야기한 후 "엄마 뱃속에 있으면 엄마랑 떨어지지 않아도 되니 좋을 것 같아요."라고 했다. 물고기는 나중에 어떻게 되는지에 대한 대답으로 더 큰 물고기가 될 것 같다고 말하며, 푸드 작품의 제목은 '알록달록 물고기'라고 짓고 활동에 대한 만족감을 표현했다. 활동 후 자신이 만든 작품을 김밥으로 만들어 맛있게 먹으며 활동을 마무리했다.

- [그림 10-6(여, 9세)] "사과나무에서 사과를 따는 꿈을 꾸고 싶어요." 내담자는 사과를 닮아서 태어났을 때 볼이 빨갛고 예쁜 아이였으면 좋겠다고 말하며 깻잎과 어묵으로 사과나무를 크게 표현한 후 당근으로 사과를 표현했다. 사다리를 이용해서 사과를 땄을 것 같다는 이야기를 했고, 푸드 작품의 제목은 '사과나무'라고 지은 후 작품을 완성하였다. 친숙한 푸드 매체로 작품을 만드는 것에 흥미를 보였고, 활동 후 만족감을 표현했다.

- [그림 10-7(남, 12세)] "은빛 물결이 출렁이는 바닷가에서 비늘이 반짝이는 큰 물고기를 잡는 꿈을 꾸고 싶고, 커서 훌륭하고 멋진 사람이 되고 싶다."라고 말하며, 자신의 태몽이 마음에 든다고 했다. 쌀밥을 이용해서 큰 물고기를 표현한 후,

푸드 작품의 제목은 '은빛 큰 물고기'라고 지었다.

• [그림 10-8(남, 10세)] 깻잎과 햄, 당근을 이용하여 나무를 표현한 후 "숲속에서 산책을 하는 꿈을 꾸고 싶고, 소나무처럼 튼튼하고 건강하게 자라고 싶어요."라고 말하며, 깻잎으로 만든 나무에 당근을 이용하여 다양한 표정을 만든 후, 기쁠 때는 게임할 때이고 화가 날 때는 엄마가 잔소리 할 때, 우울할 때는 휴대폰 게임을 하지 못할 때라고, 자신의 감정을 푸드 매체를 통해 표현하였다. 푸드 작품의 제목은 '깻잎 나무'라고 지었다.

7) 푸드 작품 사진

[그림 10-5] 알록달록 물고기

[그림 10-6] 사과나무

[그림 10-7] 은빛 큰 물고기

[그림 10-8] 깻잎 나무

8) 푸드 매체 활용 작품

[활용] 라면과 과자를 이용한 태몽 이야기(공룡이 나오는 꿈)

3. 소원을 들어주는 왕관

　왕관의 의미는 자신의 존재 가치를 드러내고 존엄을 표시하는 것이다. 왕관을 머리에 쓰는 것으로 타인에게 자신의 존재감을 드러내는 의미를 가지고 있다. 인간은 다른 사람의 눈치를 보지 않고, 자신이 느끼는 감정대로 살아갈 때 자유와 편안함을 느낀다. 그러나 자존감이 낮고 타인의 시선을 지나치게 신경 쓸 경우, 자기 행복이 희생양이 되어 타인에게 맞춰진 삶을 살아가게 된다. '나에게 주는 왕관'을 만드는 기회는 자신의 존재를 타인에게 드러내는 연습과 자기 내면의 욕구를 표현하는 활동을 통해 자기 존재의 가치를 찾아보는 소중한 시간이 된다.

1) 활동 목표

- 자신이 쓰고 싶은 왕관을 직접 만들어 보는 활동을 통해 자기효능감을 향상시킨다.
- 왕관에 자신의 소망과 내면의 욕구를 담아 보는 기회를 통해 자기 통찰과 자기 이해를 향상시킨다.

2) 준비물

종이접시, 여러 종류와 모양의 과자 및 사탕, 목공 풀, 칼, 양면테이프

🍎 푸드 매체 이야기

사탕: 사탕은 푸드 매체 활용 외, 강화수단으로 사용이 용이하다(예: 사랑, 용기, 자신감, 희망, 기쁨을 적은 사탕이 담긴 병을 마련한 다음 수업 후 내담자가 가지고 싶은 사탕을 나누어 주는 활동으로 활용한다).

3) 활동 방법

① 자신이 쓰고 싶은 왕관이 어떤 것인지 생각해 보는 시간을 가진다.
② 왕관에 담고 싶은 자신만의 능력이 무엇인지, 왕관을 쓰는 순간 어떤 일이 일어나는지 등을 간단하게 적는다.
③ 종이접시를 반으로 접은 후 하트 모양, 클로버 모양, 왕관 모양 중 마음에 드는 왕관 모양을 고른다.
④ 준비된 다양한 색과 모양의 과자로 자신만의 개성 있는 왕관을 만든다.
⑤ 완성한 왕관의 이름을 만든다.
⑥ 왕관을 쓰고 난 후 느껴지는 기분과 자신이 왕이라면 어떠한 일을 하고 싶은지, 왕관을 쓰고 갖게 된 능력 등을 알아보는 시간을 통해 자신의 내면의 욕구를 탐색한다.
⑦ 집단 활동의 경우 왕과 신하의 역할을 나누어 역할 놀이를 하는 시간을 통해 자존감과 또래 관계를 향상시킨다.

4) 상담에 적용하기

• 왕관을 쓴 기분에 대해 이야기를 충분히 나눈다.
• 현재 가족 중 왕의 역할을 하고 있는 사람은 누구인지 알아본다.
• 왕관이 주는 의미와 자신이 만약 가족 관계 속에서 왕이 된다면, 어떤 일을 하고
  싶은지, 자신이 왕이 아니면 가족 중 누가 왕이 되었으면 좋겠는지, 왕이 해야 하
  는 의미와 책임은 무엇인지 등 다양한 질문을 통해 가족 관계를 탐색하고 자신이
  생각하는 삶의 의미와 목표 등을 알아보는 시간을 가진다.

5) 활용하기

• 부모와 함께하는 활동의 경우, 서로에게 만들어 주고 싶은 왕관을 만들어 선물하
  며 희망과 메시지도 함께 나누는 과정을 통해 서로를 이해하며 긍정적인 관계를
  형성한다.
• '마술 왕관' '소원을 들어주는 왕관' '투명인간이 될 수 있는 왕관' 등 다양한 의미
  를 부여한 후 왕관을 만들고, 왕관을 쓴 후 일어났으면 하는 일에 대해 이야기를
  나누는 활동을 통해 자기 내면의 욕구를 알아본다.

6) 실제 적용하기

• [그림 10-9(여, 7세)] 하트 모양의 왕관을 만들고 '공주 왕관'이라고, 이름을 지은
  후 가장 예쁜 공주가 되고 싶다는 바람을 이야기하며, 왕관을 쓰니 기분이 좋고,
  친구들이 부러워하고, 내 말을 잘 들어주는 왕관이었으면 좋겠다고 했다. 가족
  중 왕과 같은 사람은 누구인지에 대한 질문에는 동생이라고 대답하며, 동생이 울
  면 다 들어 주고 잘못하지도 않았는데도 야단을 맞아야 하는 억울한 상황을 이야
  기하며 속상해했다.

- [그림 10-10(남, 9세)] 자신이 만든 왕관을 '투명 왕관'이라고 이름을 지은 후, 왕관을 쓰는 순간 내 모습이 보이지 않아 나를 괴롭힌 친구들을 몰래 혼내 주고 싶다고 했다. 평소 뚱뚱한 외모로 친구들에게 놀림을 많이 받고 있는 내담자는 왕관을 통해 부정적인 감정과 자기 내면의 욕구를 표현했다. 가족 중에서 아빠가 왕이며 아무것도 하지 않고 심부름을 시키는 모습이 왕과 닮았다고 했다.

- [그림 10-11(남, 8세, 9세)] '분신술 왕관'과 '번개 왕관'이라고 왕관의 이름을 지은 후, 자신이 만든 작품을 설명했다. '분신술 왕관'은 자신과 닮은 사람이 여러 명 나와서 자기 대신 태권도와 학원, 학교를 다니게 하고 자신은 집에서 놀고 싶다고 했다. 내담자는 태권도 품새 연습하는 것과 받아쓰기를 매일 하는 학교에 다니는 것이 너무 재미없고 힘들다며, 진짜 그런 왕관이 있으면 매일 쓰고 다니고 싶다고 말했다. 가족 중에서는 엄마가 왕이며, 하기 싫은 것도 엄마가 시키면 다해야 하고, 안 하면 혼을 내는 모습이 무섭다고 했다. '번개 왕관'은 왕관을 쓰면 번개처럼 빠르고 강한 힘을 가질 수 있었으면 좋겠다며, 친구들이 자신을 힘이 센 사람으로 알았으면 좋겠고, 싸움할 때 항상 1등이었으면 좋겠다고, 자신의 바람을 이야기하였다. 참여자 4명 모두 왕관 만들기를 통해 현실에서의 어려움과 가족 관계 및 자기 내면의 욕구를 표현했다.

7) 푸드 작품 사진

[그림 10-9] 공주 왕관

[그림 10-10] 투명 왕관

[그림 10-11]
분신술 왕관, 번개 왕관

4. 희망이 열리는 나무

희망을 가지고 살아간다는 것은 힘들고 어려울 때 용기를 주며, 다가올 많은 일을 슬기롭게 해결해 가는 원동력이 된다. 그러나 희망과 꿈을 가진다는 것은 생각만큼 쉬운 일이 아니며, 특히 심신이 힘든 사람은 더욱더 어렵고 힘든 일이 될 수 있다. 현재 일어나는 일들에 대해 생각하고 해결하는 것만으로도 벅찬 이에게 미래의 꿈과 희망에 대해 이야기하는 것은 무리일 수도 있지만, 자신이 어린 시절 희망하고 꿈꾸어 왔던 것에 대한 회상에서 시작하여 일상생활에서 일어나는 작은 것부터 희망을 가지고 자신의 삶을 보다 더 적극적으로 살아갈 수 있도록 기회를 제공해 주는 것은 무엇보다 중요하다.

사람은 자기에 대한 이해와 자기 욕구를 인지하고 있을 경우, 새로운 세상에 대한 희망이 생기지만 때로는 삶속에서 자신이 꿈꾸어 왔던 희망을 잃고 어려움 속에서 포기하는 경우가 생기기도 한다. 이에 푸드아트테라피 활동으로 자신이 어렸을 때부터 간직해 왔던 자신만의 꿈, 희망을 새롭게 설계하고 꿈꾸며 희망을 만들어 보는 시간을 통해 자신의 삶을 풍요롭게 하는 시간을 가진다.

1) 활동 목표

- 자신이 이루고 싶은 꿈과 희망에 대해 표현하는 활동으로 자기효능감을 향상시킨다.
- 미래의 꿈과 희망을 새롭게 설계하고 꿈꾸는 시간을 통해 자기 삶의 질을 향상시키고 미래에 대한 목표의식을 갖는다.
- 함께 희망나무를 만드는 활동을 통해 동질감과 함께 사회성을 향상시킨다.

2) 준비물

전지, 양파 껍질, 접착식 메모지, 깻잎

3) 활동 방법

① 자신이 가진 꿈과 희망이 무엇인지 생각해 본다.
② 자신이 미래에 어떤 모습으로 살아가고 싶은지, 어떤 희망을 가지고 살아가고 싶은지, 구체적인 희망 목록을 적는다.
③ 다양한 푸드 매체를 가지고 희망과 소망을 담은 나무를 만들어 완성한다.
④ 희망 목록을 적은 메모지를 희망 나무에 붙인다.
⑤ 자신이 만든 희망 나무를 소개하며 자신의 소망과 희망에 대해 이야기를 나눈다.
⑥ 자신이 가장 소망하고 희망하는 것 하나를 선택한 후, 그 이유에 대해 이야기를 나누고 희망을 이루기 위해 노력해야 하는 것이 무엇인지도 함께 이야기하는 시간을 가진다.
⑦ 긍정적인 피드백을 통해 서로의 꿈과 희망을 지지해 주는 시간을 가진다.

4) 상담에 적용하기

• "희망 나무에 어떤 희망 열매가 열리면 좋을까요?" "몇 개의 열매가 열리면 좋을까요?" "가장 먼저 어떤 희망을 담은 열매가 열리면 좋을까요?" 등의 다양한 질문을 통해 내면의 욕구 및 새로운 삶의 계획과 희망에 대해 충분히 생각하는 시간을 가진다.
• 완성된 희망 나무가 어떤 나무로 자랐으면 좋은지, 미래의 희망 나무는 앞으로 어떻게 되는지 이야기를 나눈다.

- 집단 활동의 경우, 서로 희망의 열매를 만들어 선물하는 기회를 통해 사회성을 향상시킨다.

5) 활용하기

- 집단이 함께 활동할 경우, 자신이 희망하는 것과 타인에게 주는 희망의 메시지를 따로 적게 한 후 함께 희망 나무를 만든다.
- 과일, 팝콘, 사탕 등 다양한 푸드 매체를 활용해서 희망 나무를 만든다.
- '희망의 나라'라는 주제로 자신이 희망하는 미래의 모습을 푸드 매체를 이용하여 그림으로 표현한다(이때 미래의 나에게 보내는 간단한 편지도 함께 쓴다).

6) 실제 적용하기

[그림 10-12(초3~초6)]는 5명이 함께한 집단 활동으로 희망나무를 만들기를 진행했다. 전지 위에 큰 나무를 그린 후, 양파 껍질로 나무의 기둥을 표현하고, 깻잎으로 나뭇잎을 표현하여 완성했다. 남은 깻잎으로 거북이, 전갈, 화살을 창의적으로 표현하였고, 완성한 희망 나무에 각자의 희망을 적은 메모지를 붙인 후 자기가 희망하는 것에 대해 발표하는 시간을 가졌다. "축구선수가 되고 싶어요. 지금 축구부에서 공격수를 하고 있는데, 박지성 같은 훌륭한 선수가 돼서 돈을 많이 벌고 싶어요." "로봇 발명가가 되고 싶어요. 어려운 일을 대신 해 주는 로봇을 개발할 거예요." "화가가 되고 싶어요. 그림을 잘 그리고 만들기를 잘한다는 말을 많이 들어요." "귀신이 되고 싶어요. 나를 무서워하고 나를 함부로 건드리지 않을 것 같고 나를 괴롭히는 친구들을 혼내 주고 싶어요."라는 각자의 희망과 꿈을 이야기하였고, 서로의 꿈에 대해 지지하고 격려하며 공감하는 시간을 가졌다.

7) 푸드 작품 사진

[그림 10-12] 우리들의 희망 나무

○○대학교대학원 상담학과(석박사 과정) 학생들이 만든 희망 나무

8) 푸드 매체 활용 사진

[활용 1] 브로콜리 희망 나무 만들기

[작품] 소원을 들어주는 나무

[활용 2] 생크림 희망 나무

[활용 3] 과일과 야채 희망 꽃

[활용 4] 파스타 희망 나무

5. 할머니(할아버지)가 된다면?

할머니, 할아버지는 인생의 완성된 꽃이라고 할 수 있다. 자신의 모습이 할머니(할아버지)가 되는 모습을 상상하는 시간은 앞으로 자신이 살아가고 싶은 삶의 목표와 희망을 표현하는 기회가 될 수 있다. 내적인 힘이 약하고 무기력한 경우, 미래의 희망과 꿈을 생각하는 것은 어렵고 힘든 일이 될 수 있다. 이런 경우, 자신이 할머니가 되고 할아버지가 되었을 때의 모습을 표현하도록 구체적인 상황을 제시하는 것이 효과적이다. 미래의 모습을 생각하는 시간을 통해 앞으로 살아가고 싶은 삶의 방향과 꿈을 예측해 보는 것은 의미 있는 시간이 될 수 있다.

1) 활동 목표

• 자신이 할머니(할아버지)가 된 모습을 상상해 보는 시간을 통해 미래의 삶의 방향

과 목표를 설정한다.
• 긍정적이고 희망을 표현하는 활동으로 삶에 대한 동기부여와 자기 이해를 향상
시킨다.

2) 준비물

색 소금, 도화지, 물풀, 곡물

🍅 푸드 매체 이야기

소금: 소금은 흰색의 가루 매체로 색을 첨가할 경우 다양한 색 표현이 가능하며, 쉽게 상하지 않는 특성으로 인해 작품의 영구 보존이 가능한 장점을 가진 푸드 매체이다.

3) 활동 방법

① 눈을 감고, 자신의 할머니(할아버지) 모습을 머릿속에 그려 보는 시간을 가진다.

② 어떤 모습의 할머니(할아버지)로 살아가고 있을지를 생각한 후 함께 이야기를 나
눈다.

③ 소금과 파스텔 또는 물감을 이용해서 색 소금을 만든다.

④ 미래의 할머니(할아버지) 얼굴을 색 소금으로 완성한다.

⑤ 미래의 자신에게 보내는 편지를 적은 후 다양한 곡류를 이용하여 간단한 메시지
를 완성한다.

⑥ 자신이 완성한 편지와 미래의 모습을 소개하는 시간을 통해 긍정적인 피드백을
나누는 시간을 가진다.

4) 상담에 적용하기

- "완성한 할머니(할아버지) 모습을 보니 느낌이 어떤가요?" "색 소금 그림 속의 할머니(할아버지)는 행복해 보이나요?" "어떤 인생을 살아온 것 같나요?" "색 소금 속의 할머니(할아버지)의 나이는 어떻게 되나요?" "어떤 가족을 이루고 사셨을까요?" "자녀는 몇 명인가요?" "현재의 건강 상태는 어떤가요?" 등 다양한 질문을 통해 미래 내담자가 할머니가 된 모습에서 느껴지는 모습과 어떠한 인생을 살아왔는지에 대한 깊은 이야기를 통해 앞으로의 삶의 방향 및 현재 내담자가 가지고 있는 현실적인 문제들을 탐색해 보는 기회를 제공한다.
- 부정적인 메시지를 많이 가지고 있는 내담자의 경우 함께 공감하며 스스로 자신의 문제를 해결할 수 있는 기회를 제공한다.

5) 활용하기

- 자신의 영정사진을 그려 보는 시간으로 인생의 마지막 순간의 모습을 통해 앞으로의 삶에 대해 깊게 생각해 보는 시간을 가진다.
- 할머니(할아버지) 가면을 만든 후, 역할 놀이를 통해 자신의 미래와의 만남으로 자신의 삶을 새로운 시각으로 바라볼 수 있는 기회를 제공한다.
- 유서 쓰기 활동을 통해 지금까지의 삶을 돌아보고, 앞으로의 삶도 함께 계획해 보는 기회를 가진다.

6) 실제 적용하기

같은 내담자의 작품 [그림 10-13~그림 10-14(여, 13세)]는 어린 시절 입양된 아이로 양부모에게 인정받지 못하고 힘든 생활을 하고 있으며, 화가 날 때마다 집을 나가라는 상처가 되는 말을 반복적으로 들으며, 마음의 상처를 많이 받은 내담자이다. 내담자는 현실의 어려움을 이야기하며, 나이가 빨리 들어서 독립할 수 있으면 좋겠다는 말을 했다. 지금보다 나이가 들고 어른이 되면 더 좋을 것 같고 혼자서 살아가는 것이 힘들 지만, 지금보다는 나을 것 같다고 이야기하며, 할머니의 모습을 완성했다. 자신의 모습을 보며 하고 싶은 말을 적어보도록 하자 '어릴 때보다 행복하지?'라는 색 소금 글을 완성했다. 내담자는 아무리 힘들어도 지금보다는 덜 힘들 것 같고, 할머니가 되었을 때는 지금보다 편안하게 잘 살 수 있을 것 같다고 이야기하며, 빨리 할머니가 되고 싶다고 했다. 어렵고 힘든 상황에서도 실망하지 않고 미래에 대한 긍정적인 생각과 앞으로의 삶에 희망을 가지고 살아가려는 긍정적인 모습 등 내담자가 가진 장점을 이야기하며, 현실에서의 어려움을 잘 극복할 수 있는 용기를 주는 시간을 가졌다.

7) 푸드 작품 사진

[그림 10-13] 색 소금으로 만든 글

[그림 10-14] 색 소금으로 만든 할머니가 된 나의 모습

[응용] 미래의 자신에게 편지 쓰기

8) 푸드 매체 활용 사진

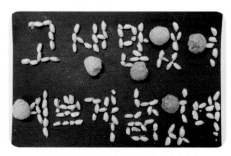

[활용 1] 쌀 과자로 쓴 미래 편지

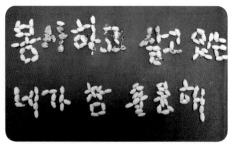

[활용 2] 할머니가 된 나에게 쓴 편지

[활용 3] 다양한 푸드 매체로 표현한 할머니가 된 나의 모습

　[작품 1]~[작품 14]는 푸드예술심리상담사 자격과정 선생님들의 작품으로, 미래 할머니가 되었을 때의 모습을 다양한 푸드 매체로 표현한 작품들이다. 남편과 함께 노년을 행복하게 보내고 싶은 바람을 담은 작품, 봉사하며 살고 싶은 모습, 예쁜 할머니로 늙어 가고 싶은 바람 등 각자의 개성을 담아 자유롭게 표현하였다.

[작품 1] 전원에 살고 있는 나

[작품 2] 캠핑카를 타고 떠나는 노후

[작품 3] 노년에 혼자 아닌 나

[작품 4] 엄마 같은 할머니의 포근한 품

[작품 5] 젊은 할머니

[작품 6] 자식과 행복한 노후

[작품 7] 무료 급식소를 운영하는 나

[작품 8] 멋있게 늙어 있는 나

[작품 9] 남편과 여행하는 나

[작품 10] 미래의 나의 모습

[작품 11] 80대의 나

[작품 12] 나의 노후

[작품 13] 행복 가득한 우리집

[작품 14] 사랑이 가득한 할머니

6. 소망이 가득 담긴 병

희망과 소망을 가지고 살아간다는 것은 힘든 현실 속에서 힘이 되고, 또 앞으로 인생을 살아가는 데 큰 힘이 될 수 있다. 희망과 소망을 가지고 있다는 것은 자신의 인생을 주도적으로 살아가는 데 아주 중요한 일이다. 또한, 집단 활동을 통해 자신이 생각하는 삶과 참여자들이 생각하는 삶에 대해 공통된 부분이 있는지를 알아보는 기회는 타인의 삶의 가치를 통해 올바른 가치관을 형성하는 기회가 되기도 한다. 현재 자신의 삶에 구체적인 가치관을 형성하지 못한 내담자는 타인의 적극적이고 주도적인 삶이 긍정적인 자극이 될 수 있다. 현재 자기 믿음과 희망이 부족한 내담자는 자신의 내면의 욕구를 바라보는 기회를 통해 자신만의 가치관을 설정하고 자신의 인생을 적극적으로 살아갈 수 있는 소중한 시간이 된다.

1) 활동 목표

- 자신이 소중하게 생각하는 인생의 가치관과 내면의 욕구를 탐색한다.
- 인생에서 가장 중요하고, 소중한 것이 무엇인지 생각해 보는 기회를 통해 자신의 인생을 주도적으로 살아갈 기회를 가진다.
- 타인의 삶에 대한 가치관과 인생 목표를 통해 자기 삶의 가치관을 재정립한다.

2) 준비물

소금, 식용색소, 유리병, 도화지, 종이 접시, 종이컵

3) 활동 방법

① 인생에서 가장 중요한 것에 대해 생각한 후 이야기를 나눈다.
② 가장 중요하게 생각하는 소망 목록을 적는다.
③ 집단 활동의 경우 참여자들이 적은 소망 목록 중 일치하는 부분과 다른 부분이 어떤 것들이 있는지 알아보는 시간을 가진다.
④ 자신이 적은 소망 목록에 해당하는 색을 정한 후, 소금과 식용색소를 이용하여 색 소금을 만든다(식용색소 대신, 파스텔, 물감 사용가능).
⑤ 만들어 놓은 색 소금을 이용하여 유리병에 중요한 순서대로 담아 소망 병을 완성한다.
⑥ 자신의 소망 중 꼭 이루고 싶은 소망 하나를 선택한 후 소망 단어를 색 소금으로

표현한다.

ⓐ 소망 병을 두 손에 올린 후 자신이 소망하는 것들이 이루어지기 위해 노력해야 하는 것에 대해 이야기를 나누며 함께 긍정적인 피드백을 통해 공감하는 기회를 가진다.

4) 상담에 적용하기

- 유아 및 아동의 경우 "이루고 싶은 소원이 있다면 무엇인가요?"라는 질문으로 자기의 생각을 이야기할 수 있게 한다.
- "인생에서 가장 중요하게 생각하는 것은 무엇인가요?" "소망 병에 담고 싶은 감정은 무엇인가요?" "소망 병에는 희망과 꿈을 담을 수 있어요. 어떤 것을 담고 싶은가요?" 등의 질문을 통해 내면의 욕구를 탐색한다.
- "소망이 이루어진다면 어떤 기분일까요?" "소망을 이루기 위해 노력해야 하는 것은 무엇일까요?" 등의 질문을 통해 자신의 삶을 계획하고 주도적으로 살아갈 수 있는 기회를 제공한다.

5) 활용하기

- 부모와 함께 만드는 소망 병일 경우 서로에게 소망 병을 만들어 선물하는 기회를 통해 마음을 나누고 소통하는 시간을 가진다.
- 소망 병에 자신에게 주는 희망의 메시지를 담아 함께 보관하고, 6개월 후 꺼내어 본 후 자신의 삶을 뒤돌아보고 확인하는 기회로 삼는다. 이 활동을 통해 삶을 보다 적극적이고 주도적으로 살아갈 수 있는 기회를 제공한다.
- 색 소금을 이용하여 자신의 가치관 또는 좌우명을 하나의 문장으로 만들어 본다.
- 색 소금 대신 여러 가지 색과 모양의 과자와 씨리얼, 사탕을 이용하여 소망 병을 만든다.

6) 실제 적용하기

[그림 10-15(여, 10세)]는 경제적으로 어려운 환경에서 맞벌이를 하는 부모의 무관심으로 기본적인 생활 위생 상태가 좋지 않아 친구들로부터 따돌림을 받고 있는 내담자이다. 내담자는 현재 엄마가 허리가 아파서 일을 하러 가지 못하고 있는 상황을 이야기하며 '엄마 병 고쳐 주기' '의사가 되고 싶다.' '간호사가 되고 싶다.' '부자가 되고 싶다.' '애들을 다 혼내 주고 싶다.'는 소망을 적은 후, 색 소금을 담아 소망 병을 완성하였다. 자신이 적은 소망 중 가장 이루고 싶은 소망은 "엄마 병 고쳐 주기"라고 이야기하며, 엄마에 대한 사랑과 엄마의 건강에 대한 걱정을 표현하였다. 의사는 공부를 못해서 힘들 것 같고, 간호사가 되면 도와줄 수 있을 것 같다며, 앞으로 공부를 더 잘해야겠다고 했다. 어렵고 힘든 상황에서 엄마를 걱정하고, 사랑하는 따뜻한 마음을 칭찬하는 긍정적인 피드백을 나누었다.

7) 푸드 작품 사진

[그림 10-15] 소망 병 만들기

7. 나를 위한 따뜻한 밥상

　우리는 누군가로부터 밥상을 받아 본 기억은 많지만, 자신만을 위한 밥상을 차린 경험은 많지 않다. 특히 성인 여성의 경우 가족 또는 누군가를 위해 밥상을 준비한 적은 많지만, 오롯이 자신만을 위한 밥상을 차려 보는 일은 드물다. 타인이 아닌 자신만을 위한 밥상을 준비하는 것은 나를 사랑하고 나만을 위한 시간을 보내는 등 여러 의미가 담겨 있다. 가족에게 헌신하고 최선을 다해 살아 왔지만, 자신을 위한 시간에는 인색했던 시간을 되돌아보며 자신에게 필요한 것은 무엇인지, 내가 진정으로 원하는 삶은 무엇인지에 대해 진지하게 생각해 보는 기회를 가지는 것은 무엇보다 중요하다. 자신을 사랑하고 아끼는 마음이 없는 상태에서 타인을 위해 희생하는 삶은 결국 지치게 되며, 후회가 남는 인생을 살게 된다. 자신을 사랑하고 소중하게 생각하는 것은 타인을 이해하고 함께 사랑을 나누는 기본이 되는 중요한 일이다. 남을 위한 밥상이 아닌 오로지 자신만을 위한 따뜻한 밥상을 만드는 기회로 자신을 더욱 사랑하고 소중하게 생각하는 시간을 가진다.

1) 활동 목표

- 자신만을 위한 밥상 만들기를 통해 자기를 소중하게 생각하는 시간을 가진다.
- 열심히 노력하고 힘든 과정을 잘 이겨 낸 자신을 칭찬하고 자축하는 시간을 통해 자기를 더욱 깊게 이해하는 시간을 가진다.

2) 준비물

밀가루 반죽(밀가루, 식용색소, 식용유, 1회용비닐), 접시들이 그려진 코팅된 식탁 프린트

3) 활동 방법

① 자신이 가장 좋아하는 색은 무엇인지, 좋아하는 음악은 무엇인지, 좋아하는 계절은 무엇인지, 어린 시절 꿈은 무엇인지 등 다양한 질문을 통해 자기를 이해하는 시간을 가진다.

② 어린 시절 엄마가 해 주신 음식 중 가장 기억에 남는 음식에 대해 이야기를 나눈다.

③ 눈을 감고 자기가 좋아하는 음식은 무엇인지, 나에게 차려 주고 싶은 밥상에는 어떤 음식이 있는지 생각한다.

④ 자신만을 위한 밥상의 주제를 정한 후 그 이유를 설명한다.

⑤ 밀가루 반죽을 이용해 다양한 음식 모형을 만든 후 식탁 위에 꾸며 자신만을 위한 따뜻한 밥상을 만든다(이때, 식탁이 그려진 종이를 코팅한 후 사용하면 재사용이 가능하며 이물질 제거 등 효율적으로 사용할 수 있다).

⑥ 열심히 노력하며, 살아온 자신을 칭찬하고 격려해 주는 시간을 가진다.

⑦ 활동 후 소감을 이야기하며 긍정적인 피드백을 통해 마음을 나눈다.

4) 상담에 적용하기

- 성인 여성에게 적용한다.
- 어린 시절 엄마가 해 준 음식을 생각하면, 어떤 느낌이 드는지 충분히 시간을 나눈 뒤 자신이 생각하는 '소울 푸드'에 대해 이야기를 나눈다.
- 나에게 힘이 되어 준 음식이 있다면, 어떤 음식인지 이야기를 나눈다.
- 자신이 좋아하는 것과 자신에 대한 질문에 답하는 것을 힘들어하는 내담자는 충분한 시간을 제공하여 스스로를 돌아보는 시간을 제공한다.
- 따뜻한 밥상을 받고 싶은 상대가 있다면, 누구인지 또는 누구와 함께 먹고 싶은지에 대한 질문을 통해 내적 욕구를 파악한다.
- 열심히 노력하며 살아온 자신을 칭찬하는 시간을 가진다.
- 자신을 칭찬할 구체적인 상황을 통해 내담자를 깊게 이해하고 공감하며 내담자에게 든든한 지지를 해 준다.
- 가장 칭찬하고 받고 싶은 부분이 어떤 것인지에 대한 질문을 통해 내담자가 가장 바라고 원하는 것이 무엇인지를 파악한다.
- 아동, 청소년 및 성인 남성에게 적용할 경우 '엄마의 밥상'이라는 주제로 지금까지 먹어 본 음식 중 가장 맛있는 집밥 또는 가장 먹고 싶은 집밥(엄마가 해 준 음식)이라는 주제로 활동한다.

5) 활용하기

- 자신만을 위한 따뜻한 밥상을 함께 먹고 싶은 단 한 사람이 누구인지 생각한 후 그 사람을 위한 음식을 만들어 보는 활동으로, 정서적으로 가까운 사람이 누구인지에 대해 알아보는 시간을 가진다.
- '가장 고마운 사람에게 차려 주는 따뜻한 밥상'이라는 주제로, 자신의 인생에서 감사한 마음을 전하고 싶은 사람을 위해 밥상을 차려 주는 기회로 자신의 마음을

전하고 누군가에게 나누어 주는 기쁨으로 행복을 느낄 수 있는 기회를 가진다.

6) 실제 적용하기

[그림 10-16(여, 35세)]은 자신의 아이를 사랑하지만 감정 표현이 힘들고 아이의 감정을 공감하며 양육하는 것을 힘들어하고 있는 내담자이다. 초등학교 3학년 때 부모님의 이혼으로 새어머니와 같이 살게 되었고, 새엄마의 눈치를 보며 지내 온 이야기를 하였다. 어린 시절 친엄마가 해 주신 참기름을 넣어 만든 간장 계란밥이 가장 많이 생각나지만, 어린 시절 힘들고 아팠던 기억으로 잘 먹지 않는다며, 친엄마를 생각나게 하는 음식은 그리움과 아픔과 원망이 느껴진다고 이야기하며 눈물을 흘렸다. 내담자는 용기를 내서 옛날 친엄마가 해 주었던 간장 계란밥을 색 밀가루로 만든 후 어린 시절 사랑을 받지 못하고 외롭게 자란 자기를 위로하는 시간을 가졌다. 친엄마가 생각나서 일부러 먹지 않았던 음식이었는데 집에 가면 간장 계란밥을 해서 아이들과 함께 나누어 먹고 싶다는 말을 했다. 내담자는 가슴 속에 아픔과 그리움으로 기억되는 음식을 만드는 과정을 통해 자신의 상처를 객관적으로 바라보고 스스로 치유하는 시간을 가졌다. 또한 자기를 더 깊게 이해하고 상처를 덜어 내는 과정을 통해 자기 성장의 기회를 가졌다.

7) 푸드 작품 사진

[그림 10-16] 엄마의 간장 계란밥

[작품 1] 맛있는 엄마 밥

[작품 2] 김이 모락 밥상

[작품 3] 맛있는 스테이크

[작품 4] 내가 좋아하는 음식

[작품 5] 엄마가 좋아하는 완두콩 떡

[작품 6] 나의 소울 푸드

[작품 7] 나의 위로

[작품 8] 내가 가장 좋아하는 음식(잡채)

[작품 9] 내가 좋아하는 음식(스파게티)

[작품 10] 내가 좋아하는 반찬

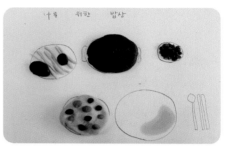

[작품 11] 속이 편한 음식

[작품 12] 내가 좋아하는 육회

[작품 13] 할머니가 해 준 음식

[작품 14] 나의 힐링 푸드

[작품 15] 엄마를 위한 도시락

[작품 16] 나의 의미 있는 음식

[작품 17] 추억의 돈가스

[작품 18] 생일 밥상

[작품 19] 남편의 사랑

8) 푸드 매체 활용 작품

[활용 1]~[활용 3]은 고등학교 1~2학년 남학생을 대상으로 '우정의 도시락 만들기' 주제의 푸드아트테라피 활동이다. 친구에게 도시락을 싸서 선물을 하는 시간을 통해 마음과 우정을 나누는 시간을 가졌다.

[활동]

[활용 1] 우정의 도시락

[활용 2] 기쁨의 도시락

[활용 3] 마음을 담은 도시락

8. 신기한 요술 알

새롭게 다시 태어난다는 것은 현실적으로 불가능한 일이지만, 현실에서 이를 간접적으로 경험해 보는 기회는 앞으로의 삶에 희망을 가지고 살아갈 용기를 준다. 과거에 일어난 일은 되돌릴 수는 없지만, 새롭게 다시 태어난다는 결심은 미래의 희망적인 삶을 결정지을 수 있는 중요한 동기부여가 된다. 매일매일 새롭게 태어나고 발전해 갈 수 있다는 신념과 희망을 담은 '요술 알 만들기' 활동은 인생을 적극적이고 긍정적으로 살아갈 수 있는 힘을 준다.

1) 활동 목표

- 잊고 싶은 힘들었던 과거를 털어 버리고 현실 속의 충실한 삶과 새롭게 다시 태어 날 수 있다는 신념을 바탕으로 보다 적극적인 삶을 살아갈 수 있도록 한다.
- '지금 여기'에서의 자신의 모습을 통해 새롭게 변하고 싶은 욕구를 표현해 보고 새로운 삶에 대한 희망을 가진다.

2) 준비물

계란 껍질, 밀가루 반죽, 네임 펜

 푸드 매체 이야기

계란: 계란 껍질 깨트리기 활동을 통해 스트레스를 해소할 수 있다. 계란 껍질을 이용한 모자이크, 계란 표면에 그림으로 표현하는 활동 등 다양하게 활용 가능하다.

3) 활동 방법

① 조용한 음악을 들으며 두 눈을 감고 어린 시절부터 현재의 모습까지 자신이 살아온 삶의 모습을 떠올려 본다.

② 힘들고 아팠던 시절, 기쁘고 행복했던 시절 속 자신의 모습을 생각한다.

③ 현재 자신의 모습에 만족하는 삶을 살고 있는지 부족하고 변화하고 싶은 부분이 있다면 어떤 부분인지 생각하고 이야기를 나눈다.

④ 다시 태어날 수 있다면 어떤 사람(동물, 사물)으로 태어나고 싶은지에 대해 생각하고 이야기를 나눈다.

⑤ 자신이 다시 태어나고 싶은 모습을 밀가루 반죽을 이용하여 표현한 후 계란 껍질 속에서 부화하는 장면을 표현한다.

⑥ 자신이 만든 요술 알의 제목을 정한 후 소개하는 시간을 가진다.

⑦ 긍정적인 피드백을 통해 마음을 나눈다.

4) 상담에 적용하기

• "계란 속의 흰자와 노른자는 나중에 병아리가 되고 자라서는 닭이 됩니다. 당신에게 주어진 계란은 요술 계란이라 당신이 원하는 모습으로 다시 태어날 수 있어요. 두 눈을 감고 계란 속에서 어떤 모습으로 다시 태어나고 싶은지 생각해 봅니다."라고 설명한 후, 자신의 바람을 담은 요술 계란을 자유롭게 만든다.

• 유아 및 아동의 경우, "원하는 것은 무엇이든지 나올 수 있는 요술 계란입니다. 계란 속에서 무엇이 나오면 좋을까요?"라고 질문한 후, 소원과 소망을 표현해 보게 한다.

• 만들어진 요술 계란을 보며, 무엇 때문에 다시 태어나고 싶은지, 자신의 과거 중 가장 힘들고 지워 버리고 싶은 부분은 무엇인지에 대해 이야기를 나눈다.

• 과거의 어려움으로 인해 현재까지 힘들게 느껴지는 부분은 어떤 부분인지 이야

기를 나눈다.

- 현재 자기 모습의 만족스러운 부분과 고치고 변화하고 싶은 부분이 무엇인지 깊게 생각한 후 함께 이야기를 나눈다.
- 자신이 다시 태어나고 싶은 이유를 함께 이야기하며, 다시 새롭게 태어나기 위해 노력해야 하는 것에 대해 이야기를 나눈다.

5) 활용하기

- 계란 껍질에 현재의 모습을 표현하고, 계란 껍질 속에는 변화하고 싶은 소망을 적은 메모를 넣어 소망 계란을 만든다.
- 계란 껍질 화분 만들기를 통해 희망과 소망을 담은 씨앗을 심은 후 자신의 희망도 함께 자라는 활동으로 확장한다.
- 촉진 활동으로 계란 껍질 속에 여러 가지 미션을 적은 쪽지를 넣고 계란을 뽑은 후 깨트려서 미션을 수행하는 활동으로 활용한다.

6) 실제 적용하기

[그림 10-17(여, 11세)]의 내담자는 뚱뚱하고 아토피가 심해 친구 관계에 어려움을 겪고 있으며 알코올중독인 아버지로 인해 심한 가정불화로 심리적으로 어려움을 겪고 있는 상황이다. 내담자는 술을 마시면 다른 사람으로 변하는 아빠가 무섭지만, 미워할 수 없어 더 힘들다는 이야기를 했다. 그리고 저녁이 되면 아빠가 술을 마시고 오실까 봐 항상 긴장하고 걱정하며 지내야 하는 것이 힘들고 지친다고 했다. 다른 가정처럼 평범하게 살고 싶은 게 꿈이지만, 본인이 할 수 있는 일은 아무것도 없는 것 같다는 말을 했다. 다시 태어난다면 나비로 태어나서 훨훨 자유롭게 날아다니고 싶다는 말을 하며 현실에서의 어려움에서 벗어나고 싶은 내면의 욕구를 표현하였다.

7) 푸드 작품 사진

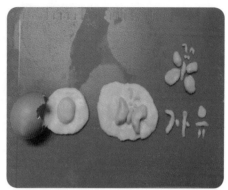

[그림 10-17] 자유로운 나비

[작품 1] 천사   [작품 2] 강아지

[작품 3] 돈   [작품 4] 드래곤 달걀

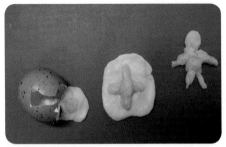

[작품 5] 귀여운 아기

[작품 6] 자유로운 새

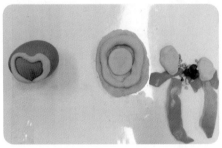

[작품 7] 엄마랑 맘껏 소통하고 싶은 나

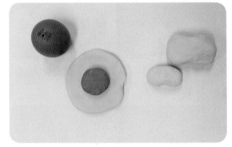

[작품 8] 구름이 되고 싶은 나

[작품 9] 다이아몬드 같은 사람

[작품 10] 시간을 갖고 싶은 나

[작품 11] 나무로 태어나다

[작품 12] 나비가 되어 훨훨

[작품 13] 하고 싶은 일을 할 수 있는 나

[작품 14] 다시 태어나면……

[작품 15] 아빠의 엄마로 태어나고 싶은 나

[작품 16] 성공적인 카사노바

8) 푸드 매체 활용 사진

[활용 1] 신기한 요술 알

[활용 2] 계란 껍질로 얼굴 표현

9. 희망을 품은 나비

작품 주제 '희망을 품은 나비'는 자기 문제를 극복하고 새로운 삶에 대한 희망을 표현하는 활동이다. 나비의 상징적 의미는 인연과 행복, 죽음과 영혼, 부활과 변신, 자기(개성화)의 상징적 의미를 가지고 있으며, 자기 정체성을 찾고 통합을 이루어 가는 것으로 상징되며 자신의 문제를 극복하고 자기(Self)를 찾아 대극 통합을 이루어 간다(윤복남, 2014)는 의미를 가지고 있다. 자신의 모습을 나비로 표현하며 미래를 희망하고 꿈꾸며 새롭게 자신을 바라보는 시간을 가진다.

1) 활동 목표

• 자신의 모습을 나비로 표현하며, 현실 속의 자기 문제를 극복하고 자기를 찾아가는 활동을 통해 자기 정체성을 찾는다.
• 자신이 꿈꾸는 행복한 상황을 간접 체험을 해 보는 기회와 욕구 충족을 통해 자기효능감을 향상시킨다.

2) 준비물

1회용 비닐장갑, 다양한 색의 씨리얼, 모루, 도화지

 푸드 매체 이야기

씨리얼: 씨리얼은 다양한 모양과 색을 가지고 있어 활용도가 높은 매체로 글자 표현 및 사람의 얼굴 표현 등에 자주 사용한다. 특히, 유아 및 아동에게 친숙한 매체로 창의적인 표현이 가능하다.

Food Art Therapy

CHAPTER

11

함께 만드는 행복한 세상

1. 함께 만든 희망 만다라

만다라는 고대 인도 산스크리트에 기원하며 만다라의 의미는 '만다'와 '라'의 합성어로 '만다'는 중심, 본질의 의미를, '라'는 소유와 성취의 의미를 지닌다(김용환, 1991). 만다라는 중심과 본질을 얻는 것으로 만다라 활동은 자신의 본질을 찾는 과정이다. 만다라는 우주의 진리를 모양과 채색을 통해 형성화한 것으로, 만다라 작업을 통해 마음의 안정감과 불안을 가라앉히고 우주의 진리 속에서 본래 자기 모습을 만나는 경험을 할 수 있다. 또한, 만다라를 함께 만드는 과정을 통해 개인의 본질적인 문제로부터의 해결과 동시에 함께 만든 만다라를 통해 협동심과 감정과 마음을 공감하는 활동으로 우리는 함께하는 공동체라는 의식을 가지게 된다.

1) 활동 목표

• 조용한 명상 음악을 들으며, 두 눈을 감고, 지금-여기에서의 자신과 만나는 시간을 가진다.

- 조용히 자신의 몸과 마음을 집중하는 시간을 가진다.
- 지금-여기에서의 자신의 생각과 감정에 몰입하는 시간을 통해 집중력을 향상시킨다.
- 참여자가 함께 만드는 집단 만다라의 경우, 함께하는 기쁨과 우리는 하나라는 공동체의식과 사회성이 향상되는 기회를 갖는다.

2) 준비물

다양한 색의 채소와 과일, 둥근 접시, OHP 필름

3) 활동 방법

① 두 눈을 감고 지금-여기에서의 자신과 만나는 시간을 가지고 조용히 자신의 몸과 마음을 집중하는 시간을 가진다.
② 참여자들이 함께 완성하고 싶은 만다라 문양을 선택한 후 푸드 매체를 활용해 집단 만다라를 완성한다.
③ 만다라의 제목을 정한다.
④ 참여자들이 만든 만다라를 소개하고 활동에 참여한 소감을 나눈다.

4) 상담에 적용하기

- 지금-현재 자신의 기분과 감정이 어떤 것인지 참여자 모두 돌아가며 이야기하고, 부정적인 감정을 가지고 있는 참여자의 경우, 그 이유가 무엇인지를 이야기하고 격려하는 시간을 통해 함께 공감하는 시간을 가진다.
- 참여자들이 표현하고 싶은 것을 둥근 접시 위에 자유롭게 표현하도록 한 후 어떠한 것을 표현했는지, 완성한 만다라를 보면 떠오르는 이미지와 감정과 느낌은 무

엇인지에 대해 이야기를 나눈다.

5) 활용하기

- 곡류, 과자, 초코볼 등을 이용한 푸드 만다라를 완성한다.
- 참여자들이 직접 문양을 창작한 후 만다라를 완성한다.
- 하나의 문양을 함께 만드는 방법 외에 각자 만다라를 완성한 후 개인이 만든 만다라를 한 곳에 모아 새로운 만다라를 완성하는 방법으로도 응용하여 사용한다.

6) 실제 적용하기

[그림 11-1], [그림 11-2], [그림 11-3]은 초등학생 3명이 함께 활동한 작품이다. 마음에 드는 만다라 문양을 선택하는 과정에서 의견이 충돌하는 모습을 보였으나, 가위, 바위, 보로 문양을 결정한 후 역할을 분담하여 만다라를 만들기 시작했다. 처음에는 문양 속에 색깔 무로 만다라를 완성해야 하는 것을 어려워하고 귀찮게 생각하는 참여자도 있었으나, 완성된 만다라를 보며 만족감을 표현하였다. 만다라의 제목은 '무지개 땅' '태양' '네모로 만든 꽃'이며 네모 모양이 모여 예쁜 꽃이 만들어져 신기하다고 했다. 활동 후 함께 해서 좋았던 점에 대해 이야기하는 시간에는 "함께하니깐 빨리 완성할 수 있어서 좋았어요." "같이하니 더 재미있었어요." "조금 의견이 안 맞았지만 그래도 괜찮았어요." 등의 소감을 나누며 함께해서 좋은 점을 이야기 나누는 활동을 통해 긍정적인 또래 관계를 형성하였다.

7) 푸드 작품 사진

[그림 11-1] 무지개 땅 　　　 [그림 11-2] 태양 　　　 [그림 11-3] 네모로 만든 꽃

8) 푸드 매체 활용 작품

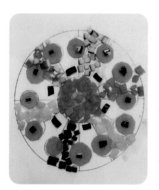

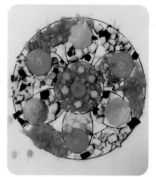

[활용 1] 과일과 야채를 활용한 만다라

[활용 2] 라이스페이퍼를 활용한 만다라

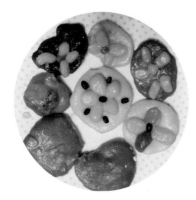

[활용 3] 쌀 반죽 만다라

[활용 4] 색 밀가루 만다라

밝아지는 나의 마음

지금 나의 내면

나의 만다라

혼란 속에서 피어난 꽃

반짝 반짝 빛나는 내가 되자!

좋은 음식 많이 먹고 건강하자

마음의 꽃 만다라

혼자 갖는 시간

나의 만다라

얼굴 만다라

나비 만다라

가족과의 만찬

나의 만다라

양초를 켠 만다라

[활용 5] 야채, 과일, 채소를 활용한 만다라

2. 마법의 주스

세상을 살아가는 동안 내가 의도하지 않았지만 타인에게 상처를 주기도 하고, 상처를 받기도 한다. 특히 어린 시절 받았던 상처는 해결되고 치유되지 않으면, 성인이 된 후에도 살아가는 데 많은 어려움과 힘든 일을 겪게 되며 타인과의 관계에서도 상처가 반복해서 나타나며 삶을 힘들게 한다. 어린 시절의 상처와 현재의 부모 또는 타인에게 받은 상처를 밖으로 드러내는 작업을 통해 자기를 객관적으로 바라보고, 자신을 보듬어 주고 안아 주는 기회를 가지며 힘들었던 시간으로부터 자기를 치유하는 시간이 필요하다. 또한, 참여자들과 함께하는 시간으로 서로의 상처를 보듬고 공감하는 활동으로 확장하여 서로에 대해 깊은 이해를 통해 긍정적인 관계로 발전하는 기회를 가진다.

1) 활동 목표

- 자기 마음속의 상처를 인지하고 해결하고 싶은 문제가 무엇인지를 생각하는 시간을 통해 상처를 치유하고 자기 이해를 향상시킨다.
- 자신이 겪은 어려움과 아픔이 자신의 잘못이 아니며, 아픔과 상처를 극복하는 힘이 내면에 존재하고 있다는 것을 참여자들과 함께 공감하는 시간을 통해 깨닫는다.
- 서로 상처와 아픔을 나누고 극복하는 시간을 통해 함께하는 기쁨을 느끼며 긍정적인 관계를 형성한다.

2) 준비물

미니 믹서기, 다양한 과일, 투명한 컵

3) 활동 방법

① 자신이 겪은 힘들고 아픈 기억을 떠올려 보는 시간을 가진다.
② 어린 시절, 또는, 지금-현재 자신에게 가장 상처를 주었던 기억에 대해 참여자들과 함께 이야기를 나눈다.
③ 각자가 겪은 상처를 극복하기 위해 필요한 것은 무엇이며, 자신이 해야 할 일이 무엇인지에 대해 생각해 보고, 참여자들이 함께 고민하고 마음을 나누는 시간을 가진다.
④ 각자의 상처를 극복하기 위해 필요한 것에 대한 목록을 간단한 단어로 적어서 표

현한 후 준비되어 있는 과일마다 의미를 부여하여 준비한다.

⑤ 참여자는 자신에게 필요한 것이 적혀 있는 과일을 선택한 후 믹서를 이용하여 마법의 주스를 만든다.

⑥ 각자가 만든 주스의 의미를 함께 나누며 맛있게 나누어 마신다.

⑦ 활동 후 느낀 점과 마법의 주스를 먹은 뒤의 느낌과 달라진 생각이 있으면 어떤 것인지 마음을 나눈다.

4) 상담에 적용하기

- 자신이 받은 구체적인 상처와 아픈 기억을 내면에서 드러낼 수 있도록 편안하고 안정된 분위기를 만든다.
- 자신이 겪은 상처와 같은 상처를 가진 참여자가 있는 경우 서로가 함께 공감하고 지지한다.
- 자신에게 필요한 것이 담긴 주스를 통해 앞으로 어떤 사람으로 살아가고 싶은지 이야기를 나눈다.
- 참여자에게 주고 싶은 마법의 주스를 만들어 선물하는 시간을 가진다.

5) 활용하기

- 집단 내에 사이가 좋지 않고 트러블이 많은 사람들은 짝을 정한 후 서로에게 사과하는 마음을 담은 사과주스를 만들어서 나누어 마시는 시간을 통해 긍정적인 관계를 형성한다.
- 새롭게 태어나고 싶다면 어떤 모습인지, 또는 꼭 바뀌었으면 하는 것이 무엇인지에 대해 이야기를 나눈 후, 그 바람을 담은 주스를 만든다.
- 마법의 주스 가게 놀이를 통해 참여자들이 역할을 나누어 자신이 필요한 것을 제시한 후 만들어 주는 역할 놀이를 통해 활동에 대한 흥미와 치유의 간접 경험 및

사회성이 향상되는 시간을 가진다.

6) 실제 적용하기

[그림 11-4]는 초등학생 3학년 2명과 4학년 1명, 6학년 1명 총 4명이 함께한 그룹 활동이다. 현재 또래 관계에서 어려움을 가진 내담자들로 자신이 힘든 점에 대해 이야기 나누는 시간을 가졌다. 처음에는 머뭇거리며 말을 하지 못해 글로 적어 표현해 보도록 했다. "친구가 나에게 말을 걸지 않아 투명인간이 된 것 같아서 아침에 일어나서 학교 가는 것이 가장 힘들고 싫다." "태권도에 가면 형들이 나를 보고 바보 병신이라고 놀려서 기분이 나쁘다." "밤에 잠을 못 자서 아침에 일어나기 너무 힘들고 학교에서도 졸음 때문에 수업 시간에 졸아요." "친구들과 어울려 노는 것보다 도서관에서 책을 보는 게 더 좋은데 엄마는 그런 나를 문제가 있다고 보는 게 기분 나쁘다."라고 적은 글을 발표하는 시간을 가졌다. 상대방의 힘든 점을 듣고 비슷한 경험이 있었다고 이야기하며 해결할 수 있는 방법을 의논해서 적은 뒤 과일마다 의미를 부여하도록 했다. 오렌지에는 '우정', 파인애플에는 '용기', 바나나에는 '행운', 단감에는 '자신감'이라는 의미를 부여했고, 각 과일을 선택해 서로에게 주스를 만들어 주며 용기를 주는 활동으로 진행했다. 마법의 주스라는 주제를 활용하여 서로가 함께 어려움을 공유하고 함께 극복해 가는 과정을 통해 동질감을 가지고 자기 이해와 타인 이해를 통해 사회성 및 또래 관계를 향상시키는 기회를 가졌다. 참여자 모두 활동에 만족감을 표현하였고, 마음을 나누는 긍정적인 피드백으로 자기효능감을 향상시킬 수 있는 기회를 제공하였다.

7) 푸드 작품 사진

[그림 11-4] 마법의 주스 만들기

3. 우정 식당

인간은 사회적 동물이다. 개인이 만족하는 즐거운 생활을 하는 것만으로 행복한 삶을 살아가는 것은 힘든 일이다. 삶의 진정한 행복이란 타인과 함께 어울리며 마음을 나누고 서로 의지가 되고 힘이 되는 시간들이 모여 행복하고 만족스러운 삶을 살아가게 된다. 학교생활이 힘들고 어려운 아이들은 성인이 된 후에도 직장에서 힘든 생활은 반복되며 삶에 대한 만족감과 자존감이 낮고 소극적인 삶을 살아간다. 자신의 감정과 마음을 타인에게 표현하고 함께 마음을 나누는 일은 무엇보다 중요하며 인생에서 가장 의미 있는 일이다.

1) 활동 목표

- 참여자들과 함께 감정과 마음을 나누는 활동을 통해 또래 관계 및 사회성을 향상시킨다.
- 타인의 입장이 되어 생각하고 배려하는 마음을 통해 긍정적인 관계를 형성한다.

2) 준비물

소꿉놀이세트, 다양한 젤리와 과자, 칼, 메뉴판

3) 활동 방법

① 참여자들과 함께 사이좋게 지내기 위해 필요한 것이 무엇인지 생각하는 시간을 가진다.
② 참여자들과 함께 사이좋게 지내기 위해 필요한 것들의 목록을 적는다.
③ 목록에 적힌 것을 이용해 음식 메뉴판을 만든다.
④ 우정의 식당 주인과 손님으로 역할을 나누어서 우정의 식당 놀이를 한다.
⑤ 함께하는 활동을 통해 느낀 점에 대해 이야기를 나누며 긍정적인 피드백을 나눈다.

4) 상담에 적용하기

- 참여자들과 함께 학교 친구들에게 겪은 힘든 일이 무엇인지 이야기를 나눈다.
- 학교 따돌림의 경험이 있는 친구의 경우, 그때의 감정과 힘들었던 기억을 이야기할 수 있도록 편안한 분위기를 만든다.
- 우정을 나눌 수 있는 특별한 음식 메뉴를 정하는 과정에서 어떤 이유로 그 음식

을 만들고 싶은지, 그리고 그 음식을 먹으면 어떤 일이 일어나는지에 대해 생각하고 이야기를 나눈다.

5) 활용하기

- 부모와 함께하는 활동의 경우 '사랑의 밥상'이라는 주제로 서로에게 주는 사랑을 담은 밥상을 차려 주는 활동을 통해 마음을 나누는 시간을 가진다.
- 현재 생활의 변화를 줄 수 있는 음식을 만들어 보는 시간을 통해 지금 현재 생활의 어려움과 결핍된 부분을 탐색하는 시간을 가진다.

6) 실제 적용하기

우정 식당에 사용할 재료로, '단짝 음료수' '양보하는 마음 젤리' '배려 과자' '도움의 손길 우정 과자' '친구를 위한 도움의 손길 과자' '사랑하는 마음 마시멜로' '뜨거운 의리 오예스' '따뜻한 마음 초코볼'이라는 이름을 만든 후, 우정 식당 놀이를 시작했다. 참여자는 초등학생 4명으로, 식당 주인과 손님으로 나누어 역할 놀이를 했고, 각자가 먹고 싶은 음식의 재료를 고른 후 주문하고 만들어 주는 역할 놀이를 하며 즐거워했다. [그림 11-5]는 양보하는 마음 젤리와 배려 과자, 따뜻한 마음 초코볼, 단짝 음료수로 만든 우정의 볶음밥을 주문하여 만든 음식으로, 과자 속에 담긴 의미를 생각하며 맛있게 먹으며 즐겁게 활동에 참여했다. 활동 후 소감을 나누는 시간에는 "역할 놀이 하는 것이 재미있었어요." "친구랑 사이좋게 지낼 때 마음이 담긴 과자를 선물하면 좋을 것 같아요." "맛있는 과자를 먹을 수 있어서 좋았고 친구랑 함께 놀 수 있어서 즐거웠어요." "음식을 만들어 주는 활동이 재미있고 친구랑 맛있게 나누어 먹어서 기분 좋았어요."라는 소감을 나누며 활동을 마무리했다.

7) 푸드 작품 및 활용 사진

우정 식당 재료

[그림 11-5] 우정으로 만든 볶음밥

[활용] 우정 자장면

4. 물고기 친구 이야기

현재 어려운 일이 있거나 친구와의 관계에서 어렵고 힘든 일이 있을 경우, 현실에서 벗어나 새로운 희망을 찾아가는 것은 쉬운 일이 아니다. 현실에서 경험하지 못한 자신이 희망하는 일들을 다른 기회를 통해 간접적으로 경험해 보는 일은 자신감이 향상되는 기회가 된다. 또한, 자신의 새로운 모습을 발견하고 앞으로 다가올 새로운 환경에서 적응해 나갈 수 있는 힘을 기르는 기회가 될 수 있다. 현재 학교생활이나 성인의 경우 직장과 사회생활에서의 힘든 일을 털어놓고 함께 이야기하는 시간을 통해 지금 내가 겪고 있는 일이 나만 겪는 힘들고 어려운 일이 아니라는 생각을 전환하는 기회를 가질 수 있다. 또한 아픔과 힘든 경험을 서로 나누는 기회로 함께 성장하고 발전하는 경험은 인생에서 중요한 일이 된다. 자신이 처해 있는 상황을 표현하는 것에 어려움이 있는 참여자의 경우, 자신을 물고기로 대신해서 자신의 현재의 어려움과 미래의 바람을 표현하는 경험은 거부 반응 없이 자연스럽게 자신의 문제를 탐색하고 욕구를 표현하는 안전한 방법이 될 수 있다.

1) 활동 목표

- 자신을 물고기로 표현한 후 자신이 바라는 또래 및 친구 관계에서의 욕구와 바람을 안전하게 표현한다.
- 참여자들과 함께 마음을 나누며 공통점을 찾고 공감하는 시간을 통해 사회성을 향상시킨다.

2) 준비물

씨리얼, 전지, 멸치, 새우, 미역, 고래밥 과자

🍎 푸드 매체 이야기

떡국 떡: 떡국에 사용하는 가래떡은 썰어놓은 것과 긴 모양의 가래떡을 활용하여 사용한다. 식용색소를 이용해 다양한 색의 떡국 떡을 만든 후, 물고기의 비늘, 떡국 떡에 그림 및 글자를 적어 표현하는 활동으로 활용 가능하다. 또한 긴 가래떡은 동물을 표현하는 입체 만들기 재료로 사용한다.

3) 활동 방법

① 두 눈을 감고 자신이 물고기로 변한 모습을 상상한다.

② 자신이 변한 물고기는 어떤 종류이며 바다 속에서 어떤 역할을 하는 물고기인지 성격, 생김새 등을 적어서 물고기가 된 자신의 모습을 소개하는 시간을 가진다.

③ 참여자들과 함께 물고기들이 함께 있을 수 있는 장소를 의논한 후 다양한 푸드 매체를 통해 표현한다.

④ 자신이 있고 싶은 위치에 물고기를 배치하고, 친구 물고기들과 함께 무엇을 하고 있는지, 어떤 일을 함께하고 싶은지 등 물고기 친구 이야기를 간단히 적은 후 발표한다.

⑤ 자신이 물고기로 변신한 후의 장단점에 대해 이야기를 나눈다.

⑥ 함께 활동한 후의 느낌과 소감을 나누며 긍정적인 피드백을 나눈다.

4) 상담에 적용하기

• 자신이 변하고 싶은 물고기 종류가 무엇인지에 대해 탐색하며 현재 자신의 모습과 비교해 나른 부분이 무엇인지 질문을 통해 알아본다.

• 참여자들과 함께 만든 물고기 친구 이야기 속에 자신이 모습이 어느 위치에 있는

지, 가장 가까운 참여자는 누구인지, 그림 속에서 상호작용이 느껴지는지 등을
관찰한 후 함께 이야기를 나눈다.
- 한 공간에 같이 있는 물고기 친구들이 시간이 지난 후 어떻게 되는지에 대해 이
  야기를 나누며 미래에 대한 각자의 생각을 나눈다.

5) 활용하기

- 성인의 경우, 직장생활과 사회생활 속 자신의 모습을 물고기로 표현한 후 지금
  현재 나를 힘들게 하는 문제와 어려운 점에 대해 이야기를 나눈다.
- 부모와 함께하는 활동일 경우, 물고기 가족화를 표현한 후 가족 관계 속에서의
  자신의 위치 및 가족과의 관계를 알아본다.
- 자신이 바다의 왕이 된다면, 어떤 사람들을 자신의 바다 왕국에 데리고 오고 싶
  은지 낚시 놀이 활동으로 활동에 대한 흥미를 높인다.

6) 실제 적용하기

　　[그림 11-6(남, 8세)] 작품을 만든 내담자는 또래보다 작은 체형으로 평소 외모 콤플
렉스가 있으며 이를 감추기 위해 공격적인 언어를 사용하며 또래와 잘 어울리지 못한
다. 또한 자존감이 낮아 모든 일에 소극적이고 산만하며 수업 시간에 집중력이 낮아
선생님으로부터 지적을 자주 받는다. [그림 3-70]은 바다 속을 꾸미는 푸드 매체를 파
란색 도마 위에 물고기의 종류별로 배치한 다음 서로가 대치하고 있는 형태로 완성하
였다. 자신의 모습은 긴 모양의 다시마로 표현하였고 학교 교실에서 전쟁을 하고 있는
모습이라고 했다. 힘이 센 물고기는 다시마 모양의 고래인 자신의 모습이며, 작은 물
고기를 잡아서 자기편으로 하나씩 만들고 있다고 말하였다. 내담자는 '전쟁하는 물고
기들'이라는 제목을 지은 후 자신이 꾸며 놓은 바다 속에서 역할 놀이를 하며 즐겁게
활동에 참여했다. 내담자는 현실에서 충족하지 못한 욕구를 푸드 매체를 통해 표현하

며 현실 속에서의 스트레스와 감정을 해소하는 모습을 보였다. 활동의 마지막 부분에서 물고기들을 둥근 형태로 만든 후 화해하고 다 같이 행복하게 사는 모습을 표현하며 친구들과 잘 지내고 싶은 내면의 욕구를 푸드 매체를 통해 표현하였다.

7) 푸드 작품 사진

[그림 11-6] 전쟁하는 물고기들

8) 푸드 매체 활용 작품

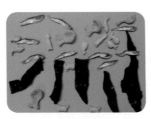  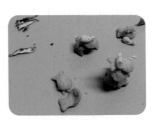

[활용 1] 물고기 떼   [활용 2] 먹이를 찾아   [활용 3] 숨바꼭질

[활용 4] 어항 속의 물고기   [활용 5] 물고기 가족   [활용 6] 바다 세상

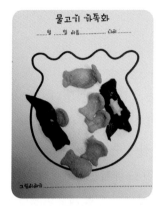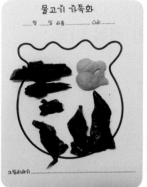

[활용 7] 푸드 매체를 활용한 물고기 가족화　　　　[활용 8] 고래의 습격

[활용 9] 멸치와 과자로 표현한 물고기 가족　　[활용 10] 야채로 표현한 물고기 친구

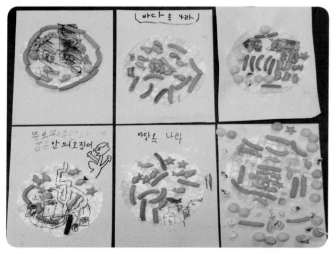

[활용 11] 라이스페이퍼와 과자를 이용한 동그라미 속 물고기 친구들

5. 과자 집으로 꾸민 행복 마을

집은 따뜻함을 지닌 동시에 유일하게 편안히 쉴 수 있는 공간이지만, 집이 주는 의미와 이미지는 사람에 따라 모두 다르다. 누군가에게는 가장 많은 상처를 받아 온 공간이기도 하고 벗어나고 싶은 곳이기도 하다. 지금까지의 집이 주는 의미와 느낌이 힘들고 상처를 주는 곳이었다면 과자라는 친숙하고 안전한 푸드 매체를 통해 그동안 꿈꾸어 오던 집, 내가 살고 싶은 집 또는 함께 살고 싶은 집 만들기를 통해 새로운 희망을 가진다.

1) 활동 목표

- 자신이 살고 싶은 집을 만드는 활동을 통해 미래에 대한 희망과 긍정적인 가족 관계를 형성한다.
- 각자가 만든 과자 집을 이용하여 행복한 마을을 만들며 함께 만들어 가는 행복과 서로 의지하고 도움을 주고받는 활동으로 협동심과 함께 사회성을 향상시킨다.

2) 준비물

오예스, 웨하스, 빠다코코넛, 색 초코렛, 생크림, 땅콩 버터

3) 활동 방법

① 두 눈을 감고 자신이 꿈꾸어 오던 집의 모습을 상상한다.
② 살고 싶은 집의 모습을 푸드 매체를 통해 창의적으로 자유롭게 표현한다.
③ 각자가 만든 집에 담고 싶은 의미와 소망을 표현한 후 마음을 나누며 행복의 과

자 마을을 구상한다.

④ 각자가 맡은 마을에서의 역할을 정한 후 행복한 과자 마을을 전지 위에 구성한
후 도로와 가로수 나무 등을 푸드 매체를 활용하여 자유롭게 표현한다.

⑤ 참여자들이 만든 행복한 마을에서 어떤 일이 일어나는지, 그리고 앞으로 행복한
과자 마을은 어떻게 되는지 등 다양한 질문을 통해 새로운 세상에 대한 희망과
소망을 갖는다.

4) 상담에 적용하기

- 자신이 만든 과자 집과 현재 살고 있는 집과의 차이점과 공통점이 무엇인지 알아
본다.
- 누구랑 함께 살고 싶은 집이며, 집안 분위기 및 과자 집에 들어가면 어떤 일이 일
어나는지에 대한 질문을 통해 내담자의 가정 모습과 바라고 꿈꾸는 미래의 모습
을 알아본다.
- 함께 마을을 꾸미는 활동 중 마을에서 자신이 만든 집이 어떤 일을 하는 곳이며,
마을에서의 위치 및 자신의 집과 가까이 있는 집과의 관계 등을 통해 사회생활의
모습과 또래와 친구 관계의 모습을 알아본다.

5) 활용하기

- 현실 속의 집과 미래의 살고 싶은 집을 쿠키로 만든다.
- 부모와 함께하는 활동일 경우, 현실에 존재하지 않지만 함께 상상 속의 집을 꾸
미고 만드는 활동을 통해 내면의 욕구와 가족구성원과의 관계를 표현해 보는 시
간을 가진다.
- 집단활동으로 먼저 참여자 모두가 종이 박스를 이용하여 집 모양을 만든 후 과자
와 사탕 등을 이용하여 집을 완성하는 활동을 통해 함께하는 즐거움과 협동심 및

사회성을 향상시키는 기회를 가진다.

6) 실제 적용하기

[그림 11-7]~[그림 11-10]은 초등학생 남녀 3명이 과자를 이용하여 과자 집을 만든 작품이다.

- [그림 11-7] 각자 만든 과자 집을 이용하여 행복 마을을 함께 만든 공동 작품이다. '우정 마을'이라는 제목의 작품으로, 각자가 만든 과자 집을 이용하여 하나의 마을을 만든 모습으로, 놀이터와 운동을 할 수 있는 공원을 만든 후 서로의 집으로 갈 수 있는 도로와 가로수를 만들어 완성했다.
- [그림 11-8] '연못이 있는 집'이라는 제목으로 만든 과자 집으로 초코 빵을 이용하여 집을 탑 형태로 만든 후 집 앞에 연못을 만들어 완성했다. 탑 형태의 집은 자신이 편하게 쉴 수 있는 공간이고, 연못에서 낚시를 하고 싶다고 했다.
- [그림 11-9] '행복한 우리 집'으로 넓은 집에서 가족이 모두 편하게 살고 싶다고 말하였고, 과자로 만든 허수아비가 우리 집을 지켜 주었으면 좋겠다고 했다.
- [그림 11-10] '작은 집'으로 울타리 속에 과자로 작은 집을 만들어서 넣은 후 완성했다. 울타리는 아무도 들어오지 못하도록 만들었고, 문이 없어서 자신 외에는 들어오지 못한다고 했다. 참여자 3명은 과자 집 만들기를 통해 가정에서의 불편함을 해소하고, 상상 속의 과자 집에 자신의 바람과 소망을 담아 표현하는 모습을 관찰할 수 있었다.

7) 푸드 작품 사진

[그림 11-7] 우정 마을

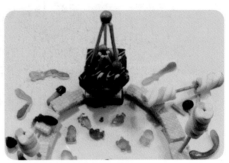

[그림 11-8] 연못이 있는 집

[그림 11-9] 행복한 우리 집

[그림 11-10] 작은 집

8) 푸드 매체 활용 작품

　쿠키 반죽을 이용하여 자신이 살고 싶은 집을 만든 후 구워진 쿠키를 활용하여 '나만의 행복한 집 만들기'를 완성한다.

[활용 1] 동생이 태어난 집

[활용 2] 포근한 우리 집

6. 우리는 한솥밥 가족

우리나라만이 가진 전통 음식 문화 중 하나의 그릇에 음식을 담아 함께 나누어 먹는 대표적인 음식으로 비빔밥과 찌개 등이 있다. 여러 재료를 하나의 큰 양푼이에 넣고 비벼 먹는 비빔밥은 정을 나누어 먹는 의미와 함께 다양한 맛이 어우러져 함께하는 즐거움을 느낄 수 있다. 비빔밥의 재료는 각각 다른 맛을 지니고 있지만 하나로 어우러졌을 때 조화로운 새로운 맛을 낸다. 이러한 비빔밥의 특징을 통해 공동체의 의미를 생각해 보는 시간을 가진다.

1) 활동 목표

- 함께하는 즐거움과 공동체의식을 가진다.
- 함께 만든 비빔밥을 나누어 먹으며 마음을 나누는 시간을 통해 어우러짐의 기쁨과 행복을 느낀다.

2) 준비물

여러 가지 나물, 밥, 고추장, 큰 양푼, 숟가락, 접시

3) 활동 방법

① 비빔밥에 관련된 추억과 에피소드를 가진 경우 함께 이야기를 나눈다.
② 비빔밥 재료를 활용해 표현하고 싶은 것을 자유롭게 표현한다.
③ 각자가 만든 푸드 작품을 소개한 후 큰 양푼에 모두 담아 비빔밥을 만든다.
④ 참여자들이 만든 비빔밥의 이름과 비빔밥을 먹은 후 나타나면 좋을 것 같은 이야기를 나누며 맛있게 나누어 먹는다.
⑤ 비빔밥을 만들어 먹은 소감을 이야기하며 긍정적인 피드백을 나눈다.

4) 상담에 적용하기

• 비빔밥 재료로 만든 푸드 작품의 제목과 무엇을 표현한 것인지에 대해 자세하게 이야기를 나눈다.
• 함께 나누어 먹는 비빔밥에 대해 거부 반응은 없는지, 자세히 관찰한 후 이야기를 나눈다.
• 비빔밥에서 느껴지는 맛 중에서 어떠한 맛을 내는 사람인지 이야기를 나눈다.

5) 활용하기

• 함께 만든 비빔밥을 서로 먹여 주는 활동을 통해 사회성을 향상시킨다.
• 비빔밥에 들어갈 나물마다 희망을 담아 만든다.
• 만들어진 비빔밥을 이용해 '우정'이라는 글자를 만드는 활동으로 의미를 부여한다.

6) 실제 적용하기

[그림 11-11]은 초등학교 3학년 남, 여 두 명이 활동한 작품으로, 밥과 비빔밥 재료를 이용하여 서로의 얼굴을 창의적으로 표현하였다. 가장 먼저 밥을 나누는 활동을 통해 타인을 배려하는 마음을 경험할 수 있도록 각자 필요한 만큼 가져가도록 하였고, 친구를 위해 적당한 양을 가져가며, 비슷한 양으로 나누어 갖는 모습에 대해 상담사는 긍정적인 피드백을 주며 칭찬해 주었다. 참여자들은 서로 웃고 있는 표정을 비빔밥 재료로 만들었다. 비빔밥이 급식으로 나올 때 반 친구들과 큰 그릇에 함께 만들어 먹었던 일을 이야기하며, 반 친구들과 비빔밥을 나누어 먹으니 나물을 평소 잘 먹지 않았는데 같이 재미있게 먹을 수 있어서 좋았다고 했다. 함께 나누어 먹으며 정을 나누었던 이야기와 재료 하나만으로는 맛이 없지만 여러 가지가 함께 어우러져 맛있는 비빔밥이 되듯 친구들도 서로 마음을 나누며 함께 행복을 만들어 갔으면 좋겠다는 이야기를 나누었다. 자신이 만든 작품을 한 그릇에 담는 것에 대해 아까워하는 모습을 통해 작품에 대한 애착을 표현하였고, 함께 비벼 나누어 먹으며 공동체의식과 함께하는 즐거움을 나누었다.

7) 푸드 작품 사진

[그림 11-11] 친구의 얼굴

[활동 1] 비빔밥 만들기　　　　　　　　[활동 2] 얼굴표현하기

7. 따로 또 같이 식빵 벽화

'벽화 만들기'는 협동 작품 활동으로, 서로 함께 어울리며 공동체 삶을 살아온 인류 역사 속의 삶을 간접적으로 경험하는 기회를 가진다. 벽화 만들기는 함께하는 즐거움과 공동체의식을 가질 수 있는 기회로 혼자만의 생각으로 만들어지는 것이 아니라 함께 제작하는 참여자들과 의견을 주고받으며 하나의 주제와 표현 방법에 대해 의논하는 등 같은 목표를 향해 협동하며 만들어 가는 활동이다. 또한, 협동 작품 활동 중에 나타나는 의견 충돌과 갈등을 지혜롭게 해결하고 어려움에 부딪힐 때 서로 격려하고 용기를 주며 함께 공통된 목표를 향해 가는 활동이다. 벽화 만들기는 공동체의식과 협동심을 기를 수 있는 좋은 기회로, 긍정적인 또래 관계와 사회성이 향상되는 효과적인 집단 활동 중 하나이다.

1) 활동 목표

- 협동 작품 활동을 통해 공동체의식을 가진다.
- 하나의 공통된 목표를 향해 함께 노력하는 시간을 통해 긍정적인 또래 관계와 사회성을 향상시킨다.

2) 준비물

식빵, 초코펜, 다양한 색과 모양의 젤리, 과자

3) 활동 방법

① 두 팀으로 나눈 뒤 각 팀의 이름을 만든다.
② 팀 대표를 뽑은 뒤 팀을 소개한 후 식빵 벽화의 주제를 정한다.
③ 주제에 맞는 전체적인 그림을 그린 후 조원 수만큼 그림 조각을 나누어 식빵 벽화를 만든다.
④ 각자가 만든 식빵 조각을 모두 이어 붙여 하나의 식빵 벽화를 완성한다.
⑤ 팀 대표가 식빵 벽화를 소개한 후 활동 후의 느낀 소감을 나눈다.
⑥ 함께 완성한 식빵 벽화를 사진 찍고 만든 식빵 벽화를 맛있게 나누어 먹으며 활동을 마무리한다.

4) 상담에 적용하기

- 식빵 벽화의 주제를 선택한 이유에 대해 이야기를 나눈다.
- 팀 대표가 된 구성원에게 활동 중 느낀 소감과 팀 대표로서 어려웠던 역할과 힘들었던 점에 대해 이야기를 나눈다.
- 함께 했을 때 의견 충돌은 없었는지, 자신의 의견이 수렴되지 않았을 경우 그때의 기분은 어땠는지 느낌을 나눈다.
- 혼자 활동할 때와 함께 했을 때의 장점과 단점에 대해 이야기를 나눈다.
- 각자가 만든 식빵 조각의 느낌과 각자가 만든 식빵 조각이 모여 하나의 벽화로 완성되었을 때의 기분을 이야기 나눈다.

5) 활용하기

- 뻥튀기 과자, 또띠아, 김 등의 다양한 푸드 매체를 활용해 벽화 그리기를 한다.
- 주제를 정하지 않고 식빵이나 김 등의 푸드 매체를 이용하여 이어 그려 벽화를 완성한다.
- 집단 활동으로 유명한 명화를 식빵 벽화로 표현한다.

6) 실제 적용하기

[그림 11-12]는 B고등학교 남, 여(17세) 10명을 대상으로 집단 활동 수업을 진행하며 식빵 벽화를 만들었다. 5명이 한 조로 두 팀으로 나누어 진행하였다. 각 팀의 팀 대표를 뽑은 뒤 각 팀의 이름을 만들도록 하였고, '그냥 팀'과 '빠샤 팀'이라 지은 후 주제를 정한 뒤 식빵 벽화 만들기를 시작하였다. '그냥 팀'의 주제는 '사랑'과 '우정'으로 각각 정한 후 각자가 생각하는 사랑과 우정에 대한 느낌과 이미지를 스케치한 것을 보고 푸드 매체를 이용해서 식빵 벽화를 만들었다. 개인이 완성한 식빵 조각이 모여 하나의 벽화로 새롭게 작품이 완성된 모습을 보며 만족감을 표현하였다. 자신이 만드는 식빵 조각 이미지가 팀에 어울릴 수 있게 색을 맞추어서 표현하는 것이 힘들었지만, 노력한 결과 한 사람이 한 것 같이 표현되어 뿌듯하다고 했다. 또 다른 참여자는 혼자 할 때는 다른 사람의 의견을 신경 쓰지 않아도 되는데, 내가 만드는 작품에 다른 사람이 관여하는 것이 조금 부담스럽고 불편했다는 느낌을 이야기했다. 활동 후, 각자 자신이 만든 식빵 벽화를 먹으며, 식빵에 그림을 표현할 수 있을까 걱정되기도 했지만 색다른 체험이었고 흥미로운 경험이었다고 소감을 이야기하며 활동을 마무리했다.

7) 푸드 작품 사진

[그림 11-12] 식빵 벽화 협동 작품

8. 선물 교환식

선물은 마음을 담아 상대방에게 감사한 마음을 전달하는 것을 의미한다. 마음이 담긴 선물은 타인과의 긍정적인 관계 형성에 도움이 되며, 자신이 아닌 타인에게 정성껏

만든 선물을 한다는 것은 소극적인 사람에게는 어려운 일이지만 함께 선물을 만들어
보는 기회를 통해 자기의 감정을 타인에게 표현하며 받는 즐거움과 함께 주는 즐거움
을 통해 행복을 느낄 기회를 가진다.

1) 활동 목표

- 자신의 마음을 타인에게 표현하는 기회를 통해 긍정적인 관계 형성 및 사회성을
  향상시킨다.
- 선물을 받는 행복한 느낌과 주는 즐거움을 통해 긍정적인 관계를 형성한다.

2) 준비물

또띠아, 피자 재료(햄, 브로콜리, 양파, 버섯, 당근, 맛살), 피자 소스, 칼, 도마, 접시

3) 활동 방법

① 참여자 중 두 명씩 짝을 정한다.
② 두 눈을 감고 피자 재료로 어떤 선물을 만들어 주고 싶은지 생각한다.
③ 고마움과 감사한 마음을 담아 또띠아 위에 다양한 피자 재료를 이용해 선물을 표
   현한다.
④ 피자로 만든 선물에 담긴 의미와 마음을 이야기한 후 선물한다.
⑤ 선물을 받았을 때의 마음과 선물을 줄 때의 마음에 대해 이야기를 나눈다.

4) 상담에 적용하기

- 지금까지 받은 선물 중 가장 감동을 받은 선물에 대해 이야기를 나눈다.

- 지금까지 선물한 사람 중 가장 기억에 남는 사람이 누구이며 어떠한 일로 선물을 했는지에 대해 이야기를 나눈다.
- 앞으로 받고 싶은 선물과 누구에게 선물을 받고 싶은지에 대해 이야기를 나눈다.

5) 활용하기

- 씨리얼로 반지, 목걸이, 팔찌 등을 만들어 선물한 후 감사와 선물의 의미와 관련된 문장을 만든다.
- 각자가 만든 선물을 이용해 선물가게 활동으로 확장한 후 흥미 유도 및 사회성을 향상시킨다.
- 사탕, 과일 등 다양한 푸드 매체를 활용해 개성 있는 선물을 만들어 선물한다.

6) 실제 적용하기

[그림 11-13]부터 [그림 11-19]는 초등학생 1~2학년 남녀 6명이 참여한 집단 활동으로, 피자를 만드는 재료를 활용하여 친구에게 마음을 담은 선물을 하는 활동으로 진행하였다. 가장 먼저 '친구, 우정'이라는 글자 등을 나누어서 완성한 후 또띠아 위에 피자 치즈 및 다양한 야채 등을 칼로 잘라 자신이 표현하고 싶은 선물의 형태를 만들어 완성하였다([그림 11-13]).

- [그림 11-14] '눈이 내려요'라는 제목으로 눈이 오는 장면을 표현한 풍경을 선물로 만들어 선물하였다.
- [그림 11-15] '귀여운 강아지'라는 제목으로, 맛살, 브로콜리, 햄 등을 이용하여 완성한 후 선물하였다.
- [그림 11-16] '오리'라는 제목으로 햄과 피자 치즈 및 소스 등을 이용하여 완성하였다.
- [그림 11-17] '무지개 동산'이라는 제목으로 다양한 푸드 매체를 이용하여 표현하였다.

- [그림 11-18] '우정'이라는 제목으로 자신의 마음을 피자 재료를 잘라 또띠아 위에 가득 채워 완성한 후 선물하였다.
- [그림 11-19] '꽃 한 송이'라는 제목으로 작품을 완성해 친구에게 선물하며 자신의 마음을 표현해 보고 만든 작품을 서로 교환한 후 오븐을 이용하여 피자를 만들어 나누어 먹는 시간을 가졌다.

　참여자들은 "피자로 선물을 만드는 활동이 재미있었어요." "칼로 잘라서 그림으로 만드는 것이 어렵고 힘들었지만 좋았어요." "친구에게 선물을 받아서 좋아요." 등의 소감을 발표하고 마음을 나누는 시간을 가졌다. 활동 후 친구에게 받은 마음의 선물을 가슴 속에 깊이 간직할 수 있도록 맛있게 먹고 앞으로도 그 마음을 생각하며 사이좋게 잘 지내길 바란다는 이야기를 나누며 활동을 마무리하였다.

7) 푸드 작품 사진

[그림 11-13] 친구와 우정

[활동 1]　　　　[활동 2]　　　　[그림 11-14]　　　　[그림 11-15]

[그림 11-16]

[그림 11-17]

[그림 11-18]

[그림 11-19]

8) 푸드 매체 활용하기

[활용 1] 씨리얼 목걸이

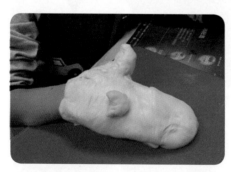

[활용 2] 밀가루로 만든 장갑 선물

[작품] 완성된 목걸이

9. 도시락은 사랑을 싣고

현재 학생들은 학교 급식으로 인해 도시락을 싸서 다니지는 않지만, 30대 이상의 성인 남녀 내담자들에게 도시락은 여러 가지 추억과 사랑을 담고 있다. 어려운 시절 소시지로 만든 도시락 반찬을 가지고 온 친구를 부러워했던 기억, 엄마가 싸 주신 도시락의 김치 국물이 흘러 책을 버렸던 기억, 쉬는 시간에 먹었던 도시락 등 도시락은 학창시절의 다양한 기억과 추억을 선물한다. 도시락은 무엇보다 사랑과 정성이 담겨 있는 것으로 사랑하는 가족, 친구에게 도시락을 선물하는 의미는 마음을 나누고 사랑을 표현하는 좋은 매체가 된다. 하지만 김밥체인점의 등장으로 김밥은 더 이상 '소풍' 갈 때 엄마가 새벽부터 일어나서 싸 주시는 추억 속 음식이 아닌 패스트푸드의 하나로 흔한 음식이 되었다. '가족(친구)에게 도시락 선물하기' 활동은 샌드위치와 햄버거 등 다양한 도시락 재료로 가족(친구)을 위한 도시락을 만들어 선물하고, 가족(친구)에게 편지를 보내 마음을 전하는 의미 있는 시간으로, 서로에게 사랑을 표현하는 기회를 가진다.

1) 활동 목표

- 자신의 마음을 타인에게 표현하는 기회를 통해 긍정적인 관계 형성 및 사회성을 향상시킨다.
- 선물을 받는 행복한 느낌과 주는 즐거움을 통해 긍정적인 관계를 형성한다.

2) 준비물

일회용 도시락 통, 다양한 도시락 만들기 재료

3) 활동 방법

① 30대 이상의 대상자에게 적용할 경우 학창 시절 도시락과 관련된 추억을 이야 기하는 시간을 가진다(유아와 아동 및 청소년의 경우 소풍 도시락에 관련된 추억을 나눈다).

② 어머니가 싸 주신 도시락에 대한 느낌을 나눈다.

③ 가족(친구) 중 누구에게 선물하고 싶은지 이야기를 나눈다.

④ 다양한 푸드 매체를 이용하여 가족(친구)에게 선물할 샌드위치와 햄버거를 만 든다.

⑤ 완성한 도시락의 제목을 만든다.

⑥ 도시락을 선물할 가족(친구)에게 간단하게 감사 편지를 쓴다.

⑦ 자신이 만든 도시락을 소개한 후 '도시락이란 ○○○○○'라는 문장을 완성한 후 느낌을 나눈다.

⑧ 완성한 도시락을 가족(친구)에게 선물한 후 함께 찍은 사진을 가지고 오는 미션 을 준 후 활동을 마무리한다.

4) 상담에 적용하기

• 도시락이 주는 여러 의미에 대해 이야기를 나누며, 추억 속 도시락의 느낌을 충 분히 나눈다.

• 도시락과 관련된 즐겁고, 행복하고, 슬프고, 아픈 기억 등에 대해 자유롭게 이야 기를 나눈다.

• 가장 좋아했던 도시락 반찬은 무엇이었는지, 학창 시절 점심시간에 누구랑 함께 점심을 먹었는지 등 다양한 질문을 통해 어린 시절의 또래 관계를 탐색한다.

5) 활용하기

- 주먹밥 만들기를 활용하여 가족(친구)을 표현한 후 선물한다.
- 집단 활동의 경우, 짝에게 도시락을 만들어 선물한 후 함께 나누어 먹는 시간을 통해 긍정적인 관계를 형성한다.

6) 실제 적용하기

[그림 11-20]~[그림 11-23]은 여고생 16명을 대상으로 한 그룹 활동으로, 가족에게 사랑의 도시락 만들기 활동을 실시하였다. 현장학습(소풍)을 갈 때 싸 주시는 도시락에 대해 서로 이야기를 나누도록 했다. "김밥체인점에서 사서 가요." "삼각 김밥을 좋아해서 엄마가 직접 만들어서 싸 주셨어요." "제가 제일 좋아하는 음식이 김밥이라 소풍이 아닌 날에도 자주 먹어서 김밥에 대한 특별한 느낌은 없어요." 등의 이야기를 나누었다. 가족을 위해 도시락을 준비해 본 적이 있는지에 대한 질문에 경험해 본 참여자는 한 명도 없었다. 참여자들에게 도시락의 의미를 전달하며, 사랑하는 가족에게 사랑과 정성을 담은 도시락을 만들어 보도록 했다. 각자의 개성을 담은 샌드위치와 햄버거 도시락을 만든 후 도시락 이름을 만드는 시간을 가졌다. '행복 도시락' '가족을 위한 도시락' '딸 표 도시락' '맛있는 가족 도시락' 등 도시락 이름을 지은 후 마음을 나누었다. "도시락은 마음의 양식이다." "도시락은 엄마의 사랑이다." "도시락은 따뜻한 마음이다." 등의 소감을 말하며 각자가 가지고 있는 도시락의 의미에 대해 나누는 시간을 가졌다. 다음 활동 시간에는 가족에게 선물한 사진과 맛있게 먹고 있는 사진을 찍어 온 영상을 보여 주며 가족과 나눈 의미를 발표하는 시간을 가졌다. 참여자는 "딸에게 처음 받아보는 도시락이라며 기뻐하였어요." "엄마에게 미안한 일이 있었는데 도시락을 선물하는 계기로 미안한 마음을 전달할 수 있어 좋았어요."라는 활동 소감을 나누었다.

7) 푸드 작품 사진

[활동 1]

[활동 2]

[그림 11-20]

[그림 11-21]

[그림 11-22]

[그림 11-23]

8) 푸드 매체 활용 작품

[활용 1]~[활용 12]는 ○○ 복지관에서 실시한 부모와 자녀가 함께하는 푸드아트테라피 활동으로, 초등학생과 학부모를 대상으로 한 그룹 활동으로 열네 가족이 참여하

였다. 가족을 주제로 한 도시락 만들기로 다양한 도시락 재료를 활용하여 개성 있는
도시락을 완성하였다.

[활동 1]

[활동 2]

[활동 3]

[활동 4]

[활용 1] 행복한 집

[활용 2] 운동하는 가족

[활용 3] 엄마의 얼굴

[활용 4] 사이좋은 형제

[활용 5] 행복한 얼굴

[활용 6] 숲속의 가족

[활용 7] 야구하는 가족

[활용 8] 기차를 타고

[활용 9] 손에 손잡고

[활용 10] 공놀이

[활용 11] 엄마와 함께

[활용 12] 공주 가족

10. 우정이 샘솟는 연못

　　우정이란 친구 사이의 정을 의미한다. 학령기 아동이 이루어야 할 중요한 발달과업인 긍정적인 또래 관계를 형성하기 위해 친구와의 우정을 쌓아가는 노력은 중요한 일이다. 마르지 않는 연못처럼 우정이 매일매일 샘솟는 모습을 함께 만들어 보는 활동은 참여자들에게 새로운 관계 형성을 통해 미래에 대한 희망과 긍정적인 또래관계를 형성하는 기회가 된다. 미래에 대한 행복한 꿈을 함께 만들고 키워 나가는 것은, 나는 혼자가 아니며 나와 생각을 함께하는 누군가가 있다는 것으로 살아가는 데 많은 힘이 되며 함께하는 기쁨을 느낄 수 있다.

1) 활동 목표

- 마르지 않는 물처럼 우정이 항상 샘솟는 연못을 함께 만드는 활동을 통해 함께하는 즐거움과 행복함을 느낀다.
- 미래에 대한 희망과 행복을 함께 꿈꾸고 만드는 활동을 통해 긍정적인 또래 관계와 사회성을 향상시킨다.

2) 준비물

큰 대야, 양초, 물, 물감, 나뭇잎, 다양한 모양과 색의 꽃

3) 활동 방법

① '우정'과 관련된 음악을 들으며, 두 눈을 감고 평소 자신이 생각하는 우정과 친구에 대해 깊게 생각해 보는 시간을 가진다.

② 종이배를 만든 후, 친구에게 간단히 편지를 적어 서로 마음을 나누는 시간을 가진다.

③ 준비된 매체를 이용해 연못을 꾸미고 만든 후 선물로 받은 종이배를 각자의 소원과 소망을 담아 연못에 띄운다.

④ 양초를 이용해 연못 주위에 하트를 만든 후 연못을 완성한다.

⑤ 연못을 만든 소감과 느낌을 나누며 두 눈을 감고 각자의 소원과 참여자들에게 보내는 소원을 함께 비는 시간을 가진다.

4) 상담에 적용하기

• 우정의 연못이 마르지 않기 위해 노력해야 하는 것들에 대해 이야기를 나눈다.

• 연못이 오염된다면 이유는 무엇이며 어떠한 방법으로 다시 깨끗하게 만들 수 있는지에 대해 이야기를 나눈다.

• 변하지 않는 우정을 가지기 위해 자신이 노력해야 하는 것에 대해 생각해 보는 시간을 가진다.

• '우정이란?' 질문에 간단히 답할 수 있도록 문장을 만든다.

5) 활용하기

- 젊어지는 연못을 꾸민 후 몇 살로 돌아가고 싶은지에 대해 이야기하며 어린 시절 및 내적 욕구를 탐색한다.
- '마법의 연못'이라는 주제로 활용하여 내면의 욕구를 탐색한다.

6) 실제 적용하기

[그림 11-24]~[그림 11-27]은 초등학생 3학년~6학년 5명이 함께 참여한 그룹 활동이다. "함께해서 즐거웠어. 앞으로 더 친하게 지내자." "용기를 가지고 친구와 어울려." "앞으로 더 친하게 지내자" "건강하고 잘 지내" "행복하고 즐거웠어."라고 적은 메시지를 발표한 후 종이배를 만들었다. 꽃잎과 나뭇잎을 이용해서 연못을 꾸미고 종이배를 띄운 뒤 양초를 하나씩 나누어 준 후 연못에 띄우기 전에 마음속으로 소원을 비는 시간을 가졌다. 양초에 불을 켠 후 눈을 감고 두 손을 모은 후 자신이 원하는 소망과 소원을 마음속으로 기도하며 둥글게 손을 잡고 한 사람씩 돌아가며 긍정적인 메시지를 나누는 활동으로 마무리했다.

- [그림 11-28(9세, 남)] 종이컵으로 배를 만든 후 희망의 연못 위에 띄운 후 돌아가신 아빠가 계신 곳에 가고 싶은 마음을 표현하였다.
- [그림 11-29(12세 남, 9세 여)] 희망 연못으로 완성한 후 연못을 잡고 눈을 감고 서로의 소원과 희망을 기도하는 시간을 가졌다. "가족 모두가 건강했으면 좋겠고 레고를 갖고 싶어요." "친할머니, 외할머니가 건강하게 오래 사셨으면 좋겠어요." 라고 기도한 이야기를 나눈 후 서로에게 희망이 되는 말을 주고받는 시간을 가진 후 활동을 마무리했다.

7) 푸드 작품 사진

[그림 11-24]

[그림 11-25]

[그림 11-26]

[그림 11-27]

[그림 11-28]

[그림 11-29]

11. 포트럭 파티

우리나라가 가진 좋은 전통 중 하나는 계절이 바뀌거나 마을에 행사가 있을 때 모두 모여 함께 음식을 만들고 나누어 먹으며 집안의 기쁜 일을 마을 사람들과 함께 나누는 것이다. 우리는 마을 잔치를 여는 공동체 의식을 많이 가진 민족이다. 그러나 핵가족 화가 되면서 바로 앞집에 사는 사람이 누구인지도 잘 모르는 삭막한 세상에서 개인주 의적인 삶을 살아가는 외로운 사람이 점점 늘어가고 있다.

포트럭 파티(potluck party)는 집단 치료 후기에 적용하는 활동 주제로 프로그램을 마무리하며 서로가 함께 마음을 나누는 활동으로 자주 활용된다. 포트럭 파티는 각자 준비한 음식을 모아서 함께 나누어 먹는 활동으로 바쁜 생활 속에서 맛있는 음식을 나누어 먹으며 살아가는 이야기를 나누는 시간을 통해 함께 공감하는 즐거움과 함께하는 행복함을 느낄 수 있다.

1) 활동 목표

- 함께 만들고 나누어 먹었던 우리 민족의 정에 대해 소중함을 느끼는 시간을 가진다.
- 함께 음식을 나누어 먹는 활동을 통해 함께하는 즐거움과 나누는 행복을 느낀다.

2) 준비물

각자가 준비한 음식, 큰 쟁반, 축하 깃발

3) 활동 방법

① 자신이 좋아하는 음식 또는 추억의 음식, 소울 푸드 등 자신이 소개하고 싶은 음식을 준비한 후 활동에 참여한다.
② 각자가 준비해 온 음식에 마음을 담아 표현하는 시간을 가진다.
③ 참여자들이 준비해 온 음식을 가지고 만다라 형태의 파티상 차림을 꾸며 본다.
④ 만들어진 만다라 파티상 차림의 제목과 축하 메시지를 적어 축하 깃발을 만들어 완성한다.
⑤ 함께 만든 만다라 파티상 차림에 대한 느낌과 기분을 나눈다.
⑥ 같이 나누어 먹으며 즐겁게 활동을 마무리한다.

4) 상담에 적용하기

• 집단 프로그램의 마지막 회기에 부모와 함께하는 활동으로 적용한다.
• 집에서 열리는 행사 중 가장 의미 있고 큰 행사가 무엇인지에 대해 이야기를 나눈다.
• 생일상을 받아본 기억과 가장 기억에 남는 파티가 있었는지, 받고 싶은 축하 상차림은 무엇인지에 대해 이야기를 나눈다.
• 함께 나누어 먹는 기쁨에 대해 이야기를 나눈다.
• 함께하고 싶은 사람이 있다면 누구인지에 대해 이야기를 나눈다.

5) 활용하기

• 성인의 경우, 하나의 음식을 직접 만들고 함께 나누어 먹는 활동으로 활용 가능하다.
• 파티의 종류, 만들고 싶은 파티에 대해 계획한 후 누구를 초대하고 싶은지 장소

는 어디인지에 대한 구체적인 계획과 초대장을 만드는 활동으로 그룹 활동에 적
용한다.

6) 실제 적용하기

부모 상담에 참여한 내담자 5명이 함께한 포트럭 파티로 각자가 준비해 온 음식을
소개하는 시간을 가졌다.

- 내담자 1: 김밥을 준비한 후 "초등학교 소풍날 아침에 김밥을 싸는 엄마 옆에서 얻
  어먹었던 김밥 꼬다리가 생각났어요. 언제 먹어도 맛있고 제가 좋아하는 음식은
  김밥이에요."
- 내담자 2: 떡볶이를 준비한 후 "매콤한 음식을 좋아해서 만들어 왔어요."
- 내담자 3: "제과제빵에 관심이 많아서 요즘 배우고 있어요. 어릴 때부터 빵을 밥
  보다 좋아해서 엄마에게 야단을 맞은 적도 있고 학창 시절에는 빵을 많이 먹어서
  뚱뚱했어요."
- 내담자 4: "떡을 좋아해서 준비해 왔어요. 설날에 엄마랑 갔던 방앗간의 고소한
  떡 냄새가 좋았던 기억이 나요. 가래떡을 길게 뽑는 것을 보고 신기해했던 기억
  도 나고요. 금방 뽑은 가래떡을 간장에 찍어 먹으면 정말 맛있었는데 지금도 참
  좋아해요."
- 내담자 5: "나이가 많은데도 아이처럼 사탕을 너무 좋아해요. 형편이 어려웠던 어
  린 시절 바닥에 떨어져 있던 사탕을 주워 흙을 털고 누가 볼까 봐 빨리 입에 넣고
  먹었던 기억이 잊히지 않아요. 그때를 생각하면 고생했던 엄마가 생각나요."라
  고 각자가 좋아하는 추억의 음식을 소개하고 축하 메시지에는 '나를 사랑하자.'
  라고 적은 축하 깃발을 꽂은 후 각자의 소원을 마음속으로 빌며 자축하는 시간을
  가졌다.

7) 푸드 작품 사진

[그림 11-30]

PART 04 Food Art Therapy

푸드아트테라피와 집단상담기법

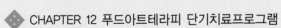
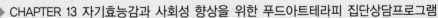

푸드아트테라피 단기치료프로그램

1. 중학생의 사회성 향상을 위한 푸드아트테라피

　　푸드아트테라피 단기치료프로그램으로, P시 소재 ○○중학교 남학생 1, 2학년 6명을 대상으로 프로그램을 실시하였다. 참여자 6명은 학교 규칙 및 또래관계에서의 문제로 벌점이 부과되어 봉사 시간을 수행하기 위해 특별활동 시간에 의무적으로 참여하였고, 일주일에 1회 120분 수업으로 5회기를 진행하였다.

　　푸드아트테라피를 적용한 단기치료프로그램으로, 푸드아트테라피 활동을 통한 사회성 향상을 목표로 진행하였다.

2. 푸드아트테라피 단기치료프로그램 계획서

〈표 12-1〉 **푸드아트테라피 단기치료프로그램 계획서**

단기 치료 목표	푸드아트테라피를 적용한 집단상담프로그램을 통해 사회성을 향상시킨다.				
회기별 단기목표	• 푸드아트테라피에 대한 흥미 유도와 집단원 간의 상호작용을 통해 친밀감을 형성하고 푸드 매체 탐색을 통해 긴장을 완화한다. • 지금-여기에 초점을 두고 마음을 서로 나누는 집단 활동을 통해 사회성을 향상시킨다.				
단계	회기	활동명	활동 내용	기대 효과	
단기치료 사회성 향상	1	나를 소개해요!	별칭을 지은 후 별칭에 어울리는 그림을 식빵 위에 초코펜과 초코볼 등을 이용해 그림 또는 글자로 자유롭게 표현한다.	친밀감 형성, 흥미 유도	
	2	우리 친해지자! (우정의 도시락)	주먹밥 등 다양한 도시락 재료를 이용하여 자유롭게 표현하고 친구를 위해 만든 도시락을 선물한다. 또한, 친구에게 보내는 편지를 쓰는 활동을 통해 사회성을 향상시킨다.	흥미 유도 의사소통 능력 향상 타인 배려	
	3	친구야, 사랑해! (우정의 약국)	다양한 사탕과 비타민 등을 이용하여 우정의 약을 만들어 주고받는 활동을 통해 또래 관계와 사회성을 향상시킨다.	흥미 유도 사회성 향상 의사소통 능력 향상	
	4	친구에게 내 마음을 전해요! (라면 선물)	컵라면의 수프와 라면을 이용하여 친구가 원하고 바라는 것을 만드는 활동으로 타인과의 상호작용을 통해 타인을 이해하고 배려하는 마음과 함께 사회성을 향상시킨다.	사회성 향상 의사소통 능력 향상 타인 배려	
	5	우리는 하나! (컵케이크 만들기)	컵케이크를 만들어서 친구에게 선물하며 마음을 전하는 활동을 통해 타인 이해를 바탕으로 긍정적인 또래 관계를 형성한다.	사회성, 또래 관계 향상 의사소통 능력 향상 타인 배려	

3. 푸드아트테라피 회기별 내용

1) 푸드아트테라피 1회기

◉ 활동 주제: 나를 소개해요!

◉ 준비물: 숟가락, 과자, 식빵, 개인 접시, 여러 가지 초코볼

◉ 활동 목표: 프로그램에 대해 안내하고 규칙, 제안에 대한 약속을 정한 뒤, 푸드 매체를 이용하여 자기를 소개하는 시간을 갖고 상담사와 집단원의 친밀한 관계를 형성하고 신체적 긴장감을 풀어 주는 촉진 활동을 실시한다.

◉ 푸드 활동 내용: 참여자들은 책상 위에 놓여 있는 푸드 매체들을 보며, 오늘 해야 할 활동과 완성한 작품을 먹을 수 있는지 궁금해하였다. 수업 시작 전, 계속 장난을 치는 참여자와 전혀 관심 없는 표정으로 앉아 있는 참여자들로 산만해진 분위기를 촉진 활동을 통해 활동에 대한 흥미를 유도하고 친밀감을 형성한 후, 프로그램에 대한 안내와 함께 푸드 매체를 통해 만든 자기 별칭에 대해 소개하는 시간을 가졌다.

◉ 1회기 내용: 식빵과 여러 가지 초코볼, 과자를 이용하여 자신의 별칭에 맞는 이미지를 만든 후 발표하는 시간에는 대체로 재미있다는 긍정적인 반응을 보였다. 자신의 별칭에 맞는 얼굴을 만든 후 '○○중학교'라는 글자를 협동해서 만들었다. 각자가 맡은 글자를 초코볼과 과자를 이용해 만든 후 함께 글자를 완성하며, 자신이 다니는 학교에 대한 이야기를 나누었다. 남자 학교라서 재미가 없다는 친구, 수업 시간이 많아져서 재미가 없고 힘들다는 친구, 공부 수준이 높아 따라가기 힘들다는 친구 등 학교에 다니는 소감을 발표하는 시간을 가졌다. 푸드 매체를 이용해서 활동하는 시간에는 식빵 위에 이미지를 표현하기보다는 많은 매체를 올려놓기 위해 경쟁하고 다투는 모습이 보였으나, 활동지에 자신의 생각과 감정을 적어 발표하는 시간에는 대체로 활동 전과 활동 후의 감정은 긍정적인 변화를 보였고, 재미있었다는 활동 소감을 표현하였다.

1회기 작품 및 활동 내용

과자로 학교 이름 만들기

[활동]

| 다중이 | 뽀글이 | 핸섬보이 |
| 똘똘이 | 감자 | 축구 선수 |

[작품]

2) 푸드아트테라피 2회기

◉ **활동 주제:** 우리 친해지자!(우정의 도시락 만들기)

◉ **준비물:** 김, 햇반, 새싹 잎, 당근, 오이, 단무지, 햄, 도마, 칼, 접시

◉ **활동 목표:** 친구를 위해 주먹밥 등 다양한 도시락 재료를 이용하여 마음을 담아 완성한 도시락을 친구에게 선물하고, 친구에게 보내는 편지를 쓰는 활동을 통해 자기표현과 사회성을 향상시킨다.

◉ **푸드 활동 내용:** 평소 친숙한 푸드 매체를 이용하여 만드는 푸드 활동에 흥미를 보였고, 푸드 매체로 친구의 얼굴을 표현하는 등 자신만의 독특하고 창의적인 방법으로 활동에 적극적으로 참여하였다.

◉ **2회기 내용:** 우정을 담은 도시락을 만든 후, 친구에게 선물하는 활동으로 여러 가지 도시락 재료를 가지고 각자의 마음을 담아 도시락을 완성하였다. 친구에게 주는 도시락의 제목을 '기쁨의 도시락' '우정의 도시락' '친구 얼굴 도시락' '행복 도시락' '맛있는 도시락' '축구 선수 도시락'을 만들었다. 도시락을 완성한 후 친구에게 편지를 쓰는 활동에서는, '학교생활 잘해' '넌 멋져' '건강해라' 등의 내용을 담은 편지를 크게 읽어 주는 활동으로 친구를 사랑하는 마음과 함께 친구를 이해하는 마음을 바탕으로 사회성을 향상시키는 기회를 가졌다.

2회기 작품 및 활동 내용

[활동]

기쁨의 도시락   우정의 도시락   친구 얼굴 도시락

행복 도시락   맛있는 도시락   축구 선수 도시락

[작품]

3) 푸드아트테라피 3회기

◉ **활동 주제:** 친구야, 사랑해!(우정의 약국)

◉ **준비물:** 약포지, 약 봉투, 여러 가지 사탕, 물약 병, 네임 펜

◉ **활동 목표:** 친구에게 필요한 감정과 용기를 담은 약 만들기를 통해 의사소통의 기술과 사회성을 향상시킨다.

◉ **푸드 활동 내용:** 다양한 푸드 매체와 약 봉투 등을 이용한 약국 놀이로 우정을 담은 약을 만들어 선물하는 활동을 통해 상대를 배려하는 마음과 감사하는 마음을 서로 나누는 활동으로 의사소통 기술과 함께 사회성을 향상시킨다.

◉ **3회기 내용:** 타인 이해를 바탕으로 친구에게 필요한 것을 담은 약봉지를 선물해 주는 활동으로 감정을 표현하고, 사회성을 향상시키는 기회를 가졌다. 참여자들은 실제 약국에서 사용하는 약포지와 약 봉투, 물약 병으로 활동하는 것에 대해 매우 흥미를 가지고, 재미있게 활동에 참여하는 모습을 보였다. '입심심 약' '투명인간 약' '즐거워지는 약' '근육통에 좋은 약' '용기를 주는 약' '쉴 수 있는 약'의 명칭을 적어 만든 약을 선물하며, 친구와 마음을 나누도록 하였다. 친구에게 마음을 전하는 기회를 통해 사회성을 향상시키고 긍정적인 또래 관계를 형성할 수 있는 기회가 되었다.

3회기 작품 및 활동 내용

[활동]

입심심 약

투명인간 약

즐거워지는 약

근육통에 좋은 약

용기를 주는 약

쉴 수 있는 약

[작품]

4) 푸드아트테라피 4회기

◉ **활동 주제:** 친구에게 내 마음을 전해요!(라면 선물)

◉ **준비물:** 컵라면, 접시, 커피포트, 젓가락

◉ **활동 목표:** 푸드아트테라피 활동을 통해 상대방에 대한 배려와 이해를 바탕으로 또래 관계와 사회성을 향상시킨다.

◉ **푸드 활동 내용:** 컵라면의 수프와 라면을 이용하여 친구가 원하고 바라는 것을 만드는 활동으로 타인을 이해하는 기회를 통해 긍정적인 또래 관계를 형성한다.

◉ **4회기 내용:** 컵라면이라는 매체가 주는 친숙함으로 활동에 대한 동기부여가 높아 보다 적극적으로 활동에 참여하는 모습을 보였다. 짝을 지은 후 옆 친구가 좋아하고 받고 싶은 선물이 무엇인지 간단히 인터뷰를 하고 친구가 원하는 것을 수프로 라면 위에 그림을 그린 후 선물하도록 하였다. '축구공' '휴대폰' '게임' '여자 친구' '쉬는 시간' 등 친구가 원하는 것을 수프로 그린 후, 컵라면을 선물하고 선물을 받은 소감을 긍정적인 피드백을 통해 나누었다. 활동 후 집단원 모두 컵라면을 나누어 먹는 시간을 가졌다. 학교에서 컵라면을 먹는 것은 처음이라며 자신이 선물받은 것을 직접 먹어 보니 재미있고 좋았다고 했다. 친구의 소망과 우정을 담은 라면 그림 선물을 만들어 친구를 위해 마음을 전하는 활동으로 사회성과 함께 자기효능감을 향상할 수 있는 기회가 되었다.

4회기 작품 및 활동 내용

[활동]

축구공

휴대폰

자전거

쉬는 시간

여행

여자 친구

[작품]

5) 푸드아트테라피 5회기

◉ 활동 주제: 우리는 하나!(컵케이크 만들기)

◉ 준비물: 파운드 빵, 생크림, 다양한 케이크 꾸미기 재료, 플라스틱 용기

◉ 활동 목표: 친숙한 푸드 매체를 이용한 케이크 만들기 활동을 통해 활동에 대한 만족감과 함께 사회성을 향상시킨다.

◉ 푸드 활동 내용: 컵케이크를 만들어서 친구에게 선물하며, 마음을 전하는 활동으로 긍정적인 또래 관계와 사회성을 향상시킨다.

◉ 5회기 내용: 파운드 빵 위에 생크림과 다양한 케이크 꾸미기 재료를 이용하여 친구에게 주는 우정의 미니 케이크를 만들어 보는 시간을 가졌다. 케이크는 처음 만들어 본다며 좋아하였고, 매체가 주는 친숙함으로 적극적으로 활동에 참여하였다. 완성한 컵케이크 겉면에 친구에게 우정의 메시지를 적도록 하였다. "게임 실력이 향상되길." "학교생활 잘하고 건강해라." "친구들이랑 더 잘 지내라." "게임 레벨 올려라." 등의 간단한 메시지를 적어서 읽어 주고, 서로 만든 미니 케이크를 교환하는 시간을 가졌다. 활동 후 5회기 동안 했던 활동들에 대한 소감을 이야기하는 시간을 가졌다. "재미가 있었다." "맛있고 재미있었다." "만드는 과정이 간단해서 재미있었다." "맛있고 재미있어서 좋은 추억이 될 것 같다." "활동을 통해 또 다른 추억을 만든 것 같다." "활동에 참여를 많이 하지 못했지만 색다른 경험을 할 수 있어서 재미있고 좋았던 것 같다." "요리를 만들고 그림으로 표현하는 활동이 정말 멋지고, 마음에 들었다. 또 만들고 가족한테 주니 기쁘고 기분도 좋았다. 친구랑 후배들이랑 같이 나누어 먹으니까 우정도 생긴 것 같아 좋았다." 등의 긍정적인 반응과 활동에 대한 만족감을 표현하였다. 5회기를 진행하는 동안 푸드 매체가 주는 친숙함과 활동 후 자신의 마음과 친구의 마음을 담은 매체를 같이 나누어 먹는 활동을 통해 자기효능감은 물론 또래 관계와 사회성 향상이라는 긍정적인 효과가 있었다.

5회기 작품 및 활동

자기효능감과 사회성 향상을 위한
푸드아트테라피 집단상담프로그램

1. 푸드아트테라피 집단상담프로그램 구성

이 프로그램은 초등학교 저학년을 대상으로 푸드아트테라피를 적용한 집단상담프로그램이다. 이 프로그램은 자기효능감과 사회성 향상을 목표로 긍정적인 자기 이해와 원활한 학교생활을 위해 진행하였다. 푸드아트테라피를 적용한 집단상담프로그램은 시작 당시 10명이 참여하였으나, 출석률이 낮고 비참여자인 2명을 제외한 최종 8명을 대상으로, 주 1회 15회기(종결 1회기)로 120분씩 진행되었다.

푸드아트테라피를 적용한 집단상담프로그램의 효과성을 알아보기 위해 사전, 사후, 추후 검사로 자기효능감과 사회성 척도 검사를 실시하였다. 또한 푸드아트테라피를 적용한 집단상담프로그램을 종결한 후 부모와 참여자의 소감을 가정에서의 변화, 친구 관계에서의 변화, 학교생활에서의 변화 및 전체 활동 후 소감을 수집하여 내용 분석을 실시하였고, 푸드아트테라피를 적용한 집단상담프로그램 활동을 한 후 만족도를 매 회기마다 환산한 평균 점수 변화를 분석하였다.

2. 집단상담프로그램 대상자

〈표 13-1〉 푸드아트테라피 집단상담프로그램 대상자

대상	아동의 특징	
	가족사항	부-41세(자영업), 모-38세(주부), 동생(6세)
참여자 1 (남/ 8세)	**신체발달 특이사항:** 없음 **사회 및 정서 발달:** 어릴 때 뛰고 돌아다니는 잡기 놀이를 즐겼고, 휴대폰과 TV 속 만화영화를 보는 것과 자신만의 공상 세계를 만들고 노는 것을 좋아한다. **가족과의 관계:** 엄마의 어린 시절 부모의 이혼과 새엄마와 함께 지내며 겪은 여러 가지 힘든 일과 상처로 인해 양육에 어려움을 겪었고, 그로 인해 참여자 1이 힘들어진 것에 대한 죄책감을 가지고 있다. 또한, 두 살 터울의 동생과 경쟁 관계로 자주 싸우고 이로 인해 엄마에게 야단맞는 일이 많다. **또래관계:** 친구들과 잘 어울리지 못하고 공감 능력이 많이 떨어진다. **성격:** 호기심이 많고 활발하고, 의욕적이며 활발한 성격이다. **문제행동 및 주 호소 문제:** 어린 시절 엄마의 일관되지 않은 양육으로 인해 현재 충동 조절의 어려움이 있고 유전적으로 머리숱과 치아 모양이 남들과 달라 주위 친구들로부터 놀림을 많이 받고 있다. 이로 인해 자존감이 많이 낮고 감정 조절에 어려움을 겪고 있으며, 폭력적인 게임과 TV에 노출이 많이 되어 자신이 만든 공상 세계에서 혼자 노는 것에 익숙해 있다. 학교 수업시간에 집중력이 낮고, 산만한 행동을 보이며 학교 선생님으로부터 많은 지적을 받고 있다. 친구들과 어울리지 못하고 혼자서 노는 등 학교생활 적응과 또래관계에서의 어려움이 있다.	
참여자 2 (남/ 9세)	가족사항	부-41세(자영업), 모-38세(교사), 동생(6세)
	신체발달 특이사항: 없음 **사회 및 정서 발달:** 게임을 좋아하고 동생이 태어나기 전 친구와 함께 노는 것보다 혼자 노는 것을 좋아했다. **가족과의 관계:** 부모 모두 참여자 2에게 자상하고 관심이 많고 가족 관계는 원만한 편이나 성격이 다른 동생에게 형으로서 양보하고 보살펴야 하는 의무를 스스로 느끼는 것과 동시에 동생에 대한 불만을 느끼는 양가감정을 가지고 있다. **또래관계:** 왜소하고 작은 체형으로 인해 스트레스를 받으며 공격적인 언어를 사용하고 부정적인 감정 표현으로 또래와 어울리지 못하는 등 학교생활에 어려움을 겪고 있다. **성격:** 소극적이나 호기심이 많고 어른에게 예의가 바르다. **문제행동 및 주 호소 문제:** 또래보다 작은 체형으로 평소 외모 콤플렉스가 있으며 이를 감추기 위해 공격적인 언어를 사용하며 또래와 잘 어울리지 못한다. 생활 연령에 비해 도덕성이 높고 규칙을 잘 지키나 자존감이 낮아 모든 일에 소극적이고 산만하여 수업시간에 집중력이 낮아 학교선생님으로부터 지적을 자주 받는다. 참여자 2는 혼자 활동하는 시간이 많은 등 또래관계에서 어려움을 겪고 있다.	

| 참여자 3 (남/ 9세) | 가족사항 | 부-46세(회사원), 모-44세(회사원), 누나(15세) |

신체 발달 특이사항: 야뇨증으로 인하여 한의원에서 몇 년째 약을 복용 중이나 큰 호전은 없으며 병원에서는 장기가 좋지 않는 편이라고 하였다. 2012년 소아정신과에서 ADHD성향이 있다는 진단을 받았다.

사회 및 정서 발달: 게임과 미술 활동을 좋아하고 친구들과 어울려 노는 것을 좋아한다.

가족과의 관계: 아빠는 무뚝뚝한 성격으로 참여자 3이 무서워하는 존재이며 엄마가 주 양육자로 가족 구성원 중 참여자 3의 이야기를 가장 잘 들어주며 관계가 좋은 편이다.

또래관계: 친구들과 어울려 노는 것을 좋아하나 자기중심적 성향이 강하여 배려와 양보가 부족해 친구 관계에 문제가 많다.

성격: 밝고 활동적이며 그림 그리기, 만들기를 좋아하고 손재주가 있고 표현력이 좋다.

문제행동 및 주 호소 문제: 참여자 3은 자신의 감정을 잘 조절하지 못하는 경향이 있다. ADHD 성향으로 산만하고 주의력이 떨어져 학업과 또래관계에 어려움을 겪고 있으며 몇 년간 지속된 야뇨증으로 인한 심리적 위축으로 인해 자존감이 낮다. 행동과 표현이 과잉되게 표현되어 친구와 시비가 붙거나 싸움으로 이어지는 경우가 생겨 학교 집단생활에서의 어려움을 나타내거나 또래관계에서 소외되고 집단 활동에 어울리지 못하는 등 단체생활에서의 어려움이 나타나고 있다.

| 참여자 4 (여/ 9세) | 가족사항 | 부-48세(회사원), 모-43세(주부), 언니(12세) |

신체 발달 특이사항: 없음

사회 및 정서 발달: 초등학교 1학년까지는 문제점이 나타나지 않았으나 단짝 친구의 갑작스러운 전학으로 인해 학교 등교 거부와 분리불안 등의 문제행동이 나타나기 시작했다.

가족과의 관계: 아빠는 직설적인 성격으로 가족 중 가장 무서워하는 존재이며 엄마가 주 양육자로 엄마와의 과잉 애착으로 인해 분리불안을 느끼는 상황이며 언니와는 경쟁 관계로 항상 싸움의 대상이 되고 있다.

또래관계: 엄마와 떨어지지 않으려는 문제행동으로 친구와 어울려 놀 시간과 기회가 없어 혼자서 생활하며 학교생활에 문제를 보이고 있다.

성격: 예민하고 신경질적이며 소극적인 성격이다.

문제행동 및 주 호소 문제: 분리불안으로 인해 현재 학교 등교거부를 하고 있는 상황으로 엄마와 함께 학교에 등교 후 쉬는 시간마다 엄마가 있는 도서관에 와서 엄마가 있는지 확인한 후 교실로 돌아가는 등 학교 부적응행동과 함께 심한 분리불안으로 힘든 상태이다. 심각한 분리불안으로 엄마와 떨어져 있지 않으려는 성격으로 친구와 함께 놀 기회가 없고 이로 인해 또래관계도 힘든 상황이다.

가족사항	부-43세(회사원), 모-42세(주부)

신체 발달 특이사항: 없음

사회 및 정서 발달: 혼자 노는 것을 좋아하며 타인과의 상호작용에 어려움이 있다.

가족과의 관계: 아빠는 참여자 5에게 관심은 많으나 무뚝뚝한 성격으로 함께 보내는 시간이 많지 않다. 어린 시절 주 양육자가 할머니로 엄마와의 애착 형성이 되지 않아 애정에 대한 욕구가 많다.

또래관계: 친구들과 어울려 노는 것을 좋아하지 않고 자신의 의견과 생각만을 주장하고 감정 조절이 되지 않아 또래관계에서의 어려움을 나타내고 있다.

성격: 예민하고 걱정이 많아 뉴스의 나쁜 소식(사건, 사고 등) 집착하고 불안해하는 모습을 보인다.

문제행동 및 주 호소 문제: 어린 시절 엄마의 우울증으로 떨어져 지내는 시간이 길었고, 이로 인해 애착관계가 형성되지 않았다. 기질적으로 예민하고 자기중심적인 생각이 강하고 감정 조절이 되지 않아 학교생활에서도 어려움을 겪고 있다. 또래관계에서 상대방의 감정을 배려하지 않고 자신의 의견만을 주장하는 등 원만한 친구 관계가 형성되지 못하고 있으며 집안과 밖의 행동이 많이 다르고 엄마에 대한 애정의 욕구가 지나치게 많아 불안이 높은 편이다.

참여자 5 (남/10세)

가족사항	부-43세(회사원), 모-40세(주부)

신체 발달 특이사항: 없음

사회 및 정서 발달: 숫자를 이용한 게임을 좋아하며 숫자와 시간에 강박 증상을 보이고 있다.

가족과의 관계: 부모 모두 양육에 관심이 많은 편이며 아빠는 자상한 편이나 이성적이고 직설적인 화법으로 참여자 6에게 상처가 되는 말을 많이 하여 정서적인 거리가 멀다. 엄마가 주 양육자로 전반적인 양육을 전담하고 있으며 양육 스트레스와 부담으로 정서적으로 안정된 양육은 제공되지 않는 상황이다.

또래관계: 또래보다 정서적으로 성숙한 편으로 나이에 맞지 않는 어른스러운 행동과 말투를 많이 사용하며 또래관계에서의 즐거움과 친구의 필요성을 느끼지 못하고 있다. 또래와 어울려 놀지 않고 혼자 노는 것을 좋아한다.

성격: 밝고 적극적이며 집중력이 좋으며 이해력이 뛰어나다.

문제행동 및 주 호소 문제: 또래에 비해 인지 능력이 뛰어나고 어른스러운 상황 대처 능력을 보이나 이로 인해 자신의 감정을 스스로 억누르며 표출해야 할 감정까지 이성적으로 누르고 있는 상황으로 또래관계의 필요성과 즐거움을 느끼지 못하고 있다. 숫자와 시간에 대한 강박을 보이며 타인의 도움을 철저히 거부하며 규칙적이고 구조화된 작업을 선호한다. 일대일 대화나 성인과의 상호작용은 잘 되는 편이나 또래관계에서는 소극적인 태도와 회피하는 모습을 보이며 단체생활에서의 어려움을 나타내고 있다.

참여자 6 (남/8세)

참여자 7 (남/ 8세)	가족사항	부-39세(회사원), 모-37세(회사원), 누나(10세)

신체 발달 특이사항: 3살 때의 뇌종양수술과 7세 때 큰 심장수술로 신체적·정서적으로 어려운 시간을 보냈다.

사회 및 정서 발달: 예민하고 소극적인 성격으로 또래관계에서의 어려움을 표현하고 있다.

가족과의 관계: 부모와의 관계는 좋은 편이나 누나와의 관계에서 스트레스를 많이 받고 있는 상황이다. 어린 시절 아픈 동생 때문에 부모의 관심에서 제외된 누나가 자신의 스트레스를 참여자 7에게 모두 표현하고 있는 상황으로, 누나의 잦은 구타와 욕설로 현재 참여자 7은 많은 스트레스를 겪고 있다.

또래관계: 특별한 문제점은 없으나 예민한 성격으로 소수의 친구와 또래관계를 형성하고 있다.

성격: 예민하고 불안이 많으나 온순하고 차분한 성격으로 이타심이 높다.

문제행동 및 주 호소 문제: 어린 시절, 뇌종양수술과 큰 심장 수술을 한 참여자 7에 대한 편중된 양육으로 인해 그의 누나는 많은 스트레스를 받았을 것으로 짐작된다. 이러한 누나의 일방적인 괴롭힘으로 인해 참여자 7은 자존감이 많이 낮아져 있다. 불안이 높아 음성 틱과 눈을 깜빡이는 등 행동 틱이 함께 나타나고 있으며, 학교생활에서도 소극적인 성격으로 친구관계에서 어려움을 표현하고 있다.

참여자 8 (남/ 8세)	가족사항	부-43세(회사원), 모-40세(주부)

신체 발달 특이사항: 신체 발달이 늦은 편으로 소화기관의 어려움으로 식이의 불편함을 겪고 있다.

사회 및 정서 발달: 엄마와 불리불안이 높고 정서적으로 불안이 높은 편이다.

가족과의 관계: 어린 시절 아빠와 떨어져 지내며, 주 양육자인 엄마는 양육 스트레스로 인해 경미한 우울증이 있었다. 이로 인해 지나치게 화를 많이 내고 거친 언어를 사용하는 등의 강압적인 양육을 했다.

또래관계: 친구들과 잘 어울려 노는 편이나 자신이 마음에 들지 않을 때는 화를 내고 짜증을 내며 감정 조절이 되지 않아 또래관계의 어려움을 나타내고 있다.

성격: 예민하고 불안이 크지만 호기심이 많고 활발한 성격이다.

문제행동 및 주 호소 문제: 어린 시절 우울증이 있었던 엄마의 영향으로 인해 집안에서는 엄마가 보이지 않으면 불안해하며 치마를 붙잡고 있어야 할 만큼 예민하고 불안이 높고 분리불안을 겪고 있다. 활발하고 호기심이 많으나 친구와의 또래관계에서 자기 고집이 강하고 짜증을 많이 내며 원만한 관계를 형성하지 못하고 있다.

3. 집단상담프로그램 진행 과정

〈표 13-2〉 **푸드아트테라피 집단상담프로그램 진행 절차**

진행 순서	시간 배정 (120분)	프로그램 목표와 진행 과정
도입 (마음 열기)	20분	• 정서지능 UP 인사법으로 인사하기 • 칭찬 초콜릿 퍼즐 만들기와 칭찬 주스컵을 이용한 동기부여하기 • 푸드 매체를 이용한 다양한 촉진 활동으로 긴장감 해소 및 친밀감 형성하기
전개 (중심 활동)	80분	• 다양한 푸드 매체를 적용한 프로그램을 통해 자신의 감정을 표출하고 집단원과 함께 활동 후 완성한 작품을 보며 느낌과 생각을 나눈다.
정리 (마음 나누기)	20분	• 집단원이 함께해서 행복한 느낌과 감정을 활동지에 작성한 후 발표하는 기회를 제공하고 다음 회기에 대해 간단히 설명한 후 활동을 마무리한다.

4. 푸드아트테라피 프로그램의 목적 및 특성

이 프로그램의 목적은 푸드아트테라피를 적용한 집단상담프로그램을 통해 초등학교 저학년의 자기효능감과 사회성을 향상시키는 데 있다.

이 푸드아트테라피 집단상담프로그램을 적용한 프로그램의 특징을 살펴보면 다음과 같다.

첫째, 집단 상담프로그램은 초등학생의 자기효능감과 사회성 향상을 목적으로 프로그램의 대상인 초등학생 저학년을 중심으로 정서, 행동, 또래 관계 및 심리 발달적인 특성을 바탕으로 학교와 단체 생활에서 나타나는 문제점 해결을 중심으로 집단상담프로그램을 구체화하였다.

둘째, 일상생활 속의 친숙한 푸드 매체를 통해 자신의 감정을 표현한 후 집단원과 함께 느낌과 생각을 공유하는 공감으로 긍정적인 자아 형성과 사회성 향상 기회를 통해

[그림 13-1]　푸드아트테라피를 적용한 집단상담프로그램 구성

프로그램 장면에서는 물론 일상생활에서도 자연스럽게 실천 가능할 수 있도록 집단상담프로그램을 구성하였다.

5. 푸드아트테라피 프로그램 구성 내용

푸드아트테라피를 적용한 집단상담프로그램의 장기 목표는 자기효능감과 사회성을 향상시키는 것으로 초기, 중기 1, 중기 2, 후기로 나누어 프로그램을 진행하였다. 구체적인 프로그램의 진행 절차를 도식화 하면 [그림 13-2]와 같다.

초기의 단기 목표는 다음과 같다. 첫째, 푸드아트테라피에 대한 흥미 유도와 집단원 간의 관계형성을 통해 친밀감을 형성하고 푸드 매체에 대한 탐색으로 긴장을 완화한다. 둘째, 지금-여기에 초점을 둔 자기 탐색, 자기 이해를 통해 자기효능감을 향상시킨다. 이 프로그램의 도입 단계로서 '나를 만나러 가는 길'이라는 주제를 이용하여 감정을 탐색하고 친밀감을 형성하도록 하였다.

중기 1의 단기 목표는 다양한 푸드아트테라피를 활용해 집단 속에서 자기 인식과 정서적 감정을 표현, 표출하고 긍정적인 자기 가치 형성을 통해 자기효능감을 향상시

푸드아트테라피 프로그램의 장기 목표	• 자기효능감 및 사회성 향상
초기 단계 목표 도입 단계 (나를 만나러 가는 길 1~3회기)	• 흥미 유도, 친밀감 형성, 긴장 완화 • 자기 탐색, 자기 이해(자기효능감 향상)
중기 1 단기 목표 표출 단계 (너와 나를 만나러 가는 길 4~7회기)	• 자기 인식, 자기 가치 형성 • 감정 표출, 공감 형성
중기 2 단기 목표 표출 단계2 (우리가 함께 걷는 길 8~12회기)	• 긍정적인 또래 관계 형성 • 타인 관계 이해, 사회적 기술 향상
후기의 단기 목표 실행 단계 (우리가 함께 만든 멋진 세상 13~15회기)	• 긍정적인 사고의 확장 • 자기 이해를 통한 긍정적인 미래상 형성
종결파티	• 자기효능감 및 사회성 향상

[그림 13-2] 푸드아트테라피를 적용한 집단 상담프로그램의 진행 절차

키는 것이다. 이 프로그램의 표출단계로, '너와 나를 만나러 가는 길'로 집단원이 서로 감정을 표출하고 공감할 수 있도록 하였다. 중기 2의 단기 목표는 푸드아트테라피를 적용한 집단상담프로그램을 통한 긍정적인 또래 관계 형성과 긍정적인 사고 전환으로 타인과의 관계 이해와 자기 인식을 바탕으로 사회적 기술을 향상시키는 것이다. 중기 2의 주제는 '우리가 함께 걷는 길'로 긍정적인 사고 전환을 통해 타인을 이해하고 수용할

수 있도록 하였다. 마지막 후기의 단기 목표는, 첫째, 집단원 간의 상호지지를 통한 긍정적인 자기 이해를 향상시킨다. 둘째, 긍정적인 자기 이해를 바탕으로 타인과의 관계 및 사회적 기술을 향상시키며, 최종적으로는 긍정적인 미래상 형성을 목표로 한 실행 단계이다. '우리가 함께 만든 멋진 세상'이라는 주제로 상호지지를 통해 긍정적 사고를 확장하고 자신과 타인의 정서와 감정의 변화를 통한 행복한 삶을 목표로 프로그램을 구성하였다.

프로그램 시작 전 감정 인사 나누기를 통해 활동 전과 후의 기분을 함께 나눈 후 푸드 매체를 활용한 다양한 촉진 활동으로 긴장감을 해소하고 집단원과의 친밀감을 형성 하였다. 또한, 푸드아트테라피 활동 후 집단상담프로그램을 통한 마음 나누기로 서로의 작품에 대한 느낌과 생각을 공유하고 상대방의 작품에 대해서도 칭찬을 통한 공감과 지지로 긍정적인 감정 교류가 이루어지도록 하였다.

이 프로그램의 단계별 목표와 내용은 다음과 같다.

1) 초기 단계 (나를 만나러 가는 길 1~3회기)

1회기에서 3회기는 초기 단계로 '나를 만나러 가는 길'이라는 주제로, 친밀감 형성 및 감정 탐색을 목표로 한다. 1회기의 '난 이런 사람이야!', 2회기의 '내 안의 나 찾기 1', 3회기의 '내 안의 나 찾기 2'의 주제로 진행한다. 프로그램을 시작하기 전, 프로그램을 안내하고 프로그램의 규칙과 제안에 대한 약속을 정한다. 푸드 매체를 이용하여 자기소개를 하는 시간을 가진 후, 집단원들이 서로 친밀한 관계를 형성할 수 있도록 신체적 긴장감을 풀어 주는 촉진 활동을 실시한다. 또한, 낯선 상황에 처음 접하는 집단원들이 프로그램에 대해 부담스러워하지 않고 흥미를 가지고 시작할 수 있도록 편안하고 자유로운 분위기를 만든다.

2) 중기 단계 1 (너와 나를 만나러 가는 길 4~7회기)

푸드 매체를 통해 자신의 감정을 표출하며 서로의 감정에 대해 공감할 수 있도록 프로그램을 구성하였다. 4회기 '툴툴 털어 버려요! 1', 5회기 '툴툴 털어 버려요! 2', 6회기 '나와 너의 마음', 7회기 '나를 두렵게 하는 기억'의 주제로 프로그램을 진행한다. 푸드 매체를 적용한 프로그램으로 자신의 내면의 욕구와 감정을 표현하고 표출하는 기회를 통해 자기 이해의 시간을 가진다. 또한 활동 후의 느낌 표현과 활동한 모습들을 칭찬하는 긍정적인 지지를 통해 자기효능감 및 사회성을 향상시키는 기회를 제공한다. 마지막으로 프로그램을 마무리하며 개인적인 평가와 각자의 프로그램의 만족도를 점수로 표현하고, 다음 회기의 프로그램 소개를 통해 동기부여의 기회를 가진다.

3) 중기 단계 2 (우리가 함께 걷는 길 8~12회기)

푸드 매체를 적용한 프로그램을 통해 긍정적인 사고 전환과 긍정적인 또래 관계를 형성하고 타인과의 상호작용을 통해 사회성을 향상시킨다. 8회기 '친구야 너는 누구니?', 9회기 '우리만의 안정된 공간', 10회기 '우리는 한마음', 11회기 '우리가 함께하는 세상', 12회기 '우주 속에 우리는 하나!'의 주제로 프로그램을 진행한다. 서로 마음을 나누고 칭찬과 격려의 말을 나누는 시간을 통해 또래 관계 및 사회성에서 긍정적인 변화가 있을 수 있도록 프로그램을 구성한다. 또한 프로그램이 끝나기 전에 집단원 간의 긍정적인 피드백을 통해 자기효능감과 사회성을 향상시킬 수 있는 기회를 제공한다. 이때 부정적인 모습보다 긍정적인 모습을 피드백할 수 있도록 하고 함께 공동 작품을 만들면서 타인을 배려하고 이해하는 마음을 느끼게 한다. 또한, 공동 작품을 완성한 후 함께해서 행복한 느낌을 집단원 모두 나눌 수 있도록 기회를 제공한다.

4) 후기 단계(우리가 만든 멋진 세상 13~15회기)

프로그램의 마지막 단계로, 13회기 '너와 나는 하나!', 14회기 '친구야, 사랑해!', 15회기 '나와 친구에게 주는 선물'이라는 주제로 프로그램을 진행한다. 그동안 푸드아트테라피를 적용한 집단상담프로그램을 통해 함께 나누어 왔던 감정에 대해 이야기를 나누며 상호지지를 통해 긍정적 사고를 확장하여 자신과 타인을 이해하는 기회를 제공한다. 또한, 공동 작품을 만든 후 서로에게 선물을 주는 등 마음을 나누는 시간을 통해 사회성을 향상시킨다.

5) 종결 파티

푸드아트테라피를 적용한 집단상담프로그램을 종결한 후 집단원들의 자기효능감 및 사회성 향상을 위한 프로그램을 통해 자신이 느꼈던 변화와 느낌에 대해 서로 이야기를 나눈다. 부모님이 준비해 온 다과를 나누어 먹으며 그동안의 활동을 칭찬하고 격려하는 시간을 가지고, 상담사는 상장과 메달을 나누어 주는 시간을 통해 그 동안의 활동을 칭찬하고 격려하는 시간을 가진다.

6. 푸드아트테라피를 적용한 집단상담프로그램

푸드아트테라피를 적용한 집단상담프로그램의 기본 구조는 [그림 13-3]과 같다.

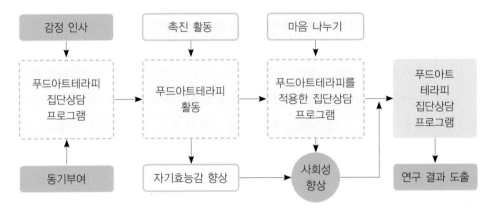

[그림 13-3] 푸드아트테라피를 적용한 집단상담프로그램의 기본 구조

7. 회기별 집단상담프로그램 계획서

- 장기 목표: 푸드아트테라피를 적용한 집단상담프로그램을 통해 자기효능감과 사회성을 향상시킨다.
- 단기 목표(초기): 푸드아트테라피에 대한 흥미 유도와 집단원 간의 관계 형성을 통한 친밀감을 형성하고 푸드 매체에 대한 탐색을 통해 긴장을 완화하고 지금-여기에 초점을 둔 자기 탐색, 자기 이해를 통해 자기효능감을 향상시킨다.
- 단기 목표(중기 1): 다양한 푸드아트테라피를 활용해 집단 속에서의 자기 인식과 정서적 감정을 표현, 표출하고 긍정적인 자기 이해를 통해 자기효능감을 향상시킨다.
- 단기 목표(중기 2): 푸드아트테라피를 적용한 집단상담프로그램을 통해 긍정적인 또래 관계를 형성하고 집단원 간의 상호작용을 통한 푸드아트테라피 활동으로 긍정적인 사고 전환을 통한 타인과의 관계 이해와 자기 인식으로 사회적 기술을 향상시킨다.
- 단기 목표(후기): 집단원 간의 상호지지로 긍정적인 사고를 확장하여 타인과의 관계 이해와 자기 인식으로 사회적 기술을 향상시키며 자기 이해를 통해 긍정적인 미래상을 형성한다.

〈표 13-3〉 **회기별 집단상담프로그램 계획서**

단계	회기	활동명	활동 내용	기대 효과
사전검사		프로그램 소개 및 상담사 소개 사전척도검사실시(자기효능감과 사회성척도)		
초기 나를 만나러 가는 길	1	난 이런 사람이야! -별칭 식빵그림	별칭을 지은 후 별칭에 어울리는 그림을 식빵 위에 초코펜과 초코볼을 이용하여 그림과 글자로 자유롭게 표현한다.	친밀감 형성, 흥미 유도
	2	내 안의 나 찾기 1 (1. 밀가루 반죽 촉감 놀이 및 신체 활동. 2. 밀가루로 긍정 하트 만들기)	밀가루 반죽을 한 후 모두 함께 촉감 놀이와 밀가루 반죽 신체 활동하기 자신의 마음속의 행복과 기쁨의 크기만큼 밀가루 반죽을 만든 후 긍정적인 감정의 색을 이용하여 밀가루 반죽을 완성한다. 반죽한 밀가루로 하트를 만들어 집단원과 감정 만나기를 한다.	긴장 완화, 친밀감 형성, 자기 탐색, 자기 이해
	3	내 안의 나 찾기 2 (밀가루를 이용한 여러 가지 감정 피자 만들기)	피자 조각에 각자 마음속의 감정들을 적은 후 밀가루와 여러 가지 푸드 매체를 이용하여 감정 피자를 만든 후 집단원과 감정 나누기를 한다.	흥미 유도, 긴장 완화, 자기 탐색, 자아 찾기
중기 1 너와 나를 만나러 가는 길	4	툴툴 털어 버려요! 1 (소금을 이용한 촉진 활동 및 소금 자유화)	색지 위에 소금으로 넓게 바닥을 채운 후 손가락을 이용하여 소금 그림을 자유롭게 그린 후 집단원과 마음 나누기를 한다.	자기 이해, 감정 표출, 타인 이해
	5	툴툴 털어 버려요! 2 (계란화)	계란 껍질을 깨뜨리며 부정적인 감정을 표출한 후 내면의 욕구를 표현하는 계란화를 그려 집단원과 긍정적인 지지 및 마음을 나눈다.	스트레스 해소, 내면의 욕구 및 감정 표출
	6	나와 너의 마음 (뻥튀기 자화상과 친구 얼굴 표현하기)	뻥튀기를 이용하여 자신의 모습과 친구의 모습을 만들어 자신은 물론 친구의 다양한 감정과 만나 보는 경험을 한다.	감정 표출 자기 수용 타인 이해 자기 이해
	7	나를 두렵게 하는 기억 (커피가루 난화)	원두커피 가루를 이용하여 내 마음속의 두려움을 난화를 이용하여 표현한 후 자신의 감정에 대해 깊게 알아보는 시간을 갖는다.	자기이해, 부정적인 감정 표출

중기 2 우리가 함께 걷는 길	8	친구야 너는 누구니? (초코파이 그림)	짝을 정한 후 서로의 모습을 초코파이 위에 표현하고 집단원과 감정 나누기를 한다.	또래 관계 향상, 타인 이해, 긍정적인 감정 표출
	9	우리만의 안정된 공간 (국수와 과자볼을 이용한 만들기)	국수와 색깔 과자를 이용하여 입체적으로 안정된 공간을 만든다. 각자가 만든 안정된 공간을 하나로 합한 후 함께해서 좋은 점에 대해 이야기를 나눈다.	긍정적인 감정 및 안정감 향상, 협동심 향상, 사회성 향상
	10	우리는 한마음 (우정의 비빔밥)	여러 가지 비빔밥 재료와 밥을 이용해 자유롭게 표현한 후 함께 비빔밥을 만들어 나누어 먹는 활동을 통해 긍정적인 또래 관계 및 사회성을 향상시킨다.	또래 관계 향상, 사회성 향상, 타인 수용
	11	우리가 함께하는 세상 (바다 속 꾸미기)	미역, 멸치, 새우 등을 이용하여 바다 속 풍경을 협동작품으로 만든 후 작품 이야기 및 감정 나누기를 한다.	사회성 향상, 의사소통 능력 향상, 타인 배려
	12	우주 속에 우리는 하나! (곡물 만다라)	여러 가지 곡물을 이용하여 함께 곡물 만다라를 완성하는 협동작품 활동을 통해 사회성을 향상시킨다.	사회성 향상, 의사소통 능력 향상, 자기 이해, 타인 배려
후기 우리가 함께 만든 멋진 세상	13	너와 나는 하나! (나에게 힘을 주는 마법 의 주스)	다양한 과일을 이용하여 자신에게 필요한 자원과 의미를 부여한 후, 믹서를 이용하여 마법의 주스를 만들고, 과일 꼬치를 만들어 집단원에게 선물하는 기회를 통해 자기효능감 및 사회성을 향상시킨다.	상호작용 향상, 긍정적인 상호작용
	14	친구야, 사랑해 (우정의 약국 놀이)	다양한 사탕과 비타민 등을 이용하여 우정의 약을 만들어 주고받는 활동을 통해 사회성과 자기효능감을 향상시킨다.	사회성 향상, 의사소통 능력향상 타인 배려
	15	나와 친구에게 주는 선물 (주먹밥 등을 이용하여 나 만을 위한 도시락 만들기 와 친구랑 마음 나누기)	주먹밥 등 다양한 도시락 재료를 이용하여 자유롭게 표현하여 완성한 후, 나만을 위한 도시락을 만들어 선물한다. 나에게 보내는 편지를 쓰는 활동을 통해 긍정적인 자아 형성과 함께 자기효능감을 향상시킨다.	자기효능감 향상 및 긍정적인 미래상 형성
종결파티		아름다운 이별(부모와 함께 만드는 희망 나무 및 종결파티)		
사후검사		프로그램에 참여한 소감 발표 사후척도검사 실시(자기효능감과 사회성척도)		

8. 회기별 집단상담프로그램 내용

1-1. 초기 단계 (1회기)

① 활동 주제: 나 이런 사람이야!

② 준비물: 숟가락, 과자, 식빵, 개인 접시, 여러 가지 초코볼, 활동지

③ 활동 목표: 푸드 매체를 이용한 촉진 활동으로 친밀감을 형성하고 푸드 매체로 별칭을 만든 후 자기를 소개하는 시간을 가진다.

④ 촉진 활동 내용: 숟가락으로 과자를 전달하는 촉진 활동의 모습에서 참여자들이 서로 협력하거나 지지하는 모습은 보이지 않았고 개인적인 활동에 더 치중하는 모습을 보였다.

⑤ 1회기 전체 내용: 식빵과 초코볼, 과자를 이용하여 자신의 별칭에 맞는 이미지를 그림 또는 글자로 표현한 후 자기를 소개하는 시간을 가졌다. 첫 활동이라 소란스러운 분위기와 서로 매체를 많이 가지기 위해 다투는 모습 등 산만한 모습을 보였고 활동 후 소감 발표 시간에는 대체로 재미있었다는 긍정적인 반응을 보였다.

⑥ 촉진 활동 및 활동 사진

1회기 촉진 활동	1회기 활동

⑦ 푸드아트테라피 활동 내용

- **참여자 1**: 자신이 좋아하는 '소'로 별칭을 지은 후 소가 외롭지 않게 초콜릿으로 친구 별을 만들었다. 활동 시 돌아다니는 행동 등 산만하고 집중력이 낮은 모습을 보였고 타인과 공감하는 것에 어려움이 있고 또래 관계의 필요성을 느끼지 못했다. 집단 활동 후 마음을 나누는 시간에는 친구와 숟가락으로 과자 나르기 게임이 재미있었다는 소감을 발표하였다.

- **참여자 2**: 낮은 자존감으로 인해 자신의 기분과 생각을 표현하는 것을 힘들어하며 별칭도 스스로 만들지 못하는 등 소극적이고 자신 없는 모습으로 참여하였다. 다른 참여자의 도움으로 '눈'이라는 별칭을 식빵 위에 이미지로 표현하였다. 활동 후 기분은 좋아졌지만 혼자 활동할 때가 제일 편하다는 소감을 발표하였다.

- **참여자 3**: 큰 목소리로 자기 생각만을 주장하며 집단 활동 시 참여자 4와 의견충돌을 일으키는 등 수업에 방해되는 행동을 하였다. 키가 크고 싶은 마음을 닮아 '흑샘'이라는 별칭을 지었고 과한 매체 사용으로 욕구 조절의 어려움을 표현하였다. 활동 후의 기분은 친구의 장점을 찾아 칭찬해 주는 것이 제일 힘들었다는 소감을 발표하였다.

- **참여자 4**: 집단 활동 시 참여자 3과 다투며 의견 충돌을 가장 많이 일으켰고 같은 팀이 된 것에 대해 불만을 표현하였다. 푸드 매체에 대한 욕심이 많았고 욕구 조절의 어려움을 보였다. '요리사'라는 별칭을 지은 후 미래의 꿈을 푸드 매체로 표현하였다.

- **참여자 5**: 큐브를 좋아하고 잘해서 '짱큐브'라는 별칭을 지었고 세 가지 색의 큐브를 식빵 위에 표현하였다. 타인에 대한 관심이 부족하고 집단 활동 후의 소감을 발표하는 시간에 혼자 만드는 것이 재미있었다고 대답하며 또래 관계의 어려움을 표현하였다.

- **참여자 6**: 엄마가 집에서 불러 주는 '왕자님'이라는 별칭을 다양한 푸드 매체로 완성한 후 작품에 대한 만족감을 표현하였다. 집단 활동 시 참여자 1과 장난을 치고 노래를 부르며 수업에 방해되는 행동을 지속하였고 교실을 돌아다니며 물건들을

만지는 등 산만한 행동을 보였다. 집단 활동 후 마음을 나누는 시간에 참여자 7이 가장 잘 표현했다고 칭찬을 하며 관심을 표현했다.

- 참여자 7: 자신의 별칭을 짓는 것에 어려움을 표현하였다. 가장 마지막에 '토끼'라는 별칭을 지었다. 참여자 중 유일한 여자 친구로 소극적이고 부끄러움이 많아 조용한 모습으로 활동에 참여하였다. 집단 활동 후 마음을 나누는 시간에 처음에는 어색했지만 같이 게임을 하고 만들기도 하니 재미있었다고 했다.

- 참여자 8: 흐르는 물이 마음에 들어서 별칭을 '물'이라고 지었다고 설명하였다. 흐르는 것이 좋은 이유는 자유롭게 흘러 다니기 때문이라고 하였고 지금은 그렇지 못하다고 표현하며 푸드 매체를 통해 불편한 감정을 표현했다. 참여자 중 별칭을 정하지 못해 어려워하는 친구들을 도와주는 모습을 보였고 집단 활동을 하며 느낀 점을 발표하는 시간에 좀 시끄럽고 불편한 점도 있지만 혼자 하는 활동보다 재미있었다며 활동에 대한 만족감을 표현했다.

1회기 작품

[참여자 1] 드라큐브   [참여자 2] 눈   [참여자 3] 흑샘   [참여자 4] 요리사

[참여자 5] 짱큐브   [참여자 6] 왕자님   [참여자 7] 토끼   [참여자 8] 물

1-2. 도입 단계(초기 2회기)

① 활동 주제: 내 안의 나 찾기 1

② 준비물: 밀가루, 반죽할 수 있는 큰 스티로폼 박스, 식용색소, 식용유

③ 활동 목표: 기쁠 때, 행복할 때 등 긍정적인 감정 만나기를 통해 자기효능감을 향상시키고, 밀가루로 만든 하트로 참여자들과 긍정 감정을 나누는 활동을 통해 사회성을 향상시킨다.

④ 촉진 활동 내용: 바나나로 칼싸움을 하는 촉진 활동을 참여자 모두 적극적으로 참여하며 즐겁게 활동하였고 게임에서 졌을 때도 화를 내거나 짜증을 내는 모습을 한 명도 보이지 않았다.

⑤ 2회기 전체 내용: 밀가루를 이용한 촉감 활동에 모두 즐겁게 참여하였고, '부드럽다' '재미있다' '좋다'라고 표현하며 적극적으로 밀가루 반죽 활동에 참여하였다. 밀가루 반죽을 발로 밟는 활동에서는 발에 밀가루 묻는 것이 싫다는 참여자도 있었으나 다른 참여자들이 활동하는 것을 보고 용기를 내어 참여하는 등 즐겁게 활동했다. 활동지를 통해 자신이 기쁠 때와 행복할 때의 구체적인 상황을 적어 참여자들과 마음 나누기를 하였고, 서로의 장점을 찾아 주고 활동한 작품을 보며 긍정적인 피드백을 나누는 시간을 통해 타인과 상호작용하는 시간을 가졌다. 전체 활동에 대한 소감은 모두 즐겁고 재미있었다고 표현하며 사회성 향상에 긍정적인 반응을 나타냈다.

⑥ 촉진 활동 및 활동 사진

2회기 촉진 활동	2회기 활동

⑦ 푸드아트테라피 활동 내용

- **참여자 1**: 밀가루 반죽이 손에 묻는 것을 싫어하며 촉감활동을 거부하였으나, 다른 참여자들이 활동하는 긍정적인 자극으로 밀가루 반죽을 발로 밟는 활동까지 적극적으로 참여하였다. 긍정 감정을 참여자 4에게 선물하며 자기의 마음을 표현하는 등 또래 관계에서의 긍정적인 변화를 보였으나 산만하고 튀는 행동은 여전히 나타났다.

- **참여자 2**: 밀가루 촉감활동에서는 참여자 3과 자주 부딪치며 다투는 행동이 관찰되었고, 활동 후 긍정 하트를 참여자들이 서로 나누는 모습을 보며 용기를 내어 참여자 6에게 자신이 만든 하트를 선물하며 마음을 표현하였다.

- **참여자 3**: 발로 밀가루 반죽을 밟는 활동에서는 참여자 중 가장 적극적으로 두 발로 뛰며 즐겁게 활동하였고, 파란색의 긍정 하트에 'LOVE'라는 단어를 만들어 완성하였다. 지난 회기와 같이 매체를 과다하게 사용하는 모습 및 친구와 다투는 모습 등이 관찰되었다.

- **참여자 4**: 밀가루 반죽이 부드럽다고 말하며 적극적으로 촉감활동에 참여하였고 파란색 하트를 만들어 참여자 6에게 선물했다. 그러나 참여자 8이 주는 선물은 받지 않겠다고 거절하며 또래 관계에서의 불편함이 관찰되었다.

- **참여자 5**: 활동 초기 손에 밀가루가 묻는 것을 싫어하며 활동에 참여하지 않았다. 참여자들의 모습을 보고 활동에 참여하였고 발로 밀가루 반죽을 밟는 활동도 거부하지 않고 즐겁게 활동에 참여했다. 자신이 만든 긍정 하트는 같은 팀의 참여자 8에게 선물하였고, 활동 후 소감을 발표하는 시간에 만들기를 별로 좋아하지 않는데 오늘은 재미있었다는 표현을 하며 활동에 대한 만족감을 표현하였다.

- **참여자 6**: 손끝으로 밀가루 반죽을 찔러보는 등 활동에 소극적으로 참여하였고, 밀가루 반죽을 발로 밟는 활동은 참여하지 못하고 초록색 하트를 만든 후 자신의 이름 이니셜을 만들어 완성하였다. 지난 회기와는 달리 산만하지 않고 수업에 방해되는 행동이 많이 줄어든 모습을 보였다.

- **참여자 7**: 지난 회기보다 어색해 하고 부끄러워하는 행동이 많이 줄어들었다. 밀

가루 반죽을 이용한 다양한 촉감활동에는 적극적으로 참여하며 즐겁게 활동했다. 노란색 긍정하트를 만들어 참여자 6에게 선물하였고, 가족과 함께 있을 때 가장 기쁘고, 활동 전에는 멍했는데 활동 후는 기쁘고 재미있다고 소감을 발표했다.

- **참여자 8**: 참여자들을 챙기고 도와주는 긍정적인 모습을 보였다. 파란색으로 자기 마음속의 긍정적인 감정을 표현하였고 참여자 4에게 긍정적인 감정을 선물했다. 활동 후 느낌을 발표하는 시간에는 자신 있게 "재미있었다."라고 말하며 활동에 대한 만족감을 표현하였다.

2회기 작품

[참여자 1] 드라큐브

[참여자 2] 눈

[참여자 3] 흑샘

[참여자 4] 요리사

[참여자 5] 짱큐브

[참여자 6] 왕자님

[참여자 7] 토끼

[참여자 8] 물

1-3. 도입 단계(초기 3회기)

① **활동 주제**: 내 안의 나 찾기 2

② **준비물**: 밀가루 반죽, 식용색소. 피망, 버섯, 곡류, 당근, 모양 틀, 밀대, 꼬깔콘

③ **활동 목표**: 첫째, 마음속의 다양한 감정 만나기를 통해 자기 탐색과 자기 이해를 향상시킨다. 둘째, 마음속의 다양한 감정을 담은 감정 피자를 함께 만든 후 참여

자들과 감정 나누기 활동을 통해 사회성을 향상시킨다.

④ **촉진 활동 내용**: 꼬깔콘을 손가락에 높이 쌓는 게임을 통해 즐겁게 활동하며 참여 자들과 친밀해질 수 있는 기회를 가졌다. 높이 쌓인 과자를 보며 '드라큐라 손'과 닮았다는 이야기를 하였고 서로 과자를 먹여 주는 활동을 통해 친밀감을 형성하 고 긍정적인 상호작용과 함께 친해질 수 있는 기회를 가졌다.

⑤ **3회기 전체 내용**: 푸드아트테라피 활동으로 지난 시간 만들었던 밀가루 반죽을 만 져 보며 느껴지는 감정을 나누었다. 밀가루와 기름 냄새로 처음에는 만지는 것에 불편함을 표현하는 참여자도 있었지만 두 팀으로 나눈 뒤 협동 활동으로 각자 역 할을 나누어 밀가루 반죽을 둥글게 만들어 피자를 만들었다. 참여자들과 역할을 나눠 주어진 푸드 매체로 자신의 감정을 담은 감정피자를 만들었고 각자가 느끼 는 마음속의 여러 가지 감정을 담은 감정 피자를 발표하는 시간을 통해 자기 이 해 및 사회성 향상의 기회를 가졌다.

⑥ **촉진 활동 및 활동사진**

3회기 촉진 활동	3회기 활동

⑦ **푸드아트테라피 활동 내용**

• **참여자 1**: 참여자 2와 다투며 활동 시간에 집중하지 못하는 등 산만한 모습을 보였 다. 푸드아트테라피 활동 시 칼로 야채를 자르는 활동을 주로 하였고, 자기 마음 속의 '불난 감정'을 담아 '불난 피자'를 완성하였다. 친구와 다투어서 기분이 좋지 않고 활동 후 마음을 나누는 시간에는 혼자서 만드는 활동이 더 편하다는 말을

하며 또래와 어울리지 못하는 불편함을 표현하였다.

- 참여자 2: 참여자 1과 다투는 등 참여자들과의 상호작용에 어려움을 보였다. 자기 마음속에 있는 여러 가지 감정에 대해 활동지에 적는 시간에는 "나는 그런 것 몰라요. 하고 싶지 않아요."라는 말로 부정적인 감정을 표현하였고 활동 후 소감은 "화난다."고 했다. 완성한 밀가루 피자는 자신의 얼굴을 닮았다고 말하며 '화난 얼굴 피자'라고 제목을 지어 매체를 통해 자신의 감정을 표현하였다. 활동 후 마음을 나누는 시간에는 참여자 1과 다투어서 기분이 좋지 않지만 과자 게임은 재미있었다는 소감을 발표하였다.

- 참여자 3: 매체를 친구들보다 더 많이 사용하려는 모습이 관찰되었고, '나만의 피자'라는 제목을 지은 후 큰 피자를 혼자 먹고 싶다고 했다. 큰 목소리와 행동으로 옆 친구와 다투는 모습이 자주 관찰되었고 다툰 뒤 눈물을 보이며 억울한 감정을 표현하는 등 감정 조절의 어려움을 표현하였다.

- 참여자 4: 푸드아트테라피 활동 시 밀가루 반죽으로 피자를 만드는 활동에 재미있게 참여하였고 만든 피자 제목을 '여러 가지 감정 피자'라고 지었다. 감정 피자에 담긴 것은 좋은 감정, 짜증난 감정, 귀찮은 감정, 슬픈 감정, 하고 싶은 감정, 화나는 감정 등을 적었다. 활동 중 참여자들을 무시하는 말투와 짜증을 부리며 다투는 등 또래 관계에서의 불편함을 표현하였다.

- 참여자 5: 감정 피자를 만들기 전 활동지에 자기 마음을 적는 시간에 "기분이 좋았지만 참여자 1과 참여자 2가 싸워서 불안했다."라고 감정을 표현하였다. 감정 피자를 만드는 활동 중 친구가 하고 싶은 활동을 양보하는 모습을 보였다. 완성한 감정 피자를 보며 느껴지는 감정을 표현하는 시간에는 "자유로운 것 같다."라고 표현하며 '자유 피자'라고 제목을 지었다. 활동 후 소감은 "콤비네이션 피자를 먹고 싶다."며 활동이 재미있었다고 했다. 활동 후 마음을 나누는 시간에는 친구들이 다투어서 기분이 좋지 않았다는 소감을 발표했다.

- 참여자 6: 장난을 치는 행동이 많이 사라지고 진지하게 활동에 참여하는 모습을 보였다. 감정 표현력이 떨어지는 것은 아니지만 활동지에 글로 적는 활동을 어려

워하고 맞춤법이 틀리는 것에 대해 부끄러워하는 등 위축된 모습을 보였다. 자기 마음속에는 '기쁨, 화남, 지겨움, 슬픔, 놀라움, 짜증, 행복'이 있다고 적었고 친구 랑 놀 때가 가장 기쁘고 친구들이 이유 없이 화낼 때 가장 짜증이 난다고 했다. 완 성한 감정 피자의 제목은 '행복 피자'라고 정한 후 피자를 먹고 행복해졌으면 좋 겠다는 감정을 표현하였다. 활동 후 참여자들과 마음을 나누는 시간에는 혼자 할 때보다 더 재미있었다는 소감을 발표하였다.

• 참여자 7: 마음속의 감정들을 찾아서 적는 시간에 처음에는 어떻게 해야 할지 모 르겠다고 망설이다가 '기쁨, 행복, 슬픔, 신남, 우울, 화남, 짜증, 궁금'이라고 적었 고 여러 감정 중에서 행복이 가장 많으며 "엄마와 있을 때 가장 좋아요."라고 표 현하였다. 완성한 피자의 제목은 '엄마 피자'이고 엄마가 생각난다고 했다.

• 참여자 8: 자신이 느끼는 감정을 '기쁨, 신남, 슬픔, 긍정, 화남'이라고 적었고 자기 마음속에는 긍정적 감정과 즐거운 감정이 가장 많다고 했다. 완성한 감정 피자의 제목은 피자색이 다양해서 '화려한 피자'라고 했다. 참여자들과 마음을 나누는 시 간에는 역할을 나누어야 하는 것이 힘들었고 마음이 맞지 않아 힘들었다는 소감 을 발표하였다.

3회기 작품

 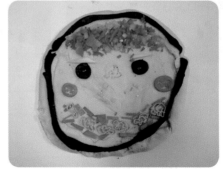

밀가루 반죽으로 만든 감정 피자

1-4. 주기 1 단계(4회기)

① 활동 주제: 툴툴 털어 버려요! 1

② 준비물: 소금, 색지, 깃발, 전지, 평 붓, 팔레트, 물감

③ 활동 목표: '내가 가장 힘들 때'를 소금 그림으로 표현한 후 참여자들의 긍정적인 지지를 통해 부정적인 감정 표출과 함께 긍정적인 자기 인식과 사회성을 향상시킨다.

④ 촉진 활동 내용: 소금을 쌓은 후 깃대 쓰러뜨리기 활동을 통해 참여자들과의 친밀감 형성 및 흥미를 유도하여 긍정적인 또래를 형성할 수 있는 기회를 제공하였고 서로에게 소금을 양보하는 긍정적인 모습이 관찰되었다.

⑤ 4회기 전체 내용: 푸드아트테라피 활동으로 소금을 이용하여 '내가 가장 힘들 때' 라는 주제로 소금 그림을 그렸다. '공부할 때' '친구와 싸울 때' '일기 쓸 때' 등의 힘든 이야기를 나누었고, 힘들어 하는 참여자에게 용기가 되는 말로 마음을 표현하는 시간을 통해 긍정적인 지지를 나누었고 활동 후 소감을 발표하는 시간에는 "고맙다." "즐겁고 재미있었다." 등의 긍정적인 소감을 발표하였다.

⑥ 촉진 활동 및 활동 사진

4회기 촉진 활동	4회기 활동

⑦ 푸드아트테라피 활동 내용

- 참여자 1: '내가 가장 힘들 때'라는 소금 그림의 주제로 책 모양을 손으로 그린 후 '공부'라는 글을 적어 완성하였다. "공부 좀 그만하자!"라고 소리치며 소금을 뿌렸고 기분이 어떤지 물어보자 "좋다"라고 표현하며 즐거워했다. 집단 활동 후 마음

나누기 시간에는 참여자 6의 "나도 공부가 너무 힘들어. 하지만 열심히 하다보면 즐기게 될 거야."라는 말과 참여자 8의 "힘내. 공부를 하다 보면 머리도 좋아질 거야."라는 위로의 말을 듣고 고마움을 표현하였다.

- 참여자 2: 손가락으로 책 모양을 그린 후 "공부가 가장 힘들다."고 말했다. 큰 전지에 소금을 뿌리며 "숙제 끝!"이라고 외치며 적극적으로 자신의 감정을 표출하였다. 참여자들이 던진 부정적인 감정을 큰 붓을 이용하여 지우는 활동을 통해 감정 해소의 기회를 가졌다. 활동 후 마음 나누기 시간에는 참여자 7로부터 "지난 시간보다 집중하는 모습을 보인 것 같다."는 긍정적인 피드백을 받고 좋아했다. 또한 "친구들이랑 같이 소금을 뿌리며 힘든 이야기를 하니 속이 시원했어요."라고 자기 감정을 정확하게 표현하는 긍정적인 변화가 관찰되었다.

- 참여자 3: 가장 힘들었을 때는 "친구들이랑 싸울 때가 기분도 나쁘고 힘들어요." 라고 대답하였다. 하늘색의 색지 위에 친구가 발 차기로 때리는 모습을 소금 그림으로 표현하였고 소금을 전지에 뿌리며 "싸우지 좀 말자."라고 자신의 힘든 부분을 표출하는 활동에 적극적으로 참여하는 모습을 보였다. 참여자 3은 공부 때문에 힘들어 하는 참여자 1에게 "공부는 힘들지만 우유 많이 먹고 건강해지면 머리가 좋아져서 공부도 잘하게 될 거야."라는 위로의 말을 주고받는 활동을 통해 긍정적인 또래관계를 형성할 수 있는 기회를 가졌다.

- 참여자 4: 소금이 손에 묻는 것이 싫다며 매체를 거부하는 모습을 보였고 소금을 이용하여 "수영 할 때"라고 적으며 5살부터 10살까지 했던 수영이 너무 힘들었다고 표현하였다. 소금을 뿌리며 힘들었던 때를 외치는 활동에서는 "고생 끝!"이라고 외쳤다. 활동 후 마음 나누기 시간에는 참여자 3에게 "사이좋게 지내자."고 마음을 표현하였다.

- 참여자 5: '충효 일기를 쓸 때' 가장 힘들다며 소금 그림의 제목을 '절망'이라고 적었고 "스트레스 좀 풀자."라고 소금을 뿌리며 힘들었던 감정을 표출했다. 집단 활동 후 마음 나누기 시간에 여러 친구들에게 받은 긍정적인 지지 중 "나도 힘들지만 힘내자."라는 말이 가장 듣기 좋았다는 소감을 발표했다.

- **참여자 6**: '형들이 시비 걸 때'가장 힘이 들었다는 이야기를 했다. 참여자 5가 "힘을 길러서 혼내 주면 된다."라고 말하자 웃으며 좋아했다. 마음 나누는 시간에는 참여자 1에게 "공부는 힘들지만 자꾸 하다보면 즐겁게 할 수 있을 거야."라고 위로해 주며 긍정적인 또래 관계를 형성하였다.

- **참여자 7**: '체육할 때' '수영할 때'가 가장 힘이 들었다고 소금을 뿌리며 작은 소리로 감정을 표출하였다. 소금으로 그림을 그리는 활동에서는 처음에는 머뭇거리며 그림을 그리지 못했고 다른 참여자들이 활동하는 것을 보며 핑크색 색지 위에 '운동할 때'라고 적었다. 마음을 나누는 시간에는 참여자 2에게 "지난 시간보다 집중하는 모습을 보인 것 같다."는 감정을 표현하는 등 긍정적인 변화를 보였다.

- **참여자 8**: '공부할 때'가 가장 힘들다고 말하며 파란색 색지 위에 책을 소금으로 그린 후 소금을 뿌렸고, 스트레스를 해소하는 시간에는 "고생 끝! 행복 시작!"이라고 외치며 즐거워했다. "힘내. 공부를 하다보면 머리도 좋아 질 거야."는 말을 하며 푸드 매체를 통해 스트레스를 해소하였다.

4회기 작품

[참여자 1] 드라큐브

[참여자 2] 눈

[참여자 3] 흑샘

[참여자 4] 요리사

[참여자 5] 짱큐브

[참여자 6] 왕자님

[참여자 7] 토끼

[참여자 8] 물

1-5. 주기 1단계(5회기)

① 활동 주제: 툴툴 털어 버려요! 2

② 준비물: 계란 껍질, 유성매직, 목공 풀, 과녁

③ 활동 목표: 계란 껍질에 자신의 부정적인 감정을 담아 깨뜨리는 활동을 통해 스트레스를 해소하고 계란 껍질을 활용한 계란화로 내면의 심리적인 욕구 표출을 통해 자기 이해를 바탕으로 자기효능감을 향상시킨다.

④ 촉진 활동 내용: 과녁 맞추기에 각자 마음속의 부정적인 감정들 또는 자신에게 일어났던 가장 아픈 기억을 글로 표현하고 계란 껍질에 자신이 깨어 버리고 싶은 감정과 잊고 싶은 기억을 적은 후 과녁에 계란 껍질을 던지는 활동을 통해 부정적인 감정 표출의 기회와 스트레스를 해소할 수 있는 시간을 가졌다.

⑤ 5회기 전체 내용: '요술 계란'이라는 주제로 자신의 내면의 욕구를 알아보는 시간에는 "괴물이 나온다." "유령과 힘을 합쳐 강해지고 싶다." "부자가 되고 싶다." "금, 돈, 보석을 많이 갖고 싶다." 등 내면의 욕구를 그림 또는 글로 표현해 보는 기회를 통해 자기를 이해하는 시간을 가졌다.

⑥ 촉진 활동 및 활동 사진

5회기 활동

⑦ 푸드아트테라피 활동 내용

- 참여자 1: 계란이 여러 방향으로 깨진 모습을 매직으로 그리고 해골 모양 유령이 다이아몬드를 가지고 있는 모습을 그린 후 "해적 깃발, 해적 배, 다이아몬드가 계란에서 나왔으면 좋겠어요."라고 말했다. 해적이 좋은 이유를 물어보자 "해적의 배가 멋있어서 좋고 나도 해적처럼 힘이 센 사람이 되고 싶어요."라고 말하며 강해지고 싶은 내면의 욕구를 그림을 통해 표현했다.

- 참여자 2: 달걀 껍질을 이용하여 계란화를 그린 후 "요술 계란이라면?"이라는 질문에 "두더지, 달팽이, 괴물이 나왔으면 좋겠다."고 말한 후 그림을 그리고 달걀 껍질을 붙여 완성하였다. "두더지는 땅굴을 파서 꽃게를 잡을 수 있을 것 같고 달팽이는 엄마가 키울 수 있게 해 주실 것 같아요. 괴물은 나를 괴롭히는 사람을 잡아먹었으면 좋겠어요."라고 말하며 부정적인 감정을 표현하였다.

- 참여자 3: 요술 계란 속에서 "아이언맨, 햄스터, 3D TV, 부자 차, 부잣집, 부자 가구, 부자 식량, 금, 돈이 나왔으면 좋겠어요."라고 답한 후 "우리 집에 돈이 없어 낡은 아파트로 이사가야 해서 싫은데 요술 계란에서 고급차와 부잣집이 나왔으면 좋겠어요." "아이언맨이 되어 힘이 센 사람이 되고 싶어요." 등 내면의 욕구를 그림을 통해 표출하였다. 활동 후 마음 나누는 시간에는 "나를 칭찬해 주는 사람은 없을 거야."라고 말하며 자신 없는 모습을 보였다.

- 참여자 4: '돈, 금, 빌게이츠, coin'이 나왔으면 좋겠고 빌게이츠처럼 부자가 되고 싶다고 했다. 집단 내에서 자신과 상관없지만 소란스럽게 하거나 조금이라도 자신을 기분 나쁘게 하는 참여자가 있을 경우 직설적으로 비판하며 화를 내고 상처 주는 말을 하는 등 또래 관계에서의 불편함이 관찰되었다.

- 참여자 5: 계란 속에서 큐브가 나왔으면 좋겠다고 한 후 계란 속에 사각형 큐브를 그려서 완성하였고, 큐브 하는 게 제일 재미있고 신나는 일이라고 했다. 자신이 깨 버리고 싶은 것을 계란껍질에 적어 던지는 활동에서는 '게임을 많이 하는 모습과 엄마의 잔소리'라고 적은 후 계란을 던지며 신나게 활동하였다. 활동 후 마음을 나누는 시간에는 참여자 6에게 계란껍질을 꼼꼼하게 잘 붙인 것 같다고 칭찬

하며 자신의 활동 이외 다른 참여자의 활동에도 관심을 보이는 긍정적인 변화가 관찰되었다.

- 참여자 6: 촉진 활동 시간에 깨어 버리고 싶은 것은 '멍청함, 글 읽기, 무서움'이라고 적은 후 계란을 과녁에 던져 감정을 표출했다. 요술 계란 속에서 "이종석, 이승기가 나왔으면 좋겠어요."라고 말하며 두 사람은 키가 크고 잘생기고 멋진 모습이 마음에 든다고 했다. 집단 활동 시 또래 관계에서 상대방을 배려하고 양보하는 등 활동에도 적극적으로 참여하는 모습을 보였다.

- 참여자 7: 촉진 활동 시간에 없어졌으면 하는 사건, 생각 등을 계란껍질에 적는 활동에서는 '슬픔, 무서움, 속상, 화남'을 적고 계란을 던지며 스트레스를 해소하였다. 요술 계란에서 "강아지, 고양이, 햄스터가 나왔으면 좋겠어요. 아파트라 동물을 키울 수 없어서 속상하고 고양이가 가장 키우고 싶어요."라고 말하며 자기 내면의 욕구를 표현하였다.

- 참여자 8: '엄마의 잔소리, 고양이가 내 말을 안 들을 때'의 상황이 깨져 없어졌으면 좋겠다고 한 후 깨진 계란껍질을 이용해 계란화를 완성하였다. 요술 계란 속에서 "친구, 레고, 고양이가 나왔으면 좋겠어요."라고 말한 후 고양이를 가장 키우고 싶은 마음을 표현하였다. 활동 후 소감을 나누는 활동에서는 "모두 계란껍질을 잘 붙이고 멋지게 표현한 것 같다."라고 말하며 참여자들에게 긍정적인 감정 표현을 하였다.

5회기 작품

[참여자 1] 드라큐브

[참여자 2] 눈

[참여자 3] 흑샘

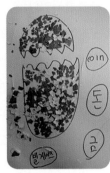

[참여자 4] 요리사

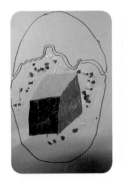

[참여자 5] 짱큐브

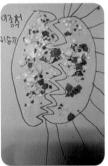

[참여자 6] 왕자님

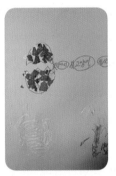

[참여자 7] 토끼

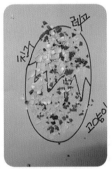

[참여자 8] 물

1-6. 주기 1단계(6회기)

① 활동 주제: 나와 너의 마음

② 준비물: 뻥튀기 과자

③ 활동 목표: 뻥튀기 과자를 이용하여 가면을 만든 후 내면의 욕구와 만나는 새로운 경험을 통해 자기와 타인을 이해를 바탕으로 사회성을 향상시킨다.

④ 촉진 활동 내용: 활동 후 먹을 수 있다는 설명에 좀 더 적극적으로 활동에 참여하는 모습을 보였다. 활동 후 먹도록 설명하였으나 규칙을 지키지 않고 계속 먹는 참여자, 가면을 만들다가 부서져서 속상해 하는 참여자도 있었다. 촉진 활동으로

뻥튀기 격파에서는 참여자 6이 격파 왕이 되었고 촉진 활동 후 부서진 뻥튀기를 먹으며 즐거워하였고, 활동 후 남은 뻥튀기 조각을 서로 나누어 먹는 긍정적인 변화를 보였다.

⑤ 6회기 전체 내용: 쓰고 싶은 가면을 만든 후 자신이 만든 가면의 이름과 가면을 쓰면 어떻게 되는지 상상한 후 이야기를 나누는 시간을 가졌다. "유령 해적 가면을 가지고 싶어요." "가면을 쓰면 불사신이 되고 싶어요." "내가 만든 가면을 쓰면 내 마음대로 왕국을 만들 수 있었으면 좋겠어요." "가면을 쓰면 말썽부리는 아이들을 없애고 싶어요." "아이언맨처럼 하늘을 나는 힘을 가지고 싶어요." 등의 이야기를 하며 자기 내면의 욕구를 가면 만들기를 통해 표출하였다. 또한 집단 활동으로 두 명이 짝을 이룬 후 서로에게 뻥튀기로 선물을 만들어서 교환하는 활동을 통해 사회성 향상의 기회를 가졌다.

⑥ 촉진 활동 및 활동 사진

6회기 촉진 활동	6회기 활동

⑦ 푸드아트테라피 활동 내용

• 참여자 1: 뻥튀기로 선물을 만들어서 교환하는 시간에 참여자 1은 참여자 7에게 하트 모양을 만든 뻥튀기를 선물하였고, 참여자 7에게는 해적 얼굴이 표현된 뻥튀기 조각을 선물로 받았다. "진짜 해적 얼굴이랑 닮게 잘 만들었다."라고 칭찬하며 좋아했다. 활동 후 소감 및 참여자들과 함께 마음을 나누는 시간에는 재미있

었지만 기분은 잘 모르겠고 참여자 3에게 오늘은 싸우지 않아서 좋았다는 칭찬을 해 주었다. 참여자들과 싸우거나 말로 다투는 모습을 보이지 않고 수업 참여도도 좋았다.

- 참여자 2: 선물을 받았을 때의 기분을 "잘 모르겠어요."라고 대답하며 자신이 느끼는 감정을 인식하는 데 어려움을 표현하였고 타인에게 감정을 표현하는 부분에서도 불편함이 많이 관찰되었다. 활동 후 칭찬을 하는 시간에 참여자 8로부터 "지난 시간에는 싸우고 다투는 모습을 많이 보였는데 오늘은 그런 모습이 안보였어요."라는 칭찬을 듣고 좋아하는 모습을 보였다.

- 참여자 3: 뻥튀기로 가면은 만든 후 "내가 만든 가면을 쓰면 '나만의 왕국'을 만들 수 있는 힘이 생겨요."라고 말했다. 왕국을 만들고 싶은 이유를 묻자 "사람들이 좋아하고 행복해 하니까요."라고 답하며 타인을 배려하는 긍정적인 생각을 가면 만들기를 통해 표현했다. 뻥튀기로 만든 선물을 친구에게 주는 활동 시간에는 친구가 건강하면 좋겠다는 긍정적인 감정을 표현하였다.

- 참여자 4: "세상에서 가장 맛있는 요리를 하는 요리사가 되는 가면이에요."라고 말하며 요리사의 꿈을 표현했다. 뻥튀기 과자로 하트 모양으로 만들어 참여자 5에게 선물하였고 수업 시간에 집중하는 모습이 좋았다는 칭찬을 하며 긍정적인 감정을 나누었다. 촉진 활동 시간에 했던 뻥튀기 격파 왕을 뽑는 경기가 가장 즐거웠고 다음에 격파 왕이 되고 싶다는 바람을 표현하였다.

- 참여자 5: 가면을 쓰는 순간 '큐브 박사'가 되는 요술 가면이었으면 좋겠다고 말하며, 가면을 쓰는 순간 빠른 속도로 큐브를 완성해서 신기록을 세우고 싶다는 욕구를 표현했다. 뻥튀기 선물로는 하트를 만들어 짝이 된 참여자 4에게 "친구야, 사랑해."라고 말하며 자신의 감정을 표현했다.

- 참여자 6: 뻥튀기 격파 게임에서 격파 왕이 된 기쁨을 표현하였다. 뻥튀기로 아이언맨 가면을 만든 후 가장 먼저 하늘을 날고 싶고 투명인간이 되고 싶은 내면의 욕구를 표현했다. 뻥튀기 선물은 꽃 모양을 조각하여 참여자 8에게 선물하며 활발하게 활동하는 모습이 보기 좋았다는 긍정적인 표현을 했다.

- **참여자 7**: 소극적이지만 차분하게 활동에 참여하였다. 자신이 만든 가면은 말썽
꾸러기들을 없애는 가면이라고 설명하며 학교에서 자신을 괴롭히는 친구를 없애
는 가면을 만들고 싶었다고 했다. 뻥튀기로 만든 선물은 참여자 1이 좋아하는 해
적얼굴을 만들어 선물하였고 활동 후에는 재미있고 신났다고 표현하며 활동에
대한 만족감을 표현하였다.
- **참여자 8**: 별칭을 '헐크'로 바꾼 후 뻥튀기를 이용하여 '내 마음의 왕국'을 만들 수
있는 가면을 만들고 싶다고 했다. 자신이 원하는 장난감을 마음껏 가질 수 있고
레고, 닌텐도를 가질 수 있는 왕국이라고 설명하였다.

6회기 작품

[참여자 1] 드라큐브

[참여자 2] 눈

[참여자 3] 흑샘

[참여자 4] 요리사

[참여자 5] 짱큐브

[참여자 6] 왕자님

[참여자 7] 토끼

[참여자 8] 물

1-7. 주기 1단계(7회기)

① 활동 주제: 나를 두렵게 하는 기억

② 준비물: 원두커피 가루, 흰 도화지, 전지

③ 활동 목표: 원두커피 가루를 이용하여 마음속의 두려움을 난화로 표현한 후 느껴

지는 감정을 나누는 시간을 통해 자기 이해를 바탕으로 자기효능감과 사회성을
향상시킨다.

④ 촉진 활동 내용: 참여자 모두 푸드아트테라피 활동에 대한 관심과 참여도가 높아
졌다. 촉진 활동으로 매운 맛 과자 복불복 게임을 하며 친밀감을 형성하고 활동
에 대한 흥미도를 높였다.

⑤ 7회기 전체 내용: 넓은 전지 위에 뿌려 놓은 원두커피 가루를 가져와서 평편하게
편 후 손가락으로 자유롭게 난화 활동을 했다. 커피가루가 많이 없는 참여자에게
한 주먹씩 커피가루를 나누어 주며 서로 양보하고 배려하는 긍정적인 모습을 보
였다. 두 손으로 회오리를 그리며 태풍이라고 표현하기도 하고 자기 이름 적기,
자기 얼굴을 그리는 등 커피가루로 난화 활동을 한 후 자신이 겪었던 가장 무서
웠던 꿈, 두려웠던 기억을 커피가루 그림으로 표현하였다.

⑥ 촉진 활동 및 활동 사진

7회기 활동	7회기 활동

⑦ 푸드아트테라피 활동 내용

• 참여자 1: "티라노사우르스가 꿈에 나타나 팔과 다리를 물어뜯어서 피가 나는 꿈
이 가장 무서웠어요."라고 말하며 그때의 장면을 그림으로 그렸다가 지우기를 반
복했다. 참여자들과 감정을 나누는 시간을 통해 무서움은 혼자만 느끼는 감정이
아니라는 사실을 알고 난 후 친구의 감정에 공감하는 모습을 보였다.

- 참여자 2: "동생과 친구가 귀신으로 변해서 나를 쫓아오는 꿈이 가장 무서웠어요."라고 발표하며 자신을 괴롭히는 동생에게 받은 스트레스로 눈물을 흘리는 모습을 그림으로 표현하였다. 상대방에 대한 감정 표현이 부드러워졌으며 친구의 무서움을 위로해 주는 말을 하는 등 또래 관계에서도 긍정적인 변화를 보였다.

- 참여자 3: 하늘에서 피가 비처럼 내려와 '너는 죽는다.'라는 글씨가 피로 적혀 있는 꿈이 가장 무서웠고 그때 장면을 외계인 모양과 해골 모양으로 표현한 후 손으로 지웠다가 다시 그리는 것을 반복해서 그리며 부정적인 감정을 충분히 표출하는 기회를 가졌다. 푸드 매체를 통해 적극적으로 자기 감정을 표현하며 활동에 대한 흥미도와 참여도가 향상되는 긍정적인 모습이 관찰되었다.

- 참여자 4: 화산이 폭발하는 모습을 보면 무서운 생각이 든다고 이야기하며 핑거페인팅으로 표현하였고 커피가루를 뿌리며 화산재가 날리는 모습을 표현하였다. 자신의 활동 외에 상대방의 표현에 관심을 가지며 감정을 표현하는 노력을 보였고 활동에 대한 만족감이 향상되는 모습을 보였다.

- 참여자 5: 도깨비가 나타나는 푸른빛이 도는 밤이 무섭다며 영화에서 본 도깨비가 나오는 장면을 표현하였다. 자기 생각과 느낌을 표현하는 것을 좋아하며 적극적으로 발표하는 긍정적인 변화를 보였다.

- 참여자 6: "괴물이 내 심장을 뜯어 먹는 꿈이 가장 무서웠어요."라고 말하며 꿈에서 본 악마의 모습을 그렸고 소감 발표 시간에는 그림으로 표현된 괴물은 무섭지 않다고 했다. 푸드 매체를 통해 자기의 생각과 감정을 적극적으로 표현하며 집단활동에 대한 즐거움을 표현하였다.

- 참여자 7: "귀신에게 쫓기는 꿈이 가장 무서웠어요."라고 말하며 귀신 얼굴을 그린 후 무서운 귀신의 표정을 웃는 얼굴로 바꾸었다. 성별이 달라 자기의 생각과 감정을 표현하는 것에 대해 어려움이 있었으나 회기가 진행될수록 자기의 감정을 적극적으로 표현하는 긍정적인 모습이 관찰되었다.

- 참여자 8: "사람들이 죽는 꿈이 가장 무서웠어요."라고 말하며 무덤 모양을 핑거페인팅으로 표현하였고 엄마가 죽는 꿈이 세상에서 가장 무섭고 싫다고 했다. 집

단 활동에서 자기의 의견을 들어주지 않을 때 흥분하며 말싸움을 하며 끝까지 자신의 주장을 굽히지 않던 모습이 사라지고 상대방을 배려하는 긍정적인 모습을 보였다.

7회기 작품

[참여자 1] 드라큐브   [참여자 2] 눈   [참여자 3] 흑샘   [참여자 4] 요리사

[참여자 5] 짱큐브   [참여자 6] 왕자님   [참여자 7] 토끼   [참여자 8] 물

1-8. 주기 2단계(8회기)

① 활동 주제: 친구야! 너는 누구니?

② 준비물: 초코파이, 캐러멜 볼, 양초, 이쑤시개

③ 활동 목표: 초코파이와 캐러멜 볼을 이용하여 서로의 모습과 '친구야, 사랑해'라는 글자를 만드는 활동을 통해 사회성을 향상시킨다.

④ 촉진 활동 내용: 촉진 활동을 따로 실시하지 않음

⑤ 8회기 전체 내용: 짝이 된 친구에 대해 초코파이로 얼굴을 표현하고 인터뷰로 서로에 대해 알아보며 가까워질 기회를 가졌다. "게임을 제일 좋아해요." "보라색과 김장김치를 좋아하고 싫어하는 음식은 미역줄기에요." 등의 인터뷰 내용을 발

표하며 친구가 무엇을 좋아하는지, 장래희망은 무엇인지 알아보았다. 초코파이를 이용해서 '친구야, 사랑해.'라는 문장을 완성한 후 촛불을 켜고 함께 노래를 부르며 활동을 마무리했다.

⑥ 활동 사진

8회기 활동

⑦ 푸드아트테라피 활동 내용

• 참여자 1: 캐러멜 볼을 초코파이 위에 가득 올린 후 눈, 코, 입이라고 하였으나 정확한 얼굴 형태가 표현되지 않았다. 인터뷰를 통해 친구를 소개하는 시간을 가진 후 초코파이로 문장을 완성한 다음 촛불을 켜고 참여자들과 다 함께 노래를 부르며 활동을 마무리하였다. 활동하면서 몰래 과자를 먹거나 과자를 더 많이 먹기 위해 침을 묻히는 모습 등 욕구 조절이 힘든 부분이 관찰되었으나 적극적으로 인터뷰하며 활동에 참여하는 긍정적인 변화도 보였다.

- 참여자 2: "닌자가 되는 것이 장래희망이고 초코파이, 껌을 좋아하고 싫어하는 것은 매운 것과 야채라고 합니다."라고 참여자 1에 대해 인터뷰한 내용을 발표하였고 야채를 싫어 하는 것이 자신과 닮은 점이라고 했다. 상대방에 대한 감정 표현이 부드러워졌으며 친구의 무서움을 위로하는 말을 하는 등 또래 관계에서도 긍정적인 변화를 보였다.

- 참여자 3: "GTA 게임을 좋아하고 빨간색과 파란색을 좋아하며 큐브를 잘하고 과학자가 되는 것이 꿈이라고 합니다."라고 참여자 5에 대해 소개하며 인터뷰를 한 후 더 친해진 것 같다는 소감을 발표하였다. 푸드 매체를 통해 적극적으로 자기 감정을 표현하는 모습을 보였고 활동에 대한 흥미와 참여도가 향상되는 긍정적인 모습이 관찰되었다.

- 참여자 4: 불참

- 참여자 5: 참여자 6과 짝이 되었고 서로의 얼굴을 마주보며 초코파이 위에 그림을 그렸다. 인터뷰를 통해 알아본 참여자 6은 "좋아하는 장난감은 레고이며 좋아하는 사람은 남자 친구, 좋아하는 음식은 총각김치이며 취미는 축구라고 합니다."라고 소개하였고, 인터뷰를 통해 알게 된 친구의 새로운 모습에 대해 묻자 '총각김치'를 좋아하는 것이 신기했다고 대답하였다. 촛불을 켜고 같이 노래 부르는 활동을 통해 친구와 공감하는 기회를 가졌고 활동에 대한 만족감을 표현하였다.

- 참여자 6: 참여자 5와 짝이 되었고 평소 친구에 대한 생각을 묻자 "친절하고 멋진 친구인 것 같아요."라고 대답하였다. 인터뷰를 통해 알게 된 친구의 모습은 "좋아하는 것은 장난감, 좋아하는 색은 노랑, 좋아하는 음식은 김장김치, 싫어하는 음식은 미역줄기라고 합니다."라고 친구를 소개하였고 인터뷰를 통해 친구에 대해 많이 알게 되어 좋았다는 긍정적인 감정을 표현하였다.

- 참여자 7: 참여자 4의 결석으로 짝이 없어 스스로 친구들 앞에서 자신을 소개하는 시간을 가졌다. 먼저 리본을 달고 있는 예쁜 자신의 모습을 초코파이 위에 그려 완성하였다. 자기소개를 거부하여 상담사가 대신 소개하는 시간을 가졌고 마음 나누기 활동에서 참여자들에게 '조용하게 그림을 잘 그리는 친구'라는 이야기를

들으니 기분이 좋다는 감정을 표현하였다.

- **참여자 8:** 참여자 3과 활동 전 말다툼을 한 후 서로 짝이 되는 것을 싫어하였으나 활동하는 과정과 활동 후에는 가까워진 모습을 보였다. "좋아하는 음식은 초코파이, 피자, 치킨, 싫어하는 것은 돈가스, 파프리카, 당근이며 좋아하는 장난감은 레고 닌자고, 키이섬, GTA게임, 좋아하는 사람은 ○○○ 선생님이며 빨간색과 파란색을 좋아하고 미래에 과학자가 되는 것이 꿈이라고 합니다."라고 씩씩하게 발표했다.

8회기 작품

[참여자 1] 드라큐브

[참여자 2] 눈

[참여자 3] 흑샘

불참

[참여자 4] 요리사

[참여자 5] 짱큐브

[참여자 6] 왕자님

[참여자 7] 토끼

[참여자 8] 물

1-9. 주기 2단계(9회기)

① 활동 주제: 우리만의 안정된 공간

② 준비물: 국수, 둥근 쌀 과자, 색 전지

③ 활동 목표: 국수 면발과 색깔 과자를 이용하여 안정된 공간을 만드는 만족감이 높은 활동을 통해 자기효능감과 사회성을 향상시킨다.

④ 촉진 활동 내용: 촉진 활동으로 국수와 색깔 과자볼을 이용하여 과자 꼬치를 만들어 참여자들이 서로 선물하는 활동을 했다. 두 개를 만든 후 참여자가 서로 "친구야, 내 마음을 받아 줘."라고 말하며 마음을 나누는 시간을 통해 사회성을 향상시킬 수 있는 기회를 가졌다.

⑤ 9회기 전체 내용: 국수와 색깔 과자를 이용하여 자신이 안전하게 있을 수 있는 공간을 만들었다. 몇 사람을 제외하고는 힘 조절이 잘 되지 않아 국수를 부러뜨리는 행동이 반복되었고 잘 만들어지지 않는 상황이 힘들고 짜증이 난다고 표현하였다. 힘든 상황이지만 참고 완성해 갈 수 있도록 용기를 주었고 해결 방법을 찾아보도록 하였다. 이쑤시개를 이용해서 구멍을 먼저 뚫은 후 국수와 과자를 연결하는 참여자, 이쑤시개를 이용하여 집 모양을 완성한 참여자도 있었다. 어렵고 짜증나는 상황을 잘 견디고 완성한 참여자들에게 칭찬을 해 주었다. 참여자들은 "처음에는 짜증이 났지만 완성하니 기분이 좋다." 등의 표현을 하며 활동에 대한 성취감을 표현하였다. 각자가 완성한 안정된 공간을 이용해 하나의 도시를 만든 후 "같이 모아서 하나의 도시를 만드니 멋져요." "내가 쉬고 있다가 놀러갈 수 있는 친구 집이 가까이 있어서 좋아요." 등의 이야기를 나누며 활동을 마무리하였다.

⑥ 활동 사진

9회기 활동

⑦ 푸드아트테라피 활동 내용

- **참여자 1:** "나는 울트라 기지를 만들고 밤새도록 오락을 하고 싶어요. 엄마가 잔소리도 안하고 좋을 것 같아요."라고 말하며 활동을 시작하였다. 국수 면이 얇아서 자꾸 부러지자 이쑤시개로 구멍을 뚫은 후 과자를 서로 연결해서 만들었다. 창의적이라는 칭찬에 기뻐하며 만족감을 표현했다.

- **참여자 2:** "나는 동생이 없는 곳에 있고 싶어요. 다른 가족은 들어올 수 있지만 동생은 안 들어왔으면 좋겠어요."라고 말했다. "동생이 자꾸 내 물건을 빼앗고 말도 안 듣고 짜증이 많이 나요."라며 현재 동생과의 관계에서의 힘든 점을 이야기하였다. 국수 면이 너무 약해서 완성하는 데 시간도 많이 걸리고 거의 완성될 무렵 부러져서 다시 만들어야 했을 때 얼굴이 붉어지며 짜증을 내며 불편한 감정을 표현했다.

- **참여자 3:** 국수와 과자 볼을 이용해서 안정된 공간을 만든 후 "가족이 있는 집이에요."라고 설명하며 가족과 있을 때 가장 편안하다고 했다. 국수의 면발이 가늘어 자꾸 부러져 시간이 오래 걸렸지만 포기하거나 짜증내지 않고 완성하는 모습을 보였다. 협동으로 하나의 도시를 만든 후 "저녁에 무섭지 않아 좋을 것 같다."는 긍정적인 표현을 하였다.

- **참여자 4:** 가장 꼼꼼하고 빠르게 활동을 마무리하였다. 국수가 잘 부러지자 국수 두 개를 붙여 완성하였다. 자신은 아무도 없는 곳에 안이 보이지 않는 공간을 만든 후 내가 원하는 것은 무엇이든지 할 수 있는 만능 집을 만들어서 쉬고 싶다고 말하며 현재 스트레스를 받고 있는 상황을 푸드 매체를 통해 표현하였다.

- **참여자 5:** "혼자 있는 집을 만들고 싶어요. 엄마의 잔소리가 없는 맘 편한 곳이었으면 좋겠어요."라고 말하며 자신이 쉬고 싶은 안정적인 공간을 완성했다. 모두가 함께 만든 도시가 너무 멋지다며 다 같이 모여 살면 재미있는 일이 생길 것 같다는 긍정적인 감정을 표현하엿다.

- **참여자 6:** "나는 왕자이기 때문에 성에 있는 것이 편할 것 같아요."라고 대답한 후 국수를 이용하여 자신만의 성을 만들었다. 처음에는 자꾸 부러져 힘들어 했지만

어렵지 않게 완성하였고 자신의 모습을 과자를 이용해서 만들고는 성에서 놀고 있는 모습을 완성하였다. 참여자들과 함께 만든 공간은 '안정 기지'라고 도시 이름을 지으며 멋지다고 했다. 함께 살면 싸우는 일도 생기겠지만 심심하지 않을 것 같다는 소감을 발표했다.

- 참여자 7: "저는 누군가와 함께 있는 공간이 가장 편할 것 같아요. 가족이 있는 곳이면 좋겠어요."라고 말하며 긍정적인 가족 관계를 표현하였다. 과정은 힘들었지만 완성한 모습을 보니 멋지다는 긍정적인 표현을 했다.

- 참여자 8: "울트라 슈퍼기지를 만들어서 혼자 게임을 하고 싶어요, 비밀기지이긴 하지만 엄마랑 가족은 들어올 수 있어요."라고 말한 후 국수를 이용하여 만들며 마음대로 잘 되지 않아 짜증을 내는 모습도 관찰되었다. 다 같이 만든 안전 기지를 보며 여기서는 뭐든지 자유롭게 할 수 있을 것 같다는 이야기를 하며 활동에 대한 만족감을 표현하였다.

9회기 작품

[참여자 1] 드라큐브

[참여자 2] 눈

[참여자 3] 흑샘

[참여자 4] 요리사

[참여자 5] 짱큐브

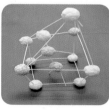

[참여자 6] 왕자님

[참여자 7] 토끼

[참여자 8] 물

1-10. 주기 2단계(10회기)

① 활동 주제: 우리는 한마음

② 준비물: 비빔밥 재료, 밥, 접시, 양푼이, 숟가락, 고추장, 1회용 비닐장갑

③ 활동 목표: 여러 가지 비빔밥 재료와 밥을 이용해 자유롭게 표현한 후 비빔밥을 만들어 나누어 먹는 활동을 통해 어우러짐의 가치를 깨닫고 함께 만드는 활동을 통해 긍정적인 또래 관계와 사회성을 향상시킨다.

④ 촉진 활동 및 푸드아트테라피 활동 내용: 촉진 활동 별도로 실시하지 않음

⑤ 10회기 전체 내용: 밥을 이용하여 각자 창의적으로 표현하며 열심히 활동하는 모습을 보였다. 푸드 매체를 필요한 만큼 자유롭게 가져가도록 하였고 모두 다음 친구를 위해 적당한 양을 가져가며 서로를 배려하는 모습을 보였다. 함께 나누어 먹으며 정을 나누었던 비빔밥 이야기와 재료 하나만으로는 맛이 없지만 여러 가지가 함께 어우러져 맛있는 비빔밥이 되듯 친구들도 서로 마음을 나누며 함께 행복을 만들어 갔으면 좋겠다는 이야기를 나누었고, 활동 후 함께 비빔밥을 나누어 먹으며 긍정적인 또래 관계를 형성하였다.

⑥ 활동 사진

10회기 활동

⑦ 푸드아트테라피 활동 내용

• **참여자 1**: 푸드 매체에 욕심이 많았으나 이번 회기에서는 자신이 필요한 만큼만 가

져가는 모습을 통해 욕구 조절 및 타인을 배려하는 마음의 긍정적인 변화가 관찰 되었다. 다양한 푸드 매체를 이용해 편하게 쉴 수 있는 안전 기지를 만들었다. 함께 비빔밥을 만들어 먹는 시간에는 자신이 만든 밥을 넣어 적극적으로 비빔밥을 만들 었고 옆 친구에게 먹여 주는 등 또래관계에서 긍정적인 모습이 관찰되었다.

- **참여자 2:** 밥을 접시에 둥글게 편 후 어묵과 김을 이용하여 머리카락을 표현하고 당근으로는 눈을, 콩나물로는 화가 나 있는 입을 표현하였다. 엄마에게 야단 맞 았을 때 얼굴이라고 설명했다. 비빔밥을 만드는 활동에 적극적으로 참여하였고, 혼자 먹는 것보다 훨씬 더 맛있었다는 긍정적인 감정을 표현하였다.

- **참여자 3:** 밥을 접시 위에 넓게 편 후 김과 고사리, 콩나물 등을 편 후 돌돌 말아서 김밥을 완성하였고 제목은 '밥 김밥'이라고 했다. 자신이 만든 김밥을 비빔밥 재 료로 넣을 때 아까워서 넣기 불편해 하는 모습을 보였지만 같이 비빔밥을 만들어 먹는 활동을 통해 자신의 손이 아닌 다른 참여자가 먹여 주니 아기가 된 것 같아 서 재미있고 기분이 좋았다는 소감을 발표하였다.

- **참여자 4:** 머리가 아파서 활동하는 것이 불편하다고 하며 밥을 펼쳐 비빔밥 재료 를 그냥 올려놓고는 활동을 마무리했다. 비빔밥을 만들어 나누어 먹는 시간에도 잘 먹지 않았다. 활동 중 자신에게 직접적으로 불편하게 하는 말과 행동이 아님 에도 화를 내고 지적하며 자신이 현재 느끼는 불편함을 직설적으로 표현했다.

- **참여자 5:** 밥 위에 김을 여러 장 깔고 비빔밥에 들어갈 재료를 토핑으로 뿌려 밥 피자를 완성하였다. 활동에 적극적이고 자신이 만든 작품에 '○○표 스페셜 피 자'라는 자신의 이름을 딴 피자 이름을 정한 후 참여자들에게 씩씩하게 설명하였 다. 자신 이외에 타인에 대한 관심이 부족했던 참여자는 회기를 진행하는 동안 참여자들과 감정 나누기에서 긍정적인 변화를 보였다.

- **참여자 6:** 밥 위에 콩나물, 버섯 등 자신이 좋아하는 재료를 넣고 돌돌 말아서 뱀 모양으로 만든 후 김을 이용해서 눈을 만들고 당근을 이용해 몸의 무늬를 만들어 완성하였다. 제목은 '덮밥 애벌레'이며 애벌레가 여러 가지 나물을 몸에 품고 있 다는 설명을 하였다. "내 손이 아니라 친구가 먹여 주니 좀 어색했지만 로봇이 된

것 같아 좀 재미있었다."는 소감을 발표하였다.

- 참여자 7: 책상 위에 놓여 있는 여러 재료를 보며 재미있을 것 같다고 하며 활동에 적극적으로 참여했다. 미역을 이용해 머리카락을 표현하고 어묵과 당근을 이용해 얼굴 표정을 만든 후 작품 제목을 '웃는 사람'이라고 하였다. 친구랑 나누어 먹으니 못 먹었던 당근도 먹을 수 있어서 신기하다며 함께 하는 기쁨을 표현하였다.

- 참여자 8: 밥을 동그랗게 만든 후 김과 어묵으로 머리카락을, 당근과 어묵으로 표정을 만든 후 제목을 '얼굴 밥'이라고 했다. 매 회기 엄마에게 사진을 찍어 보여 주고 싶다고 말하며 자신이 만든 작품에 대한 만족감과 함께 엄마에게 인정받고 싶은 마음을 표현했다. 자신의 작품이 없어지는 것이 아쉽지만 비빔밥을 함께 먹으니 더 맛있다는 긍정적인 감정을 표현하였다.

10회기 작품

[참여자 1] 드라큐브

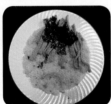
[참여자 2] 눈

[참여자 3] 흑샘

[참여자 4] 요리사

[참여자 5] 짱큐브

[참여자 6] 왕자님

[참여자 7] 토끼

[참여자 8] 물

1-11. 중기 2단계(11회기)

① 활동 주제: 우리가 함께 하는 세상

② 준비물: 미역, 멸치, 새우, 붕어빵, 김, 소라 껍질, 전지, 가위

③ 활동 목표: 미역, 멸치, 새우 등을 이용하여 바다 속 풍경을 협동 작품으로 만든 후 감정 나누기 활동을 통해 긍정적인 또래 관계와 사회성을 향상시킨다.

④ 촉진 활동 내용: 촉진 활동으로 눈을 감고 손과 냄새만으로 접시에 어떤 푸드 매체가 담겼는지 맞추는 게임을 진행하였다. 적극적으로 손으로 만지는 참여자와 만지지 못하고 머뭇거리는 참여자, 실눈을 뜨고 보는 참여자 등 참여자마다 다양한 모습을 보였고 촉진 활동을 통해 친밀감을 형성하였다.

⑤ 11회기 전체 내용: 촉진 활동으로 긴장을 완화한 후 두 팀으로 나눈 뒤 물고기 이름으로 팀명을 정하였다. '백상아리팀'과 '조기팀'으로 이름을 지은 후 협동 작품을 만들었다. 완성한 작품 속에서 "아이, 심심해. 누구랑 같이 놀지?" "바다는 아름다워." 등의 말로 자신의 감정을 표현하였다. 하나의 작품을 만들었지만 제목은 각자 느끼는 대로 만들었다. 함께 활동 했을 때의 좋은 점을 발표하는 시간에는 "하나의 그림처럼 멋지다." "함께 협동해서 만드니 더 재미있다." 등 모두 긍정적인 소감을 발표하였고, 함께하는 활동을 통해 긍정적인 또래 관계를 형성하였다.

⑥ 활동 사진

11회기 활동

⑦ 푸드아트테라피 활동 내용

- 백상아리팀: 참여자 1, 5, 6, 7이 한 팀이 되어 활동을 시작했다. 작품의 제목은 '바

다여행' '물고기들의 여행' '가족물고기' '넓고 푸른 바다'로 각자의 생각을 담아 표현했다. 협동 작품을 만드는 활동에서는 팀과 함께 의논하며 같은 작품 공간 속에서 양보하며 자신의 작품을 만들었고 자신이 만든 작품이 팀 작품과 어울리도록 자리를 양보하며 타인과의 관계에서 긍정적인 변화를 보였다. 같이하는 활동의 좋은 점을 말해 보는 시간에는 "그냥 재미 있었다." "하나의 그림처럼 멋지다." "함께 협동하여 완성하니 재미있다."는 긍정적인 소감을 발표하였다.

- 조기팀: 참여자 2, 3. 4, 8이 한 팀이 되어 활동을 시작했다. 작품의 제목은 '잠수함' '넓은 바다' '물고기들의 천국' '물고기 친구'로 각자의 생각을 담아서 표현했다. 함께 활동해서 좋은 점은 "함께하니 더 재미있었던 것 같다." "더 멋진 작품을 만들 수 있었다."고 말하며 긍정적인 또래 관계를 형성하는 시간을 가졌다.

11회기 작품

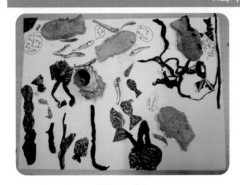

백상아리팀

조기팀

1-12. 중기 2단계(12회기)

① **활동 주제**: 우주 속에 우리는 하나!

② **준비물**: 콩, 팥, 쌀, 검은 쌀, 조, 마카로니, 목공 풀, 만다라 문양

③ **활동 목표**: 여러 가지 곡물을 이용하여 함께 마음을 모아 만다라 협동 작품을 완성한 후 함께해서 행복한 점에 대해 느낌을 나누는 활동을 통해 자기효능감과 긍

정적인 또래 관계를 형성한다.

④ 촉진 활동 내용: 촉진 활동을 실시하지 않음

⑤ 12회기 전체 내용: 처음에는 만다라 문양에 색칠을 하고 싶다며 콩 등 곡류를 이용해서 만드는 활동을 귀찮게 생각하는 참여자도 있었으나 만다라를 완성하는 과정에서는 색칠을 할 때보다 더 재미있었다고 표현하며 두 개를 만든 팀도 있었다. 활동 후 함께해서 좋았던 점에 대해 이야기하는 시간에는 "함께하니 빨리 완성할 수 있어서 좋았어요." "같이 하니 더 재미있었어요." "조금 의견이 안 맞았지만 그래도 괜찮았어요." 등의 소감을 나누며 긍정적인 또래관계를 형성하였다.

⑥ 활동 사진

12회기 활동

⑦ 푸드아트테라피 활동 내용

• 참여자 1: 문양을 고른 후 목공 풀을 바른 후 곡물을 이용해서 꾸미기 시작하며 집중하는 모습을 보였고, 짝이 된 참여자에게 하는 방법을 가르쳐 주며 협동하는 모습을 보였다. 서로가 역할을 분담해서 활동하는 동안 약간 말다툼을 하였지만 큰소리로 싸우지는 않았다. 참여자들과 칭찬을 나누는 시간에는 "참여자 3과 참여자 8은 서로 싸우지 않고 열심히 만들었어요."라고 발표하며 자신 외에 다른 참여자들에게 관심을 보이며 상호작용하는 긍정적인 모습을 보였다.

- **참여자 2**: 같은 카드를 고른 참여자 8과 짝이 되어 활동을 시작하였다. 두 사람이 짝이 되어 활동하는 동안 문양을 고르는 것부터 활동을 하는 것까지 서로 의견을 나누며 협동하는 모습을 보였다. 같이 활동해서 좋은 점에 대한 이야기를 나누는 시간에는 "형이랑 같이 하니까 더 재미있고 빨리 완성해서 좋아요."라고 대답하였다.

- **참여자 3**: 평소 회기를 진행하는 동안 가장 많이 다투며 사이가 좋지 않았던 참여자 1과 같이 활동했지만 지난 회기와 달리 많이 다투거나 의견이 맞지 않아 큰소리를 내는 모습은 보이지 않았다. 하지만 지금까지 해 왔던 활동에 비해 흥미도는 낮았다.

- **참여자 4**: 마카로니로 별 모양을 만든 후 "도민준이 사는 별이에요."라고 말하며 '환상의 별'이라고 만다라 제목을 지었다. 함께해서 좋은 점은 서로 의논할 수 있는 점이라고 표현했고 참여자 1에게 "오늘은 돌아다니지도 않고 활동을 잘했어요."라고 칭찬하는 긍정적인 모습을 보였다.

- **참여자 5**: 참여자 6과 같은 팀이 되었고 마음에 드는 무늬를 선택해 활동을 시작하였다. 곡물 만다라를 완성한 후 각자 제목을 정하는 시간에 '환상의 무늬'라고 말하며 색칠하는 것보다 더 재미있었다고 했다.

- **참여자 6**: 다른 참여자들에 비해 완성도가 낮았으며 활동 후 기분을 발표하는 시간에는 기분이 별로 좋지 않다고 대답하였다. 반복되는 문양을 만들며 열심히 활동하였지만 활동이 마무리될 때 같은 팀 참여자와의 다툼으로 전체적인 활동의 만족도는 낮았다.

- **참여자 7**: 마카로니를 별 모양으로 붙이는 작업을 먼저 시작하였고 '환상의 별'이라고 제목을 지으며 활동을 마무리하였다. 참여자 중 가장 완성도가 높은 만다라를 만든 후 활동에 대한 만족감을 표현하였고, 함께해서 좋은 점은 "빨리 완성할 수 있어서 좋았어요."라고 활동 소감을 발표했다.

- **참여자 8**: 완성한 만다라의 제목은 '동그라미의 동그라미'라고 표현하며 우주 속에 또 하나의 우주가 들어 있는 것 같다고 했다. 쌀을 붙일 때 좀 힘들었지만 친

구와 같이 만드니 빨리 완성한 것 같다며 모두 지난주보다 조용하게 활동을 잘한 것 같고 다음 활동이 또 기다려진다고 했다.

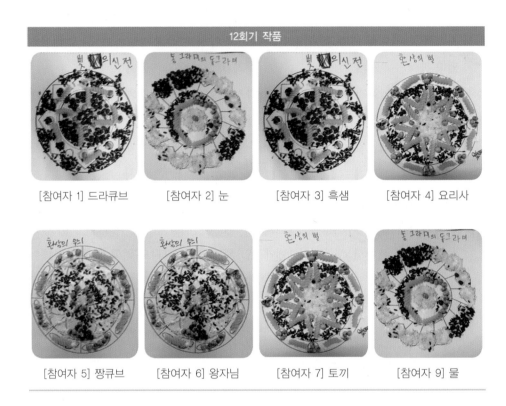

12회기 작품

[참여자 1] 드라큐브   [참여자 2] 눈   [참여자 3] 흑샘   [참여자 4] 요리사

[참여자 5] 짱큐브   [참여자 6] 왕자님   [참여자 7] 토끼   [참여자 9] 물

1-13. 후기 1단계(13회기)

① 활동 주제: 너와 나는 하나!

② 준비물: 다양한 과일, 칼, 도마, 믹서기, 컵, 유성매직, A4 용지

③ 활동 목표: 다양한 과일에 자신에게 필요한 자원과 의미를 부여한 후 믹서에 갈아 마법의 주스를 만든 후 직접 먹어 보는 활동을 통해 자신의 문제점과 욕구를 알아보고 참여자들에게 자원을 선물한 후 함께 '우정'이라는 글을 완성하는 활동을 통해 자기효능감과 사회성을 향상시킨다.

④ 촉진 활동 내용: 촉진 활동을 실시하지 않음

⑤ 13회기 전체 내용: 친구에게 필요한 자원을 담은 과일 꼬치를 서로 선물하며 격려하고 과일 껍질을 이용하여 우정에 관한 멋진 글을 함께 완성하고 마법의 주스를 나누어 먹는 활동으로 서로가 어려움을 공유하고 극복해 가는 과정을 통해 자기효능감과 사회성을 향상시키는 기회를 가졌다. 참여자 모두 활동에 대해 만족감을 표현하였고 마음을 나누는 다양한 협동 활동을 통해 사회성 향상의 긍정적인 변화를 보였다.

⑥ 활동 사진

13회기 활동

⑦ 푸드아트테라피 활동 내용

- 참여자 1: "주먹이 세졌으면 좋겠어요. 아이들이랑 학교에서 힘겨루기를 하며 놀때 힘이 세면 좋을 것 같아요."라고 발표하였다. 참여자 1은 참여자 5와 짝이 되었다. 참여자 5에게 '우정을 주는 오렌지'와 '행운을 주는 바나나'를 과일 꼬지로 만들어서 선물하였고 참여자 5에게서는 '자신감을 주는 감'과 '용기를 주는 파인애플'로 만든 과일 꼬치를 선물로 받았다. 친구의 장점을 찾는 시간에는 참여자 2에게 발표를 잘했다고 칭찬하며 상대방에게 긍정적인 표현을 하는 모습을 보였다.

- 참여자 2: 참여자 2는 참여자 3과 짝이 되었고 참여자 3에게 '우정을 주는 오렌지'와 '행운을 주는 바나나'를 과일 꼬치로 만들어서 선물하였고 참여자 3에게서는 '자신감을 주는 감'과 '용기를 주는 파인애플'로 만든 과일 꼬치를 선물받았다. 마지막 집단 활동으로 '내 마음'이라는 글을 과일 껍질로 완성하였다.

- 참여자 3: 자신이 가장 힘들 때는 "밤에 가끔 오줌을 쌀 때 부끄럽기도 하고 이 버릇을 고쳤으면 좋겠어요."라고 발표했다. 참여자 8이 "시간이 지나고 나이가 더 들면 괜찮아질 거야."라고 위로의 말을 해 주자 눈이 빨개지며 "눈물이 날 것 같아요."라고 울먹거리는 모습을 보였다. '행운을 주는 바나나' '용기를 주는 파인애플' '우정을 주는 오렌지'를 넣어 마법의 주스를 만들어 먹고는 참여자들에게 배려하고 양보하는 모습을 보였다. 참여자들의 "마법의 주스를 마시더니 진짜 친해졌어요."라는 말에 즐거워했다. 집단 활동을 통해 서로 마음을 나누고 위로해 주는 긍정적인 변화가 많이 관찰되었다.

- 참여자 4: '우정을 주는 오렌지'와 '행운을 주는 바나나'를 넣어 만든 주스를 참여자들과 맛있게 나누어 먹고 난 후 짝이 된 친구에게 선물로 '자신감을 주는 감'과 '용기를 주는 오렌지'를 이용하여 과일 꼬치를 만들어 선물하였다. 활동 후 소감 발표 시간에는 믹서를 돌릴 때 조금 무서웠지만 재미있었고 친구와 함께 글자를 만드는 것이 재미있었다고 하였다.

- 참여자 5: '행운을 주는 바나나'와 '자신감을 주는 감'을 이용해 마법의 주스를 만들었고 짝에게 필요한 자원들의 의미가 담긴 과일 꼬치를 서로 선물하며 함께하는 의미를 되새기고 공감을 하는 시간을 통해 사회성 및 또래 관계를 향상시키는 기회를 가졌다. 활동 후 소감을 발표하는 시간에 "너무 환상적으로 재미있었어요."라고 말하며 활동에 대한 높은 만족감을 표현하였다.

- 참여자 6: 자신에게 가장 힘들고 가지고 싶은 것은 자신감이라며 "나는 아직도 잠잘 때 곰돌이를 안고 자야 하는 것이 부끄럽고 곰돌이가 없어도 잠을 잘 수 있는 자신감이 있었으면 좋겠다."라고 말하였다. '용기를 주는 파인애플'과 '자신감을 주는 감'을 넣은 마법의 주스를 마시고 용기 있는 친구가 되길 바란다는 말을 참여자들과 나누었다. 함께 '우정'이라는 글을 만드는 시간에 과일 껍질을 이용하여 같이 만드니 더 재미있었다고 말하며 활동에 대한 만족감을 표현했다.

- 참여자 7: "나는 겁이 없었으면 좋겠어요."라고 말하며 '용기를 주는 파인애플'과 '자신감을 주는 감'을 넣어 마법의 주스를 만든 후 참여자과 함께 마시며 즐겁게

활동하였고 짝에게 '용기와 자신감'을 주는 과일 꼬치를 선물받으며 친구와 마음을 나누었다. 활동 초기 부끄러워하고 소극적이었으나 회기가 진행되면서 자신의 생각을 표현하는 긍정적인 변화를 보였다.

- 참여자 8: 참여자는 못생겼다는 말을 들을 때 상처를 받는다고 했다. '자신감을 주는 감'과 '용기를 주는 파인애플'을 넣어 마법의 주스를 만들었고 우정에 대한 문장을 완성하는 활동에서는 '기뻐라.'라는 글자를 바나나 껍질을 이용해서 완성한 후 활동에 대한 만족감을 표현했다.

13회기 작품			

[참여자 1] 드라큐브	[참여자 2] 눈	[참여자 3] 흑샘	[참여자 4] 요리사

[참여자 5] 짱큐브	[참여자 6] 왕자님	[참여자 7] 토끼	[참여자 9] 물

1-14. 후기 2단계(14회기)

① 활동 주제: 친구야, 사랑해

② 준비물: 약 봉투, 약포지, 물약 병, 주스, 비타민, 견과류, 캐러멜, 별사탕, 유성매직, 유리테이프

③ 활동 목표: 다양한 푸드 매체와 실제로 사용하는 약 봉투 등을 이용한 약국 놀이

를 통해 사랑을 담은 약을 만들어 선물하는 활동으로, 상대를 배려하는 마음과 감사하는 마음을 나누는 활동을 통해 사회성을 향상시킨다.

④ 촉진 활동 내용: 촉진 활동을 실시하지 않음

⑤ 14회기 내용: 자기 내면의 욕구와 자신이 소망하는 것을 밖으로 표현하는 기회를 통해 자기 이해를 향상시키고 서로에게 필요한 약을 선물해 주는 활동을 통해 사회성을 향상시켰다. 서로 다투는 모습이 전혀 관찰되지 않을 정도로 흥미를 가지고 적극적으로 활동에 참여하였고 실제 약국에서 사용하는 약포지와 약 봉투, 물약 병으로 활동하는 것에 대해 흥미를 가지고 재미있게 활동하였다. 자신에게 필요한 약과 가족에게 주고 싶은 약 만들기를 통해 가족에 대한 이해와 감사의 마음을 담아 표현하는 기회를 제공하였다. 각자의 소망과 희망을 담은 약을 만드는 과정과 누군가를 위해 마음을 전하는 활동을 통해 사회성과 함께 자기효능감이 향상되는 기회가 되었다.

⑥ 촉진 활동 및 활동 사진

14회기 활동

⑦ 푸드아트테라피 활동 내용

- 참여자 1: 참여자 7에게 필요한 약을 지어 주며 "한 알만 먹으면 겁이 없어 질 수 있을 거야."라는 힘이 되는 말을 주고받는 모습을 보였고 싸우거나 의견이 맞지 않아 다투던 모습은 전혀 보이지 않았다. 자신이 참여자 7에게 '소원을 들어주는 약'을 지어서 선물해 주며 "겁이 다시 나면 이 약을 먹고 다시 소원을 빌면 돼."라

고 친구와 감정을 나누며 상호작용하는 모습을 보였다. 자신의 어려움을 친구가 공감해 주고 필요한 소망을 담은 약을 선물 받는 활동을 통해 감정을 함께 공유할 수 있는 기회를 나누었다.

- 참여자 2: 참여자 5와 짝이 되었고 서로에게 필요한 약을 지어 주는 활동을 하였다. '목소리를 크게 내는 약' '용기가 생기는 약'을 지어달라고 이야기한 후 참여자 5가 지어 준 약을 받은 후 '우정의 약국'이라고 적은 후 완성하였다. 가족에게 주고 싶은 약은 '머리가 안 아파지는 약' '건강해지는 약'을 지었고 "아빠, 엄마 천천히 먹으면 머리가 안 아파져요."라고 적어 약 봉투를 완성하였다. 약을 만드는 활동을 통해 자신에게 필요한 것이 무엇인지 알게 되었다.

- 참여자 3: 친구가 지어 준 '힘이 강해지는 약'을 먹고 싸움에서 이기고 싶다고 했다. "아빠는 매일 피곤해 하시니까 '개운 약'을, 엄마는 '효도 약'을 드시고 건강했으며 좋겠어요."라고 말하며 가족에 대한 따뜻한 마음을 담아 약을 완성하였다. 활동 중 자신에게 필요한 것은 '힘'이라는 것을 반복해서 이야기하며 강해지고 싶은 내면의 욕구를 표현하였다.

- 참여자 4: 불참

- 참여자 5: 참여자 2와 짝이 되어 활동을 하였고 '도민준 약, 기분이 좋아지는 약'을 만들어서 선물받고 싶다고 하였다. 도민준 약을 먹으면 시간도 멈추고 초능력을 발휘할 수 있어서 좋고 기분이 좋지 않을 때 먹으면 웃음이 나는 약이 있으면 좋겠다고 말을 하며 자기 내면의 욕구를 푸드 매체를 통해 표현하였다. 가족에게 지어주는 약은 동생에게 "○○야, 용기 있게 자랐으면 좋겠어."라는 메시지를 적어 봉투를 만든 후 먹으면 용기가 생기는 약을 만들어 완성하였다.

- 참여자 6: 참여자 8과 짝이 되자 너무 좋아하였고 사이좋게 활동을 시작하였다. '초능력이 생기는 약'을 만들어서 선물받은 후 도민준처럼 외계인이 가지는 여러 가지 힘을 가지고 싶다고 말하였다. 가족 대신 참여자 7에게 약을 만들어서 선물하였다. 평소 활동 시간에 겁이 없었으면 좋겠다는 참여자 7에게 '겁을 없애는 약'을 만들어 준 후 '든든히 챙겨먹기'라는 메시지를 적어 마음을 전했다.

- **참여자 7:** 참여자 1과 짝이 되어 활동을 하였고 '무서움을 없애는 약과 남자애들이 말썽부리지 않는 약'을 만들어 달라고 한 후 선물로 받았다. 가족에게 주는 사랑의 약을 만드는 활동에서는 엄마에게는 '힘나고 건강해지는 약'을 아빠에게는 '힘나는 약', 언니에게는 '공부 잘하는 약'을 만든 후 '우리 가족 모두 행복하고 건강하게 오래 오래 사세요!'라고 감사와 고마움을 담아 약봉투를 완성하였다.

- **참여자 8:** 참여자 6과 짝이 되어 무척 좋아하였다. 활동 시간에는 '천재가 되는 약' '무서움을 없애는 약'을 만들어 달라고 한 후 혼자 있어 무서울 때 먹으면 좋을 것 같고 천재가 되면 못할게 없으니까 좋을 것 같다고 했다. 가족에게 주는 약은 엄마에게 '특별 약' '건강해지는 약'을 만들어서 수업을 마치고 빨리 가서 주고 싶다고 하였다. 활동 후 친구에게 선물을 받아서 기분이 좋았고 가족에게 선물할 수 있어서 기쁘다며 활동에 대한 만족감을 표현하였다.

14회기 작품

[참여자 1] 드라큐브

[참여자 2] 눈

[참여자 3] 흑샘

불참

[참여자 4] 요리사

[참여자 5] 짱큐브

[참여자 6] 왕자님

[참여자 7] 토끼

[참여자 9] 물

1-15. 후기 2단계(15회기)

① **활동 주제:** 나와 친구에게 주는 선물

② **준비물:** 1회용 도시락 통, 주먹밥 재료, 과일들, 계란, 소스 류, 칼, 도마, 메시지 종이

③ **활동 목표:** 주먹밥 등 다양한 도시락 재료를 이용해 자유롭게 완성한 후 나만을 위한 도시락을 만들고 나에게 보내는 편지를 쓰는 활동을 통해 긍정적인 자아 형성과 함께 자기효능감 및 사회성을 향상시킨다.

④ **촉진 활동 내용:** 촉진 활동을 실시하지 않음

⑤ **15회기 전체 내용:** 마지막 회기로 그동안 열심히 활동한 자기에게 선물하는 시간을 가졌다. 여러 가지 도시락 재료로 각자의 마음을 담아 도시락을 완성하였다. 자신에게 주는 도시락의 제목을 '기쁨의 도시락' '사랑의 도시락' 등으로 정하고 자기에게 편지를 쓰는 시간을 가졌다. '학교생활 잘해.' '넌 멋져.' '건강해라.' 등의 내용을 담은 편지를 써서 크게 읽는 활동을 통해 자신을 사랑하는 마음을 표현하고 긍정적인 자아를 형성할 수 있는 기회를 가졌다. 집단상담 활동으로 푸드 매체로 자기의 마음을 담아 친구들에게 줄 선물을 만들어 마음을 나누는 활동을 실시하였다. 참여자 1은 참여자 6에게 토마토로 사람 얼굴을 만들어 선물하며 "이제부터 더 잘 지내자."라고 하였고 참여자 6은 참여자 1에게 "싸우지 말자."는 말을 하며 선물을 주고받았다. 다른 참여자들도 친구들과 마음을 나누는 활동을 통해 긍정적인 또래 관계 및 사회성을 향상하는 기회를 가졌다. 활동 후 소감 발표 시간에는 "모두 즐거웠다, 재미있었다."고 하였다.

⑥ 활동 사진

15회기 활동

⑦ 푸드아트테라피 활동 내용

- 참여자 1: 케첩과 스테이크 소스를 넣어 밥을 반죽한 '스테이크 밥'을 만들었다. 도시락 제목은 '미스테리한 스테이크 밥'이라고 지은 후 "여러 가지 미스테리한 맛이 많이 들어 있어요."라고 이유를 설명하였다. 자신에게 쓰는 편지에는 "넌 머쪄(멋져)."라고 적은 후 활동을 마무리하였다. 참여자 1은 참여자 6에게 토마토로 사람 얼굴을 만들어 선물하며 "이제부터 더 잘 지내자."라고 하였고 참여자 6은 참여자 1에게 "싸우지 말자."는 말을 하며 선물을 주고받았다. 너무 재미있고 즐거웠다는 소감을 발표한 후 활동을 마무리하였다.
- 참여자 2: 다양한 재료로 열심히 도시락을 만들었고 자신이 만든 도시락이 놀이동산 같아 보인다고 말하며 제목을 '우리 가족 놀이 동산'이라고 지었다. 참여자 2는 참여자 3에게 당근으로 만든 사람을 선물하며 "앞으로 계속 친하게 지내자."라고 하였고 참여자 3은 참여자 2에게 오이로 UFO 모양을 만들어 선물하며 "자신감과 친구가 더 많이 생겨."라고 말하면서 선물을 주고받았다. 가장 많이 다투었는데 '마법의 주스'를 먹은 후 효과가 많이 나타났다며 같이 짝이 되어 수업하는 것에 대해 즐거워하고 좋아하는 모습을 보였다.
- 참여자 3: 주먹밥을 만든 후 김과 케첩을 이용하여 얼굴을 표현하고 다양한 과일

을 이용하여 완성하였다. 도시락의 제목은 '가족 모둠 도시락'이며 집에서 가족이 랑 나누어 먹고 싶다고 하였다. 자신에게 쓰는 편지는 '○○아, 도시락 먹고 건강하게 살자.'라는 메시지를 적어 완성하였다. 참여자 2와 짝이 되었을 때 무척 기뻐하였고 활동 중 서로 도와주는 모습과 마음을 나누는 긍정적인 변화를 보였다.

- **참여자 4:** 주먹밥을 만들고 과일, 계란 등으로 사람 얼굴을 표현한 후 '희망의 도시락'이라고 제목을 지었고 자신에게 적는 편지 대신 선생님께 힘내라는 메시지를 적어 완성하였다. 도시락에 '가족이 건강하고 잘 지내는 것'이라는 희망과 소망을 푸드 매체를 통해 표현하였다.

- **참여자 5:** 여러 가지 재료를 이용하여 김, 샌드위치, 밥을 만들어 완성한 후 '기쁨의 도시락'이라는 제목을 지었고, '○○에게. ○○야, 넌 능력을 더 키우고 안 되는 걸 열심히 연습하는 모습이 멋져.'라는 메시지를 자신에게 쓴 후 씩씩하게 발표하였다. 참여자 5는 참여자 8에게 토마토로 만든 얼굴을 선물하며 "항상 토마토처럼 밝은 얼굴로 잘 지내."라는 말을 하였고 참여자 8은 참여자 5에게 "항상 행복해."라는 말을 하며 선물을 주고받았다.

- **참여자 6:** 삼각 김밥과 당근을 이용하여 얼굴로 도시락 만들기를 완성한 후 '사랑에 도시락'이라는 제목을 지은 후 자신에게 '힘내. ○○야.'라는 메시지를 보냈다. 참여자 1에게 토마토로 사람 얼굴을 만들어 선물하며 "이제부터 더 잘 지내자."라고 하였고, 참여자 1은 "싸우지 말자."는 말을 하며 선물을 주고받았다. 함께 활동하고 마음을 담은 선물을 주고받는 활동을 통해 사회성이 향상되는 기회를 가졌다.

- **참여자 7:** 꼼꼼하게 주먹밥과 과일을 이용해 케이크를 만든 후 가족과 함께 나누어 먹고 싶다고 했다. '가족 사랑 도시락'이라는 제목과 함께 ○○야, 학교생활 잘하고 용기를 가지자.'라는 메시지를 자신에게 적었다. 마음을 나누는 활동에서는 참여자 4는 참여자 7에게 '맛있게 먹어."이것을 먹고 항상 웃어.'라고 말하며 선물을 주고받았다.

- **참여자 8:** 주먹밥을 만드는 것이 너무 재미있었다며 여러 가지 푸드 매체를 이용

하여 얼굴을 만들어 장식한 후 완성하였다. '얼굴과 도시락'이라는 제목을 지었고 '항상 건강해. 그리고 잘 살아.'라고 자기에게 메시지를 써서 완성하였다. 참여자 5와 참여자 8은 토마토로 만든 얼굴을 선물하며 "항상 토마토처럼 밝은 얼굴로 잘 지내." "항상 행복해."라는 말을 하며 선물을 주고받았다. 푸드 매체를 통해 자기 마음을 담은 선물을 주고받으며 타인을 배려하고 이해하는 기회가 되었다.

15회기 작품

[참여자 1] 드라큐브

[참여자 2] 눈

[참여자 3] 흑샘

[참여자 4] 요리사

[참여자 5] 짱큐브

[참여자 6] 왕자님

[참여자 7] 토끼

[참여자 8] 물

종결 파티

① **활동 주제:** 아름다운 이별

② **준비물:** 나뭇가지, 과자, 사탕, 색 소금. 플라스틱 컵, 필기도구, 활동지

③ **활동 목표:** 엄마와 함께 종결 파티를 하며 지금까지 활동해 온 작품 사진을 감상하는 시간을 가진다. 또한 엄마와 함께 희망 나무를 만든 후 서로 희망을 나누는 활동을 통해 자기효능감을 향상시킨다.

④ **종결 회기 내용**

- 참여자 1: 가장 큰 변화는 지금까지 해적, 몬스터 등 현실적이지 못했던 꿈이 구체적인 꿈의 형태로 변한 것이다. 15회기 동안 너무 즐거웠고 자신이 느낀 가장 큰 변화에 대한 질문에 "어떤 일을 할 때 겁나고 두려웠는데 자신감이 좀 생긴 것 같다."라는 소감을 발표했다.

- 참여자 2: 희망 나무에 '엄마, 평소에 청소도 해 주시고 설거지도 해 주셔서 감사합니다.'라는 메시지를 적었고 엄마는 '○○야, 사랑해. 지금처럼 밝게 자라길 바라.'라는 글을 적어 완성하였다. 자신이 느낀 가장 큰 변화에 대해서는 "친구들과 더 잘 지낼 수 있을 것 같고 학교에서도 같이 놀 친구가 생겼다."고 말하며 긍정적인 변화를 보였고 음식으로 활동을 해서 더 재미있었고 맛있게 먹을 수 있어서 좋았다는 소감을 발표하였다. 엄마와 동생과 함께 활동하는 것에 대해서도 긍정적인 반응을 보였다.

- 참여자 3: '어머니! 이 나무를 보고 항상 건강하세요.'라는 메시지를 적었고, 엄마는 '항상 사랑하고 사랑받는 ○○가 되었으면 좋겠다.'라는 메시지를 적어 희망 나무를 완성하였다. 활동 영상 속에 자신의 모습이 나오자 좋아하였고 엄마에게 설명하며 활동에 대한 만족함을 표현하였다.

- 참여자 4: '엄마, 앞으로 동생과 잘 지내고 말도 잘 듣겠습니다.'라는 메시지를 적었고, 엄마는 '친구들과 지금보다 더 잘 지내고 동생과도 잘 지내는 착한 아들이 되길.'이라는 글을 적어 희망 나무를 완성하였다.

- 참여자 5: 가장 큰 변화에 대한 질문에 "동생에게 화를 적게 내게 되었고 학교에서 친구들과 더 잘 지내게 된 것 같아요."라는 자신의 긍정적인 변화에 대해 자신감 있게 발표했다.

- 참여자 6: 참여자 6은 "앞으로 공부도 더 열심히 하고 착한 아들이 될게요.", 엄마는 "자신감이 넘치는 멋진 아들이 되길 바라."는 말을 서로 주고받았다. 꿈을 묻는 질문에 "선생님이 되고 싶어요."라고 자신의 꿈에 대해 자신감 있게 발표하는 긍정적인 모습을 보였다. 상담사가 준 상장을 읽어 보며 좋아하였고 엄마가 준비해 온 다과를 나누어 먹으며 활동을 마무리하였다.

- 참여자 7: 자신의 가장 큰 변화에 대해 "학교에 혼자 가지 못했고 학교에서도 엄마 생각이 나서 쉬는 시간마다 전화를 하고 엄마가 학교에 오지 않으면 불안해서 학교에서 공부할 수가 없었는데 이제는 혼자서도 학교도 갈 수 있고 엄마가 오지 않아도 괜찮아요."라고 말하며 학교부적응의 문제 행동이 개선되는 긍정적인 결과를 가져왔다. 종결 파티를 하며 아쉽다며 활동이 종결되는 것에 대해 아쉬움을 표현하였다.
- 참여자 8: 자신이 느끼는 가장 큰 변화에 대해서는 "친구의 잘못에 대해서 화를 내거나 짜증을 내지 않고 참으려고 노력한다."는 소감을 발표하였고 음식으로 활동한 것이 재미있고 신기했다고 말했다. 끝나지 않고 계속 푸드아트테라피 수업을 받고 싶다며 활동에 대한 만족감을 표현하였다. 엄마가 직접 만들어 온 빵을 참여자들과 나누어 먹으며 마지막 종결 파티를 즐겁게 마무리하였다.

⑤ 활동 사진

종결 파티

[참여자 1] 드라큐브

[참여자 2] 눈

[참여자 3] 흑샘

[참여자 4] 요리사

[참여자 5] 짱큐브

[참여자 6] 왕자님

[참여자 7] 토끼

[참여자 8] 물

9. 집단상담프로그램의 효과성

푸드아트테라피를 적용한 집단상담프로그램에 참가한 실험집단과 참가하지 않은 통제집단의 자기효능감 하위 영역인 자신감, 자기조절, 과제난이도의 사전검사에서 유의미한 차이가 있었으므로, 자기효능감 사전검사 점수를 공변인으로 하고, 사후검사점수를 종속변인으로 공변량 분석을 실시하였다. 각 하위 영역별로 실험집단과 통제집단 간의 효과를 측정한 결과, 실험집단과 통제집단 간의 유의미한 차이가 결과로 나타났다. 푸드아트테라피를 적용한 집단상담프로그램을 실시한 후 초등학생(실험집단)의 자기효능감에 효과가 있음이 통계결과를 통해 확인되었다. 하위 영역별로는 자신감, 자기조절, 과제난이도의 세 영역 모두 통계적으로 실험집단과 통제집단이 통계적으로 유의미한 평균 차가 있음이 나타났다.

푸드아트테라피를 적용한 집단상담프로그램에 참가한 실험집단과 참가하지 않은 통제집단의 사회성의 하위 영역인 준법성, 협동성, 사교성, 자주성의 사전검사에서 유의미한 차이가 있었으므로, 사회성의 사전검사 점수를 공변인으로 하고, 사후검사 점수를 종속변인으로 공변량 분석을 실시하였다. 각 하위 영역별로 실험집단과 통제집단 간의 효과를 측정한 결과, 실험집단과 통제집단 간의 유의미한 차이가 결과로 나타났다. 푸드아트테라피를 적용한 집단상담프로그램을 실시한 후 실험집단의 사회성에 효과가 있음이 통계결과를 통해 확인되었다. 하위 영역별로는 준법성, 협동성, 사교성, 자주성의 영역 모두 통계적으로 실험집단과 통제집단이 통계적으로 유의미한 평균 차가 있음이 나타났다.

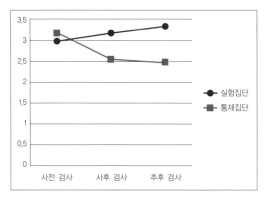

[자신감 사전·사후·추후 검사 결과]

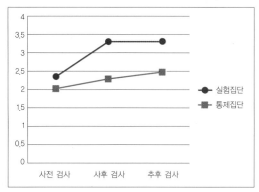

[자기조절 사전·사후·추후 검사 결과]

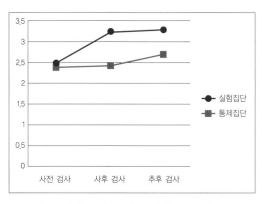

[과제난이도 사전·사후·추후 검사 결과]

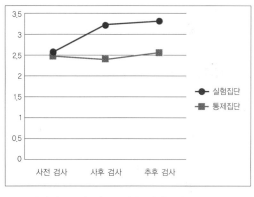

[자기효능감 사전·사후·추후 검사 결과]

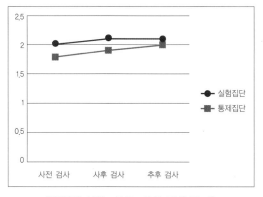

[준법성 사전·사후·추후 검사 결과]

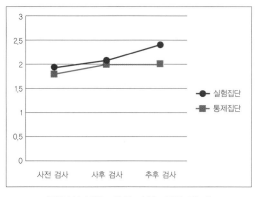

[협동성 사전·사후·추후 검사 결과]

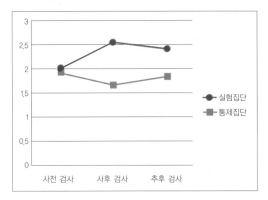

[사교성 사전 · 사후 · 추후 검사 결과]

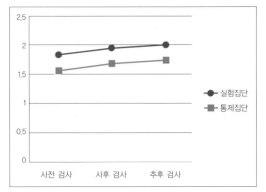

[자주성 사전 · 사후 · 추후 검사 결과]

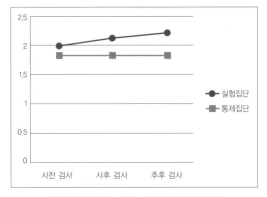

[사회성 사전 · 사후 · 추후 검사 결과]

[그림 13-4]   자기효능감, 사회성 사전 · 사후 · 추후 검사 결과표

10. 회기별 활동 후 만족도 점수 변화

긍정적인 자기평가는 포부수준을 높이고 동기를 유지시켜 긍정적 자기효능감에 영향을 미친다(Bandura. A. (1977), op. cit., pp. 191-215). 따라서 자기효능감의 긍정적인 변화를 살펴보기 위해 활동 후 스스로 느낀 푸드아트테라피 작품에 대한 만족감 점수 변화를 살펴보았다.

〈표 13-4〉 푸드아트테라피 활동 후 만족감 점수

대상자	초기단계 (1~3회기)			중기1단계 (4~7회기)				중기2단계 (8~12회기)				후기단계 (13~15회기)				종결
	1	2	3	4	5	6	7	8	9	10	11	12	13	14	15	
참여자 1	60	60	65	65	65	75	75	85	85	90	92	90	93	95	95	95
참여자 2	50	55	54	60	65	68	70	80	80	85	85	80	91	95	95	95
참여자 3	65	65	·	60	60	70	75	89	89	90	90	93	95	95	95	95
참여자 4	60	65	67	65	65	80	80	95	95	84	80	80	89	·	90	90
참여자 5	70	70	80	80	80	80	82	90	90	94	90	87	92	90	90	95
참여자 6	50	55	65	70	70	80	80	90	90	95	95	95	95	95	95	95
참여자 7	70	75	70	77	75	75	75	90	90	87	90	87	90	95	95	95
참여자 8	65	65	70	75	75	75	75	75	85	90	90	90	93	92	95	95
평균	61.2	63.7	58.8	69	69.3	75.3	76.5	86.7	88	89.3	89	87.7	92.2	82.1	93.7	94.3

푸드아트테라피 활동 후 자신이 느낀 만족감 점수 변화는 〈표 13-4〉에서 보는 바와 같이 초기단계 평균은 63.5점, 중기1단계의 평균은 75점, 중기2단계의 평균은 88점, 후기단계의 평균은 93점, 마지막 종결의 평균은 95점으로 자기효능감 부분에서의 만족도 점수가 초기단계 평균점수 63.5점에서 종결단계 평균점수 95점으로 프로그램을 종결한 후 만족도 평균 점수가 31.5점이 향상되는 결과가 나타났다.

참여자 8명의 푸드아트테라피 활동 후 만족감의 점수는 유의미하게 향상된 것은 자신의 활동에 대한 만족감으로 인해 자기효능감의 향상에도 긍정적인 영향을 준 결과라고 볼 수 있다. 참여자 8명의 푸드아트테라피 활동 후의 만족감의 점수 변화를 그림으로 나타내면 [그림 13-5]와 같다.

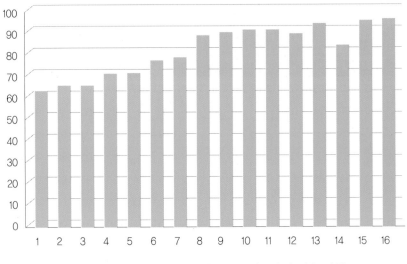

[그림 13-5] 푸드아트테라피 활동 후 만족감의 점수 변화

11. 부모의 관찰에 따른 행동 변화 결과

푸드아트테라피 프로그램을 종결한 후 부모의 참여자 행동 관찰에 따른 가정에서의 변화, 친구관계에서의 변화, 학교생활에서의 변화 및 전체 활동 후 소감 내용을 분석한 결과는 [그림 13-6]과 같이 4개의 영역에서 모두 긍정적으로 변화된 모습이 관찰되었다. 특히 친구관계와 학교생활에서의 변화가 가장 많이 관찰되었다. "남의 입장을 생각해 보는 것에 그리 큰 거부를 보이지는 않아요." "배려, 참을성이 많아졌어요." "학급에서 자신감을 가지고 반장 선거에 스스로 출마하기도 하고 친구와 사이에서 지켜야 할 규칙을 알고 지키려 애쓰는 모습이 보입니다." 등의 행동관찰 내용은 사회성에서의 긍정적인 변화를 보여 준다. 구체적인 행동 변화는 〈표 13-5〉의 내용과 같다.

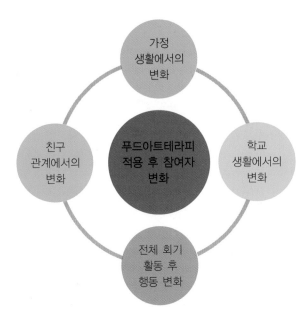

[그림 13-6] 부모의 관찰에 따른 행동 변화 영역

〈표 13-5〉 **참여자 8명의 행동 변화 분석표**

	종결 후 부모의 관찰에 따른 행동 변화 내용 분석
가정 생활에서의 변화	참여자 1: 조금 더 자기주장이 강해지고 큰 소리로 대화하기도 하나 대화를 시도하면 함께 응하기도 한다. 참여자 2: 편식이 많은 참여자 2이지만 여러 가지 음식 재료를 접해 보고 음식에 대한 이해와 포용력이 넓어진 것 같다. 참여자 3: 요리에 관심이 많아졌다. 과정을 설명할 줄 안다. 참여자 4: 저녁식사를 도와주기도 하고 긍정적으로 변한 것 같다. 참여자 5: 자신의 감정 상태를 표현한다(아주 기본적인 감정들). 참여자 6: 표현이 부드러워지고 짜증을 내는 일이 줄어들었다. 참여자 7: 자기주장이 강해지고 언니와의 관계에서 긍정적인 변화가 보였다. 참여자 8: 음식에 대한 태도가 달라지고 TV 속 음식프로에 관심이 높아지고 본인이 음식을 만들고자 하는 의지가 강해졌다.

친구 관계에서의 변화	참여자 1: 남의 입장을 생각해 보는 것에 그리 큰 거부를 보이지는 않는다. 참여자 2: '마법의 주스'를 만들고 나서 신기하게도 친구와 친해졌다면서 집에서 마법의 주스를 만들어 다른 친구와 나눠 마시고 싶다고 했다. 참여자 3: 배려, 참을성이 좋아진 듯하다. 참여자 4: 친구랑 다투는 일이 많이 줄어들었다. 참여자 5: 특별히 문제가 없었지만 친구랑 같이 보내는 시간이 많아졌다. 참여자 6: 학급에서 자신감을 가지고 반장 선거에 스스로 출마하기도 하고 친구와 사이에서 지켜야 할 규칙을 알고 지키려 애쓰는 모습이 보였다. 참여자 7: "친구가 나에게 ~이랬어." "기분 나빠" 등의 말은 여전하지만 본인이 받아들이는 건 그냥 그렇다 등의 전보다는 조금 태연해진 듯하다. 참여자 8: 입장을 바꿔 생각하기 시작하고 친구에게 피해를 주지 않으려고 노력한다.
학교 생활에서의 변화	참여자 1: 1학년 때와는 달리 친구가 없어 외롭다고 안한다. 참여자 2: 예전보다 친구도 많아졌고 할 수 있다는 자신감도 상승했다. 참여자 3: 점심시간에 나가서 노는 횟수가 늘고 밝아진 것 같다. 참여자 4: 친구를 집으로 데리고 온 적이 없는데 학교 친구를 초대하는 모습과 학교에서 친구랑 같이 놀았다는 이야기를 자주 한다. 참여자 5: 모든 면에서 무난하게 잘하고 있다. 참여자 6: 학교생활에 자신감이 많이 생긴 것 같고 학교에서 해서는 안 될 일들에 관심을 가지고 수긍하는 모습을 보인다(예: 딱지 가져가지 않기, 알림장 쓰기 등). 참여자 7: 새 학년이 되고 새 선생님, 새 친구들과 잘 적응하며 지내는 걸 보니 뿌듯하다. 참여자 8: 친구와의 관계에서 자기주장이 강했던 모습이 조금 부드러워진 것 같다.
전체 활동 후 소감	참여자 1: 음식이라는 친근한 소재가 아이 입장에서는 재미가 있었던 것 같고요, 집단 수업이라 조금은 배려와 양보를 배울 수 있는 계기가 되었습니다. 참여자 2: 음식을 통해 활동을 하면서 마음도 더 푸근해지고 자신감이 생기는 것 같습니다. 평소 요리에 관심이 많아 더 적극적으로 활동할 수 있었던 것 같습니다. 참여자 3: 좋은 경험을 하게 된 것에 대해 감사드립니다. 좋은 기억 오래 간직할 수 있도록 도와주신 선생님들께도 감사드립니다. 참여자 4: 활동하는 요일을 가장 기다리며 좋아하던 모습이 생각나네요. 감사합니다. 참여자 5: 프로그램이 종료됨에 무척 아쉬워하고 계속 하고 싶어 했어요. 매주 화요일을 기다리며 가는 시간에는 "야호" 소리도 지르며 아주 좋아했어요. 활동 후에는 무엇을 했는지 이야기도 하며 점점 마음속의 이야기를 조금씩 표현합니다. 참여자 6: 매주 화요일을 많이 기다리고 즐거워했다. 새로운 프로그램을 접할 수 있어 좋았다. 참여자 7: 엄마와의 분리불안과 학교부적응 행동이 사라져서 너무 좋아요. 감사합니다. 참여자 8: 성격이 많이 부드러워지고 엄마의 입장을 한 번씩 생각해 줍니다. 요즘 들어 생각이 많이 커졌다고 느낍니다.

11. 부모의 관찰에 따른 행동 변화 결과　　**431**

　　지금까지 살펴본 프로그램의 푸드아트테라피를 적용한 집단상담프로그램이 초등
학생의 자기효능감과 사회성 향상에 긍정적인 변화를 준 다양한 원인들에 대해 도표
로 만들어 보면 정리해 보면 다음과 같다.

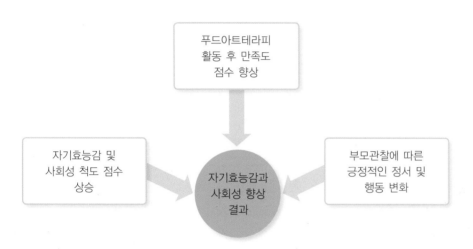

[그림 13-7] 자기효능감 및 사회성 향상의 다양한 원인

부록

1. 회기별 활동 계획서

푸드아트테라피를 적용한 집단상담프로그램 1회기 활동 계획서

1회기	난 이런 사람이야!		
단계	주제: 별칭 짓기	집단상담프로그램	준비물
도입 단계(초기) 나를 만나러 가는 길 (자기 이해)	식빵과 초코펜 등을 이용해 별칭을 그림으로 표현하기	친구 별칭 알아보는 게임을 통해 친밀감을 형성한다.	식빵, 초코펜, 초코볼, 과자
활동 목표	1. 프로그램에 대한 안내와 규칙과 제안에 대한 약속을 정한다. 2. 푸드 매체를 이용하여 자기를 소개하는 시간을 갖고 집단원의 친밀한 관계를 형성하도록 신체적 긴장감을 풀어 주는 촉진활동을 한다.		
도입 (마음 열기)	**감정 노트 및 초콜릿 퍼즐**		
	▶정서지능UP인사법–출석을 부를 때 현재의 기분으로 대답한다. ▶팀원들이 잘할 때마다 보상으로 초콜릿 조각을 나누어 주고 퍼즐을 쌓게 하여 활동 후 초콜릿을 팀원들이 나누어 먹도록 한다.		
	촉진 활동		
	▶숟가락으로 과자 나르기 게임을 통해 집단원과의 친밀감을 형성한다. ▶게임 방법 ① 같은 과일이 그려진 사람이 한 팀이 되어 두 팀으로 나누어 게임을 진행한다. ② 각 팀은 입에 숟가락을 물고 과자를 나르는 게임으로 과자를 많이 나른 팀이 승리한다.		
중심 활동	**푸드아트테라피 적용 – 별칭 짓기 및 별칭을 푸드 매체를 이용해서 표현하기**		
	① 별칭을 지은 후 자신의 별칭을 식빵 위에 초코 시럽과 여러 가지 초코볼과 과자를 이용해서 그림 또는 글로 표현한다. ② 자신이 만든 식빵 그림에 그려진 별칭에 대해 소개한다.		
정리 (마음 나누기)	**집단상담프로그램 적용**		
	▶완성한 식빵 그림을 모두 모은 후 친구들의 그림만 보고 누구의 별칭인지 알아 맞춘다. ▶집단상담프로그램 활동지에 활동한 소감과 느낌을 적도록 한다. ▶개인적인 평가와 각자의 만족도 및 욕구를 표현하고 다음 회기를 소개하여 동기부여를 돕는다.		
유의점	낯선 상황에 처음 접하는 집단 구성원들이 프로그램에 대해 부담스러워하지 않고 흥미를 가지고 시작할 수 있도록 편안하고 자유로운 분위기를 만든다.		

푸드아트테라피를 적용한 집단상담프로그램 2회기 활동 계획서

2회기	내 안의 나 찾기 1		
단계	주제: 내 안의 천사와 만나기	집단상담프로그램	준비물
도입 단계(초기) 나를 만나러 가는 길 (자기 이해)	1. 밀가루 촉감놀이를 통한 긍정적인 감정과 만나기 2. 밀가루로 하트를 만든 후 마음 나누기	긍정 감정과 만나기를 통해 동질감과 긍정적인 관계를 형성한다.	바나나, 밀가루, 식용색소, 물, 식용유, 대야

활동 목표	1. 기쁠 때, 행복할 때 등 긍정적인 자신의 감정과 만나기를 통해 자기 탐색과 자기 이해를 향상시킨다. 2. 긍정적인 감정을 담은 밀가루로 하트를 만든 후 집단원과 감정 나누기 활동을 통해 긍정적인 또래 관계를 형성한다.
도입 (마음 열기)	**감정 노트 및 초콜릿 퍼즐** ▶정서지능UP인사법: 출석을 부를 때 현재의 기분으로 대답한다. ▶팀원들이 잘할 때마다 보상으로 초콜릿 조각을 나누어 주고 퍼즐을 쌓게 하여 활동 후 초콜릿을 팀원들이 나누어 먹도록 한다. **촉진 활동** ▶게임: 바나나 칼 싸움 ▶게임 방법: 바나나로 칼 모양을 만든 후 상대편 팀과 칼 싸움을 한 후 바나나를 나누어 먹는다.
중심 활동	**푸드아트테라피 적용-내 안의 천사와 만나기** ① 밀가루의 감촉을 느끼게 한 후 물과 기름을 이용하여 함께 밀가루 반죽을 만든다. ② 마음속의 기쁨과 행복 등 긍정적인 감정의 크기만큼 밀가루 반죽을 가져온 후 긍정적인 감정을 나타내는 색을 이용해 반죽한 후 하트 모양으로 만든다. ③ 자신이 느끼는 긍정적인 감정과 구체적인 상황을 집단원과 이야기를 나눈다.
정리 (마음 나누기)	**집단상담프로그램 적용** ▶긍정적인 감정을 담아 밀가루로 하트를 만든 후 집단원과 감정 나누기를 통해 긍정적인 또래 관계를 형성한다. ▶집단원의 긍정적인 감정을 모은 후 큰 하트를 만들어 활동을 마무리한다. ▶활동지에 자신이 기쁠 때, 행복할 때 등의 구체적인 상황에 대해 적어보고 내 마음속의 긍정의 크기만큼 하트에 색칠해 보도록 한다. ▶개인적인 평가와 각자의 만족도 및 욕구를 표현하고 다음 회기에 대한 소개를 통해 동기부여를 돕는다.
유의점	낯선 상황을 처음 접하는 집단 구성원들이 프로그램에 대해 부담스러워하지 않고 흥미를 가지고 시작할 수 있도록 자유로운 분위기를 만든다.

푸드아트테라피를 적용한 집단상담프로그램 3회기 활동 계획서

3회기	내 안의 나 찾기 2		
단계	주제: 밀가루 감정 피자	집단상담프로그램	준비물
도입 단계(초기) 나를 만나러 가는 (자기 이해)	1. 과자 쌓기 게임 2. 색 밀가루 반죽을 이용한 여러 가지 감정 피자 만들기	다양한 감정과 만나기를 통해 동질감과 긍정적인 관계를 형성한다.	밀가루, 식용색소, 피망, 버섯, 곡류, 당근, 밀대, 꼬깔콘

활동 목표	1. 내 마음속의 다양한 여러 감정과 만나기를 통해 자기 탐색과 자기 이해를 향상시킨다. 2. 마음속의 여러 가지 감정을 담은 감정 피자를 함께 만든 후 감정 나누기 활동을 통해 동질감과 긍정적인 또래 관계를 형성한다.
도입 (마음 열기)	**감정 노트 및 초콜릿 퍼즐** ▶정서지능UP인사법: 출석을 부를 때 현재의 기분으로 대답한다. ▶팀원들이 잘할 때마다 보상으로 초콜릿 조각을 나누어 주고 퍼즐을 쌓게 하여 활동 후 초콜릿을 팀원들이 나누어 먹도록 한다. **촉진 활동** ▶과자 쌓기 게임 방법: 꼬깔콘을 이용하여 높이 쌓아 올린 팀이 승리하는 게임으로, 활동 후 친구에게 먹여 주는 활동으로 친밀감을 형성한다.
중심 활동	**푸드아트테라피 적용-밀가루 감정 피자** ① 식용색소를 이용하여 두 사람이 짝을 이루어 색 밀가루를 만든다. ② 종이에 그려진 둥근 원 속에 집단원이 피자 조각을 그린 후 마음속의 여러 가지 감정과 느낌, 생각 등을 피자 조각 위에 적는다. ③ 그려 놓은 감정 피자를 보며 집단원이 감정을 나누어 가진 후 색 밀가루와 곡류 등으로 감정 피자를 만들어 완성한다. ④ 집단원이 느끼는 감정에 대해 구체적인 상황을 이야기하는 활동 시간을 통해 동질감과 또래 관계를 향상시킨다.
정리 (마음 나누기)	**집단상담프로그램 적용** ▶집단원의 마음속에 있는 감정, 느낌, 생각 등을 담은 감정 피자를 이용하여 각자의 접시에 감정을 나누어 가진 후 자신의 감정에 대한 구체적인 상황에 대해 이야기를 나눈다. ▶여러 가지 감정 피자 조각이 모여 멋진 피자가 완성되듯 자신이 느끼는 여러 가지 감정에 대해 긍정적인 감정을 가지도록 지지한다. ▶활동 후의 느낌 표현과 함께 오늘 활동한 모습 중 칭찬하는 시간을 통해 자기효능감 및 사회성을 향상시키는 기회를 갖는다.
유의점	감정 나누기에 참여 기회를 제공하며 긍정적인 지지를 통해 자기효능감을 향상시킨다.

푸드아트테라피를 적용한 집단상담프로그램 4회기 활동 계획서

4회기	툴툴 털어버려요! 1		
단계	주제: 내가 가장 힘들 때	집단상담프로그램	준비물
중기 단계(표출 단계) 너와 나를 만나러 가는 길(감정 표출)	1. 소금 깃발 쓰러뜨리기 촉진 활동 2. 색지 위에 소금 그림 그리기	색지 위의 소금 그림을 통해 감정 나누기를 한다.	소금, 색지, 깃발, 전지, 평붓, 팔레트, 물감
활동 목표	'내가 가장 힘들 때'라는 주제를 소금 그림으로 표현한 후 집단원의 긍정적인 지지를 통해 부정적인 감정을 표출하고 긍정적인 자기 가치와 또래 관계를 형성한다.		
도입 (마음 열기)	**감정 노트 및 초콜릿 퍼즐** ▶정서지능UP인사법: 출석을 부를 때 현재의 기분으로 대답한다. ▶팀원들이 잘할 때마다 보상으로 초콜릿 조각을 나누어 주고 퍼즐을 쌓게 하여 활동 후 초콜릿을 팀원들이 나누어 먹는다. **촉진 활동** ▶소금 깃발 쓰러 뜨리기 ▶게임 방법: 소금을 이용하여 언덕을 만든 후 깃발을 꽂은 후 먼저 깃발을 쓰러뜨리는 사람이 지는 게임을 통해 친밀감과 흥미를 유도한다.		
중심 활동	**푸드아트테라피 적용–내가 가장 힘들 때** ① 마음에 드는 색지를 고른 후 색지 위에 소금을 원하는 만큼 적당량 놓는다. ② 소금의 촉감을 오감을 통해 충분히 느낀 후 느낌을 나눈다. ③ '내가 가장 힘들 때'라는 주제를 소금 그림으로 표현한 후 집단원과 구체적인 상황에 대해 이야기를 나눈다. ④ 긍정적인 단어를 소금으로 표현한 후 감정을 나눈다.		
정리 (마음 나누기)	**집단상담프로그램 적용** ▶'내가 가장 힘들 때'의 상황에 대해 긍정적인 소금 단어를 통해 서로 지지해 주고 위로하며 사회성을 향상시키는 기회를 갖는다. ▶활동 후의 느낌 표현과 함께 활동한 모습 중 칭찬하는 시간을 통해 자기효능감 및 사회성을 향상시키는 기회를 갖는다. ▶개인적인 평가와 각자의 만족도 및 욕구를 표현하고 다음 회기에 대한 소개를 통해 동기부여를 돕는다.		
유의점	소금이라는 매체를 통해 긴장된 마음을 이완시키고 자유롭게 감정을 발산시킬 수 있는 기회를 제공한다.		

푸드아트테라피를 적용한 집단상담프로그램 5회기 활동 계획서

5회기	툴툴 털어 버려요! 2		
단계	주제: 신기한 요술 계란	집단상담프로그램	준비물
중기 단계(표출 단계) 너와 나를 만나러 가는 길(감정 표출)	1. 계란 과녁 맞추기 2. 깨진 계란 껍질을 이용 한 계란화 그리기	자신과 타인의 욕구에 대 해 긍정적인 지지와 마음 나누기를 한다.	계란 껍질. 과녁. 목공풀. 8절 도화지
활동 목표	계란 껍질에 자신의 부정적인 감정을 담아 깨뜨리는 활동을 통해 스트레스를 해소하고 계란화를 통 해 내면의 심리적 욕구를 표출하며 자아 이해를 통한 자아 성장의 기회를 갖는다.		
도입 (마음 열기)	**감정 노트 및 초콜릿 퍼즐**		
	▶정서지능UP인사법: 출석을 부를 때 현재의 기분으로 대답한다. ▶팀원들이 잘할 때마다 보상으로 초콜릿 조각을 나누어 주고 퍼즐을 쌓게 하여 활동 후 초콜릿을 팀원들이 나누어 먹는다.		
	촉진 활동		
	▶계란 껍질 과녁 맞추기 ▶게임 방법: 새로운 희망을 담은 과녁을 벽에 붙힌 후 계란껍질을 던져 과녁 맞추기를 하며 부정적 인 감정을 표출하고 스트레스를 해소하는 기회를 갖는다.		
중심 활동	**푸드아트테라피 적용–신기한 요술 계란**		
	① 두 사람씩 짝을 지어 상대방에게 타원형을 그려서 교환한 후 무엇을 나타내는 그림인지 이야기 를 나눈다. ② 상담사는 "이것은 계란인데 무엇이든지 나올 수 있는 요술 방망이 같은 계란입니다. 이 계란을 마음대로 깨뜨려 보세요."라고 말한다. ③ 참여자가 계란에 그린 금을 보고 다른 A4 용지에 계란에 금이 간 모양을 그리게 한 후 계란에서 나왔으면 하는 것을 그리도록 한다. ④ 계란 껍질을 이용하여 그림을 완성한 후 계란에서 나온 것에 대해 집단원과 함께 긍정적인 지지 및 마음 나누기를 한다.		
정리 (마음 나누기)	**집단상담프로그램 적용**		
	▶'계란에서 나온 것'에 대해 서로 이야기를 나누며 긍정적인 지지를 통해 서로 지지해 주고 위로 하며 사회성을 향상시키는 기회를 갖는다. ▶활동 후의 느낌을 표현하고 활동한 모습 중 칭찬하는 시간을 통해 자기효능감 및 사회성을 향상 시키는 기회를 갖는다.		
유의점	계란 껍질이라는 매체를 통해 스트레스를 해소하고 참여자의 내면의 심리적 욕구를 분출하고 표현 하는 기회를 통해 자기효능감 및 자기 성장의 기회를 갖는다.		

푸드아트테라피를 적용한 집단상담프로그램 6회기 활동 계획서

6회기	나와 너의 마음		
단계	주제: 요술 뻥튀기 가면	집단상담프로그램	준비물
중기 단계(표출 단계) 너와 나를 만나러 가는 길(감정 표출)	뻥튀기 과자를 이용하여 자신이 쓰고 싶은 가면을 만든 후 그 이유와 느낌을 나눈다.	자신과 타인의 욕구에 대해 긍정적인 지지와 마음 나누기를 한다.	뻥튀기 과자
활동 목표	뻥튀기 과자를 이용하여 자신의 가면을 만든 후 내면의 욕구와 만나 보는 새로운 경험을 통해 자기 이해와 타인을 이해하는 기회를 제공한다.		
도입 (마음 열기)	**감정 노트 및 초콜릿 퍼즐** ▶정서지능UP인사법: 출석을 부를 때 현재의 기분으로 대답한다. ▶팀원들이 잘할 때마다 보상으로 초콜릿 조각을 나누어 주고 퍼즐을 쌓게 하여 활동 후 초콜릿을 팀원들이 나누어 먹는다. **촉진 활동** ▶뻥튀기 격파 게임 ▶게임 방법: 두 명이 짝이 되어 뻥튀기 격파를 통해 스트레스를 해소하고 친밀감을 형성한다.		
중심 활동	**푸드아트테라피 적용-요술 뻥튀기 가면** ① 뻥튀기를 이용하여 자신의 모습을 뻥튀기 가면을 만든다. ② 자신이 만든 가면을 쓰면 어떠한 일들이 일어날 수 있는지 연상을 통해 자기 내면의 욕구를 표출할 기회를 갖는다.		
정리 (마음 나누기)	**집단상담프로그램 적용** ▶자신이 만든 뻥튀기 가면을 통해 내면의 욕구를 표출한다. ▶활동 후의 느낌을 표현하고 활동한 모습 중 칭찬하는 시간을 통해 자기효능감 및 사회성을 향상시키는 기회를 갖는다. ▶개인적인 평가와 각자의 만족도 및 욕구를 표현하고 다음 회기에 대한 소개를 통해 동기부여를 돕는다.		
유의점	푸드아트테라피 활동 시 푸드 매체를 통해서 자유롭게 자신의 생각과 느낌을 표현할 수 있도록 유도한다.		

푸드아트테라피를 적용한 집단상담프로그램 7회기 활동 계획서

7회기	나를 두렵게 하는 기억		
단계	주제: 너와 나의 마음 만나기	집단상담프로그램	준비물
중기 단계(표출 단계) 너와 나를 만나러 가는 길(감정 표출)	원두커피 가루를 이용하 여 마음속의 두려움과 무 서움을 난화를 이용하여 알아본다.	자신의 무서웠던 꿈에서 느껴지는 감정들에 대해 서로 이야기를 나눈다.	원두커피 찌꺼기, 흰 도 화지
활동 목표	원두커피 가루를 이용하여 내 마음속의 두려움을 난화를 이용하여 알아본 후 그 상황에서 느껴지 는 감정들을 그림으로 표현하고 감정을 나누는 시간을 통해 자기를 이해하는 시간을 갖는다.		
도입 (마음 열기)	**감정 노트 및 초콜릿 퍼즐**		
	▶ 정서지능UP인사법: 출석을 부를 때 현재의 기분으로 대답한다. ▶ 팀원들이 잘할 때마다 보상으로 초콜릿 조각을 나누어 주고 퍼즐을 쌓게 하여 활동 후 초콜릿을 팀원들이 나누어 먹는다.		
	촉진 활동		
	▶ 과자 복불복 게임 ▶ 게임 방법: 매운맛이 있는 과자가 섞여 있는 과자로 복불복 게임을 하여 매운맛 과자를 선택한 참여자에게 미션 수행을 하도록 한다.		
중심 활동	**푸드아트테라피 적용–너와 나의 마음 만나기**		
	① 눈을 감고 자신의 꿈 중에서 가장 무서웠던 꿈 또는 가장 두렵고 무서웠던 꿈에 대해 기억을 떠 올려 본다. ② 흰 도화지에 원두커피가루를 이용한 난화를 통해 자신이 느끼는 두려움과 무서움을 자유롭게 표현한다.		
정리 (마음 나누기)	**집단상담프로그램 적용**		
	▶ 원두커피 가루를 이용하여 자유롭게 자기 마음속의 두려움과 무서움의 모습을 표현한다. ▶ 서로가 표현한 모습을 소개하며 그때 느껴지는 감정을 나누는 시간을 통해 공감하며 긍정적인 피드백으로 사회성을 향상시킨다. ▶ 개인적인 평가와 각자의 만족도 및 욕구를 표현하고 다음 회기에 대한 소개를 통해 동기부여를 돕는다.		
유의점	자신의 생각과 감정을 자유롭게 표현하고 부정적인 감정을 표출할 수 있는 기회를 제공한다.		

푸드아트테라피를 적용한 집단상담프로그램 8회기 활동 계획서

8회기	친구야 너는 누구니?			
단계	주제: 초코파이 친구	집단상담프로그램	준비물	
중기 단계 2(표출 단계) 우리가 함께 걷는 길(긍정적인 사고 전환을 통한 타인의 이해와 수용)	짝을 정한 후 서로의 모습을 초코파이 위에 표현한 후 집단원과 감정 나누기를 한다.	친구가 바라본 나의 모습을 통해 자신을 이해하고 함께 하는 만들기 활동을 통해 긍정적인 또래 관계를 형성한다.	초코파이, 카라멜 볼, 이쑤시개, 설탕, 양초	

활동 목표	초코파이와 카라멜 볼을 이용하여 서로의 모습과 '친구야 사랑해'라는 글자를 함께 만드는 활동을 통해 자기 이해를 바탕으로 긍정적인 또래 관계를 형성하고 사회성을 향상시킨다.
도입 (마음 열기)	**감정 노트 및 초콜릿 퍼즐** ▶정서지능UP인사법: 출석을 부를 때 현재의 기분으로 대답한다. ▶팀원들이 잘할 때마다 보상으로 초콜릿 조각을 나누어 주고 퍼즐을 쌓게 하여 활동 후 초콜릿을 팀원들이 나누어 먹는다.
중심 활동	**푸드아트테라피 적용-초코파이 친구** ① 짝을 정한 후 평소에 느끼는 친구의 모습을 초코파이를 이용하여 표현한다. ② 서로가 인터뷰를 하고 참여자에 대해 조사한 내용을 소개한다. ③ 친구가 바라본 자신의 모습을 통해 자기 이해와 함께 긍정적인 또래 관계를 형성하는 기회를 가진다.
정리 (마음 나누기)	**집단상담프로그램 적용** ▶친구의 모습을 초코파이를 이용하여 표현한다. '친구야 사랑해' 문장을 한 자씩 나누어 초코파이에 표현하고 완성한 후 촛불을 켜고 '친구야 사랑해' 노래를 부르며 함께 마음을 나눈 후 긍정적인 피드백을 통해 자기효능감과 사회성을 향상시킬 수 있는 기회를 준다. ▶개인적인 평가와 각자의 만족도 및 욕구를 표현하고 다음 회기에 대한 소개를 통해 동기부여를 돕는다.
유의점	부정적인 모습보다 긍정적인 모습을 표현하고 피드백할 수 있도록 한다.

푸드아트테라피를 적용한 집단상담프로그램 9회기 활동 계획서

9회기	우리만의 안정된 공간			
단계	주제: 우리의 비밀기지	집단상담프로그램	준비물	
중기 단계 2(표출 단계) 우리가 함께 걷는 길(긍정적인 사고 전환을 통한 타인의 이해와 수용)	국수와 색깔 과자를 이용하여 평면적 또는 입체적으로 자신만의 안정된 공간을 만든 후 느낌을 나눈다.	각자 만든 공간에 친구랑 함께 마음을 나눌 수 있는 안정된 공간을 새롭게 만든 후 느낌을 나눈다.	국수, 색깔 과자, 색 전지	
활동 목표	국수 면발과 색깔 과자를 이용하여 안정된 공간과 그 공간 속의 자신과 친구의 모습을 표현하는 활동을 통해 자기 이해를 바탕으로 심리적인 안정과 자기효능감을 향상시킨다.			
도입 (마음 열기)	**감정 노트 및 칭찬 주스컵**			
	팀원들이 잘할 때마다 보상으로 투명 플라스틱 컵에 주스를 따라 준 후, 활동을 마치고 건배를 하며 나누어 마신다.			
	촉진 활동			
	▶색깔 과자볼 꼬치 만들기 ▶활동 방법: 색깔 과자를 국수 면발에 끼워 꼬치를 만들어 친구에게 선물하기			
중심 활동	**푸드아트테라피 적용–우리의 비밀기지**			
	① 국수와 색깔 과자를 이용하여 자신이 편하게 쉴 수 있는 안정된 공간을 만든다. ② 어떤 모습의 공간인지 팀원과 나눈 후 그 속에서 편하게 쉬고 있는 자신의 모습을 과자와 국수를 이용하여 만든다. ③ 어떠한 배경인지, 날씨는 어떤지 등 여러 가지 질문을 통해 자신의 내면의 욕구도 함께 알아본다.			
정리 (마음 나누기)	**집단상담프로그램 적용**			
	▶각자가 만든 안정된 공간과 친구들이 만든 공간을 함께 만든 후 안정된 공간에 있는 모습을 표현하게 한다. 혼자 있을 때와 함께 있을 때의 기분과 느낌을 나눌 수 있는 기회와 공감하는 시간을 통해 긍정적인 사회성을 형성한다.			
유의점	긍정적인 피드백을 통해 공감할 수 있도록 다양한 느낌과 감정을 나눈다.			

푸드아트테라피를 적용한 집단상담프로그램 10회기 활동 계획서

10회기	우리는 한마음		
단계	주제: 우정의 비빔밥	집단 상담프로그램	준비물
중기 단계 2(표출 단계) 우리가 함께 걷는 길(긍정적인 사고 전환을 통한 타인의 이해와 수용)	여러 가지 비빔밥 재료와 밥을 이용해 자유롭게 표현한 후 함께 비빔밥을 만들어 나누어 먹는 활동을 통해 긍정적인 또래 관계 및 사회성을 향상시킨다.	비빔밥의 의미와 어우러짐의 가치와 함께 만든 것을 공유하는 활동을 통해 사회성을 향상시킨다.	여러 가지 비빔밥 재료, 밥, 접시, 양푼이, 숟가락, 고추장, 일회용 비닐장갑
활동 목표	여러 가지 비빔밥 재료와 밥으로 자유롭게 표현한 후 함께 비빔밥을 만들어 나누어 먹는 활동을 통해 어우러짐의 가치와 함께 만든 것에 대해 공유하는 활동으로 긍정적인 또래관계와 사회성을 향상시킨다.		
도입 (마음 열기)	**감정 노트 및 칭찬 주스컵** ▶정서지능UP인사법: 출석을 부를 때 현재의 기분으로 대답한다. ▶팀원들이 잘할 때마다 보상으로 투명 플라스틱 컵에 주스를 따라 준 후, 활동 후 건배를 하며 나누어 마신다.		
중심 활동	**푸드아트테라피 적용–우정의 비빔밥** ① 여러 가지 비빔밥 재료와 밥을 이용해 접시 위에 자유롭게 표현한 후 집단원들에게 자신이 만든 작품을 소개한다. ② 각자가 만든 작품을 모두 넣고 고추장을 넣어 비벼 비빔밥을 만든 후 함께 나누어 먹는다. ③ 두 명이 짝을 만든 후 서로가 비빔밥을 먹여 준다. ④ 비빔밥을 만들어서 먹은 소감과 느낌을 나눈다.		
정리 (마음 나누기)	**집단상담프로그램 적용** ▶비빔밥이라는 음식의 의미와 함께 각자가 만든 작품을 한곳에 모아 만들어진 맛있는 비빔밥을 나누어 먹으며 함께해서 좋은 점과 어우러짐의 가치를 느낄 수 있도록 마음 나누기를 한다. ▶개인적인 평가와 각자의 만족도 및 욕구를 표현하고 다음 회기에 대한 소개를 통해 동기부여를 돕는다.		
유의점	비빔밥에 들어가는 고추장의 양을 알맞게 조절하여 매운 것을 잘 먹지 못하는 친구도 함께 먹을 수 있도록 배려한다.		

푸드아트테라피를 적용한 집단상담프로그램 11회기 활동 계획서

11회기	우리가 함께하는 세상		
단계	주제: 바닷속 이야기	집단상담프로그램	준비물
중기 단계 2(표출 단계) 우리가 함께 걷는 길 (긍정적인 사고 전환을 통한 타인의 이해와 수용)	미역, 멸치, 새우 등을 이용하여 바다 속 풍경을 협동 작품으로 만든 후 작품 이야기 및 감정 나누기를 한다.	함께 푸드 매체를 이용한 바다 속 꾸미기를 완성한 후 각자가 만든 바다 이야기를 집단원과 주고받는다.	소금, 멸치, 미역, 다시마, 새우, 전지

활동 목표	미역, 멸치, 새우 등을 이용하여 바닷속 풍경을 협동 작품으로 만든 후 작품 이야기 및 감정 나누기 활동을 통해 자기효능감과 사회성을 향상시킨다.
도입 (마음 열기)	**감정 노트 및 칭찬 주스컵** ▶정서지능UP인사법: 출석을 부를 때 현재의 기분으로 대답한다. ▶팀원들이 잘할 때마다 보상으로 투명 플라스틱 컵에 주스를 따라 준 후, 활동을 마치고 건배를 하며 나누어 마신다.
중심 활동	**푸드아트테라피 적용–바닷속 이야기** ① 미역, 새우, 멸치 등을 이용하여 물고기 가족화를 만든 후, 집단원에게 소개하는 시간을 가진다. ② 물고기 가족화를 만들어 집단원이 함께 바다 속을 꾸민 후, 바다 이야기를 하나의 문장으로 만들어 소개한다. ③ 혼자 만들었을 때와 함께 공동 작품을 만들었을 때의 장단점에 대해 이야기를 나누며 느낌과 감정을 나눈다.
정리 (마음 나누기)	**집단상담프로그램 적용** ▶함께 공동 작품을 만들면서 또래관계와 타인을 배려하고 협동하는 마음과 혼자 만들기를 했을 때와 함께 만들기를 했을 때의 장단점에 대해 이야기를 나누며 함께해서 행복한 마음과 느낌을 충분히 나눈다. ▶개인적인 평가와 각자의 만족도 및 요구를 표현하고 다음 회기에 대한 소개를 통해 동기부여를 돕는다.
유의점	공동 작품을 완성한 후 함께해서 행복한 느낌을 집단원 모두 나눌 수 있도록 배려한다.

푸드아트테라피를 적용한 집단상담프로그램 12회기 활동 계획서

12회기	우주 속의 우리는 하나!		
단계	주제: 곡물 만다라	집단상담프로그램	준비물
중기 단계 2(표출 단계) 우리가 함께 걷는 길 (긍정적인 사고 전환을 통한 타인의 이해와 수용)	여러 가지 곡물을 이용하여 곡물 만다라를 협동 작품으로 만든 후 작품 이야기 및 감정 나누기를 한다.	함께 만든 곡물 만다라를 통해 느껴지는 감정과 이야기를 집단원과 주고받는다.	만다라 문양, 콩, 팥, 쌀, 검은 쌀, 강낭콩
활동 목표	여러 가지 곡물을 이용하여 함께 곡물 만다라를 완성하는 협동 작품 활동을 통해 사회성을 향상시킨다.		
도입 (마음 열기)	**감정 노트 및 칭찬 주스컵**		
	▶ 정서지능UP인사법: 출석을 부를 때 현재의 기분으로 대답한다. ▶ 팀원들이 잘할 때마다 보상으로 투명 플라스틱 컵에 주스를 따라 준 후, 활동 후 건배를 하며 나누어 마신다.		
중심 활동	**푸드아트테라피 적용─곡물 만다라**		
	① 여러 가지 곡물을 이용한 곡물만다라를 만든 후 집단원에게 소개한다. ② 곡물만다라의 제목과 이야기를 한 줄로 만든 후 집단원과 함께 이야기를 나눈다. ③ 혼자 만들었을 때와 함께 공동 작품을 만들었을 때의 장단점에 대해 이야기를 나누며 느낌과 감정을 나눈다.		
정리 (마음 나누기)	**집단상담프로그램 적용**		
	▶ 함께 공동 작품을 만들면서 타인을 배려하고 협동하는 마음과 혼자 만들었을 때와 함께 만들었을 때의 장단점에 대해 이야기를 나누며 함께해서 행복한 마음과 느낌을 충분히 나눈다. ▶ 개인적인 평가와 각자의 만족도 및 욕구를 표현하고 다음 회기에 대한 소개를 통해 동기부여를 돕는다.		
유의점	공동 작품을 완성한 후 함께해서 행복한 느낌을 집단원 모두 나눌 수 있도록 배려한다.		

푸드아트테라피를 적용한 집단상담프로그램 13회기 활동 계획서

13회기	너와 나는 하나!		
단계	주제: 마법의 주스	집단상담프로그램	준비물
후기 단계(실행단계) 우리가 함께 만든 멋진 세상(긍정적인 사고 전환을 통한 타인의 이해와 수용)	다양한 과일에 자원의 의미를 부여한 후 자신에게 필요한 자원을 믹서를 이용해 마법의 주스를 만들어 마신다.	친구에게 필요한 자원을 과일 꼬치로 만들어 선물하고 과일 껍질을 이용하여 '우정'에 대한 글을 함께 완성한다.	파인애플, 오렌지, 감, 과일주스, 바나나, 컵, 믹서기
활동 목표	다양한 과일에 자신에게 필요한 자원과 의미를 부여한 후 믹서를 이용해 마법의 주스를 만든 후 직접 먹어 보는 활동을 통해 자신의 문제점과 욕구를 알아본다. 또한 함께 집단원에게 자원을 선물하고 '우정'이라는 글을 완성하는 활동을 통해 사회성을 향상시킨다.		
도입 (마음 열기)	**감정 노트 및 칭찬 주스컵**		
	▶정서지능UP인사법: 출석을 부를 때 현재의 기분으로 대답한다. ▶팀원들이 잘할 때마다 보상으로 투명 플라스틱 컵에 주스를 따라 준 후, 활동 후 건배를 하며 나누어 마신다.		
중심 활동	**푸드아트테라피 적용-마법의 주스**		
	① 눈을 감고 자신이 가장 어려울 때 자신에게 필요한 것들에 대해 생각해 보는 시간을 갖는다. ② 자신의 어려운 점과 도움을 받고 싶은 부분에 대해 발표하고 집단원과 함께 어려움을 극복하기 위해 필요한 자원에 대해 이야기를 나눈 후 과일마다 의미를 부여한다. ③ 과일을 적당한 크기로 잘라서 준비한 후 각각 필요한 자원을 컵에 담은 후 믹서로 갈아서 '마법의 주스'를 만든다. ④ 주스가 담긴 플라스틱 컵을 유성매직을 이용하여 꾸민 후 집단원과 함께 '우정을 위하여'라고 외친 후 함께 나누어 마신다. ⑤ 활동 후 소감을 발표한다.		
정리 (마음 나누기)	**집단상담프로그램 적용**		
	▶친구에게 필요한 것이 무엇인지 생각한 후 과일 꼬치를 만들어 서로 선물하고 과일 껍질을 이용하여 '우정'에 대한 글을 각각 나누어 만들고 하나의 문장으로 완성해 같이 큰소리로 읽으며 의미와 느낌을 나눈다. ▶개인적인 평가와 각자의 만족도 및 욕구를 표현하고 다음 회기에 대한 소개를 통해 동기부여를 돕는다.		
유의점	공동 작품을 완성한 후 함께해서 행복한 느낌을 집단원 모두 나눌 수 있도록 배려한다.		

푸드아트테라피를 적용한 집단상담프로그램 14회기 활동 계획서

14회기	친구야, 사랑해		
단계	주제: 우정의 약국	집단상담프로그램	준비물
후기 단계(실행 단계) 우리가 함께 만든 멋진 세상(자신과 타인의 인지, 정서, 행동의 변화를 통한 사회성 향상)	다양한 사탕과 비타민과 약국에서 사용하는 실제 약포지를 이용한 약 만들기 활동을 통해 자신의 내면의 욕구를 알아본다.	사랑을 담은 약을 만들어 선물하는 활동을 통해 상대를 배려하는 마음과 감사하는 마음을 서로 나눈다.	약 봉투, 약포지, 물약 병, 주스, 비타민, 견과류, 카라멜, 별사탕, 유성매직, 유리 테이프
활동 목표	다양한 푸드 매체와 실제로 사용하는 약 봉투 등을 이용한 약국 놀이를 통해 사랑을 담은 약을 만들어 선물하는 활동으로 상대를 배려하는 마음과 감사하는 마음을 서로 나눈다. 또한 또래관계 향상과 함께 자신의 내면의 욕구를 표현하는 활동을 통해 자기효능감을 향상시킨다.		
도입 (마음 열기)	**감정 노트 및 칭찬 주스컵** ▶정서지능UP인사법: 출석을 부를 때 현재의 기분으로 대답한다. ▶팀원들이 잘할 때마다 보상으로 투명 플라스틱 컵에 주스를 따라 준 후, 활동 후 건배를 하며 나누어 마신다.		
중심 활동	**푸드아트테라피 적용–우정의 약국** ① 두 사람이 짝을 이룬 후 서로에게 필요한 약에 대해 이야기를 나눈다. ② 역할을 바꿔가며 사탕, 비타민 등을 이용하여 약을 지어 서로 선물한다. ③ 가족에게 선물할 약을 만들어 본다. ④ 약 봉투의 이름도 짓고 봉투도 꾸미서 약을 넣어 완성한다. ⑤ 자신이 지은 약에 대해 발표한다.		
정리 (마음 나누기)	**집단상담프로그램 적용** ▶사랑을 담은 약을 만들어 선물하는 활동을 통해 상대를 배려하는 마음과 감사하는 마음을 서로 나누며 또래관계와 사회성을 향상시킨다. ▶개인적인 평가와 각자의 만족도 및 욕구를 표현하고 다음 회기에 대한 소개를 통해 동기부여를 돕는다.		
유의점	공동 작품을 완성한 후 함께해서 행복한 느낌을 집단원 모두 나눌 수 있도록 배려한다.		

푸드아트테라피를 적용한 집단상담프로그램 15회기 활동 계획서

15회기	나와 친구에게 주는 선물		
단계	**주제: 사랑의 도시락**	**집단상담프로그램**	**준비물**
후기 단계(실행 단계) 우리가 함께 만든 멋진 세상(자신과 타인의 인지, 정서, 행동의 변화를 통한 사회성 향상)	다양한 푸드 매체를 이용한 도시락 만들기를 통해 자기표현과 함께 자기 이해를 향상시킨다.	친구들에게 푸드 매체로 만든 선물에 의미를 담아 선물하는 활동을 통해 마음을 나누고 사회성을 향상시킨다.	일회용 도시락통, 주먹밥 재료, 과일, 계란, 소스류, 칼, 도마, 메시지 종이, 필기구.

활동 목표	주먹밥 등 다양한 도시락 재료를 이용하여 자유롭게 표현하여 완성한 후 나만을 위한 도시락을 만들어 선물한다. 또한 나에게 보내는 편지를 쓰는 활동을 통해 긍정적인 자아 형성과 함께 자기효능감과 사회성을 향상시킨다.
도입 (마음 열기)	**감정 노트 및 칭찬 주스컵** ▶정서지능UP인사법: 출석을 부를 때 현재의 기분으로 대답한다. ▶팀원들이 잘할 때마다 보상으로 투명 플라스틱 컵에 주스를 따라 준 후, 활동 후 건배를 하며 나누어 마신다.
중심 활동	**푸드아트테라피 적용–사랑의 도시락** ① 다양한 도시락 재료를 이용하여 나만을 위한 도시락을 만든다. ② 완성한 도시락의 제목을 만든다. ③ 나에게 쓰는 편지를 쓴다. ④ 자신이 만든 도시락을 소개하고 나에게 쓴 편지를 읽어 본다.
정리 (마음 나누기)	**집단상담프로그램 적용** ▶푸드 매체를 이용하여 친구에게 줄 선물을 만들고 선물에 담긴 의미를 담아 전해 주는 활동을 통해 긍정적인 또래관계 및 사회성을 향상시킨다. ▶개인적인 평가와 각자의 만족도 및 욕구를 표현하고 다음 회기에 대한 소개를 통해 동기부여를 돕는다.
유의점	공동 작품을 완성한 후 함께해서 행복한 느낌을 집단원 모두 나눌 수 있도록 배려한다.

2. 푸드아트테라피 개인 활동일지 형식

푸드아트테라피를 적용한 집단상담프로그램 참여자의 개인 활동일지

작성일		회기	
참여자		주제	
활동 작품			
감정 인사와 촉진 활동 행동 관찰 및 활동 내용	활동 전 기분		활동 후 기분
푸드아트테라피 행동 관찰 및 활동 내용			
집단상담프로그램 행동 관찰 및 활동 내용			
푸드 매체 및 매체 경험			
참여자의 전체적인 행동 분석			
보완점 및 방향 제시			

3. 푸드아트테라피 활동지

푸드아트테라피를 적용한 집단상담프로그램 1회기 활동지

1회기	나! 이런 사람이야!		
팀명		이름	
프로그램 소개	1회기 프로그램 '나! 이런 사람이야'를 통해 서로의 마음을 나누며 서로를 이해하고 나 자신을 알아가는 시간이 되도록 한다.		

별칭 짓기

- 나의 별칭은 (   )입니다.
- 별칭을 지은 이유는?

친구들에게 나를 소개합니다.

내가 가장 좋아하는 것은?

나의 장래 희망은?

내가 가장 듣고 싶은 말은?

내가 가장 잘하는 것은?

활동 후 소감을 자유롭게 적어 보세요.

어떤 활동이 가장 재미있었나요?

활동 전 기분 표정	활동 후 기분 표정
◯	◯

푸드아트테라피를 적용한 집단상담프로그램 2회기 활동지

2회기	내 안의 나 찾기 1		
팀명		이름	
프로그램 소개	2회기 프로그램 '내 안의 나 찾기'를 통해 자신이 느끼는 기쁨과 행복한 감정 등 긍정적인 감정을 알아보고 집단원과 함께 긍정적인 감정을 나누어 보는 시간을 가진다.		

내 안의 천사와 만나기

내가 가장 기쁘고 행복 할 때는 언제인가요?

내 마음속의 긍정의 크기만큼 색칠해 보아요!

활동 후 소감을 자유롭게 적어 보세요.

활동 전 기분 표정	활동 후 기분 표정

푸드아트테라피를 적용한 집단상담프로그램 3회기 활동지

3회기	내 안의 나 찾기 2		
팀명		이름	
프로그램 소개	3회기 프로그램 '내 안의 나 찾기 2'를 통해 자신이 느끼는 여러 가지 감정을 알아보고 여러 가지 감정을 담은 감정 피자를 만든 후 집단원과 함께 감정을 나누어 보는 시간을 통해 자기효능감 및 긍정적인 또래관계를 형성한다.		

내 마음속에는 어떤 감정들이 있나요?

감정 피자! 내 마음속의 여러 가지 감정을 찾아보세요!

활동 후 소감을 자유롭게 적어 보세요.

활동 전 기분 표정	활동 후 기분 표정
◯	◯

푸드아트테라피를 적용한 집단상담프로그램 4회기 활동지

4회기	툴툴 털어 버려요! 1		
날짜		별칭	
프로그램 소개	'내가 가장 힘들 때'라는 주제를 소금 그림으로 표현한 후 집단원의 긍정적인 지지를 통해 부정적인 감정을 표출하고 긍정적인 자기효능감과 또래관계 및 사회성을 형성한다.		

나는 이럴 때 가장 힘들어요!

이럴 땐 정말 화나고 힘들어요!

버리고 싶은 생각과 기억을 깨끗이 청소해요!

버리고 싶은 생각 1

버리고 싶은 생각 2

버리고 싶은 생각 3

힘든 마음을 깨끗이 청소하자!

활동 후 소감을 자유롭게 적어 보세요.

푸드아트테라피를 적용한 집단 상담프로그램 5회기 활동지

5회기	툴툴 털어 버려요! 2		
날짜		별칭	
프로그램 소개	계란 껍질에 자신의 부정적인 감정을 담아 깨뜨리는 활동을 통해 스트레스를 해소하고 계란 껍질을 활용한 계란화를 통해 내면의 심리적 욕구를 표출하고 자기 이해를 통한 자아 성장의 기회를 갖는다.		

요술 계란

요술계란에서 무엇이 나오면 좋을까요?
마음껏 상상해 보세요!

활동 후 소감을 자유롭게 적어 보세요.

활동 전 기분 표정	활동 후 기분 표정

푸드아트테라피를 적용한 집단상담프로그램 6회기 활동지

6회기	나와 너의 마음		
날짜		별칭	
프로그램 소개	뻥튀기 과자를 이용하여 자신의 가면을 만들어 내면의 욕구와 만나보는 새로운 경험을 통해 자신과 타인을 이해해 보는 기회를 제공한다.		

뻥튀기 가면을 쓰면 어떤 모습으로 변신하고 싶나요?

활동 후 소감을 자유롭게 적어 보세요.

활동 전 기분 표정	활동 후 기분 표정
◯	◯

푸드아트테라피를 적용한 집단상담프로그램 7회기 활동지

7회기	나를 두렵게 하는 기억	
날짜		별칭	
프로그램 소개	원두커피 가루를 이용하여 내 마음속의 두려움을 난화를 이용하여 알아본 후 그 상황에서 느껴지는 감정을 그림으로 표현하고 감정을 나누는 시간을 통해 자신에 대해 더 이해한다.	

가장 무섭고 두려웠던 꿈은 어떤 꿈인가요?

무서운 꿈은?

나의 꿈 이야기

두려웠던 꿈은?

나의 꿈 이야기

활동 후 소감을 자유롭게 적어 보세요.

활동 전 기분 표정	활동 후 기분 표정

푸드아트테라피를 적용한 집단상담프로그램 9회기 활동지

9회기	우리만의 안전된 공간		
날짜		별칭	
프로그램 소개	국수 면발과 색깔 과자를 이용하여 안정된 공간 속의 자신과 친구의 모습을 표현하는 활동을 통해 심리적인 안정과 자기효능감과 사회성을 향상시킨다.		

어떤 공간에 있을 때 가장 안정되고 행복한가요?

활동 후 소감을 자유롭게 적어 보세요.

활동 전 기분 표정	활동 후 기분 표정
○	○

푸드아트테라피를 적용한 집단상담프로그램 11회기 활동지

11회기	우리가 함께하는 세상		
날짜		별칭	
프로그램 소개	미역, 멸치, 새우 등을 이용하여 바다 속 풍경을 협동 작품으로 만든 후 작품 이야기 및 감정 나누기 활동을 통해 긍정적인 또래관계와 사회성을 향상시킨다.		

물고기 가족을 소개해요!

우리의 바다 이야기

함께해서 행복한 느낌을 적어 보세요.

활동 후 소감을 자유롭게 적어 보세요.

활동 전 기분 표정	활동 후 기분 표정

푸드아트테라피를 적용한 집단상담프로그램 15회기 활동지

15회기	나와 친구에게 주는 선물		
날짜		별칭	
프로그램 소개	주먹밥 등 다양한 도시락 재료를 이용하여 자유롭게 표현하여 완성한 후 나만을 위한 도시락을 만들어 선물하고 나에게 보내는 편지를 쓰는 활동을 통해 긍정적인 자아 형성과 함께 자기효능감을 향상시킨다.		

도시락에 어떤 감정을 담아서 만들었나요?

함께해서 행복한 느낌을 적어 보세요.

활동 후 소감을 자유롭게 적어 보세요.

활동 전 기분 표정	활동 후 기분 표정

4. '엄마 행복 성장 프로젝트' 푸드아트테라피 12주 프로그램

"엄마가 행복해야 아이도 행복하다!"

회차		교육과정	교육 내용(이론)과 활동 내용(실습)	준비물
나와 마주보기	1주	푸드아트테라피 소개 및 푸드스토리테스트(FST) 실시	푸드아트테라피 및 푸드아트심리상담사에 대해 소개한 후 초기검사로 푸드스토리테스트를 실시한다.	식빵, 초코 시럽, 딸기 시럽, 다양한 모양의 초코볼 및 크기가 작은 사탕
		촉진 활동	나와 닮은 과일로 별칭 정하기	
		실습 주제	나의 희로애락	
		활동 목표	'희로애락'과 관련된 경험에 대한 감정을 표현하는 활동을 통해 자기 이해를 바탕으로 자기 성장의 기회를 가진다.	
	2주	이론 주제	음식 심리학 1(음식이 주는 치료 효과)	계란 껍질, 밀가루 반죽(흰색, 노란색) 도마, 소금 또는 원두가루, 풍선껌, 흰색 도화지
		촉진 활동	풍선껌 크게 불기 게임	
		실습 주제	나의 과거, 현재, 미래의 모습(나의 소울 푸드)	
		활동 목표	과거, 현재, 미래의 모습을 표현해 보는 활동으로 자신의 현재 모습을 이해하고 자기 성장의 기회를 갖는다.	
	3주	이론 주제	푸드아트테라피의 이해	다양한 모양의 과자 및 무지개색 씨리얼, 흰색 도화지
		촉진 활동	빼빼로 게임과 빼빼로 칼 싸움	
		실습 주제	나의 강점 찾기	
		활동 목표	자신의 강점을 찾고 긍정적인 단어로 표현해 보는 활동을 통해 자기효능감을 향상시킨다.	
관계 속의 '나' 찾기	4주	이론 주제	음식 심리학 2(가족과 음식으로 사랑 나누기)	뻥튀기, 색 도화지
		촉진 활동	뻥튀기 격파하기 및 뻥튀기 가면 쇼	
		실습 주제	내가 보는 나, 가족이 보는 나(물고기 가족화)	
		활동 목표	가족 속의 자신의 존재와 가족 관계를 이해하고 긍정적인 가족 관계를 형성한다.	
	5주	이론 주제	푸드아트테라피의 교육적 가치 (푸드아트테라피로 몸과 마음이 똑똑한 아이로 키우기)	다양한 모양과 색의 야채, 과일, 흰색 접시, 도마, 칼
		촉진 활동	오이 마사지	
		실습 주제	나의 어머니! 나의 아버지!	
		활동 목표	어머니와 아버지와 함께한 추억을 되새겨보는 시간을 통해 아픈 기억은 지우고 즐거웠던 기억을 간직하며 정서적인 안정을 경험한다.	

관계 속의 '나' 찾기	6주	이론 주제	푸드아트테라피와 자기효능감 (푸드아트테라피로 자신감 넘치는 아이 키우기)	흰색 도화지, 초코 시럽을 넣은 물약병, 다양한 모양의 과자와 젤리, 사탕
		촉진 활동	쿠키 페이스 게임	
		실습 주제	가족 가계도와 가족화 그리기	
		활동 목표	가족에 대한 소중함과 가족 구성원의 관계 탐색을 통해 서로 이해하고 긍정적인 관계 형성으로 가족의 미래를 설계한다.	
희망찾기	7주	이론 주제	푸드아트테라피와 창의성 및 감성지능(EQ) (푸드아트테라피로 창의성과 감성지능이 높은 아이로 키우기)	약 봉투, 젤리, 비타민, 사탕
		촉진 활동	숟가락으로 사탕 옮기기 게임	
		실습 주제	나와 가족을 위한 희망 약 만들기	
		활동 목표	가족을 소중하게 생각하는 시간과 마음을 표현하는 기회를 통해 긍정적인 자아상과 긍정적인 가족 관계를 형성한다.	
	8주	이론 주제	푸드아트테라피와 긍정심리학 (푸드아트테라피로 긍정적인 자아상 키우기)	일회용 종이컵, 파운드케이크, 마시멜로, 막대 사탕, 오레오(롯데샌드)초코볼, 전지, 깻잎, 다양한 곡류(팥, 검은콩, 검은 쌀 등)
		촉진 활동	샌드 과자로 상대방 표정 만들어 선물하기	
		실습 주제	희망 나무 만들기	
		활동 목표	자신의 이루고 싶은 꿈과 희망을 표현하는 활동으로 내면의 욕구를 표출하여 미래에 대한 구체적인 목표를 통해 삶의 방향을 설정한다.	
	9주	이론 주제	푸드예술심리상담사의 자질과 전망 및 치료실의 환경 구성(평생 전문직 여성되기 프로젝트)	밀가루, 식용색소, 식용유, 큰 그릇, 식판 코팅 종이, 조각칼
		촉진 활동	밀가루 반죽 장갑 만들기	
		실습 주제	나를 위한 따뜻한 밥상(나의 소울 푸드)	
		활동 목표	마음을 위로해 주는 나만의 소울 푸드로 만든 밥상으로 자신을 소중히 생각하고 자축하는 시간을 통해 자기를 사랑하고 이해하는 기회를 제공한다.	
	10주	이론 주제	푸드아트테라피의 매체 연구	다양한 모양의 과일과 채소, 큰 쟁반 또는 흰 접시, 칼, 도마, 양초
		촉진 활동	바나나 칼 싸움	
		실습 주제	함께 만드는 희망 만다라	
		활동 목표	지금-여기에서의 자기 감정에 몰입하는 시간과 참여자가 함께 만드는 집단 만다라 활동을 통해 공동체의식과 집단 응집력을 향상시켜 사회성을 향상시킨다.	

함께 만드는 행복한 세상	11주	이론 주제	푸드아트테라피로 친밀감 형성하기 (푸드 매체로 아이와 친해지는 방법)	김, 햇반, 김밥 재료, 일회용 도시락, 칼, 도마
		촉진 활동	김 분장 쇼	
		실습 주제	사랑하는 가족을 위한 도시락 만들기	
		활동 목표	가족을 위한 사랑의 도시락 만들기를 통해 사랑하는 마음을 전하고 긍정적인 가족 관계를 형성한다.	
	12주	이론 주제	푸드아트테라피 실시, 해석 및 상담 적용 (엄마 표 맛있는 심리치료)	식빵, 생크림, 씨리얼, 흰색 접시, 초코볼, 다양한 과자, 양초, 물티슈
		촉진 활동	가위 바위 보로 생크림 얼굴에 묻히기 게임	
		실습 주제	행복한 과자 집, 포트럭 파티	
		활동 목표	행복한 과자 집 만들기를 통해 긍정적인 가족 관계를 형성한다. 참여자와 함께하는 포트럭 파티를 통해 기쁨과 행복을 나누며 함께하는 즐거움과 집단응집력을 향상시킨다.	

5. 장애에 따른 푸드아트테라피의 활용

1) 발달장애와 푸드아트테라피

푸드아트테라피를 적용한 경계선 지능아동(전반적인 발달지연아동)의 발달 촉진을 위한 감각 개발 프로그램 계획서

장기목표	1. 푸드 매체를 활용한 표현 놀이 및 표현 활동을 통해 자기 표현력과 창의력을 향상시킨다. 2. 오감을 자극하는 푸드 조형 및 표현 활동을 통해 사고능력과 언어능력 향상으로 발달을 촉진시킨다. 3. 작은 성공의 반복적인 경험으로 획득한 성취감을 통해 자기효능감을 향상시킨다. 4. 푸드아트테라피를 활용한 상호작용을 통해 또래관계을 향상시킨다.			
단기목표 초기	1. 푸드 매체를 통한 표현 놀이와 촉진활동으로 상담사와 친밀감 및 신뢰감을 형성한다. 2. 비정형 매체인 물, 생크림, 밀가루 등 초기감각매체를 활용한 자율적 표현활동중심으로 촉각적 자극을 통해 정서적 안정 및 긴장을 해소한다.			
단계	회기	주제	활동 내용	푸드 매체
초기 친밀감 형성	1	생크림아 놀자!	생크림을 활용한 난화 기법과 핑거페인팅을 이용하여 자유롭게 표현한다.	생크림, 색도마 또는 접시
	2	밀가루야 놀자! 1	• 밀가루 반죽으로 촉감 활동을 한다. • 밀가루 물 반죽으로 손 마사지를 한다.	밀가루, 큰 그릇
	3	밀가루야 놀자! 2	• 식용색소를 이용하여 색 밀가루 반죽을 만든다. • 색 밀가루 반죽으로 도형을 만든다.(동그라미, 세모, 네모 등)	밀가루, 식용색소, 식용유, 물
단기목표 중기	1. 오감을 활용한 푸드 조형 활동을 통해 사고능력과 창의력을 향상시킨다. 2. 완성한 푸드 작품을 이용한 역할놀이를 통해 언어능력과 표현력을 향상시킨다. 3. 작은 성공의 반복적인 경험으로 획득한 성취감을 통해 자기효능감을 향상시킨다.			

중기 1 친밀감 형성 및 긴장완화, 스트레스 해소	4	말랑 말랑 젤라틴 친구야! 안녕?	• 젤라틴의 변화를 관찰한다.(달라진 점 찾기) • 젤라틴을 물에 녹여 말랑말랑한 촉감을 이용하여 촉감활동을 한다.	젤라틴, 물, 그릇
	5	요술쟁이 감자	삶은 감자를 손으로 으깨어 감자 반죽과 건포도로 좋아하는 사람을 입체적으로 표현한다.	삶은 감자, 건포도
	6	계란 거품이 뭉개 뭉개!	• 계란 흰자와 거품기로 계란 거품을 만든다. • 색지 위에 계란 거품을 올려 놓고 생각나는 이미지를 찾는다.	계란흰자, 거품기, 그릇, 색지
	7	달콤한 요거트는 내 친구!	• 요거트 핑거페인팅으로 자유롭게 표현한다. • 요거트 손 마사지를 한다.	플레인 요거트
중기 2 언어능력과 창의력 및 자기 효능감 향상	8	찹쌀떡이랑 쿵짝쿵!	• 찹쌀밥과 참기름으로 반죽하며 촉감활동을 한다. • 절구로 찹쌀밥반죽을 만든 후 자기 모습을 만든다.	찹쌀밥, 참기름, 절구, 도마
	9	달콤 달콤 초콜릿 친구	• 초콜릿 시럽을 이용한 오감 활동을 한다. • 초콜릿 펜으로 친구 얼굴을 그린다.	초콜릿 시럽, 초콜 릿 펜, 흰색 접시
	10	하얀 쌀가루의 변신	• 쌀가루와 물로 촉감 활동을 한다. • 쌀가루 반죽을 직접 만들고 자유표현 활동을 한다.	쌀가루, 물, 그릇
	11	말랑 말랑 신기한 마시멜로우	• 마시멜로우 촉감활동을 한다. • 마시멜로우와 스파게티 면으로 입체 만들기를 한다.	마시멜로우, 스파 게티
	12	빵가루야 변신해 봐!	• 빵가루의 촉감으로 연상되는 이미지를 찾는다. • 식용색소(가루형태)로 만든 색 빵가루로 모래성 놀이를 한다.	빵가루, 색용색소,
단기목표 후기			1. 친구와 푸드 표현 놀이를 통해 사회성 및 또래관계를 향상시킨다. 2. 푸드아트테라피를 활용한 상호작용을 통해 또래관계에서의 적응력을 향상시킨다.	
후기 또래관계 에서의 적응력 향상	13	과일기차가 칙칙폭폭!	• 다양한 과일 조각과 스파게티를 이용하여 기차 만들기를 한다. • 완성한 기차로 함께 놀이를 한 후 나누어 먹는다.	다양한 색과 모양 의 과일, 안전칼, 도마, 스파게티
	14	친구야! 사랑해!	• 포도알 또는 석류알을 이용하여 친구의 이름과 자신이 이름을 만든다. • 포도즙과 석류즙을 이용하여 '친구야! 사랑해!' 문장을 완성한다.	포도알, 석류알, 흰색 도화지

	15	희망이 주렁주렁!	사탕과 과자를 이용해서 희망나무를 함께 만든다.	다양한 모양과 색의 사탕과 과자, 전지
종결파티 포트럭 파티		자신이 좋아하는 음식으로 파티하기		

2) 식습관 장애(폭식증)과 푸드아트테라피

푸드아트테라피를 적용한 식습관장애 증상완화를 위한 프로그램 계획서

장기목표	폭식증의 경우 근원적인 심리적 문제가 초기 대상관계에 있다고 보는 관점에서 문제를 바라보고 초기 발달적인 매체로 구성된 푸드 매체로 푸드아트테라피 프로그램을 구성하여 증상을 완화시킨다.			
단기목표 초기	1. 초기 감각 매체인 푸드 매체를 통한 푸드 표현 놀이 촉진활동으로 친밀감과 신뢰감을 형성한다. 2. 푸드 매체를 통해 자신의 신체상의 긍정적으로 인식한다.			
단계	회기	주제	활동 내용	푸드 매체
초기 친밀감 형성	1	나는 어떤 사람일까?	검은색 색지 위에 전분 가루를 이용하여 얼굴을 표현한다.	검은색 색지, 전분가루
	2	감정 마사지 샵으로 오세요. 1	• 전분 가루 물반죽으로 촉감놀이를 한다. • 집단 활동인 경우 손맛사지를 서로 해 준 후 느껴지는 감정에 대해 이야기를 나눈다.	전분가루, 그릇
	3	감정 마사지 샵으로 오세요. 2	전분가루 반죽과 식용색소로 다양한 색의 전분 물반죽을 만든 후 핑거페인팅으로 자유롭게 감정을 표현한다.	전분가루, 식용색소, 흰색 접시, 넓은 쟁반
단기목표 중기	다양한 푸드 매체를 적용한 푸드아트테라피를 활용하여 자기 신체상을 긍정적으로 인식하는 기회를 제공한다.			

중기1 긍정적인 자기 인식	4	백투터 퓨처!	• 가장 마음에 드는 나이로 돌아가서 그때의 모습 중 가장 마음에 드는 부분을 신체상에 표현한다. • 다양한 색과 모양의 곡류를 이용하여 과거의 자기모습 꾸미기를 한다.	신체상이 그려진 프린트, 다양한 색과 모양의 곡류
	5	현실 속의 나	• 셀프카메라로 찍어 온 사진을 A4 크기로 프린트한 종이 위에 식용 꽃을 이용하여 꾸미기를 한다. • 꽃으로 표현한 나의 모습 속에서 가장 마음에 드는 부분을 찾아보고 이야기를 나눈다.	자기 얼굴 사진 프린트, 식용 꽃
	6	나의 이상형 찾기	• 밀가루 반죽으로 촉감활동하기 • 가장 닮고 싶은 이상형의 모습을 밀가루 반죽을 이용하여 자유롭게 표현한다. • 현재 나의 모습과 공통점을 찾아 이야기를 나눈다.	색, 밀가루 반죽
	7	내가 존경하는 인물	• 쿠키반죽으로 촉감활동하기 • 자신이 가장 존경하고 닮고 싶은 사람을 표현한 후 자신과의 공통점을 찾기를 한다.	쿠키 반죽, 오븐
중기2 긍정적인 자아상 확립, 자기 효능감 향상	8	신체본뜨기 1 나의 예쁜 얼굴	• 나와 닮은 과일 찾기 • 거울 속의 자기 모습을 과일과 야채로 표현한 후 장점 찾기를 한다.	다양한 모양의 과일, 흰색 접시
	9	신체본뜨기 2 나의 멋진 두 손	• 오른손과 왼손 본뜨기를 한 후 다양한 모양과 색의 젤리로 완성한다. • 나의 손의 중요한 역할을 단어로 표현한 후 젤리로 완성한다.	다양한 모양과 색의 젤리, 흰색 접시
	10	신체본뜨기 3 나의 멋진 발	• 발모양 본뜨기를 한 후 석류알로 꾸미며서 완성한다. • 석류알즙으로 꽃길을 표현한 후 앞으로 걸어가고 싶은 길에 대해 이야기를 나눈다.	석류알, 도화지
	11	신체본뜨기 4 나의 멋진 몸	• 마쉬멜로우와 물엿을 이용하여 입체적으로 자기 모습 만들기 • 완성한 자기 모습의 장단점 찾기	마쉬멜로우, 물엿
단기목표 후기	푸드아트테라피 활동을 통해 자기 통찰과 자기이해를 통해 긍정적인 자아상을 확립한다.			

후기 긍정적인 자아상 확립	12	나에게 주는 행복한 밥상	• 색 밀가루 반죽으로 나만을 위한 행복한 밥상 만들기를 한다. • 만든 음식마다 의미를 부여하여 마음나누기를 한다.	밥상 활동지, 색 밀가루 반죽
	13	언론에 나온 나의 모습	• 신문 또는 TV에 소개되는 나의 모습을 표현한다. • 어떠한 일로 인터뷰를 했는지, 미래의 모습은 어떤 모습인지 등 상상하여 표현한다.	김밥 재료(밥, 김, 김밥 속재료)
	14	나에게 주는 금, 은, 동메달	• 가장 칭찬해 주고 싶은 나의 몸에 대해 생각해 본 후 동전 초콜렛으로 메달을 만든다. • 나의 몸에게 금, 은, 동메달 수여식을 한다.	동전 초콜릿, 리본 끈
푸드작품집 만들기		푸드 작품사진을 이용해 나만의 작품집을 만든다.		

3) 애착과 푸드아트테라피

푸드아트테라피를 적용한 긍정적인 애착관계 형성을 위한 프로그램 계획서

| 장기목표 | 푸드매체를 활용한 촉각활동을 통해 친밀감과 신뢰감을 형성하고 어머니와의 상호작용을 통해 긍정적인 애착관계를 형성한다. | | | |
| 단기목표
초기 | 어머니와 함께 푸드 매체를 활용한 푸드아트테라피 활동을 통해 신뢰감과 긍정적인 관계를 형성한다. | | | |
단계	회기	주제	활동 내용	푸드 매체
초기 친밀감 형성	1	내가 태어나던 날	다양한 모양의 젤리를 활용해 아기 때의 태명으로 이름표 만들기를 한다.	다양한 모양의 젤리
	2	엄마 배 속 세상	• 엄마와 함께 초음파 사진을 본 후 느낌과 감정을 생크림으로 표현한다. • 엄마의 배 속에 있을 때의 느낌과 감정을 표현하는 활동을 한다.	생크림, 검정 색지
	3	사랑하는 아기야!	• 쿠키반죽을 이용하여 아기 때의 모습을 같이 만든다. • 아기 때 있었던 행복한 일들을 들려 준 후 함께 만든 쿠키를 서로에게 먹여 준다.	쿠키반죽, 오븐

단기목표 중기			어린 시절의 모습을 푸드 매체로 표현하는 활동을 통해 어머니의 사랑을 느끼고 표현하며 어머니와의 긍정적인 관계를 형성한다.	
중기 1 긍정적인 자기 인식	4	나의 태몽이야기 1	태몽이야기를 태몽동화로 만들어 표현하는 방법을 함께 의논하여 4컷의 태몽동화를 만든다.	
	5	나의 태몽이야기 2	지난 회기에 만든 태몽동화를 다양한 푸드 매체로 표현하고 사진을 찍은 후 태몽동화를 완성한다.	다양한 푸드 매체, 카메라
	6	나의 태몽이야기 3	다양한 푸드 매체를 이용해서 태몽동화의 주인공을 입체적으로 만든 후 엄마와 함께 태몽동화 역할극을 한다.	다양한 푸드 매체 (소시지, 어묵 등)
	7	아기 때 너는?	어린 시절 가장 좋아했던 과자 또는 음식으로 엄마가 기억하는 가장 행복하고 기뻤던 추억을 표현한다.	다양한 푸드 매체 (과자, 과일 등), 도마, 접시
중기 2 긍정적인 자아상 확립, 자기 효능감 향상	8	엄마 눈 속의 나의 모습	아로니아가루, 녹차가루 등을 이용하여 엄마가 바라본 나의 모습을 표현하고 서로 감정 나누기를 한다.	아로니아 가루, 녹차가루, 물엿, 도화지
	9	엄마와 내가 품은 감정 알	달걀 껍질 9개를 활용해 9분할법으로 서로의 감정을 알아본다.	달걀 껍질 9개, 유성매직 또는 네임펜
	10	엄마 표 칭찬인형	달걀 껍질과 다양한 야채와 뿌리채소를 이용하여 칭찬인형을 만든 후 엄마가 만들어 주는 칭찬인형으로 역할극을 한다.	달걀 껍질, 다양한 야채과 뿌리 채소
	11	나의 멋진 몸	밀가루 반죽으로 엄마와 함께 서로의 손을 만든 후 장점 찾기를 통해 칭찬하는 활동을 한다.	밀가루 반죽
단기목표 후기			어머니와의 상호작용을 통한 푸드아트테라피 활동으로 긍정적인 애착을 형성한다.	
후기 자아확립 및 어머니와의 관계개선	12	새롭게 태어난 나	달걀 껍질과 밀가루 반죽을 이용하여 서로가 바라는 모습으로 재탄생하는 모습을 표현한다.	달걀, 색 밀가루 반죽, 도화지
	13	돌잔치 하기	아이가 좋아하는 음식으로 돌상을 만든 후 첫돌을 하는 모습을 표현하고 돌잡이를 하는 역할극을 한다.	아이가 좋아하는 음식, 돌잡이

	14	엄마 행복 정원 속에서 놀기	다양한 식용꽃과 과일, 야채로 엄마와 함께 행복한 정원 꾸미기를 한다.	식용 꽃, 과일, 야채, 쟁반 또는 도화지
	15	서로에게 주는 선물	사탕과 초콜릿으로 목걸이를 만든 후 선물해 주는 시간을 가진다.	사탕, 초콜릿. 리본 끈
엄마와 둘만의 파티			엄마와 함께 음식 만들기를 한 후 서로의 손이 되어 먹여 주는 활동으로 마무리한다.	

4) ADHD와 푸드아트테라피

푸드아트테라피를 적용한 ADHD증상 완화를 위한 프로그램 계획서

장기목표	푸드 매체의 감각적 경험을 통한 정서적 안정감과 자유로운 감정표현을 통해 정서조절능력을 향상 시키고 다양한 푸드 매체를 활용한 기법을 통해 주의 집중력에 향상시킨다.			
단기목표 초기	1. 푸드매체를 통해 친밀감과 신뢰감을 형성한다. 2. 푸드 매체를 통한 자기정서 탐색과 감정 알아차리기를 한다.			

단계	회기	주제	활동 내용	푸드 매체 (기대효과)
초기 친밀감 형성 자기 정서 인식	1	나의 정서 바로 알기 1	자신의 모습을 식물, 꽃으로 상상한 후 푸드 매체를 이용하여 표현하고 여러 가지 감정 나누기를 한다(상상하기 기법).	흰색 둥근 접시, 다양한 채소와 과일. 칼, 도마
	2	나의 정서 바로 알기 2	비오는 날의 우산이 없는 상황 속에 있는 자신의 모습을 표현한 후 느껴지는 감정과 상황대처방법에 대해 이야기를 나눈다.	흰색 둥근 접시. 국수면, 초코펜, 다양한 채소
	3	감정이 대롱대롱	마쉬멜로우와 스파게티면을 활용하여 감정 나무를 만든 후 느껴지는 감정을 열매로 만들어 표현한 후 열린 감정열매에 대한 이야기를 나눈다.	마쉬멜로우, 스파게티
	4	식빵으로 만든 감정파이	자기가 자주 느끼는 감정 4개를 식빵에 표현하고 느껴지는 감정들에 대해 상황을 대입하여 표현해 본다.	식빵, 종이호일, 오븐

	5	내 마음속의 감정방 꾸미기	자기의 감정들이 있는 방을 다양한 푸드 매체를 활용하여 꾸며 보며 감정방으로 들어가는 방법에 대해 이야기를 나눈다.	다양한 푸드 매체, 투명 그릇
단기목표 중기			푸드아트테라피를 활용하여 자신의 감정과 정서를 인식한 후 표현하며 주의집중력을 향상시킨다.	
중기 1 자신의 감정과 정서 표현	6	내 머릿속의 미로 찾기	둥근 접시에 다양한 색의 스파게티 면을 이용하여 미로 찾기를 만든 후 만들어진 머릿속의 감정과 생각 길에 대해 이야기를 나눈다.	스타게티 면, 둥근 접시
	7	내 마음속의 감정 풍선	포도 알을 이용하여 풍선을 표현한 뒤 자신의 감정 속에서 버리고 싶은 감정과 간직하고 싶은 감정에 대해 이야기를 나누고 표현해 보도록 한다.	포도, 둥근 접시, 초코펜
	8	긍정의 항아리 만들기	자몽 껍질을 활용하여 항아리를 만든 후 자신의 감정 중 긍정감정을 적어서 긍정항아리를 만든 후 이야기를 나눈다.	자몽, 칼, 네임펜
	9	부정적인 감정은 쓰레기통으로	오렌지로 재활용 상자 3개를 만든 후 버리고 싶은 부정적인 감정에 대해 이야기를 나눈 후 감정 버리기를 활동을 한다(오렌지 알맹이로는 갖고 싶은 감정을 단어로 표현하기).	오렌지 3개, 네임펜
	10	내 마음속의 감정 바구니	자신이 담고 싶은 감정을 달걀과 메추리알에 적은 후 바구니에 넣은 후 자기에게 선물한다.	달걀 또는 메추리알, 바구니
중기 2 자기 정서활용하기	11	나만의 안정된 공간	과자를 이용하여 자신이 편히 쉴 수 있는 공간을 과자 집으로 표현한다.	다양한 모양의 과자, 생크림 또는 땅콩 버터
	12	아낌없이 주는 감정 나무	쿠키와 사탕에 감정을 담아 감정 나무를 만든 후 자신의 감정을 타인에게 선물하며 감정 나누기를 한다.	쿠키, 사탕
	13	우리는 감자 가족	자신의 가족을 감자를 활용하여 만든 후 가족들이 가지고 있는 감정들 중 가장 특징적인 감정들을 색으로 표현한 후 감정가족을 만든다.	감자, 다양한 채소, 이쑤시개
단기목표 후기			푸드아트테라피 활동을 통해 긍정적인 정서인식으로 자기통찰과 자기이해를 향상시킨다.	

후기 긍정정서 인식을 통한 자기이해향상	14	감정 만다라	곡류를 이용하여 감정을 단어로 표현한 후 감정 만다라를 완성한다.	다양한 곡류, 큰 둥근 쟁반
	15	새로운 세상속의 내 모습	자기가 상상하는 미래의 모습을 다양한 야채와 채소로 표현한다.	다양한 야채과 과일, 둥근 접시
	16	나의 건강한 나무	자신을 건강한 나무로 표현한 후 소망과 희망을 표현한다.	브로콜리, 키위, 석류 알, 접시
작품집 만들기	지금까지 활동하며 자신이 찍어 놓은 사진을 이용해 나만의 작품집을 만든다.			

6. 적용 대상에 따른 푸드아트테라피의 적용

1) 유아동의 푸드아트테라피

장기목표	다양한 푸드 매체를 활용하여 자기 표현력과 창의력을 향상시키고 자기효능감 향상과 집단원 간의 상호작용을 통해 또래관계를 향상시킨다.			
단기목표 초기	1. 푸드매체를 통해 친밀감과 신뢰감을 형성한다. 2. 푸드 매체 탐색을 통한 정서적 감정 표출로 자기 탐색을 한다.			
단계	회기	주제	활동 내용	푸드 매체
초기 친밀감 형성 정서적 감정 표출	1	나를 닮은 과일 찾기	자신이 좋아하는 과일 및 닮은 과일을 소개한 후 과일이름표를 만들어 소개한다.	각자 좋아하는 과일
	2	과일 가게 놀이	다양한 과일의 단면에 물감을 묻혀서 과일 스템프로 과일 가게 놀이를 한다.	다양한 과일, 도화지, 물감, 가위
	3	우리는 감자 친구	감자를 이용하여 나와 친구의 모습을 만든 후 역할놀이를 한다.	감자, 이쑤시개, 다양한 꾸미기 재료
	4	난 행복해!	웃는 모습이 그려진 코팅 종이 위에 다양한 과일과 야채로 행복한 얼굴을 표현한 후 감정 나누기를 한다.	얼굴코팅종이, 다양한 야채, 과일, 안전칼, 도마
	5	난 속상해!	초코시럽을 이용하여 속상했던 기억을 표현한 후 느껴지는 감정과 기분을 이야기 나누어 본다.	초코시럽, 도화지, 흰색 접시
단기목표 중기	푸드아트테라피를 활용한 긍정적인 자기 인식을 통해 자기효능감을 향상시킨다.			
중기 자신의 감정과 정서 표현 및 자기효능감 향상	6	내 마음이 부글부글	소다의 특성을 이용하여 부글부글 끓어오르는 거품을 이용하여 자신의 화난 감정을 표현한 후 이야기 나눈다.	소다, 식초, 식용색소, 요쿠르트병
	7	나의 감정이 뱅뱅뱅	우유와 다양한 색의 카라멜 볼을 이용한 마블링으로 만들어진 난화를 통해 감정 나누기를 한다.	우유, 카라멜 그릇, 식용색소, 나무젓가락

	8	행복한 야채 스프 만들기	자투리 야채를 모양틀을 이용하여 자른 후 행복한 야채 스프를 만드는 역할놀이를 통해 마음 나누기를 한다.	자투리 야채, 안전칼, 모양틀, 냄비, 국자, 그릇
	9	나만의 안전한 성 만들기	마쉬멜로우와 스파게티면을 이용하여 나만의 안정된 공간을 만든다.	마쉬멜로우, 스파게티면
	10	내 마음속의 우주	접시위에 다양한 과일과 야채를 이용해 우주공간을 만들어 희망을 담아 표현한다.	넓은 접시, 안전칼, 도마
단기목표 후기	푸드아트테라피 활동을 통해 타인의 정서 공감을 통해 또래관계를 향상시킨다.			
후기 자기 정서활용하기	11	티타임놀이	친구와 함께 여러 가지 음식과 음료수를 대접하는 놀이를 통해 사회성을 향상시킨다.	과자, 그릇, 음료수
	12	미래가 보이는 요술 병 만들기	물엿과 식용 꽃을 이용하여 요술 병을 만든 후 미래의 꿈과 희망을 담아 표현한다.	물엿, 투명 유리병, 식용 꽃, 반짝이
	13	씨리얼 목걸이와 반지	구멍이 뚫려 있는 씨리얼 과자를 이용하여 목걸이와 반지를 만든 후 서로 선물하도록 한다.	씨리얼, 목걸이 줄
타인정서 공감을 통한 또래관계향상	14	달걀 속 희망의 씨앗	달걀 껍질 속에 씨앗을 심은 후 서로가 어떤 모습으로 새로 태어나고 싶은지 이야기를 나눈다.	달걀 판, 달걀 껍질, 씨앗, 흙
	15	나의 미래 모습	다양한 푸드 매체를 활용해 자신의 미래의 모습을 만들어 본다.	다양한 야채와 과일, 둥근 접시
작품집 만들기	지금까지 활동하며 자신이 찍어 놓은 사진을 이용해 나만의 작품집을 만든다.			

2) 청소년의 푸드아트테라피

장기목표	푸드아트테라피를 적용한 집단 상담프로그램을 통해 자기효능감과 사회성을 향상시킨다.
단기목표 초기	푸드아트테라피에 대한 흥미유도와 친밀감을 형성하고 지금-여기에 초점을 둔 자기 탐색, 자기이해를 통해 자기효능감을 향상시킨다.

단계	회기	주제	활동 내용	푸드 매체
초기 친밀감 형성 긴장완화	1	푸드 스토리 테스트 (FST)	푸드 스토리 테스트를 통해 초기 주 호소문제 및 주양육자와의 관계를 탐색한다.	푸드 스토리 테스트 검사지
	2	나는야 식빵 맨	식빵을 이용한 자기 얼굴을 표현한 후 자기 소개하는 시간을 가진다.	식빵, 초코펜, 다양한 사탕과 초코볼
	3	나의 가족 가계도	비스켓과 스파게티 면을 이용하여 나의 가족과의 관계를 표현한다.	비스켓, 스파게티면, 초코펜
단기목표 중기		다양한 푸드아트테라피 기법으로 집단 속에서의 자기인식과 정서적 감정을 표현하고 긍정적인 자기 가치형성을 통해 자기효능감을 향상시킨다.		
중기 1 감정표현자기 감정 바로알기	4	내가 바라는 내 모습	자신이 원하는 자기의 모습을 도시락꾸미기를 통해 표현한다.	다양한 도시락 만들기 재료
	5	일곱 가지 빛깔의 내 감정	색 소금을 이용하여 무지개 빛을 만든 후 각 색에 담긴 자신의 감정을 표현하고 이야기를 나눈다.	소금, 식용색소, 투명 유리병
	6	비스켓 9분할	비스켓에 초코펜을 이용한 9분할 표현으로 자기 감정을 탐색한다.	비스켓, 초코펜, 도화지
단기목표 중기 2		푸드아트테라피를 적용한 집단 상담프로그램을 통해 긍정적인 또래관계를 형성하고 집단원 간의 상호작용을 통한 긍정적인 사고전환과 타인과의 이해관계 및 자기인식을 바탕으로 사회적 기술을 향상시킨다.		
중기 2 사회성 향상	7	우정의 약국	친구에게 필요한 감정을 탐색한 후 과자로 만든 약을 선물한다.	약봉투, 다양한 과자
	8	식빵 벽화	하나의 그림을 조각으로 나누어 각자의 식빵에 자유롭게 감정을 표현한 후 하나의 그림이 되도록 붙여 완성한다.	식빵, 초코펜, 다양한 과자
	9	라면 벽화	하나의 주제를 정한 후 라면의 스프를 이용하여 라면벽화를 완성한다.	라면
	10	피망 우정 주머니	다양한 색의 피망을 이용하여 소망 주머니를 만든 후 선물하고 싶은 감정을 사탕에 담아 서로 교환한다.	다양한 색의 피망, 사탕
	12	우정의 도시락 만들기	샌드위치 및 햄버거 샌드위치를 만들어 친구에게 선물한다.	샌드위치 만들기 재료

단기목표 후기		푸드아트테라피를 적용한 프로그램으로 집단원간의 상호작용을 통해 사회성 및 또래관계를 향상시킨다.		
후기 사회성 향상	13	집단 곡물만다라	다양한 곡류를 이용하여 우정에 관련된 시를 한 편 완성하는 만다라를 완성한다.	다양한 곡류, 2절지, 목공풀
	14	서로의 꿈을 담은 나비	투명한 일회용 장갑과 다양한 과자를 이용한 나비 만들기를 한 후 서로의 희망을 담아 완성한다.	일회용 장갑, 과자
	15	희망의 꽃다발 만들기	방울토마토 및 다양한 과일을 이용하여 꽃다발을 만든 후 서로에게 선물하고 만든 꽃다발을 이용하여 화채를 만들어 나누어 먹는다.	방울 토마토, 다양한 과일, 사이다
작품집 만들기와 종결파티		지금까지 활동한 작품사진으로 작품집 만들기를 한다. 친구와 함께 포트럭 파티를 하며 활동을 마무리한다.		

3) 성인의 푸드아트테라피

장기목표			푸드아트테라피를 적용한 프로그램으로 억압되고 부정적인 감정을 발산하고 미해결된 감정 완화와 긍정적인 자기 인식을 통해 자신감을 향상시킨다.		
단기목표 초기			푸드아트테라피 활동을 통해 친밀감과 신뢰감을 형성하고 푸드 매체 활동을 통해 감정을 발산한다.		
단계	회기	주제	활동 내용		푸드 매체
초기 친밀감 형성 자기감정 탐색 자기인식	1	푸드 스토리 테스트 (FST)	푸드 스토리 테스트를 통해 초기 주호소문제를 탐색한다.		주호소 문제 파악
	2	수박 감정 파이	수박의 단면을 이용한 감정파이를 이용해 자기감정을 탐색한다.		수박, 칼, 쟁반
	3	나는 어떤 색을 가진 사람일까?	다양한 색의 과일 매체로 무지개를 만든 후 자신의 감정을 탐색한다.		다양한 색의 과일 매체
	4	내 마음의 천사와 악마가 사는 곳	초코 버터와 생크림을 이용하여 천사와 악마의 공간을 접시에 표현한 후 자기 감정을 탐색한다.		초코버터, 생크림, 흰색 둥근 접시

	5	희망하는 내 얼굴 (닮고 싶은 얼굴)	다양한 야채 및 과일을 활용하여 자신이 좋아하고 존경하는 사람의 얼굴을 표현한다.	다양한 야채, 과일, 칼, 도마, 흰색 접시
단기목표 중기		푸드 매체로 자신의 부정적인 감정을 표출할 수 있는 기회를 통해 미해결된 감정을 바로 바라보는 기회를 제공한다.		
중기 1 자기감정 표출하기 자기 이해하기	6	포도난화로 감정 탐색하기	포도껍질을 이용한 난화를 통해 자신의 감정을 탐색한다.	포도, 도화지
	7	잊고 싶은 기억조각	또띠아를 이용해 잊고 싶은 기억을 피자재료로 표현한 후 피자를 만들어서 먹는 활동으로 확장한다.	또띠아. 피자만들기 재료
	8	내 마음속의 허리케인	마블링 효과(식용색소와 우유 이용)로 허리케인을 만든 후 자기 마음속의 허리케인과 같은 사건을 함께 이야기 나눈다.	식용색소, 우유, 접시
	9	내 마음속의 부글부글 화산	유리병 속에 잊고 싶은 기억을 적은 메모지를 넣은 후 식초와 소다 등을 이용해 화산 만들기를 한다.	식초, 소다, 식용색소, 투명 유리병
중기 2 감정이완	10	감정 만다라 모빌	현재 가장 많이 느껴지는 감정을 라이스페이퍼와 곡류로 만든 만다라로 모빌을 만들어 완성한다.	라이스페이퍼, 곡류, 목공풀
	11	내마음속의 감정 성 만들기	소금을 이용한 성을 만든 후 자신이 쌓아올린 부정적인 감정 성을 물을 이용하여 사라지게 하는 활동을 통해 감정을 이완시킨다.	소금, 쟁반
	12	달걀 걱정인형	달걀로 걱정인형을 만든 후 버리고 싶은 감정을 담아 완성한다.	달걀. 다양한 푸드 매체
	13	나의 장단점은?	밀가루 반죽으로 두 손을 만든 후 장점과 단점을 표현하여 완성한다.	밀가루 반죽, 곡류
단기목표 후기		푸드아트테라피를 적용한 프로그램을 통해 긍정적인 자기 인식 및 자존감을 향상시킨다.		
후기 자기 이해	14	나에게 차려주는 생일상	다양한 푸드 매체를 활용하여 자신에게 차려 주는 생일상을 만들어 자축하는 기회를 제공한다 (소울푸드).	자신이 가장 좋아하는 음식

	15	다시 꾸는 나의 태몽	내가 꾸고 싶은 태몽을 만든 후 다양한 푸드 매체로 자유롭게 표현한다.	다양한 푸드 매체, 흰색 접시
작품집 만들기		푸드 활동 완성작품 사진을 이용하여 나만의 성장사진집을 만든다.		

4) 노인의 푸드아트테라피

장기목표		푸드매체를 활용한 회상기법을 적용한 푸드아트테라피 집단 상담프로그램을 통해 심리적인 안정감을 제공한다.		
단기목표 치료기간 (초기)		푸드아트테라피 활동에 대한 흥미유도와 집단원 간의 관계형성을 통해 친밀감을 형성한다.		
단계	회기	주제	활동 내용	기대효과
초기 친밀감 형성 긴장완화	1	좋아하는 음식으로 자기 소개하기	가장 좋아하는 음식으로 자기 소개를 한다.	음식 카드
	2	옛날, 추억의 음식사진으로 이름표 만들기	추억을 회상할 수 있는 옛날 음식사진으로 이름표를 만든다.	추억이 담긴 음식 사진
	3	내 마음의 조각보	식빵을 이용하여 예전의 기억을 담은 조각보를 만들어 이야기를 나눈다.	흥미유도 자기 탐색
단기목표 중기		푸드매체를 활용한 수평적 회상프로그램을 통한 추억회상하기로 긍정적인 감정표현과 심리적 안정을 제공한다.		
중기 1 수평적 회상프로그램 으로 긍정적인 감정 표현과 심리적 안정	4	내가 태어난 곳은?	다양한 푸드 매체로 어린 시절 내가 살던 집을 표현한다(고향을 소개하기).	다양한 푸드 매체
	5	나의 어머니와 아버지는?	옛날 추억의 과자를 이용하여 어머니와 아버지 얼굴을 표현한 후 추억을 이야기 나눈다.	옛날 과자, 흰색 접시
	6	나의 어린 시절은?	쑥, 달래 등 어린 시절 추억이 담긴 푸드 매체로 어린 시절 가장 행복했던 모습을 표현해 본다.	쑥, 달래 등 어린 시절 푸드 매체

	7	결혼사진 표현하기	결혼했을 때의 기분과 느낌을 이야기를 나누며 결혼사진을 다양한 곡류를 이용하여 표현해 본다.	곡류, 목공풀, 도화지
	8	첫 아이를 낳았을 때의 기분 표현하기	다양한 푸드 매체로 첫 아이를 낳았을 때의 기분을 표현하며 그 시절에 느꼈던 기분과 행복했던 기분을 서로 나눈다.	다양한 푸드 매체
	9	자녀가 나에게 준 가장 행복한 기억	자녀들과 함께한 시절을 회상하며 다양한 푸드 매체로 행복한 기억들을 표현한 후 회상하는 시간을 나눈다.	자녀들이 좋아했던 음식의 재료
	10	자녀 결혼식	사랑하는 자녀가 결혼하던 날의 모습을 회상하며 방울토마토로 만든 꽃다발을 자녀에게 선물한다.	방울 토마토, 샐러리
	11	현재의 나의 모습	지금의 나의 모습을 쌀 반죽을 이용하여 표현해 본다.	쌀반죽, 곡류
단기목표 후기	자신에게 선물하는 기회를 통해 긍정적인 자아상과 자기 효능감을 향상시킨다.			
후기 긍정적인 자기 이해	13	나만을 위한 따뜻한 밥상	가장 좋아하는 음식 만들기를 직접 한 후 맛있게 먹는 활동을 한다.	좋아하는 음식의 재료
	14	나에게 주는 선물	가장 받고 싶은 선물을 과자로 표현한 후 상자에 담아 자기에게 선물한다.	다양한 모양의 과자, 상자
	15	푸드작품사진 전시회	그동안 활동했던 사진과 푸드작품사진으로 전시회를 한다.	푸드 작품 사진

5) 부모와 아이를 위한 푸드아트테라피

장기목표	푸드 매체를 활용한 프로그램을 통해 어머니에 대한 긍정적인 이미지 형성과 애착관계를 향상시킨다.
단기목표 초기	푸드 매체 탐색을 통한 긴장완화 및 심리적 안정과 친밀감을 형성한다.

단계	회기	주제	활동 내용	과제 (모든 활동을 한 후 사진을 찍어 가져오기)
초기 친밀감 형성 긴장완화	1	푸드 스토리 테스트(FST)	푸드 스토리 테스트를 통해 주호소문제를 파악한다.	아이얼굴을 표현한 밥그릇 사진 찍어오기
	2	엄마랑 보들보들	전분을 이용한 핑거페인팅을 통해 스킨쉽과 마음나누기를 한다.	아이와 함께 요리하기
	3	엄마의 어디가 닮았나?	다양한 야채와 과일로 엄마와 마주 보고 앉은 후 닮은 곳을 찾아 표현해 본다.	야채과 과일로 아이와 소꿉놀이 한 후 사진 찍어오기
단기목표 중기		푸드 매체를 활용한 감정표출을 통해 감정을 해소하고 서로의 감정을 이해하는 기회를 가진다.		
중기 1 감정 표출 감정 이해	4	엄마와 함께 서로 장점 찾기	다양한 색과 모양의 초코볼과 사탕으로 서로에 대해 장점을 5가지 이상 찾아 단어로 만들어 선물하기	바나나껍질을 이용하여 사랑의 단어 만들어 주기
	5	엄마와 내가 화가 날 때는?	초코버터로 서로에게 화가 날 때의 기억을 표현한 후 이야기를 나눈다.	마법의 사랑주스를 만들어 나누어 마시기
	6	나는 이런 마음이에요	식용색소와 우유로 마블링을 만든 후 느껴지는 감정에 대해 서로 이야기를 나눈다.	서로의 숟가락에 반찬 놓아 주기
단기목표 중기		푸드 매체를 활용한 어머니와 함께하는 구조화된 푸드아트테라피 활동을 통해 안정된 애착과 어머니와의 긍정적인 관계를 형성한다.		
중기 2 긍정적인 애착관계 형성	7	엄마와 나는 찰떡 궁합	쌀 반죽을 이용하여 서로의 얼굴을 표현하여 만든 떡을 나누어 먹으며 마음 나누기를 한다.	아이에게 콩으로 사랑의 메시지 전하기
	8	엄마와 나는 하나	야채와 과일을 이용한 만다라를 통해 마음 나누기를 한다.	빼빼로 게임하기
	9	물고기 가족 만들기	과자로 물고기 가족을 만든 후 역할극을 한다.	아이가 좋아하는 간식 함께 만들기
	10	엄마와 나의 희망 동산	아이와 함께 서로의 희망을 이야기하며 야채와 과일을 이용해 희망 동산을 표현한다.	과자를 이용해 낚시게임하기

	11	감정식당요리	자신이 느끼는 감정을 요리로 만들어 식당놀이를 한다.	음식을 만들 때 아이에게 도움 청하기
	12	주먹밥 가족 만들기	사랑하는 가족을 주먹밥 가족 으로 만든 후 역할극을 한다.	간식 보물찾기
단기목표 후기	푸드 매체를 통해 애착을 재확인하고 어머니와의 긍정적인 관계를 형성한다.			
후기 안정된 애착 형성	13	수호천사 만들어 선물하기	달걀 껍질과 다양한 푸드 매체로 수호천사인형을 만들어 선물한다.	김으로 게임한 후 활동사진 찍기
	14	서로에게 주는 상장 만들기	곡류를 이용하여 서로에게 주는 상장을 만들어 선물한다.	오이 마사지해 주기
	15	사랑의 집 만들기	과자를 이용하여 아이와 함께 과자 집을 만들어 희망을 표현한다.	아이만을 위한 밥상 만들어 주기
둘만을 위한 파티	서로가 좋아하는 음식으로 둘만의 파티를 한다.			

6) 다문화 가정과 푸드아트테라피

장기목표	푸드아트테라피 프로그램을 통해 모국에 대한 그리움을 해소하고 심리적인 안정감을 가진다.			
단기목표 초기	푸드아트테라피에 대한 흥미유도와 친밀감을 형성한다.			
단계	회기	주제	활동 내용	푸드 매체
초기 친밀감 형성 긴장완화	1	푸드 스토리 테스트 (FST)	푸드 스토리 테스트를 통해 주호소문제를 파악한다.	푸드 스토리 테스트 검사지
	2	생크림 난화	생크림과 색 접시를 이용하여 모국의 이름과 국기 그리기를 한다.	생크림, 색 접시
	3	내 마음의 변화 탐색	모국을 떠나온 후 달라진 점에 대해 식용색소와 물이 만나는 장면과 대입하여 표현한다.	식용색소, 유리컵

단기목표 중기	푸드매체를 활용하여 모국을 표현하는 활동을 통해 심리적인 안정감을 가진다.			
중기 1 심리적인 안정감	4	모국에 계신 나의 부모와 형제	지퍼백 속에 식용색소와 전분반죽을 넣어 가족을 표현한다.	지퍼백, 식용색소, 전분
	5	내가 살던 나라의 국가 표현하기	다양한 야채와 과일을 이용하여 자신의 나라를 표현한 후 나라 소개를 한다.	다양한 야채와 과일, 도마, 칼
	6	내가 살던 고향 표현하기	자신이 살던 고향을 회상한 후 모국의 대표 음식 재료로 표현한다.	모국의 대표 음식 재료
중기 2 자기 이해	7	우리나라의 대표 음식 소개하기	자신이 태어난 나라의 대표적인 음식을 소개한 후 직접 만들어 함께 나누어 먹는다.	다양한 푸드 매체
	8	한국 음식 중 가장 좋아하는 음식은?	한국에 와서 먹었던 음식 중 가장 좋아하는 음식을 직접 만든 후 함께 나누어 먹는다.	다양한 푸드 매체
	9	모국에서 가장 행복했던 때는?	다양한 과일과 야채로 모국에서의 다양한 회상을 자유롭게 표현한 후 이야기를 나눈다.	다양한 야채과 과일, 도마, 칼
	10	한국에서 가장 기억에 남는 장소 만들기	한국에서 가장 기억에 남는 추억의 장소를 다양한 푸드 매체로 자유롭게 표현한다.	다양한 푸드매체
	11	나의 현재 가족 표현하기	소시지, 어묵 등으로 현재 가족의 특징을 담아 표현한다.	소시지, 어묵 등 다양한 푸드 매체
	12	소원탑 만들기	건빵을 이용하여 소원탑을 만들어 소망과 희망을 표현한다.	건빵
단기목표 후기	자신에게 선물하는 기회를 통해 긍정적인 자아상과 자기 효능감을 향상시킨다.			
후기 긍정적인 미래상 형성	13	모국의 대표 음식으로 포트럭 파티하기	모국의 대표 음식을 만들어 온 후 다 같이 포트럭 파티를 한다.	모국 음식
	14	미래의 나에게 보내는 편지	곡물을 이용하여 자신에게 보내는 편지를 쓴다.	다양한 색과 모양의 곡류
	15	푸드 활동사진 전시회	그동안의 푸드 활동사진으로 전시회를 한다.	푸드 작품사진

7. 푸드 스토리 테스트 질문지

푸드 스토리 테스트(Food Story Test) 질문지(성인용)

푸드 스토리 테스트 성인용			
작성일		이름	
나이		성별	
(1) 어린 시절 가장 기억에 남는 음식은 무엇인가요? (0~7세)			
(2) 초등학교 시절 가장 기억에 남는 음식은 무엇인가요? (8~13세)			
(3) 중·고등학교 시절 가장 기억에 남는 음식은 무엇인가요? (14~19세)			
(4) 최근 가장 기억에 남는 음식은 무엇인가요?			
(5) 입학식과 졸업식 때 먹었던 추억의 음식은 무엇인가요?			
(6) 내 인생에서 가장 기억에 남는 음식은 무엇인가요?			
(7) 내가 사랑하는 사람이 좋아하는 음식은 무엇인가요?			
(8) 맛있는 음식을 먹으며 행복했던 추억 속의 장소는 어디인가요?			
(9) 기쁨과 행복함으로 기억되는 음식 이야기			
(10) 슬픔과 아픔으로 기억되는 음식 이야기			
(11) 엄마가 해 준 음식 중 가장 기억에 남는 음식 이야기			
(12) 진정엄마가 생각나는 음식 (남자의 경우 어머니 음식)			

다음 질문에 해당 되는 곳에 O, X 또는 간단한 메모로 답을 적어 주세요.
(남성일 경우 아내의 경험을 바탕으로 작성. 미혼일 경우에는 미작성)

(13) 모유수유를 하셨나요?

(14) 어린 시절 이유식은 직접 만들어서 주었나요?

(15) 아이의 식습관은 좋은 편이였나요?

(16) 하루에 가족들이랑 같이 식사하는 횟수를 적어 주세요. (   )회

(17) 아이가 가장 좋아하는 음식은 무엇인가요?

(18) 아이가 가장 싫어하는 음식은 무엇인가요?

(19) 아이가 엄마의 음식 중 가장 좋아하는 것은 무엇인가요?

(20) 아이와 함께 음식을 만들어 본 적이 있나요?

푸드 마인드맵을 완성해 주세요.

(21) '어머니' 하면 떠오르는 음식을 적어 보세요.

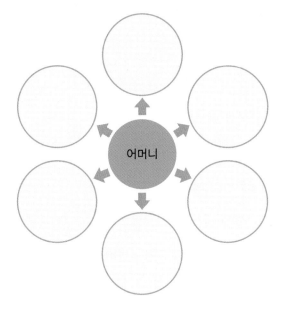

• 어린 시절 어머니와 함께 먹었던 가장 맛있는 음식은 무엇인가요?

• 어머니를 떠올리게 하는 향은 무엇인가요?

• '어머니' 하면 떠오르는 맛(단맛, 신맛, 짠맛 등)은 무엇인가요?

푸드 마인드맵을 완성해 주세요.

(22) '아버지' 하면 떠오르는 음식과 느낌을 적어 보세요.

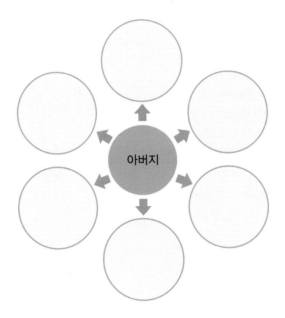

• 아버지가 만들어 준 음식 중 가장 맛있었던 것은 무엇인가요?

• 어린 시절 아버지와 함께 먹었던 가장 맛있는 음식은 무엇인가요?

• 아버지와 단 둘이 식사를 할 경우 느껴지는 감정은 무엇인가요?

• 아버지를 떠올리게 하는 향은 무엇인가요?

• 아버지를 생각하면 떠오르는 맛(단맛, 신맛, 짠맛 등)과 그 이유는 무엇인가요?

푸드 스토리 테스트 질문지(아동 및 청소년용)

푸드 스토리 테스트 아동 및 청소년용			
작성일		이름	
나이		성별	

(1) 어린 시절 가장 기억에 남는 음식은 무엇인가요?(0~7세)

(2) 초등학교 시절 가장 기억에 남는 음식은 무엇인가요?(8~13세)

(3) 중 · 고등학교 시절 가장 기억에 남는 음식은 무엇인가요?(14~19세)

(4) 최근 가장 기억에 남는 음식은 무엇인가요?

(5) 어머니가 좋아하는 음식과 싫어하는 음식은 각각 무엇인가요?	
(6) 아버지가 좋아하는 음식과 싫어하는 음식은 각각 무엇인가요?	
(7) 친구가 좋아하는 음식과 싫어하는 음식은 각각 무엇인가요?	
(8) 마음이 행복해지는 음식은 무엇인가요?	
(9) 어머니하면 생각나는 음식 이야기	
(10) 아버지하면 생각나는 음식 이야기	
(11) 동생, 형, 누나하면 생각나는 음식 이야기	
(12) 친구하면 생각나는 음식 이야기	
(13) 학교 급식 이야기	

다음 질문에 해당 되는 곳에 O, X 또는 간단한 메모로 답을 적어 주세요.

(14) 하루에 가족들이랑 같이 식사하는 횟수를 적어 주세요. (   )회

(15) 아침을 먹나요?(아침식사를 하는 경우 누가 차려 주나요?)

(16) 가장 좋아하는 음식은 무엇인가요?

(17) 가장 싫어하는 음식은 무엇인가요?

(18) 어머니가 해 주는 음식 중 가장 좋아하는 것은 무엇인가요?

(19) 어머니가 해 주신 음식 중 지금 가장 먹고 싶은 음식은 무엇인가요?

(20) 어머니 또는 아버지와 함께 음식을 만들어 본 적이 있나요?

(21) 어머니 또는 아버지와 함께 만들어 보고 싶은 음식은 무엇인가요?

푸드 마인드맵을 완성해 주세요.

(22) '어머니' 하면 떠오르는 음식을 적어 보세요.

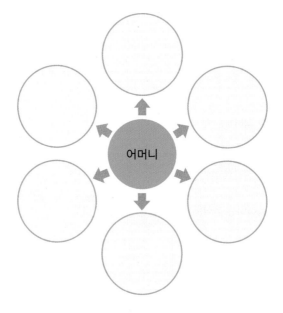

• 어린 시절 어머니와 함께 먹었던 가장 맛있는 음식은 무엇인가요?

• 어머니를 떠올리게 하는 향은 무엇인가요?

• '어머니' 하면 떠오르는 맛(단맛, 신맛, 짠맛 등)은 무엇인가요?

푸드 마인드맵을 완성해 주세요.

(23) '아버지' 하면 떠오르는 음식을 적어 보세요.

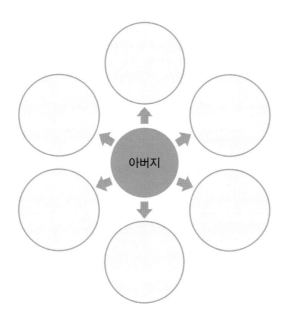

- 아버지가 만들어 준 음식 중 가장 맛있었던 것은 무엇인가요?

- 어린 시절 아버지와 함께 먹었던 가장 맛있는 음식은 무엇인가요?

- 아버지와 단 둘이 식사를 할 경우 느껴지는 감정은 무엇인가요?

- 아버지를 떠올리게 하는 향은 무엇인가요?

- 아버지를 생각하면 떠오르는 맛(단맛, 신맛, 짠맛 등)과 그 이유는 무엇인가요?

푸드 스토리 테스트 질문지(노인용)

푸드 스토리 테스트 노인용			
작성일		이름	
나이		성별	

(1) 어린 시절 가장 기억에 남는 음식은 무엇인가요?(0~10세)

(2) 학창 시절 가장 기억에 남는 음식은 무엇인가요?(11~20세)

(3) 초, 중년 시절 가장 기억에 남는 음식은 무엇인가요?(20~40대)

(4) 어린 시절 가장 좋아한 음식과 싫어한 음식은 각각 무엇인가요?	
(5) 어린 시절 부모님이 좋아한 음식과 싫어한 음식은 무엇인가요?	
(6) 자녀들이 좋아한 음식과 싫어한 음식은 각각 무엇인가요?	
(7) '어머니' 하면 생각나는 음식 이야기	
(8) '아버지' 하면 생각나는 음식 이야기	
(9) '아들, 딸' 하면 생각나는 음식 이야기	
(10) '남편' 하면 생각나는 음식 이야기	

다음 질문에 해당 되는 곳에 O, X 또는 간단한 답을 적어 주세요.

(11) 하루에 가족들이랑 같이 식사하는 횟수를 적어 주세요. (　　)회

(12) 가장 좋아하는 음식은 무엇인가요?

(13) 가장 싫어하는 음식은 무엇인가요?

(14) 어린 시절 어머니가 해 주는 음식 중 가장 좋아하는 것은 무엇인가요?

(15) 어린 시절 어머니가 해 주신 음식 중 지금 가장 먹고 싶은 음식은 무엇인가요?

(16) 가장 잘 만드는 음식은 무엇인가요?

(17) 남편과 자녀들이 가장 좋아하는 음식은 무엇인가요?

푸드 마인드맵을 완성해 주세요.

(18) '어머니와 아버지' 하면 떠오르는 음식을 적어 보세요.

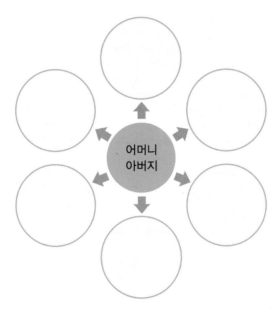

어머니
아버지

• 어린 시절 어머니, 아버지와 함께 먹었던 가장 맛있는 음식은 무엇인가요?

• 어린 시절 '어머니, 아버지'를 떠올리게 하는 향은 무엇인가요?

• '어머니, 아버지' 하면 떠오르는 맛(단맛, 신맛, 짠맛 등)은 무엇인가요?

푸드 마인드맵을 완성해 주세요.

(19) '아들과 딸' 하면 떠오르는 음식을 적어 보세요.

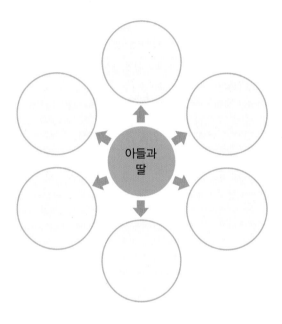

- '아들과 딸'과 함께 먹었던 가장 맛있는 음식은 무엇인가요?

- '아들과 딸'을 떠올리게 하는 향은 무엇인가요?

- '아들과 딸' 하면 떠오르는 맛(단맛, 신맛, 짠맛 등)은 무엇인가요?

8. 푸드아트테라피 실습 활동지

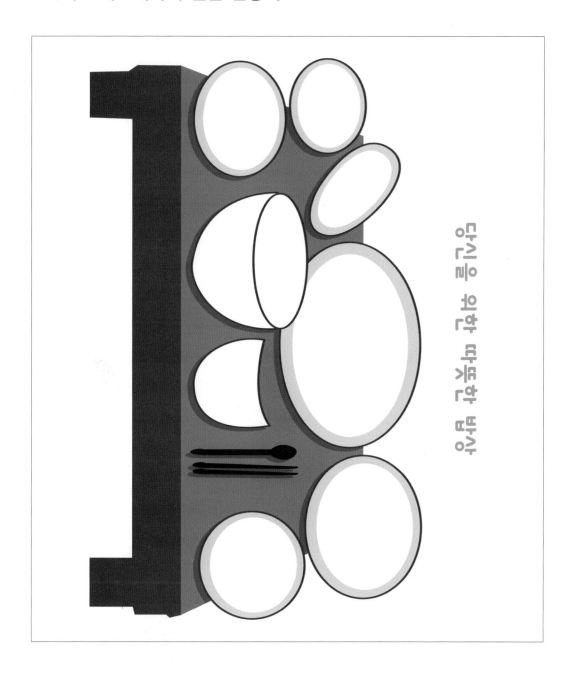

당신을 위한 따뜻한 밥상

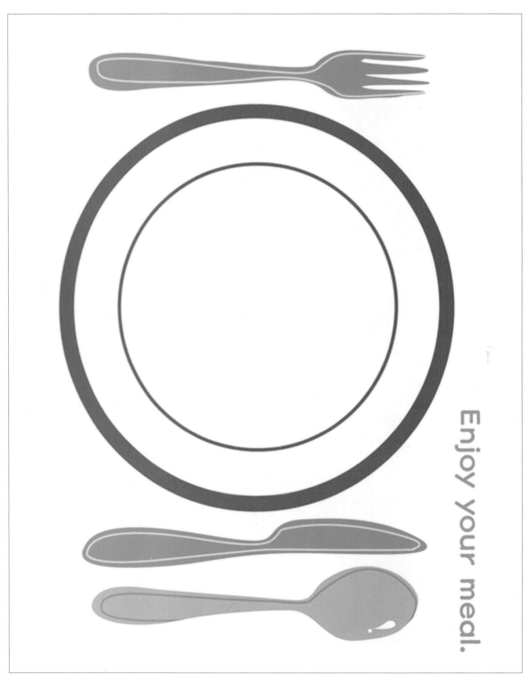

출처: http://bit.ly/1H2HF9P 참고

9. 푸드예술심리상담사 자격과정 안내

푸드예술심리상담사 전문 자격 과정

- 기본과정: 푸드아트테라피와 상담기법 이론과 푸드 매체 경험
- 개인상담: 푸드를 활용한 푸드아트테라피 개인 실습
- 집단상담: 푸드 매체를 활용한 푸드아트테라피 집단상담프로그램 실습

* 문의: 한국자격심사평가원 http://www.kqea.or.kr(1600-3275)

* 상기 자격 과정은 한국자격심사평가원의 운영에 따라 변경될 수 있습니다.

참고문헌

고유빈(2013). 장애아동의 재활승마 참여와 학부모의 사회적 지지, 자기효능감 및 양육 효능감
　　의 관계. 동국대학교 대학원 박사학위논문.

고현, 유시덕 외 공저(2008). 매체를 활용한 유아동 미술교육과 미술치료. 서울: 창지사.

권석만(2008). 긍정심리학: 행복의 과학적 탐구. 서울: 학지사.

김민용, 김지유 공저(2011). 푸드표현예술치료 이해와 실제. 경기: 양서원.

김영희, 이수정(2002). 사랑할 줄 아는 삶을 위한 EQ 높이기. 서울: 학지사.

김용환(1991). 만다라—깨달음의 영성세계. 경기: 열화당.

마크로빌엠브레인(2015). 2015년 집밥 이미지 및 니즈 관련 조사.

박영곤(2013). NLP커뮤니케이션 코치 프로그램이 아동의 자기효능감에 미치는 영향. 동아대학
　　교 대학원 박사학위논문.

박영신, 김의철 공저(2001). 자기효능감과 삶의 질. 서울: 교육과학사.

박은령(2014). 강점기반 집단상담 프로그램이 초등학생의 자기효능감과 또래관계에 미치는 효
　　과. 경북대학교 대학원 석사학위논문.

서금순(2010). 푸트아트테라피. 서울: 디자인하우스.

선재(2005). 사찰음식. 서울: 디자인하우스.

송인진(2012). 비주얼 저널 프로그램 개발을 통한 초등학교 아동의 자기효능감 향상 효과 검증.
　　평택대학교 피어선신학전문대학원 박사학위논문.

스브스 뉴스(2016.10.13.). 흔한 미용실의 밥상.

영남대학교 미술치료연구회(2011). 미술치료학개론. 서울: 학지사.

옥금자(2013). 미술치료의 발달적 · 심리학적 매체선택과 적용. 서울: 하나의학사.

윤덕노(2010). 장모님은 왜 씨암탉을 잡아주실까?: 음식유래이야기. 경기: 청보리.

윤복남(2014). 상징 '나비'에 대한 고찰. 모래놀이치료연구. Vol. 10. No. 확인 99-115.

윤성희(2015). 푸드아트테라피를 적용한 집단상담프로그램이 초등학생의 자기효능감과 사회성
　　에 미치는 효과에 관한 연구. 중앙신학대학원대학교 박사학위논문.

이근매, 최인혁(2008). 매체경험을 통한 미술치료의 실제. 서울: 시그마프레스.

이동식(2012). 도정신치료 입문. 서울: 한강수.

이문수(2011). 뉴로피드백 훈련이 고등학생의 뇌 기능 변화와 자기효능감에 미치는 영향에 관
　　한연구. 서울불교대학원대학교 박사학위논문. 유럽 임상영양학회지, 2003.

이봉희(2011). 내 마음을 만지다. 서울: 생각속의 집.

이재인(2013). 초등학생의 부모애착, 또래애착, 자기효능감, 학교적응 간의 관계 구조분석. 경북
　　대학교 대학원 박사학위논문.

이정연(2009). 푸드아트테라피. 서울: 신정.

이혜정(2015). 긍정 심리학의 도덕교육적 적용 방안 연구. 서울대학교 대학원 석사학위논문.

임영진(2010). 성격강점과 긍정심리치료가 행복에 미치는 영향. 서울대학교 대학원 박사학위논문.

임영진(2012). 주요우울장애 대학생을 대상으로 한 긍정심리치료 효과. 한리학회지, 31(3), 679-692.

전도근, 권명숙(2008). 요리치료의 이론과 실제. 경기: 교육과학사.

전순영(2011). 미술치료의 치유요인과 매체. 서울: 하나의학사.

정여주(2003). 미술치료의 이해. 서울: 학지사.

정종진(2014). 행복 수업: 플로리시한 삶을 위한 긍정심리 키우기. 서울: 그루.

정진영(2013). 초등학생의 자기효능감, 내재동기, 창의적 성향 간의 구조적 관계. 한국교원대학
　　원 대학원 박사학위논문.

최계현(2014). Bandura의 효능자원을 적용한 상호또래교수에서의 수학 자기효능감 연구. 고려
　　대학교 대학원 박사학위논문.

최광현(2013). 인형치료. 서울: 학지사.

최외선, 이근매, 김갑숙, 최선남, 이미옥(2006). 마음을 나누는 미술치료. 서울: 학지사.

한국문학평론가협회 편(2006). 문학비평용어사전. 서울: 국학자료원.

한국심리학회(2014). 심리학용어사전.(책 제목과 저자/발행처 확인: 국립중앙도서관에 등재안
　　된 책)

한국정신문화연구원편찬부 편(1994). 한국민족문화대백과사전. 서울: 한국정신문화연구원.

AIA 생명 광고(2015). 세상에서 가장 따뜻한 밥상: '엄마의 밥' 캠페인.

EBS 〈다큐 프라임〉(2015). 이웃 소통 프로젝트 '밥 한번 먹자'.

EBS 〈아이의 밥상〉 제작팀(2010). 아이의 식생활. 지식채널.

네이버 지식백과.

Wikitree(2015). 가족을 의미하는: 집밥…, 그 일상의 재발견

국민일보(2016. 8. 21). 왕따 당하는 딸 위해 엄마가 매일 싸준 도시락의 기적.

우먼센스 피플(2015.07.01). 코바야시 카오루. 일드 '심야식당' 속 셰프.

이지데이(2014. 04. 01). 집밥에 열광하는 사회.

Aldrich, V. (1993). 예술철학 (*Philosophy of art*). (오병남 역). 서울: 종로서적.

Bandura, A. (1977). Self-efficacy: Toward a unifying theory of behavioral change. *Psychological Review, 84*(2), 173.

Bandura, A. (1977). Self-efficacy: Toward a unifying theory of behavioral change. *Psychological Review, 84*(2), 191-215.

Bandura, A. (1997). *Self-efficacy: The exercise of control.* New York: W. H. Freeman and Company.

Bandura, A. (1999). 자기효능감과 인간행동 (*Self-efficacy: the exercise of control*). (김의철, 박영신, 양계민 공역). 서울: 교육과학사.

Betensky, M. (1995). *What do you see?: Phenomenology of therapeutic art expression.* London: Jessica Kinsley.

Books, C. (2015). (마음을 편하게 해주는) 만다라 (The mandalas colouring book). 서울: 담앤북스.

Clackson, P. (2012). 게슈탈트 상담의 이론과 실제 (*Gestalt Counseling in Action*). (김정규, 강차연, 김한규, 이상희 공역). 서울: 학지사.

Compton, C. (2007). 긍정심리학 입문 (*IntroductionPositivePsychology*). (서은국, 성민선, 김진주 공역). 서울: 박학사. (원저는 2004년 출판).

Eliot, T. S. (1983). 이경식 편역. 문예비평론. 서울: 범조사.

Fraser, G., & Rimas, A. (2012). 음식의 제국 (*Empires of food : feast, famine, and the rise and fall of civilizations*). (유영훈 역). 서울: 알에이치코리아.

Glasser, W. (2000). *Reality therapy in action.* New Yook: Harper Collins.

Glasser, W. (2001). 현실요법-선택이론 (*Work Book*). (김인자 역). 서울: 한국심리상담연구소.

Glasser, W. (2004). 행복의 심리, 선택이론: 자유를 위한 새로운 심리학 (*Choice theory: a new psychology of personal freedom*). (김인자, 우애령 공역). 서울: 한국심리상담연구소.

Goleman, D. (1997). 감성지능EQ (*Emotional intelligence*). (황태호 역). 서울: 비전코리아.

Harriet Wadeson (2008). 미술심리치료학 (*Dynamics of art psychotherapy*). (장연집 역). 서울: 시그마프레스.

Henley, D. (2005). 점토를 통한 미술 치료 (*Clayworks in art therapy*). (김선현 역). 서울: 이론과 실천.

Nouwen, H. (2011). 두려움에서 사랑으로 (*Spiritual formation*). (윤종석 역). 서울: 두란노.

Salomon, G. (1984). Television is "easy"and print is "tough", *Journal of Educational Psychology: The differential investment of mental effort in learning as a function of perceptions and attributions, 76*, 647-658.

Salovey. P., & Mayer. J. D. (1990). Emotional Intelligence. *Imagination. Cognition and personality, 9.*

Schunk, D. H. (1983). Enhancing strategy use. *Influences of strategy value and goal orientation.* North Carolina.

Schunk, D. H. (1989) Self-efficacy and cognitive skill learning. CA: Academic In C. Ames, & R. Ames (Eds.), *Research on motivation in education* (pp. 13-44). San Diego.

Seligman, M. (2011). 플로리시: 웰빙과 행복에 대한 새로운 이해 (*Flourish : a visionary new understanding of happiness and well-being*). (우문식, 윤상운 공역). 경기: 물푸레.

Seligman, M. (2006). 긍정심리학–진정한 행복 만들기. (김인자 역). 경기: 물푸레.

Tipton, R., & Worthington, M. E. (1984). The measurement of generalized self-efficacy, *Journal of Personality Assessment: A study in construcvalidity, 48*, 545-548.Walsh. H. M. (1980). *Introducing the Young Child to Social World.* NY: Macmillan Publishing Co.

Winnicott. D. W. (1997). 놀이와 현실 (*playing and reality*). (이재훈 역). 서울: 한국심리치료연구소. (원저는 1974에 출판).

Zimmerman, B. J. (1995). Self-regulation involves more than metacognition. A social cognitive perspective. *Educational psychologist, 30*(4), pp. 217-221.

http://bit.ly/1H2HF9P

찾아보기

저자 소개

윤성희 (Yoon, Sunghee)

상담학 박사(미술치료전공)
미술심리상담 / 푸드예술심리상담전문가
현 마인드 숲 심리상담센터 센터장
　　한국푸드예술치료협회 이사장
　　한국미술심리치료협회 교수
　　부산대학교 평생교육원 강사
　　(주)EAP전문기업 다인 협약 상담사

- e-mail: ysh735@naver.com
- 마인드 숲 심리상담센터
  전화: 051-555-9090 / 010-2927-3066
- 블로그: http://blog.naver.com/ysh735

몸과 마음이 함께 성장하는
푸드아트테라피와 상담기법
Food Art Therapy and Counseling Methods

2017년 4월 10일 1판 1쇄 발행
2020년 9월 10일 1판 3쇄 발행

지은이 • 윤 성 희
펴낸이 • 김 진 환
펴낸곳 • (주) **학지사**

04031 서울특별시 마포구 양화로 15길 20 마인드월드빌딩 5층

대표전화 • 02) 330-5114 팩스 • 02) 324-2345

등록번호 • 제313-2006-000265호

홈페이지 • http://www.hakjisa.co.kr
페이스북 • https://www.facebook.com/hakjisabook

ISBN 978-89-997-1223-4 93180

정가 **22,000원**

이 도서의 국립중앙도서관 출판시도서목록(CIP)은 서지정보유통지원시스템
홈페이지(http://seoji.nl.go.kr)와 국가자료공동목록시스템(http://www.nl.go.kr/kolisnet)
에서 이용하실 수 있습니다.
(CIP제어번호: CIP2017006681)

출판 · 교육 · 미디어기업 **학지사**

간호보건의학출판 **학지사메디컬** www.hakjisamd.co.kr
심리검사연구소 **인싸이트** www.inpsyt.co.kr
학술논문서비스 **뉴논문** www.newnonmun.com
원격교육연수원 **카운피아** www.counpia.com